全国房地产估价师资格考试辅导教材

房地产基本制度与政策

（含房地产相关知识）

房地产估价师资格考试研究组　编

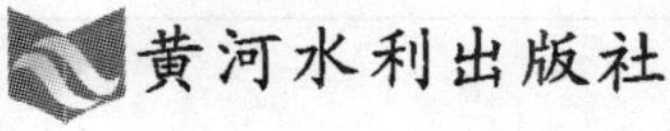

黄河水利出版社

图书在版编目(CIP)数据

房地产基本制度与政策:含房地产相关知识 / 房地产估价师资格考试研究组编. —郑州:黄河水利出版社,2019.1(2019.11 修订重印)

全国房地产估价师资格考试辅导教材

ISBN 978 - 7 - 5509 - 2258 - 7

Ⅰ. ①房… Ⅱ. ①房… Ⅲ. ①房地产业 - 经济制度 - 中国 - 资格考试 - 自学参考资料②房地产业 - 经济政策 - 中国 - 资格考试 - 自学参考资料 Ⅳ. ①F299.233.1

中国版本图书馆 CIP 数据核字(2019)第 020532 号

策划编辑:刘　晶

出 版 社:黄河水利出版社

地　　址:郑州市金水区顺河路黄委会综合楼 14 层

邮　　编:450003

发行单位:黄河水利出版社

发行电话:0371 - 56623217　66026940

承印单位:辉县市宏大印务有限公司

开　　本:787mm × 1092mm　1/16

印　　张:30.5

字　　数:732 千字

版　　次:2019 年 1 月第 1 版

印　　次:2019 年 11 月第 2 次印刷

定　　价:60.00 元

前言 Foreword

自 1995 年以来,全国房地产估价师执业资格考试经过二十多年的发展和考试历程,其考试大纲、考试命题都有了较大变动,特别是近几年房地产估价师执业资格考试凸显了考试题型逐步规范,考试难度逐步加大,考试求新求异意识日益增强,考试通过率低的特点。

为了全面提升考生应试能力,帮助考生顺利通过房地产估价师执业资格考试,我们根据现行考试大纲,并在对历年真题进行考点分析的基础上编写了本套教材,力求做到知己知彼、百战不殆。教材包括:《房地产基本制度与政策(含房地产相关知识)》《房地产开发经营与管理》《房地产估价理论与方法》《房地产估价案例与分析》4 个科目。

本套教材具有以下特点:

一、内容全面,层次分明,有利于考生全面掌握考点

本书包含了现行考试大纲要求的知识点和考点,并且每章由知识导图、考情分析、表解考点、考点详解、跟踪训练和参考答案及解析等六部分组成,内容翔实,有利于考生全面掌握考试内容,把握重点,全面复习。

二、考点明确,语言简洁,具有很强的实用性

本书根据现行大纲对考试中的重要知识点进行精简汇编,内容以表格的形式呈现,帮助考生提高学习效率,达到最佳的学习效果。

三、添加知识导图,章节思维脉络清晰,方便考生理清思路

本书每一章前面都有知识导图,知识导图是对章节考试要点的提炼,有助于考生快速掌握考试要点,理清自己的学习思路,从而达到快速备考、科学备考的目的。

四、添加考情分析和表解考点，方便考生明晰考试重点和难点

本书的每一章前面都添加了考情分析和表解考点。考情分析指出了每章在历年考试中的重点和难点，方便考生重点学习相关知识点；表解考点是对相关知识点的大纲要求以表格形式呈现，方便考生理清考试要求，做到有的放矢。

五、添加跟踪训练，方便考生检验学习成果

本书的每一章后面都添加了跟踪训练，其中包含了历年考试真题和经典的练习题，题后有详细的参考答案及解析，方便考生快速检验自己的学习成果。

由于时间和能力有限，本书难臻完善，不足之处，敬请广大读者予以指正。同时希望本书能够帮助各位考生顺利通过考试。

本书编写组

目录 Contents

上篇 房地产基本制度与政策

下篇 房地产相关知识

上篇 房地产基本制度与政策

第一章 房地产业

知识导图

- 房地产业
  - 房地产业概述
    - 房地产业的基本概念
    - 房地产业的细分
    - 房地产业的历史延革
  - 城镇住房制度
    - 城镇住房制度改革
    - 住房保障制度
    - 住房公积金制度
  - 土地制度概述
    - 土地所有制
    - 土地管理的基本制度
    - 城镇土地使用制度改革
    - 现行城镇土地使用制度的基本框架
  - 房地产法制建设
    - 房地产法律体系
    - 房地产相关法律、行政法规与部门规章

考情分析

本章主要介绍了房地产业概述、城镇住房制度、土地制度概述、房地产法制建设,帮助考生整体了解我国目前的房地产业和各种制度法规。本章的学习重点是土地所有制、土地管理的基本制度,学习的难点是我国房地产法律体系框架、房地产行政法规主要内容。

本章在考试中的平均分值为2分,考试目的是测查应试人员对房地产业、城镇住房制度、土地制度和房地产领域现行法规体系等基本知识的了解、熟悉与掌握程度。本章主要是基础性的知识,难度不大,考生应理解基本概念,并抓住重点内容进行学习。

表解考点

考点	重要等级
房地产业的基本概念	熟悉
房地产业的细分	熟悉
房地产业的历史沿革	了解
城镇住房制度改革	了解
住房保障制度	熟悉
住房公积金制度	熟悉
土地所有制	掌握
土地管理的基本制度	掌握
城镇土地使用制度改革	了解
现行城镇土地使用制度的基本框架	熟悉
我国房地产法律体系框架	掌握
房地产相关法律主要内容	掌握
房地产行政法规主要内容	掌握
房地产部门规章主要内容	掌握

考点详解

第一节　房地产业概述

考点一　房地产业的基本概念

要点	具体内容
房地产业的概念	房地产业是从事房地产投资、开发、经营、服务和管理的行业，包括房地产开发经营、房地产中介服务、物业管理和其他房地产活动。在国民经济产业分类中，房地产业属于第三产业，是为生产和生活服务的部门

续表

要点	具体内容
房地产业与建筑业的区别和联系	(1)区别:房地产业兼有生产(开发)、经营、服务和管理等多种性质,是第三产业;建筑业是物质生产部门,属第二产业。 (2)联系:业务对象都是房地产。在房地产开发活动中,房地产业是房地产开发建设的甲方,建筑业是乙方

考点二　房地产业的细分

要点	具体内容
概述	房地产业可分为房地产开发经营业和房地产服务业。房地产服务业又可分为房地产中介服务业和物业管理业,房地产中介服务业又可分为房地产咨询业、房地产估价业和房地产经纪业
房地产开发经营业的主要业务	取得待开发房地产,特别是土地,然后进行基础设施建设、场地平整等土地开发或者房屋建设,再转让开发完成后的土地、房地产开发项目或者销售、出租建成后的房屋。房地产开发经营业具有投资大、周期长、风险高、回报率高、附加值高、产业关联度高、带动力强等特点。房地产开发企业的收入具有不连续性。目前,我国房地产业中房地产开发经营业占主体地位
房地产咨询业的主要业务	为有关房地产活动的当事人提供法律法规、政策、信息、技术等方面的顾问服务,现实中的具体业务有接受当事人的委托进行房地产市场调查研究、房地产投资项目可行性研究、房地产开发项目策划等。目前,房地产咨询业务主要由房地产估价师和房地产估价机构或者房地产经纪人和房地产经纪机构承担
房地产估价业的主要业务	分析、测算和判断房地产的价值并提出相关专业意见,为土地使用权出让、转让和房地产买卖、抵押、征收征用补偿、损害赔偿、课税等提供价值参考依据。房地产估价活动主要由房地产估价师来完成。房地产估价业是知识密集型行业
房地产经纪业的主要业务	帮助房地产出售者、出租人寻找到房地产的购买者、承租人,或者帮助房地产的购买者、承租人寻找到其欲购买、承租的房地产,是房地产市场运行的润滑剂。房地产经纪活动由房地产经纪人员来完成,房地产经纪机构主要是为房地产经纪人员提供平台和品牌。房地产经纪业是知识密集和劳动密集型行业。在成熟的房地产市场中,房地产经纪业是房地产业的主体
物业管理业的主要业务	对已建成并经竣工验收投入使用的各类房屋及配套的设施设备和相关场地进行维修、养护、管理,维护物业管理区域内的环境卫生和相关秩序,并提供相关服务。物业管理业是劳动密集和知识密集型行业

考点三　房地产业的历史延革

要点	具体内容
1949 年以前	以土地和房产私有制为基础的房地产业
1949～1955 年	确立产权,建设机构,改善生活条件的房地产稳定期
1956～1965 年	确立了公有制在房地产中的主体地位
1966～1978 年	房地产混乱停滞,住房问题成为严重的社会问题之一
1978 年以后	1987 年 10 月 25 日,党的第十三次全国代表大会《沿着有中国特色的社会主义道路前进》的报告第一次提出了建立房地产市场,宣告了中国社会主义房地产市场的诞生。 2003 年 8 月 12 日,国务院印发了《国务院关于促进房地产市场持续健康发展的通知》指出房地产业已经成为国民经济的支柱产业。 近年来,中央提出建立促进房地产市场平稳健康发展的长效机制,调整和优化中长期供给体系,实现房地产市场动态均衡。以市场为主满足多层次需求,以政府为主提供基本保障。定位“房子是用来住的,不是用来炒的”,坚持住房的居住属性,健全购租并举的住房制度。落实地方政府主体责任,因城施策,加强房地产市场分类调控

第二节　城镇住房制度

考点一　城镇住房制度改革

要点	具体内容
传统的城镇住房制度	以国家统包、无偿分配、低租金、无限期使用的实物福利性住房制度
住房改革的目标	创立具有中国特色的新型住房制度,实现住房商品化、市场化、社会化
我国城镇住房制度改革经历的三个阶段	1. 探索和试点阶段 (1)1979 年开始实行向居民全价售房的试点。 (2)1980 年 6 月,《全国基本建设工作会议汇报提纲》,正式宣布将实行住宅商品化的政策

续表

要点	具体内容
我国城镇住房制度改革经历的三个阶段	(3)1982 年开始实行补贴出售住房的试点,即政府、单位、个人各负担房价的1/3。 (4)自 1986 年以后,城镇住房制度改革取得了重大突破,掀起了第一轮房改热潮。 (5)1988 年 1 月国务院召开了"第一次全国住房制度改革工作会议",批准《关于在全国城镇分期分批推行住房制度改革的实施方案》,标志着住房制度改革进入了整体方案设计和全面试点阶段。 2. 全面推进和配套改革阶段 (1)1991 年 11 月,国务院办公厅下发了《关于全面进行城镇住房制度改革的意见》,它标志着城镇住房制度改革进入全面推进和综合配套改革的新阶段。 (2)1992 年 5 月,上海市实行了"五位一体"的房改实施方案,具体包括推行住房公积金、提租发补贴、配房买债券、买房给优惠、建立房委会五项措施。并借鉴新加坡的成功经验,在全国率先建立了住房公积金制度。 3. 深化和全面实施阶段 (1)1994 年 7 月国务院《关于深化城镇住房制度改革的决定》,房改的基本内容可以概括为"三改四建";要求全面推行住房公积金制度,积极推进租金改革,稳步出售公有住房,加快经济适用住房的开发建设;标志着改革已进入深化和全面实施阶段。 (2)1998 年 7 月《国务院关于进一步深化城镇住房制度改革加快住房建设的通知》宣布从 1998 年下半年开始,全国城镇停止住房实物分配,实行住房分配货币化,形成了新的住房制度的分水岭和企业住房制度改革的重要里程碑。 (3)十八大提出构建以政府为主提供基本保障、以市场为主满足多层次需求的住房供应体系,逐步形成总量基本平衡、结构基本合理、房价与消费能力基本适应的住房供需格局,实现广大群众住有所居的住房目标

考点二 住房保障制度

要点	具体内容
概述	目前,我国在以廉租住房制度、经济适用住房制度和公共租赁住房为主要内容的基本住房保障制度框架基础上,推进公共租赁住房和廉租住房并轨运行,探索发展共有产权住房,并通过棚户区改造等方式,积极改善其他住房困难群体的居住条件
保障性住房	保障性住房是享受政策支持的住房,包括廉租住房、经济适用住房、公共租赁住房、限价商品住房。 1. 廉租住房 廉租住房由政府通过新建、改建、购置、租赁等方式筹集;新建廉租住房,实行土地划拨和税费减免;以低租金出租给符合条件的家庭。廉租住房单套建筑面积控制在 50 m^2 以内,保证基本居住功能。廉租住房保障也采取发放租赁补贴、由低收入家庭在市场上自行承租住房的方式。廉租住房保障两种方式:低租金出租、发放租赁补贴

续表

<table>
<tr><th>要点</th><th>具体内容</th></tr>
<tr><td>保障性住房</td><td>廉租住房保障资金来源有：
(1)地方财政将廉租住房保障资金纳入年度预算安排。
(2)住房公积金增值收益在提取贷款风险准备金和管理费用之后全部用于廉租住房建设。
(3)土地出让净收益用于廉租住房保障资金的比例不得低于10%，各地还可根据实际情况进一步适当提高比例。
(4)廉租住房租金收入实行收支两条线管理，专项用于廉租住房的维护和管理。
2. 经济适用住房
经济适用住房由政府组织、社会投资建设，实行土地划拨、税费减免、信贷支持，按照保本微利原则出售给符合条件的家庭。经济适用住房单套建筑面积控制在60 m^2 左右；购房人拥有有限产权，购房满5年可转让，但应按照规定交纳土地收益等价款；政府优先回购。
3. 公共租赁住房
公共租赁住房的供应对象主要是城镇中等偏下收入住房困难家庭。有条件的地区，可以将新就业职工和有稳定职业并在城市居住一定年限的外来务工人员纳入供应范围。公共租赁住房房源通过新建、改建、收购、在市场上长期租赁住房等方式多渠道筹集。租金水平由市县人民政府统筹考虑市场租金水平和供应对象的住房支付能力合理确定。
4. 限价商品住房
限价商品住房通过限定套型结构、销售价位，以招标方式确定开发建设单位。
《国务院关于坚决遏制部分城市房价过快上涨的通知》要求，房价过高、上涨过快的地区，要大幅度增加限价商品住房等的供应。从建设限价商品住房的城市的情况看，主要面向有本地户籍的中等及以下收入住房困难家庭销售。
改革趋势：
(1)公共租赁住房和廉租住房并轨运行，各地区要把廉租住房全部纳入公共租赁住房，实现统一规划建设、统一资金使用、统一申请受理、统一运营管理。
(2)发展共有产权住房，供应对象是在城镇稳定就业一定年限的首次购房家庭和棚户区改造后扩大住房面积的家庭，只能享受一次。当居住一定年限后交易时，需按政府(或单位)与个人的产权比例分享收益，可以涵盖经济适用住房和限价商品住房</td></tr>
<tr><td>棚户区改造</td><td>棚户区改造包括城市棚户区改造、国有工矿棚户区改造、国有林区棚户区改造、国有垦区危房改造等。供应对象是居住在棚户区的居民。
筹集资金渠道：财政补助、银行贷款、企业支持、群众自筹、市场开发等。对城市和国有工矿棚户区改造项目，实行免征城市基础设施配套费等优惠政策</td></tr>
<tr><td>相关配套政策</td><td>1. 财政政策
市县财政将公共住房保障资金纳入年度预算安排。中央财政对中西部地区廉租住房、对各地公共租赁住房及棚户区改造住房建设给予资金支持。对保障性住房建设，减免税收，免收各种行政事业性收费和政府性基金。通过税率调整，鼓励合理住房消费。
2. 金融政策
住房消费方面主要包括个人住房商业贷款、住房公积金贷款。国家通过调整贷款利率和</td></tr>
</table>

续表

要点	具体内容
相关配套政策	首付比例、实行差别化利率等方式,支持购买普通自住住房。住房建设方面有商业银行开发贷款。 3. 土地政策 商品住房用地采取"招拍挂"方式出让。保障性住房用地实行划拨等多种方式供应,并优先保证

考点三 住房公积金制度

要点	具体内容
概述	住房公积金是指国家机关、国有企业、城镇集体企业、外商投资企业、城镇私营企业及其他城镇企业、事业单位、民办非企业单位、社会团体及其在职职工缴存的长期住房储金。职工个人缴存的住房公积金和职工所在单位为职工缴存的住房公积金,属于职工个人所有。住房公积金实行住房公积金管理委员会决策、住房公积金管理中心运作、银行专户存储、财政监督。
住房公积金缴存	1. 缴存单位 国家机关、国有企业、城镇集体企业、外商投资企业、城镇私营企业及其他城镇企业、事业单位、民办非企业单位和社会团体及其在职职工都应按月缴存住房公积金。有条件的地方,城镇单位聘用进城务工人员,单位和职工可缴存住房公积金;城镇个体工商户、自由职业人员可申请缴存住房公积金。 2. 缴存基数 缴存基数是职工本人上一年度月平均工资,原则上不应超过职工工作地所在城市统计部门公布的上一年度职工月平均工资的2或3倍。缴存基数每年调整一次。 3. 缴存比例 缴存比例是指职工个人和单位缴存住房公积金的数额占职工上一年度月平均工资的比例。单位和个人的缴存比例不低于5%,原则上不高于12%。具体缴存比例由住房公积金管委会拟订,经本级人民政府审核后,报省、自治区、直辖市人民政府批准
住房公积金提取	住房公积金提取是指缴存职工符合住房消费提取条件或丧失缴存条件时,部分或全部提取个人账户内的住房公积金存储余额的行为。 职工有下列情形的,可以申请提取个人账户内的住房公积金存储余额: (1)购买、建造、翻建、大修自住住房的。 (2)偿还购建自住住房贷款本息的。 (3)租赁自住住房,房租超出家庭工资收入一定比例的

续表

要点	具体内容
住房公积金提取	(4)离休、退休和出境定居的。 (5)职工死亡、被宣告死亡的。 (6)享受城镇最低生活保障的。 (7)完全或部分丧失劳动能力,并与单位终止劳动关系的。 (8)管委会依据相关法规规定的其他情形
住房公积金使用	1. 发放个人住房贷款 设立个人住房公积金账户,且连续足额正常缴存一定期限的职工,在购买、建造、翻建、大修自住住房时,可以向住房公积金管理中心申请住房公积金个人住房贷款。 缴存职工在缴存地以外地区购房,可按购房地住房公积金个人住房贷款政策向购房地住房公积金管理中心申请个人住房贷款。 2. 购买国债 在保证职工住房公积金提取和贷款的前提下,经住房公积金管理委员会批准,住房公积金管理中心可将住房公积金用于购买国债。 3. 贷款支持保障性住房建设试点 2009 年,国家开展了利用住房公积金贷款支持保障性住房建设试点工作。试点城市在优先保证职工提取和个人住房贷款、留足备付准备金的前提下,可将 50% 以内的住房公积金结余资金贷款支持保障性住房建设,贷款利率按照五年期以上个人住房公积金贷款利率上浮 10% 执行。利用住房公积金结余资金发放的保障性住房建设贷款,定向用于经济适用住房、列入保障性住房规划的城市棚户区改造项目安置用房、政府投资的公共租赁住房建设

第三节 土地制度概述

考点一 土地所有制

要点	具体内容
国有土地	全民所有制的土地被称为国家所有土地,简称国有土地,其所有权由国务院代表国家行使。《土地管理法》规定,全民所有,即国家所有土地的所有权由国务院代表国家行使。 1. 国有土地的范围 (1)城市市区的土地。 (2)农村和城市郊区中已经依法没收、征收、征购为国有的土地。 (3)国家依法征收的土地。 (4)依法不属于集体所有的林地、草地、荒地、滩涂及其他土地

续表

<table>
<tr><th>要点</th><th>具体内容</th></tr>
<tr><td>国有土地</td><td>(5)农村集体经济组织全部成员转为城镇居民的,原属于其成员集体所有的土地。
(6)因国家组织移民、自然灾害等原因,农民成建制地集体迁移后不再使用的原属于迁移农民集体所有的土地。
2. 合法取得建设用地使用权的途径
(1)通过行政划拨方式取得。
(2)通过国家出让方式取得。
(3)通过房地产转让方式取得(如买卖、赠予或者其他合法方式)。
(4)通过土地或房地产租赁方式取得。
3. 建设用地使用权的内容和设立
建设用地使用权人享有土地占有、使用和收益的权利,有权利用该土地建造建筑物、构筑物及其附属设施。
不得改变土地用途。如需要改变的,应当依法经有关行政主管部门批准。
建设用地使用权可以在土地的地表、地上或者地下分别设立。新设立的建设用地使用权,不得损害已设立的用益物权。
4. 建设用地使用权的流转
建设用地使用权转让、互换、出资、赠与或者抵押的,当事人应当采取书面形式订立相应的合同。使用期限由当事人约定,但不得超过建设用地使用权的剩余期限。
建设用地使用权转让、互换、出资或者赠与的,附着于该土地上的建筑物、构筑物及其附属设施一并处分。
建筑物、构筑物及其附属设施转让、互换、出资或者赠与的,该建筑物、构筑物及其附属设施占用范围内的建设用地使用权一并处分</td></tr>
<tr><td>集体土地</td><td>1. 农民集体的范围
(1)村农民集体。
(2)村内两个以上农村集体经济组织的农民集体。
(3)乡(镇)农民集体。
2. 农村集体土地的范围
《土地管理法》规定,农民集体所有的土地依法属于村农民集体所有的,由村集体经济组织或者村民委员会经营、管理;已经分别属于村内两个以上农村集体经济组织的农民集体所有的,由村内各该农村集体经济组织或者村民小组经营、管理;已经属于乡(镇)农民集体所有的,由乡(镇)农村集体组织经营、管理。
农村和城市郊区的土地一般属于农民集体所有,即除法律规定属于国家所有的外,属于农民集体所有。
《宪法》规定,农村和城市郊区的土地,除由法律规定属于国家所有的外,属于集体所有;宅基地和自留地、自留山,也属于集体所有。
《宪法》规定,矿藏、水流、森林、山岭、草原、荒地、滩涂等自然资源,都属于国家所有,即全民所有;由法律规定属于集体所有的森林和山岭、草原、荒地、滩涂除外</td></tr>
</table>

续表

要点	具体内容
集体土地	3. 农村集体土地的改革 党的十八届三中全会提出加快"建立城乡统一建设用地市场"，在符合规划和用途管制前提下，允许农村集体经营建设用地出让、租赁、入股，实行与国有土地同等入市、同权同价。改革农村宅基地制度，选择若干试点，慎重稳妥推进农民住房财产权抵押、担保、转让

考点二　土地管理的基本制度

要点	具体内容
国家实行土地有偿有限期使用制度	除国家核准的划拨土地外，凡新增土地和原使用的土地改变用途或使用条件、进行市场交易等，均实行有偿有限期使用。 《土地管理法》规定，国家依法实行国有土地有偿使用制度。但是，国家在法律规定的范围内划拨国有土地使用权的除外。 《城镇国有土地使用权出让和转让暂行条例》规定，土地使用权出让是指国家以土地所有者的身份将土地使用权在一定年限内让与土地使用者，并由土地使用者向国家支付土地使用权出让金的行为
国家实行土地用途管制制度	根据土地利用总体规划，将土地用途分为农用地、建设用地和未利用土地。土地用途管制的核心是不能随意改变农用地的用途。农用地转用须经有批准权的人民政府核准。控制建设用地总量，严格限制农用地转为建设用地
国家实行耕地保护制度	《物权法》规定，国家对耕地实行特殊保护，严格限制农用地转为建设用地，控制建设用地总量。耕地主要是指种植农作物的土地，包括新开垦荒地、轮歇地、草田轮作地；以种植农作物为主间有零星果树、桑树或其他树木的土地；耕种3年以上的滩地和滩涂等

考点三　城镇土地使用制度改革

要点	具体内容
计划经济时期	我国的城镇土地使用制度，是对土地实行行政划拨、无偿无限期使用、禁止土地使用者转让土地的制度。行政划拨是指土地由政府有关主管部门调拨使用。无偿无期限使用是指从国家那里得到土地时不支付地价，在使用土地的过程中也不缴纳地租或土地使用费。禁止土地使用者转让土地是指禁止土地使用者以买卖、出租、抵押、赠与、交换等方式 将土地转让给其他单位或个人使用
我国城镇土地使用制度改革发展过程	1. 征收土地使用费 1982年深圳特区开始按照城市土地的不同等级向土地使用者收取不同标准的使用费。 1988年9月27日，国务院《城镇土地使用税暂行条例》规定，自1988年11月1日起土地

续表

要点	具体内容
我国城镇土地使用制度改革发展过程	使用费改征土地使用税。 2. 开展土地使用权有偿出让和转让 1987 年下半年,深圳特区率先开展土地使用权有偿出让和转让的试点,做法是国家出让土地使用权及允许进行土地使用权抵押。 3. 制定地方性土地使用权有偿出让、转让法规 1987 年 11 月 29 日,上海市人民政府首先发布了《上海市土地使用权有偿转让办法》。 4. 修改宪法和土地管理法 1988 年,宪法修正案改为:“土地的使用权可以依照法律的规定转让”。 1988 年,土地管理法相应修改。 2004 年,宪法修正案改为:“国家为了公共利益的需要,可以依照法律规定对土地实行征收或者征用并给予补偿”。 2004 年,《土地管理法》区分了“征收”和“征用”。土地征收和征用的区别:土地征收是指国家依据公共利益的理由,强制取得民事主体土地所有权的行为;土地征用是指国家依据公共利益的需要,强制取得民事主体土地使用权的行为

考点四　现行城镇土地使用制度的基本框架

要点	具体内容
概述	(1)在不改变城市土地国有的条件下,采取拍卖、招标、协议、挂牌等方式将土地使用权有偿、有限期地出让给土地使用者。 (2)土地使用者的土地使用权在使用年限内可以转让、出租、抵押或者用于其他经济活动,其合法权益受国家法律保护。 (3)需要继续使用的,经批准,期限可以延长,同时按当时市场情况补交地价款

第四节　房地产法制建设

考点一　房地产法律体系

要点	具体内容
概述	(1)构架:法律、行政法规、地方性法规、部门规章、地方性政府规章、规范性文件和技术规范等。 (2)主要法律:《城市房地产管理法》《土地管理法》《城乡规划法》《物权法》

考点二　房地产相关法律、行政法规与部门规章

要点	具体内容
房地产相关法律	房地产相关法律由全国人大制定并颁布实施。 主要有《城市房地产管理法》《土地管理法》《城乡规划法》《物权法》等。其中,《物权法》是规范财产关系的民事基本法律,调整因物的归属和利用而产生的民事关系
房地产行政法规	房地产行政法规由国务院制定并颁布实施。 主要有《土地管理法实施条例》《城市房地产开发经营管理条例》《国有土地上房屋征收与补偿条例》《城镇国有土地使用权出让和转让暂行条例》《住房公积金管理条例》《物业管理条例》《不动产登记暂行条例》等
房地产部门规章	房地产部门规章以国务院房地产行政主管部门的部长令颁布。 主要有《房地产开发企业资质管理办法》《城市商品房预售管理办法》《城市危险房屋管理规定》《房地产估价机构管理办法》等。 规范性文件有《房地产估价师执业资格制度暂行规定》《房地产估价师执业资格考试实施办法》《国有土地上房屋征收评估办法》《房地产抵押估价指导意见》等;国家技术规范标准有《房地产估价规范》《房产测量规范》等

跟踪训练

一、单项选择题

1. 我国土地用途管制的核心是不能随意改变(　　)的用途。

A. 住宅用地　　B. 商业用地

C. 工业用地　　D. 农用地

2. 下列不属于中介服务业的是(　　)。

A. 房地产咨询　　B. 房地产估价

C. 房地产经纪　　D. 物业管理

3.《国有土地上房屋征收与补偿条例》在我国法律体系中属于(　　)。

A. 法律　　B. 行政法规

C. 部门规章　　D. 地方性法规

4. 我国基本住房保障制度不包括(　　)。

A. 廉租住房制度　　B. 经济适用住房制度

C. 公共租赁住房制度　　D. 商品房制度

5. 廉租住房保障面积标准单套控制在(　　)m^2 以内。

A. 50　　B. 60　　C. 80　　D. 90

6. 下列关于经济适用住房的说法,错误的是(　　)。

A. 由政府组织、社会投资建设,实行土地划拨、税费减免、信贷支持

B. 按照保本微利原则出售

C. 购房满 5 年可转让,不再交纳土地收益等价款

D. 政府优先回购

7. (　　)面向有本地户籍的中低收入家庭销售。通过限定套型结构、销售价位,以招标方式确定开发建设单位。

A. 廉租住房　　B. 棚改安置住房

C. 公共租赁住房　　D. 限价商品住房

8. 国有土地所有权由(　　)代表国家行使。

A. 国务院　　B. 国务院土地行政主管部门

C. 市、县人民政府　　D. 市、县人民政府土地行政主管部门

9.《宪法》规定,农村的宅基地,属(　　)所有。

A. 国家　　B. 所在的村民小组

C. 农民个人　　D. 农民集体

10. 目前,土地出让净收益用于廉租住房保障资金的比例,不得低于(　　)。

A. 5%　　B. 7%　　C. 10%　　D. 15%

11. 住房公积金属于(　　)所有。

A. 缴存住房公积金的单位　　B. 缴存住房公积金的职工

C. 缴存住房公积金的单位及个人　　D. 住房公积金管理中心

12. 不属于集体所有的土地是(　　)。

A. 宅基地　　B. 自留地

C. 自留山　　D. 商品房用地

13. 住房公积金缴存比例原则上不高于(　　)。

A. 8%　　B. 10%　　C. 12%　　D. 15%

14. 下列不属于土地管理的基本制度的是(　　)。

A. 国家实行土地有偿有限期使用制度

B. 国家实行土地用途管制制度

C. 国家实行土地公有制度

D. 国家实行耕地保护制度

15. 保障性住房建设用地获取方式主要是(　　)。

A. 划拨　　B. 招标　　C. 拍卖　　D. 挂牌

二、多项选择题

1. 廉价住房保障资金的来源有(　　)等。

A. 地方财政预算安排　　B. 中央财政专项补助

C. 住房公积金增值收益　　D. 土地出让净收益

E. 住宅专项维修资金

2. 房地产部门规章包括(　　)。

A.《国有土地上房屋征收与补偿条例》　　B.《商品房销售管理办法》

C.《注册房地产估价师管理办法》　　D.《房地产估价规范》

E.《土地管理法》

3. 房地产中介服务业包括(　　)。

A. 房地产开发　　B. 房地产咨询

C. 房地产估价　　D. 房地产经纪

E. 物业管理

4. 棚户区改造主要包括(　　)。

A. 城市棚户区改造　　B. 国有工矿棚户区改造

C. 国有林区棚户区改造　　D. 国有垦区危房改造

E. 农村棚户区改造

5. 棚户区改造的资金来源主要有(　　)。

A. 财政补助　　B. 银行贷款

C. 企业支持　　D. 社会捐赠

E. 群众自筹与市场开发

6. 保障性住房等享受政策支持的住房,包括(　　)。

A. 廉租住房　　B. 经济适用住房

C. 公共租赁住房　　D. 限价商品住房

E. 普通商品房

7. 我国廉租住房的房源包括(　　)。

A. 新建　　B. 购置　　C. 改建　　D. 租赁

E. 房地产企业建设

8. 下列对于限价商品房的说法,正确的有(　　)。

A. 限定套型结构　　B. 限定销售价位

C. 限定地段　　D. 限定开发周期

E. 以招标方式确定开发建设单位

9. 下列属于耕地范围的有(　　)。

A. 新开垦地

B. 以种植农作物为主间有树木的土地

C. 宅基地

D. 耕种 3 年以上的滩地和滩涂

E. 自留地

三、判断题

1. 棚改安置住房的供应对象是居住在棚户区的居民。　　(　　)

2. 经济适用住房建设用地采取划拨方式供应。　　(　　)

3. 房地产可分为房地产开发经营业和房地产服务业。　　(　　)

4. 农民集体所有的土地依法属于村农民集体所有的，由村民委员会负责经营管理。（　　）

5.《物权法》是规范财产关系和人身关系的民事基本法律。（　　）

6. 住房公积金实质上就是职工的部分工资，不管是职工缴存的，还是单位缴存的，都属于职工所有。（　　）

参考答案及解析

一、单项选择题

1. D 【解析】土地划分为农用地、建设用地和未利用地三大类，土地用途管制的核心是不能随意改变农用地的用途。

2. D 【解析】房地产服务业包括中介服务业与物业管理业，而中介服务业又包括房地产咨询、房地产估价与房地产经纪。

3. B 【解析】以“条例”冠名的是行政法规。房地产的行政法规是以国务院令颁布的，主要有《土地管理法实施条例》《城市房地产开发经营管理条例》《国有土地上房屋征收与补偿条例》《城镇国有土地使用权出让和转让暂行条例》《住房公积金管理条例》《物业管理条例》《不动产登记暂行条例》等。

4. D 【解析】我国在以廉租住房制度、经济适用住房制度和公共租赁住房为主要内容的基本住房保障制度框架基础上，推进公共租赁住房和廉租住房并轨运行，探索发展共有产权住房，并通过棚户区改造等方式，积极改善其他住房困难群体的居住条件。

5. A 【解析】廉租住房由政府通过新建、改建、购置、租赁等方式筹集。实行土地划拨和税费减免，以低租金出租。廉租住房单套建筑面积控制在50 m^2以内，保证基本居住功能。廉租住房保障也采取发放租赁补贴、由低收入家庭在市场上自行承租住房的方式。

6. C 【解析】选项C错误，购房满5年可转让，但应交纳土地收益等价款。经济适用住房由政府组织、社会投资建设，实行土地划拨、税费减免、信贷支持，按照保本微利原则出售。经济适用住房单套建筑面积控制在60 m^2以内；购房人拥有有限产权，购房满5年可转让，但应按照规定交纳土地收益等价款；政府优先回购。

7. D 【解析】限价商品住房通过限定套型结构、销售价位，以招标方式确定开发建设单位。从建设限价商品住房的城市情况看，主要面向有本地户籍的中等及以下收入住房困难家庭销售。

8. A 【解析】我国实行土地的社会主义公有制，即全民所有制和劳动群众集体所有制（土地管理法规定）。全民所有制的土地被称为国家所有土地，简称国有土地，其所有权由国务院代表国家行使。

9. D 【解析】《宪法》规定：农村和城市郊区的土地，除由法律规定属于国家所有的外，属于集体所有；宅基地和自留地、自留山，属于集体所有。

10. C 【解析】廉租住房保障资金来源有：(1)地方财政将廉租住房保障资金纳入年度预算安排；(2)住房公积金增值收益在提取贷款风险准备金和管理费用之后全部用于廉租住房建设；(3)土地出让净收益用于廉租住房保障资金的比例不得低于10%，各地还可根据实际情况

进一步适当提高比例;(4)廉租住房租金收入实行收支两条线管理,专项用于廉租住房的维护和管理。

11. B 【解析】职工个人缴存的住房公积金和职工所在单位为职工缴存的住房公积金,属于职工个人所有。

12. D 【解析】农村和城市郊区的土地一般属于农民集体所有(法律明确规定属于国家所有的除外);宅基地和自留地、自留山,属于集体所有;法律明确规定属于集体所有的森林、山岭、草原、荒地、滩涂等自然资源(如无规定属国家所有)。

13. C 【解析】单位和个人缴存比例不低于5%,原则上不高于12%。具体缴存比例由住房公积金管理委员会拟订,经本级政府审核后,报省、自治区、直辖市人民政府批准。

14. C 【解析】土地管理的基本制度包括:(1)国家实行土地有偿有限期使用制度;(2)国家实行土地用途管制制度;(3)国家实行耕地保护制度。

15. A 【解析】商品住房用地采取“招拍挂”方式出让,保障性住房用地实行划拨等多种方式供应,并优先保证。

二、多项选择题

1. ABCD 【解析】住房保障制度:(1)地方财政将廉租住房保障资金纳入年度预算安排;(2)住房公积金增值收益在提取贷款风险准备金和管理费用之后全部用于廉租住房建设;(3)土地出让净收益用于廉租住房保障资金的比例不得低于10%,各地还可根据实际情况进一步适当提高比例;(4)廉租住房租金收入实行收支两条线管理,专项用于廉租住房的维护和管理。

2. BC 【解析】选项A是由国务院颁布的,属于行政法规;选项D属于国家标准;选项E属于法律。

3. BCD 【解析】选项A属于房地产开发业,选项E属于服务业,但不属于中介服务业。房地产中介服务分为房地产咨询、房地产估价和房地产经纪。

4. ABCD 【解析】棚户区改造包括城市棚户区改造、国有工矿棚户区改造、国有林区棚户区改造、国有垦区危房改造等。

5. ABCE 【解析】棚户区改造采取财政补助、银行贷款、企业支持、群众自筹、市场开发等多渠道筹集资金。

6. ABCD 【解析】保障性住房是享受政策支持的住房,包括廉租住房、经济适用住房、公共租赁住房、限价商品住房。

7. ABCD 【解析】廉租住房由政府通过新建、改建、购置、租赁等方式筹集。

8. ABE 【解析】限价商品住房通过限定套型结构、销售价位,以招标方式确定开发建设单位。主要面向有本地户籍的中等及以下收入住房困难家庭销售。

9. ABD 【解析】耕地主要指种植农作物的土地,包括新开垦地、轮歇地、草田轮作地;以种植农作物为主,间有零星果树、桑树或其他树木的土地;耕种3年以上的滩地和滩涂也属于耕地。

三、判断题

1. √ 【解析】棚改安置住房的供应对象是居住在棚户区的居民,其中多为低收入和中等偏下收入住房困难家庭。

2. √ 【解析】经济适用住房实行土地划拨、税费减免、信贷支持,按照保本微利原则出售。

3. √ 【解析】房地产业分为房地产开发经营业和房地产服务业。房地产服务业包括房地产中介服务业和物业管理业。房地产中介服务业包括房地产咨询业、房地产估价业和房地产经纪业。

4. × 【解析】《土地管理法》规定:农民集体所有的土地依法属于村农民集体所有的,由村集体经济组织或者村民委员会经营、管理;已经分别属于村内两个以上农村集体经济组织的农民集体所有的,由村内各该农村集体经济组织或者村民小组经营、管理;已经属于乡(镇)农民集体所有的,由乡(镇)农村集体组织经营、管理。

5. × 【解析】《物权法》是规范财产关系的民事基本法律,调整因物的归属和利用而产生的民事关系。

6. √ 【解析】住房公积金全部归职工个人所有。

第二章　建设用地制度与政策

知识导图

- 建设用地制度与政策
  - 建设用地管理概述
    - 建设用地的概念、分类和特点
    - 建设用地管理的原则
    - 建设用地供应政策
    - 国有建设用地审查报批管理
    - 建设用地使用权二级市场管理
  - 建设用地使用权出让
    - 建设用地使用权出让的含义
    - 建设用地使用权出让计划、方式和年限
    - 建设用地使用权出让合同及其管理
    - 严格住房建设用地出让管理
  - 建设用地使用权划拨
    - 建设用地使用权划拨的含义
    - 建设用地使用权划拨的范围
    - 建设用地使用权划拨的管理
  - 集体土地征收
    - 集体土地的概述
    - 征收集体土地的特点
    - 征收集体土地应遵守的原则
    - 征收集体土地的政策规定
    - 征收集体土地补偿的范围和标准
    - 征收集体土地的工作程序
  - 闲置土地的处理
    - 闲置土地的认定
    - 闲置土地的处置方式
    - 闲置土地的预防和监管

考情分析

本章主要介绍了建设用地管理概述、建设用地使用权出让、建设用地使用权划拨、集体土地征收、闲置土地的处理。本章的学习重点是建设用地使用权划拨的范围、征收集体土地补偿的范围和标准，学习难点是建设用地使用权划拨的管理、闲置土地的认定。

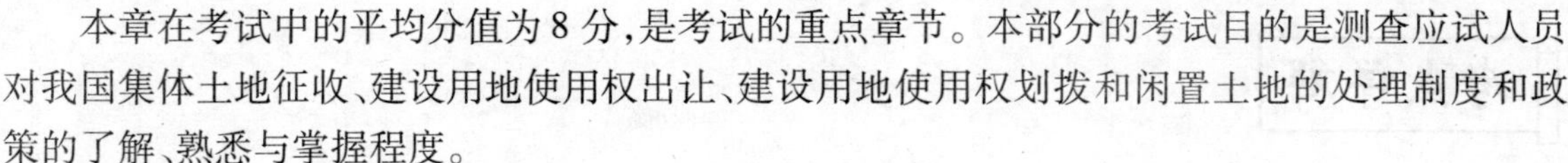

本章在考试中的平均分值为8分，是考试的重点章节。本部分的考试目的是测查应试人员对我国集体土地征收、建设用地使用权出让、建设用地使用权划拨和闲置土地的处理制度和政策的了解、熟悉与掌握程度。

表解考点

考点	重要等级
建设用地使用权出让的概念	掌握
建设用地使用权出让计划、方式和年限	掌握
建设用地使用权的收回和终止	熟悉
建设用地使用权出让合同及其管理	了解
征收集体土地的特点	了解
征收集体土地应遵守的原则	了解
征收、征用集体土地的政策规定	掌握
征收集体土地补偿的范围和标准	掌握
征收集体土地的工作程序	了解
建设用地使用权划拨的含义	掌握
建设用地使用权划拨的范围	掌握
建设用地使用权划拨的管理	掌握
闲置土地的认定	掌握
闲置土地的处置方式	熟悉
闲置土地的预防和监管	熟悉

考点详解

第一节　建设用地管理概述

考点一　建设用地的概念、分类和特点

要点	具体内容
概念	建设用地是指用于建造建筑物、构筑物的土地，包括城乡住宅和公共设施用地、工矿用地、交通水利设施用地、旅游用地、军事设施用地等。建设用地利用的结果，基本上是非生态附着物的形式。根据土地利用总体规划，土地按照用途分为农用地、建设用地和未利用地
分类	1. 按附着物的性质分类 (1)建筑物用地。人们在内进行生产、生活或进行其他活动的房屋或场所。 (2)构筑物用地。人们一般不直接在内进行生产、生活或进行其他活动的建筑物。 建筑物和构筑物又统称建筑。 2. 按建设用地的利用方式分类 (1)商服用地。 (2)工矿仓储用地。 (3)公用设施用地。 (4)公共建筑用地。 (5)住宅用地。 (6)交通设施用地。 (7)水利设施用地。 (8)其他建设用地。 3. 按土地所有权的归属分类 (1)国有建设用地，包括城市市区的土地、铁路、公路、机场、国有企业、港口等用地。 (2)集体所有建设用地，包括农民宅基地、乡(镇)村公共设施、公益事业、乡村办企业使用农民集体所有的建设用地。 4. 按建设用地的用途分类 (1)非农业建设用地，包括城镇、工矿、村庄用地，交通用地，乡镇企业、农村作坊、机械化养殖场、采矿区、废石场、垃圾堆场等三类。 (2)农业建设用地，如作物的暖房、育秧室、农用水泵房、农用道路等建设所需使用的土地。 5. 按建设用地的规模分类 (1)大型项目建设用地

续表

要点	具体内容
分类	(2)中型项目建设用地。 (3)小型项目建设用地。 6. 按建设用地的状况分类 (1)新增建设用地是指新近某一时点以后由其他非建设用地转变而来的建设用地。 (2)存量建设用地是指新近某一时点以前已有的建设用地。 7. 按建设用地的使用期限分类 (1)永久性建设用地是指建设用地一经使用就不再恢复原来状态的土地。 (2)临时建设用地是指在实施过程中,需要临时性使用的土地
特点	1. 非生态利用性 建设用地无须利用土壤的生产功能,属土地的非生态利用性。建设用地的这个特点,要求在农用地转变为建设用地时,一定要慎重行事,严格把关,不要轻易将农用地转变为建设用地。 2. 土地利用的集约性 农用地或未利用地变为建设用地后,就具有利用的高度集约性和资金的高度密集性,可以产生更高的经济效益。 3. 区位选择的重要性 在建设用地的选择中,区位起着非常重要的作用。但区位具有相对性,对一种类型的用地来说是优越的区位,对另外一种用地来说则不一定。区位的优劣可以随着周围环境的改变而改变,经济活动对于区位本身的影响是巨大的

考点二　建设用地管理的原则

要点	具体内容
规划总体控制的原则	《土地管理法》对建设用地的管理方式实行了重大改革,即以土地用途管制的方式代替了过去的分级限额审批制度,并强调了土地利用总体规划对建设用地的宏观控制作用。 农用地转为建设用地,要看是否符合土地利用总体规划的要求。如果确实需要改变用途,应当首先通过程序对土地利用总体规划进行修改,否则不能批准转为建设用地。 国家通过土地利用总体规划,确定建设用地的规模、布局、结构和时序安排,对建设用地实行总量控制。 土地利用总体规划确定的约束性指标和分区管制规定不得突破
有偿使用土地的原则	《土地管理法》规定,除一些公共设施、公益事业和基础设施外,国有建设用地土地供应原则上都应采用有偿使用的方式,土地有偿使用将成为我国建设用地供应的基本制度

续表

<table>
<tr><th>要点</th><th>具体内容</th></tr>
<tr><td>节约和集约用地的原则</td><td>1. 布局优化的原则
引导工业向开发区集中、人口向城镇集中、住宅向社区集中,推动农村人口向中心村、中心镇集聚,产业向功能区集中,耕地向适度规模经营集中。
禁止在土地利用总体规划和城乡规划确定的城镇建设用地范围之外设立各类城市新区、开发区和工业园区。
国土资源主管部门应当在土地利用总体规划中划定城市开发边界和禁止建设的边界,实行建设用地空间管制。
建设用地使用权在地上、地下分层设立的,其取得方式和使用年期参照在地表设立的建设用地使用权的相关规定。出让分层设立的建设用地使用权,应当根据当地基准地价和不动产实际交易情况,评估确定分层出让的建设用地最低价标准。
对不同用途高度关联、需要整体规划建设、确实难以分割供应的综合用途建设项目用地,市、县国土资源主管部门可以按照一宗土地实行整体出让供应,综合确定出让底价。
综合用途建设项目用地供应,包含需要通过招标、拍卖、挂牌的方式出让的,整宗土地应当采用招标、拍卖、挂牌的方式出让。
2. 市场配置的原则
通过运用土地租金和价格杠杆,促进土地节约集约利用。
国家扩大国有土地有偿使用范围,减少非公益性用地划拨。除军事、保障性住房、涉及国家安全和公共秩序的特殊用地可以以划拨方式供应外,国家机关办公和交通、能源、水利等基础设施(产业)、城市基础设施以及各类社会事业用地中的经营性用地,实行有偿使用。经营性用地应当以招标、拍卖、挂牌的方式确定土地使用者和土地价格。各类有偿使用的土地供应不得低于国家规定的用地最低价标准。
禁止以土地换项目、先征后返、补贴、奖励等形式变相减免土地出让价款。市、县国土资源主管部门可以采取先出租后出让、在法定最高年期内实行缩短出让年期等方式出让土地。鼓励土地使用者在符合规划的前提下,通过厂房加层、厂区改造、内部用地整理等途径提高土地利用率。在符合规划、不改变用途的前提下,现有工业用地提高土地利用率和增加容积率的,不再增收土地价款。符合节约集约用地要求、属于国家鼓励产业的工业用地,可以实行差别化的地价政策。分期建设的大中型工业项目,可以预留规划范围,根据建设进度,实行分期供地。
市、县国土资源主管部门供应工业用地,应当将工业项目投资强度、容积率、建筑系数、绿地率、非生产设施占地比例等控制性指标纳入土地使用条件。在供应住宅用地时,应当将最低容积率限制、单位土地面积的住房建设套数和住宅建设套型等规划条件写入建设用地使用权出让合同。
3. 盘活利用的原则
国家鼓励土地整治。县级以上地方国土资源主管部门应当会同有关部门,依据土地利用总体规划和土地整治规划,对城乡低效利用土地进行再开发,提高土地利用效率和效益,促进土地节约集约利用。鼓励社会资金参与城镇低效用地、废弃地再开发和利用。鼓励土地使用者自行开发或者合作开发</td></tr>
</table>

续表

要点	具体内容
建设用地年度计划管理	土地利用规划和计划是建设用地管理的基本依据,尤其涉及农用地转为建设用地时,首先要看其是否符合土地利用总体规划的要求,其次要看其是否符合土地利用年度计划的要求。 自然资源部会同国家发展改革委以全国土地利用总体规划安排为基础,根据经济社会发展状况和各地用地实际等情况,测算全国未来三年新增建设用地计划指标控制总规模。 省级以下国土资源主管部门应当将上级下达的土地利用年度计划指标予以分解,经同级人民政府同意后下达。 新增建设用地计划指标实行指令性管理,不得突破。土地利用年度计划一经批准下达,必须严格执行。因特殊情况需增加全国土地利用年度计划中新增建设用地计划的,按规定程序报国务院审定

考点三　建设用地供应政策

要点	具体内容
建设用地供应的含义	建设用地供应是指国家将土地使用权提供给建设单位使用的过程。 根据我国现行的有关法律法规规定,我国建设用地的供应方式主要有两大类:有偿使用与行政划拨。有偿方式又分为土地使用权出让、土地使用权作价出资入股与土地使用权租赁三种。出让可按形式不同分为拍卖、招标、挂牌和协议出让
供地的基本依据与政策	依据国家有关规定,对于不同类别的项目,有不同的供地政策。 (1)国家鼓励类项目:可以供地,甚至要积极供地。 (2)国家限制类项目:限制供地。 凡列入《限制供地项目目录》,属于在全国范围内统一规划布点、生产能力过剩需总量控制和涉及国防安全、重要国家利益的建设项目,地方人民政府批准提供建设用地前,须先取得自然资源部许可,再履行批准手续。 凡列入《限制供地项目目录》,属于大量损毁土地资源或以土壤为生产原料的,需要低于国家规定地价出让、出租土地的,按照法律法规限制的其他建设项目,各省、自治区、直辖市人民政府土地行政主管部门应采取有效措施,对其供地进行严格的监督管理和指导。 (3)国家禁止类项目:禁止供地。 按照《禁止供地项目目录》,禁止提供建设用地的是:危害国家安全或者损害社会公共利益的,国家产业政策明令淘汰的生产方式、产品和工艺所涉及的,国家产业政策规定禁止投资的,按照法律法规规定禁止的其他建设项目

考点四　国有建设用地审查报批管理

要点	具体内容
概述	国土资源主管部门在建设项目审批、核准、备案阶段，依法对建设项目涉及的土地利用事项进行预审。 以有偿使用方式提供国有土地使用权的，由市、县国土资源主管部门与土地使用者签订土地有偿使用合同，并向建设单位颁发《建设用地批准书》。缴纳土地有偿使用费后，依照规定办理土地登记。 以划拨方式提供国有土地使用权的，由市、县国土资源主管部门向建设单位颁发《国有土地划拨决定书》和《建设用地批准书》，依照规定办理土地登记。 建设项目施工期间，建设单位应当将《建设用地批准书》公示于施工现场

考点五　建设用地使用权二级市场管理

要点	具体内容
概述	土地使用权的出让市场是土地一级市场，土地使用权转让、租赁和抵押则是土地二级市场。 《城镇国有土地使用权出让和转让暂行条例》规定，土地使用权转让市场是指土地使用权人将剩余年限的土地使用权让与其他土地使用者而形成的市场。土地使用权租赁是指土地使用者作为出租人将土地使用权出租给承租人使用，由承租人向出租人支付租金的行为。土地使用权抵押是指土地抵押人以其合法的土地使用权以不转移占有的方式向抵押权人提供债务履行担保的行为。 土地二级市场是我国城乡统一建设用地市场的重要组成部分

第二节　建设用地使用权出让

考点一　建设用地使用权出让的含义

要点	具体内容
概述	建设用地使用权出让简称土地使用权出让，是指国家将国有土地使用权在一定年限内出让给土地使用者，由土地使用者向国家支付土地使用权出让金的行为。出让的含义一般包括以下内容： (1)土地使用权出让，也称批租或土地一级市场，由国家垄断，任何单位和个人不得出让土地使用权。 (2)经出让取得土地使用权的单位和个人，只有使用权，在使用期限内拥有占有、使用、收益、处分权；土地使用权可以进行转让、出租、抵押等经营活动，但地下埋藏物归国家所有

续表

要点	具体内容
概述	(3)土地使用者只有向国家支付了全部土地使用权出让金后才能申请土地使用权登记,领取权属证书。 (4)集体土地不经征收不得出让,除允许集体土地流转外。 (5)土地使用权出让是国家以土地所有者的身份与土地使用者之间关于权利义务的经济关系,具有平等、自愿、有偿、有期限的特点

考点二 建设用地使用权出让计划、方式和年限

要点	具体内容
出让计划的拟订和批准权限	土地使用权出让必须符合土地利用总体规划、城市规划和年度建设用地计划,根据省级人民政府下达的控制指标,拟订年度出让国有土地总面积方案,并且有计划、有步骤地进行。 出让的每幅地块、面积、年限和其他条件,由市、县人民政府土地管理部门会同城市规划、建设、房产管理部门共同拟订,按照国务院的规定,报经有批准权的人民政府批准后,由市、县人民政府土地管理部门实施
建设用地使用权出让方式	工业、商业、旅游、娱乐和商品住宅等经营性用地以及同一土地有两个以上意向用地者的,应当以招标、拍卖或者挂牌方式出让,其他可以采用协议方式。 1. 招标出让方式 (1)投标人在投标截止时间前将标书投入标箱。 (2)出让人按照招标公告规定的时间、地点开标,邀请所有投标人参加。投标人少于三人的,出让人应当终止招标活动。 (3)评标。评标小组由出让人代表、有关专家组成,成员人数为五人以上的单数。评标小组可以要求投标人对投标文件做出必要的澄清或者说明,但是澄清或者说明不得超出投标文件的范围或者改变投标文件的实质性内容。 (4)确定中标人。对能够最大限度地满足招标文件中规定的各项综合评价标准,或者能够满足招标文件的实质性要求且价格最高的投标人,应当确定为中标人。 2. 拍卖出让方式 出让方用叫价的办法将土地使用权一般拍卖给出价最高者(竞买人)。 竞买人不足三人,或者竞买人的最高应价未达到底价时,应当终止拍卖。 主持人连续三次宣布同一应价或者报价而没有再应价或者报价的,主持人落槌表示拍卖成交。 3. 挂牌出让方式 挂牌时间不少于 10 个工作日,挂牌期间,土地管理部门可以根据竞买人竞价情况调整增价幅度。 挂牌截止挂牌期限届满,挂牌主持人现场宣布最高报价及其报价者,并询问竞买人是否愿意继续竞价。有竞买人表示愿意继续竞价的,挂牌出让转入现场竞价,通过现场竞价确

续表

要点	具体内容
建设用地使用权的出让年限	定竞得人。 《城镇国有土地使用权出让和转让暂行条例》规定的出让最高年限如下: (1)居住用地70年。 (2)工业用地50年。 (3)教育、科技、文化、卫生、体育用地50年。 (4)商业、旅游、娱乐用地40年。 (5)综合或其他用地50年
建设用地使用权的收回	(1)土地使用权期间届满处理。住宅建设用地使用权期间届满的,自动续期;非住宅建设用地使用权期间届满,需要继续使用土地的,应当至迟于届满前一年申请续期,除根据社会公共利益需要收回的,应当予以批准。 (2)建设用地使用权期间届满前,因公共利益需要提前收回该土地的,应当依法对该土地上的房屋及其他不动产给予补偿,并退还相应的出让金。 (3)因土地使用者不履行土地使用权出让合同而收回土地使用权。土地使用者未如期支付地价款;土地使用者未按合同约定的期限和条件开发、利用土地。 (4)司法机关决定收回土地使用权。因土地使用者触犯国家法律,不能继续履行合同或司法机关决定没收其全部财产,收回土地使用权
建设用地使用权终止	(1)建设用地使用权因土地灭失而终止,如地震、水患、塌陷等自然灾害引起的不能使用土地而终止。 (2)建设用地使用权因土地使用者的抛弃而终止。由于政治、经济、行政等原因,土地使用者抛弃使用的土地,致使土地使用合同失去意义或无法履行而终止土地使用权

考点三　建设用地使用权出让合同及其管理

要点	具体内容
概述	建设用地使用权出让,应当签订书面出让合同。建设用地使用权出让合同由市、县人民政府土地管理部门与土地使用者签订
合同的主要内容	1. 合同 主要内容包括:当事人的名称和住所,土地界址、面积等,建筑物、构筑物及其附属设施占用的空间,土地用途,土地条件,土地使用期限,出让金等费用及其支付方式,开发投资强度,规划条件,配套,转让、出租、抵押条件,期限届满的处理,不可抗力的处理,违约责任,解决争议的方法。 2. 合同附件 主要内容有:宗地平面界址图;出让宗地竖向界限;市县政府规划管理部门确定的宗地规划条件等

续表

要点	具体内容
合同的主要内容	市、县国土资源主管部门要依据现行土地管理法律政策，对附加各类开发建设销售条件的政策性商品住房用地的出让，增加出让合同条款，完善出让合同内容，严格供后监管。政策性商品住房用地出让成交后，竞得人或中标人应当按照成交确认书或中标通知书的要求，按时与国土资源主管部门签订出让合同。建房套数、套型、面积比例、容积率、项目开竣工时间、销售对象条件、房屋销售价格上限、受让人承诺的销售房价、土地转让条件、配建要求等规划、建设、土地使用条件以及相应的违约责任，应当在土地出让合同或住房建设和销售合同中明确
合同的履行	以出让方式取得土地使用权进行房地产开发的，必须按照建设用地使用权出让合同约定的动工开发期限、土地用途、固定资产投资规模和强度开发土地。 (1)超过出让合同约定的动工开发日期满一年未动工开发的，可以征收相当于土地使用权出让金20%以下的土地闲置费；满二年未动工开发的，可以无偿收回土地使用权；但是，因不可抗力或者政府、政府有关部门的行为，或者动工开发必需的前期工作造成动工开发迟延的除外。 (2)用地单位改变土地利用条件及用途，必须取得出让方和市、县人民政府城市规划行政管理部门的同意，变更或重新签订出让合同并相应调整地价款。 (3)项目固定资产总投资、投资强度和开发投资总额应达到合同约定标准
合同的解除	(1)在签订出让合同后，受让人应缴金并按约定期限支付地价款，受让人延期付款超过60日，经土地管理部门催交后仍不能支付出让价款的，土地管理部门有权解除合同，并可以请求违约赔偿。 (2)土地管理部门延期交付土地超过60日，经受让人催交后仍不能交付土地的，受让人有权解除合同，由土地管理部门双倍返还定金，并退还已经支付国有建设用地使用权出让价款的其余部分，受让人并可请求土地管理部门赔偿损失

考点四　严格住房建设用地出让管理

要点	具体内容
规范编制拟供地块出让方案	市、县国土资源主管部门要会同住房城乡建设(房地产、规划、住房保障)主管部门，依据土地利用规划和城镇控制性详细规划协调拟订住房用地出让方案。对具备供地条件的地块，规划、房地产主管部门要在接到国土资源主管部门书面函件后30日内分别提出规划与建设条件。拟出让宗地规划条件出具的时间逾期一年的，国土资源主管部门应当重新征求相关部门意见，并完善出让方案。 土地出让必须以宗地为单位提供规划条件、建设条件和土地使用标准，严格执行商品住房用地单宗出让面积规定，不得将两宗以上地块捆绑出让，不得“毛地”出让

续表

要点	具体内容
严格制定土地出让的规划和建设条件	市、县规划主管部门应当会同国土资源主管部门,严格依据经批准的控制性详细规划和节约集约用地要求,确定拟出让地块的位置、使用性质、开发强度、住宅建筑套数、套型建筑面积等套型结构比例条件,作为土地出让的规划条件,列入出让合同。对于中小套型普通商品住房建设项目,要明确提出平均套型建筑面积的控制标准,并制定相应的套型结构比例条件。要严格限制低密度大户型住宅项目的开发建设,住宅用地的容积率指标必须大于1。 市、县住房城乡建设(房地产、住房保障)主管部门要提出限价商品住房的控制性销售价位,商品住房建设项目中保障性住房的配建比例、配建套数、套型面积、设施条件和项目开竣工时间及建设周期等建设条件,作为土地出让的依据,并纳入出让合同。 土地出让后,任何单位和个人无权擅自更改规划和建设条件。因非企业原因确需调整的,必须依据《城乡规划法》规定的公开程序进行。由开发建设单位提出申请调整规划建设条件而不按期开工的,必须收回土地使用权,重新按招标、拍卖、挂牌方式出让土地
严格土地竞买人资格审查	国土资源主管部门对竞买人参加招标、拍卖、挂牌出让土地时,除应要求提供有效身份证明文件、缴纳竞买(投标)保证金外,还应提交竞买(投标)保证金不属于银行贷款、股东借款、转贷和募集资金的承诺书及商业金融机构的资信证明
严格划拨决定书和出让合同管理	各类住房建设项目应当在划拨决定书和出让合同中约定土地交付之日起一年内开工建设,自开工之日起三年内竣工

第三节　建设用地使用权划拨

考点一　建设用地使用权划拨的含义

要点	具体内容
概述	建设用地使用权划拨是指县级以上人民政府依法批准,在用地者缴纳补偿、安置等费用后将该幅土地交付其使用,或者将建设用地使用权无偿交给土地使用者使用的行为。划拨土地使用权有以下含义: (1)划拨包括土地使用者缴纳拆迁安置、补偿费用(如城市的存量土地或集体土地)和无偿取得(如国有的荒山、沙漠、滩涂等)两种形式。 (2)除法律、法规另有规定外,划拨土地没有使用期限的限制,但未经许可不得进行转让、出租、抵押等经营活动。 (3)取得划拨土地使用权,必须经有批准权的人民政府核准并按法定的程序办理手续。 (4)在国家没有法律规定之前,在城市范围内的土地和城市范围以外的国有土地,除出让土地以外的土地,均按划拨土地进行管理

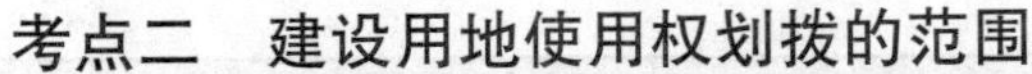

考点二　建设用地使用权划拨的范围

要点	具体内容
概述	(1)国家机关用地(国家权力机关、行政机关、审判机关、检察机关、军事机关)。 (2)军事用地。 (3)城市基础设施用地。 (4)公益事业用地。 (5)国家重点扶持的能源、交通、水利等基础设施用地

考点三　建设用地使用权划拨的管理

要点	具体内容
划拨建设用地的使用	1. 按用途使用 以划拨方式取得国有建设用地使用权的土地使用者,必须严格按照《国有建设用地划拨决定书》和《建设用地批准书》中规定的划拨土地面积、土地用途、土地使用条件等内容来使用土地,不得擅自变更。 2. 改变用途 划拨国有建设用地使用权人需要改变批准的土地用途的,须报经市、县国土资源管理部门批准。改变后的用途符合《划拨用地目录》的,由市、县国土资源管理部门向土地使用者重新核发《国有土地划拨决定书》;改变后的用途不再符合《划拨用地目录》的,划拨国有建设用地使用权人可以申请补缴出让金、租金等土地有偿使用费,办理土地使用权出让、租赁等有偿用地手续,但法律法规、行政规定等明确规定或《国有土地划拨决定书》约定应当收回划拨国有建设用地使用权的除外。划拨土地经许可,可以进行抵押和转让
划拨土地的转让	(1)报有批准权的人民政府审批准予转让的,应当由受让方办理土地使用权出让手续,并依照国家有关规定缴纳土地使用权出让金。 (2)可不办理出让手续,但转让方应将所获得的收益中的土地收益上缴国家
划拨土地使用权的出租	(1)房产所有权人以营利为目的,将划拨土地使用权的地上建筑物出租的,应当将租金中所含土地收益上缴国家。 (2)用地单位因发生转让、出租、企业改制和改变土地用途等不宜办理土地出让的,可实行租赁。 (3)租赁时间超过6个月的,应签订租赁合同
划拨土地使用权的抵押	划拨土地使用权抵押时,其抵押价值应当为划拨土地使用权下的市场价值。因抵押划拨土地使用权造成土地使用权转移的,应办理土地出让手续并向国家缴纳地价款才能变更土地权属

续表

要点	具体内容
对未经批准处置土地使用权情况的处罚	对未经批准擅自转让、出租、抵押划拨土地使用权的单位和个人,县级以上人民政府土地管理部门应当没收其非法收入,并根据情节处以罚款
国有企业改制中的划拨土地	对国有企业改革中涉及的划拨土地使用权,可分别采取国有土地出让、租赁、作价出资(入股)和保留划拨土地使用权等方式予以处置。 下列情况应采取土地出让或出租方式处置:(1)国有企业改造或改组为有限责任或股份有限公司以及组建企业集团的;(2)国有企业改组为股份合作制的;(3)国有企业租赁经营的;(4)非国有企业兼并国有企业的。 下列情况经批准可保留划拨土地使用权:(1)继续作为城市基础设施用地、公益事业用地和国有重点扶持的能源、交通、水利等项目用地,原土地用途不发生改变,但改造或改组为公司制企业的除外;(2)国有企业兼并国有企业、非国有企业及国有企业合并后的企业是国有工业企业的;(3)在国有企业兼并、合并中,一方属于濒临破产企业的;(4)国有企业改造或改组为国有独资公司的。其中,(2)、(3)、(4)项保留划拨土地方式的期限不超过5年
上缴土地收益的土地	凡上缴土地收益的土地,仍按划拨土地进行管理
划拨土地使用权的收回	国家无偿收回划拨土地使用权的原因:(1)土地使用者因迁移、解散、撤销、破产或其他原因而停止使用土地的;(2)国家为了公共利益需要和城市规划的要求收回土地使用权;(3)各级司法部门没收其所有财产而收回土地使用权;(4)土地使用者自动放弃土地使用权;(5)未经原批准机关同意,连续2年未使用;(6)不按批准用途使用土地;(7)铁路、公路、机场、矿场等核准报废的土地。 【注】上述(1)和(2)两种情况下,国家无偿收回划拨土地使用权时,对其地上建筑物、其他附着物,应当依法给予补偿

第四节　集体土地征收

考点一　集体土地的概述

要点	具体内容
概念	集体土地是指农民集体所有的土地。农村和城市郊区的土地,除由法律规定属于国家所有的外,属于农民集体所有;宅基地和自留地、自留山,属于农民集体所有

续表

要点	具体内容
概念	集体土地的使用权不得出让、转让或者出租用于非农业建设;但符合土地利用总体规划并依法取得建设用地的企业,因破产、兼并等情形致使土地使用权依法发生转移的除外。 征收集体土地是国家为了公共利益的需要,依法将集体所有土地转变为国有土地并给予补偿的行为
征收和征用	(1)共同之处:都有一定强制性,都要经过法定程序,都要依法给予补偿。 (2)不同之处:①征收主要是所有权的改变,是国家为了公共利益需要而强制取得所有权的行为,其结果是权利发生转移;②征用是在土地所有权不变的前提下,有条件的使用权的改变,是因抢险救灾等紧急需要而强制使用的行为,一旦紧急需要结束,被征用的土地应当如数返还给原权利人

考点二　征收集体土地的特点

要点	具体内容
概述	(1)具有一定的强制性。征地是国家的特有行为,被征地单位和人员要服从国家的需要。 (2)要妥善安置被征地单位和人员的生产、生活,用地单位向被征地单位给予经济补偿,保证被征地农民的生活水平不因征收土地而降低。 (3)被征收后的土地所有权发生转移,即集体土地变为国有土地

考点三　征收集体土地应遵守的原则

要点	具体内容
珍惜耕地,合理利用土地的原则	在征收土地时,必须坚持“一要吃饭、二要建设”的方针,必须坚持“十分珍惜、合理利用土地和切实保护耕地”的基本国策
保证国家建设用地原则	在征收土地时,应反对两种做法:(1)以节约土地为理由,拒绝国家征收;(2)大幅度提高征地费用,以限制非农业部门占用土地
妥善安置被征地单位和农民的原则	妥善安置主要包括:(1)对征收的土地要合理补偿;(2)对因征地给农民造成的损失要合理补助;(3)对征地造成的剩余农民劳动力要适当安排。补偿、补助不能因为征收土地而降低被征地农民的生活水平

续表

要点	具体内容
有偿使用土地的原则	有偿使用土地是土地使用制度改革的核心内容，是管好土地、促进节约用地和合理利用土地、提高土地效益的经济手段。土地征收后，除一些公共设施、公益事业和基础设施外，国有土地供应原则上都应实行有偿使用，土地有偿使用将成为今后国有建设用地供应的基本制度。 一般来说，除国家核准划拨的外，凡新增建设用地均实行有偿有限期使用。有偿使用土地有多种形式，如土地使用权出让、土地租赁、土地使用权作价出资、入股等。目前对国有土地没有全部实行有偿使用，即依然是土地使用权有偿出让和土地使用权划拨两种制度并行
依法征地的原则	凡无征地手续，或无权批准使用土地的单位批准使用的土地，或超权限批准使用的土地，均属非法征地，不受法律保护。 近年来，征地违法违规形式有一个新变化，其中最主要的形式就是“以租代征”。“以租代征”，即通过租用集体土地进行非农业建设，擅自扩大建设用地规模。其实质是规避法定的农用地转用和土地征收审批，在规划计划之外扩大建设用地规模。 此外，违反土地利用总体规划、扩大开发区用地规模、未批先征等行为都是当前违法征地的主要表现形式

考点四　征收集体土地的政策规定

要点	具体内容
征收土地的范围	《物权法》规定：为了公共利益的需要，依照法律规定的权限和程序可以征收集体土地。对于征收的集体土地，其土地所有权属于国家，用地单位只有土地使用权
征收土地批准权限的规定	1. 征地批准前的准备工作 (1)在征地依法报批前，当地土地行政主管部门应告知征地情况、确认征地调查结果、组织征地听证。 (2)当地土地行政主管部门应将拟征地的用途、位置、补偿标准、安置途径等，以书面形式告知被征地农村集体经济组织和农户。 (3)对拟征土地的权属、地类、面积以及地上附着物权属、种类、数量等现状进行调查，调查结果应与被征地农村集体经济组织、农户和地上附着物产权人共同确认。 (4)对拟征土地的补偿标准、安置途径，被征收土地的集体组织和个人有申请听证的权利。 2. 征收土地批准权限的规定 (1)征收土地实行两级审批制度，即国务院和省级人民政府审批。 (2)建设占用土地，涉及农用地转为建设用地的，应办理农用地转用审批手续。 (3)征收基本农田，基本农田以外的耕地超过 35 公顷的，其他土地超过 70 公顷的，由国务院审批。 (4)其他用地和已经批准农用地转用范围内的具体项目，由省级人民政府审批并报国务院备案

续表

要点	具体内容
申请征地不得化整为零	一个建设项目需要征收的土地,应当根据总体设计一次申请批准,不得化整为零。 分期建设的项目,应当分期征地,不得先征待用。 铁路、公路和输油、输水等管线建设需要征收的土地,可以分段申请批准,办理征地手续
对被征地单位和农民进行安置、补偿与补助	征收土地由用地单位支付土地补偿费、安置补助费、地上附着物和青苗补偿费
联营使用集体土地政策	由联营企业向县级以上人民政府土地管理部门提出用地申请,经有批准权的人民政府批准,可以按照规定实行征收,也可以由农村集体经济组织按照协议将土地使用权作为联营条件。联营企业用地,可以不改变土地权属性质
征收土地公告	被征收土地所在的市、县人民政府,在收到征收土地方案后,10 日内应以书面或其他形式进行公告,包括征收土地公告和征地补偿安置方案公告。 未进行征地、补偿、安置公告的,被征地单位和个人有权拒绝办理征地相关手续
合理使用征地补偿相关费用	(1)耕地占用税用于土地开发和农业发展。 (2)菜田基金、土地复垦费、土地荒芜费、防洪费用于菜田开发建设和土地的调整与治理。 (3)征地管理费用于土地管理部门的各种业务开支
特殊征地按特殊政策办理	(1)大中型水利、水电工程建设征收土地的补偿费标准和安置费用,由国务院另行规定。 (2)征收林地、园林等按林业管理部门的规定办理。 (3)征收土地发现文物、古迹、古树等应报主管部门处理后方可征地。 (4)迁移烈士墓、华侨墓按主管部门规定办理。 (5)用地范围内的国防设施,经协商后方可征收

考点五　征收集体土地补偿的范围和标准

要点	具体内容
概述	补偿原则:在征地告知后,凡被征地农村集体经济组织和农户在拟征土地上抢栽、抢种、抢建的地上附着物和青苗,征地时一律不予补偿。 《土地管理法》规定,征收耕地的补偿费用包括土地补偿费、安置补助费以及地上附着物和青苗的补偿费。 《物权法》规定,除要依法足额支付上述费用外,还应当安排被征地农民的社会保障费用,保障被征地农民的生活,维护被征地农民的合法权益

续表

要点	具体内容
土地补偿费	(1)征收耕地的补偿费,为该耕地被征收前3年平均年产值的6~10倍。 (2)征收其他土地的补偿费标准由省、自治区、直辖市参照征收耕地的补偿费标准规定
安置补助费	(1)按照被征收的耕地数量除以征地前被征地单位平均每人占有耕地的数量计算。每一个需要安置的农业人口的安置补助费标准,为该耕地被征收前3年平均年产值的4~6倍,即人均耕地平均年产值的4~6倍。但每公顷被征收耕地的安置补助费,最高不得超过被征收前3年平均年产值的15倍。 (2)征收其他土地的安置补助费标准,由省、自治区、直辖市参照征收耕地的安置补助费标准规定。 (3)在人均耕地特别少的地区,按前述标准支付的土地补偿费和安置补助费,尚不能使需要安置的农民保持原有生活水平的,经省级人民政府批准,可以增加安置补助费。但土地补偿和安置补助费之和不得超过该土地被征收前3年平均年产值的30倍。 (4)《国务院关于深化改革严格土地管理的决定》(国发〔2004〕28号)规定,依照现行法律规定支付土地补偿费和安置补助费,尚不能使被征地农民保持原有生活水平的,不足以支付因征地而导致无地农民社会保障费用的,省、自治区、直辖市人民政府应当批准增加安置补助费。 (5)土地补偿费和安置补助费的总和达到法定上限,尚不足以使被征地农民保持原有生活水平的,当地人民政府可以用国有土地有偿使用收入予以补贴。 征地补偿应做到同地同价,国家重点建设项目必须将征地费用足额列入概算。对有稳定收益的项目,农民可以经依法批准的建设用地使用权入股
地上附着物和青苗补偿费	被征收土地上的附着物和青苗的补偿标准,由省、自治区、直辖市规定。地上附着物是指依附于土地上的各类地上、地下建筑物和构筑物,如房屋、水井、地上(下)管线等。青苗是指被征收土地上正处于生长阶段的农作物。 征收城市郊区的菜地,按照国家有关规定缴纳新菜地开发建设资金。城市郊区菜地,是指连续3年以上常年种菜或养殖鱼、虾的商品菜地和精养鱼塘
临时用地补偿	征用临时用地,应当与农村集体经济组织签订临时用地协议,并按该土地前3年平均年产值逐年给予补偿。但临时用地逐年累计的补偿费最高不得超过按征收该土地标准计算的土地补偿费和安置补助费的总和
合理使用土地补偿费、安置补助费	(1)土地补偿费归农村集体经济组织所有。 (2)地上附着物和青苗补偿费归地上附着物和青苗的所有者所有。 (3)由农村经济集体组织安置的人员,安置补助费由农村集体经济组织管理和使用;由其他单位安置的人员,安置补助费支付给安置单位;不需要统一安置的人员,补助费发放给个人

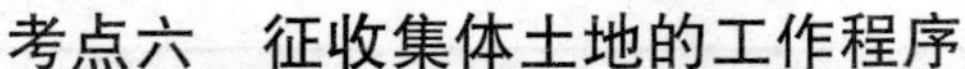

考点六 征收集体土地的工作程序

要点	具体内容
建设用地申请	在土地利用总体规划确定的城市建设用地范围外单独选址的建设项目使用土地的，建设单位应当向土地所在地的市、县国土资源主管部门提出用地申请。 建设单位提出用地申请时，应当填写《建设用地申请表》，并附具下列材料：(1)建设项目用地预审意见；(2)建设项目批准、核准或者备案文件；(3)建设项目初步设计批准或者审核文件。 建设项目拟占用耕地的，还应当提出补充耕地方案；建设项目位于地质灾害易发区的，还应当提供地质灾害危险性评估报告
受理	市、县国土资源主管部门对材料齐全、符合条件的建设用地申请，应当受理，并在收到申请之日起30日内拟订农用地转用方案、补充耕地方案、征地方案和供地方案，编制建设项目用地呈报说明书，经同级人民政府审核同意后报上一级土地管理部门审查。 在土地利用总体规划确定的城市建设用地范围内，为实施城市规划占用土地的，由市、县国土资源主管部门拟订农用地转用方案、补充耕地方案和征收土地方案，编制建设项目用地呈报说明书，经同级人民政府审核同意后，报上一级国土资源主管部门审查。 在土地利用总体规划确定的村庄和集镇建设用地范围内，为实施村庄和集镇规划占用土地的，由市、县国土资源主管部门拟订农用地转用方案、补充耕地方案，编制建设项目用地呈报说明书，经同级人民政府审核同意后，报上一级国土资源主管部门审查。 建设只占用国有农用地的，市、县国土资源主管部门只需拟订农用地转用方案、补充耕地方案和供地方案。 建设只占用国有农用地的，市、县国土资源主管部门只需拟订征收土地方案和供地方案。 建设只占用国有未利用地，市、县国土资源主管部门只需拟订供地方案
建设用地审查	建设用地审查应当实行国土资源主管部门内部会审制度。有关国土资源主管部门收到上报的材料，应当在5日内报经同级人民政府审核。同级人民政府审核同意后，逐级上报有批准权的人民政府，并将审查所需的材料及时送该级国土资源主管部门审查
建设用地审批	农用地转用方案和补充耕地方案符合下列条件的方可批准：(1)符合土地利用总体规划；(2)确属必须占用农用地且符合土地利用年度计划确定的控制指标；(3)占用耕地的，补充耕地方案符合土地整理开发专项规划且面积、质量符合规定要求；(4)单独办理农用地转用的，必须符合单独选址条件。 征收土地方案符合下列条件的方可批准：(1)被征收土地界址、地类、面积清楚，权属无争议的；(2)被征收土地的补偿标准符合法律、法规规定的；(3)被征收土地上需要安置人员的安置途径切实可行

续表

要点	具体内容
建设用地审批	供地方案符合下列条件的方可批准:(1)符合国家的土地供应政策;(2)申请用地面积符合建设用地标准和集约用地的要求;(3)只占用国有未利用地的,符合规划、界址清楚、面积准确
征地实施	经批准的征收土地方案,由土地所在地的市、县人民政府组织实施。 建设项目补充耕地方案经批准下达后,在土地利用总体规划确定的城市建设用地范围外单独选址的建设项目,由市、县国土资源主管部门负责监督落实;在土地利用总体规划确定的城市和村庄、集镇建设用地范围内,由省、直辖市、自治区国土资源主管部门负责监督落实。 征地补偿、安置方案确定后,市 、县国土资源主管部门应当依照征地补偿、安置方案向被征收土地的农村集体经济组织和农民支付土地补偿费、地上附着物和青苗补偿费,并落实需要安置农业人口的安置途径
签发用地证书	(1)有偿使用土地的,应签订土地使用权出让合同。 (2)以划拨方式使用土地的,向用地单位签发《国有土地划拨决定书》和《建设用地批准书》。 (3)用地单位持土地使用权出让合同或相关材料办理不动产登记手续
征地批准后的实施管理	建设用地批准后直至颁发不动产权证之前,应进行跟踪和管理,其主要任务是:(1)会同有关部门落实安置措施;(2)督促被征地单位按期移交土地;(3)处理征地过程的各种争议;(4)填写征地结案报告
建立征收土地档案	建立征收土地档案的基本要求:(1)整理和收集征收土地过程中形成的各种文件;(2)收集存档的文件一律要原件;(3)市、县范围内的土地档案应统一格式

第五节 闲置土地的处理

考点一 闲置土地的认定

要点	具体内容
概述	(1)闲置土地指国有建设用地使用权人超过国有建设用地使用权有偿使用合同或者划拨决定书约定、规定的动工开发日期满一年未动工开发的国有建设用地。 (2)已动工开发但开发建设用地面积占应动工开发建设用地总面积不足1/3或者已投资额占总投资额不足25%,中止开发建设满一年的国有建设用地

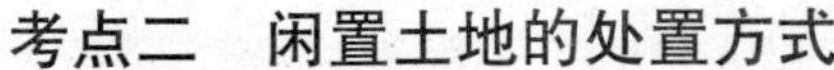

考点二　闲置土地的处置方式

要点	具体内容
属于政府、政府有关部门的行为造成动工开发延迟的	(1)延长动工开发期限。从补充协议约定的动工开发日起,延长动工开发期限最长不得超过一年。 (2)调整土地用途、规划条件。 (3)由政府安排临时使用。从安排临时使用之日起临时使用期限最长不得超过两年。 (4)协议有偿收回国有建设用地使用权。 (5)置换土地。 (6)市、县国土资源主管部门还可以根据实际情况规定其他处置方式。 除(4)外,动工开发时间按照新约定、规定的时间重新起算
其他原因造成土地闲置的情形	(1)未动工开发满一年的,由市、县国土资源主管部门按照土地出让或者划拨价款的20%征缴土地闲置费。土地闲置费不得列入生产成本。 (2)未动工开发满两年的,由市、县国土资源主管部门无偿收回国有建设用地使用权。闲置土地设有抵押权的,同时抄送相关土地抵押权人
对依法收回的闲置土地,市、县国土资源主管部门可以采取的利用方式	(1)依据国家土地供应政策,确定新的国有建设用地使用权人开发利用。 (2)纳入政府土地储备。 (3)对耕作条件未被破坏且近期无法安排建设项目的,由市、县国土资源主管部门委托有关农村集体经济组织、单位或者个人组织恢复耕种

考点三　闲置土地的预防和监管

要点	具体内容
概述	国有建设用地使用权有偿使用合同或者划拨决定书应当就项目动工开发、竣工时间和违约责任等做出明确约定、规定。因特殊情况,未约定、规定动工开发日期,或者约定、规定不明确的,以实际交付土地之日起一年为动工开发日期。实际交付土地日期以交地确认书确定的时间为准。 国有建设用地使用权人违反法律法规规定和合同约定、划拨决定书规定恶意囤地、炒地的,依照本办法规定处理完毕前,市、县国土资源主管部门不得受理该国有建设用地使用权人新的用地申请,不得办理被认定为闲置土地的转让、出租、抵押和变更登记

跟踪训练

一、单项选择题

1. 房地产开发项目的动工日期,超过土地使用权出让合同约定满一年未动工开发的,可以不征收土地闲置费,其原因是(　　)。

A. 发现地下文物　　B. 银行贷款未按期到账
C. 相关建材供应缺货　　D. 更改建筑设计

2. 甲房地产开发公司取得一居住用地使用权后 2 年未动工开发,国家依法将其收回,并改为商业用地出让给乙房地产开发公司。乙房地产开发公司取得该土地使用权的最高年限为(　　)年。

A. 38　　B. 40　　C. 68　　D. 70

3. 下列关于建设用地使用权期间届满后的处理的表述中,正确的是(　　)。

A. 非住宅建设用地使用权期间届满后,自动续期
B. 住宅建设用地使用权期间届满后,自动续期
C. 非住宅建设用地使用权期间届满后,土地使用者需要继续使用土地的,应当至迟于期满前 6 个月申请续期
D. 非住宅建设用地使用权期间届满后,土地使用者需要继续使用土地的,应当至迟于期满前 2 年申请续期

4. 下列关于征收土地的表述中,正确的是(　　)。

A. 土地补偿费均为该土地被征地前 3 年平均年产值的 6 ~ 10 倍
B. 安置补助费只能发放给安置单位
C. 并非所有的征地都要支付青苗补偿费
D. 只有所征土地连续 3 年以上常年种菜,才需缴纳新菜地开发建设基金

5. 私立学校土地使用权出让的法定最高年限为(　　)。

A. 40 年　　B. 50 年
C. 60 年　　D. 70 年

6. 某农村集体经济组织人均耕地面积 0.2 hm^2,国家建设征收该农村集体经济组织的耕地面积 100 hm^2,该耕地近 3 年平均年产值为 10 000 元/hm^2。下列关于征收该耕地的表述中,不正确的是(　　)。

A. 不需农村集体经济组织统一安置的人员,安置补助费发放给个人
B. 该耕地的土地补偿费最少为每公顷 6 万元
C. 每公顷耕地需要安置的农业人口为 5 人
D. 由国家支付土地补偿费,由用地单位支付安置补助费

7. 下列项目用地必须办理建设用地使用权出让手续的是(　　)。

A. 华为公司销售基地建设用地　　B. 大学城建设用地

C. 公益组织办公用地　　D. 国家大剧院建设用地

8. 某住宅用地出让年限为60年，建设期为2年。建设期满后，张某购买了其中一套住宅，持有20年后转让给王某。王某取得的该住宅用地使用权年限为(　　)年。

A. 38　　B. 40　　C. 58　　D. 60

9. 按照国家法律规定，集体土地未经依法(　　)不得出让。

A. 划拨　　B. 征收　　C. 征用　　D. 备案

二、多项选择题

1. 按建设用地的利用方式分为(　　)

A. 商服用地　　B. 工矿仓储用地

C. 公用设施用地　　D. 住宅用地

E. 建筑物用地

2. 建设用地供应有偿方式分为(　　)

A. 土地使用权出让　　B. 土地使用权作价出资入股

C. 土地使用权租赁　　D. 行政划拨

E. 土地使用权转让

3. 在土地利用总体规划确定的城市建设用地范围内，为实施城市规划占用土地的，由市、县国土资源主管部门拟订(　　)，编制建设项目用地呈报说明书，经同级人民政府审核同意后，报上一级国土资源主管部门审查。

A. 农用地转用方案　　B. 补充耕地方案

C. 征收土地方案　　D. 供地方案

E. 征地补偿方案

4. 农用地转用方案和补充耕地方案符合下列(　　)条件的才可以批准。

A. 符合土地利用总体规划

B. 确属必须占用农用地且符合土地利用年度计划确定的控制指标

C. 占用耕地的，补充耕地方案符合土地整理开发专项规划且面积、质量符合规定要求

D. 单独办理农用地转用的，必须符合单独选址条件

E. 被征收土地界址、地类、面积清楚，权属无争议的

5. 征收耕地的补偿费用包括(　　)。

A. 土地补偿费　　B. 征地管理费

C. 地上附着物补偿费　　D. 青苗补偿费

E. 安置补助费

6. 下列关于征地的表述中，正确的有(　　)。

A. 根据《宪法》规定，集体土地依法转为国有土地的行为是“征收”而非“征用”

B. 任何时候征地均须向农民给付青苗补偿费

C. 征地安置补助费归农村集体组织所有

D. 土地补偿费和安置补助费之和最高不得超过被征用前3年平均年产值的30倍

E. 征地时所称的地上附着物包括地下管线

7. 下列划拨土地中,应采取土地出让或出租方式处置的有( )。

A. 国有企业改造或改组为有限责任或股份有限公司以及组建企业集团的

B. 国有企业改组为股份合作制的

C. 国有企业租赁经营的

D. 非国有企业兼并国有企业的

E. 在国有企业兼并、合并中,一方属于濒临破产企业的

8. 下列划拨土地中,经批准可保留划拨土地使用权的有( )。

A. 继续作为城市基础设施用地、公益事业用地和国有重点扶持的能源、交通、水利等项目用地,原土地用途不发生改变,但改造或改组为公司制企业除外

B. 国有企业兼并国有企业、非国有企业及国有企业合并后的企业是国有工业企业的

C. 在国有企业兼并、合并中,一方属于濒临破产企业的

D. 国有企业改造或改组为国有独资公司的

E. 国有企业改组为股份合作制的

9. 下列关于集体土地征收或者征用的表述中,正确的有( )。

A. 征收或者征用都是为了公共利益需要

B. 征收或者征用都要依法给予补偿

C. 征收是国家行为,征用是企业行为

D. 征收是土地所有权发生改变,征用是土地使用权发生改变

E. 征收是强制性的,征用是非强制性的

三、判断题

1. 土地使用权转让、租赁和抵押则是土地二级市场。 ( )

2. 土地出让必须以宗地为单位提供规划条件、建设条件和土地使用标准,不得将两宗以上地块捆绑出让,不得“毛地”出让。 ( )

3. 各类住房建设项目应当在划拨决定书和出让合同中约定土地交付之日起一年内开工建设,自开工之日起两年内竣工 。 ( )

4. 转让以划拨方式取得的国有土地使用权的,其土地收益应上缴国家。 ( )

5. 以划拨方式取得的建设用地使用权没有使用期限的限制,经政府批准可以转让。 ( )

6. 以划拨方式取得的国有建设用地使用权转让的前提是受让方办理了建设用地使用权出让手续。 ( )

参考答案及解析

一、单项选择题

1. A 【解析】超过出让合同约定的动工开发日期满一年未动工开发的,可以征收相当于土地使用权出让金20%以下的土地闲置费;满二年未动工开发的,可以无偿收回国有建

设用地土地使用权;但是,因不可抗力或者政府、政府有关部门的行为或者动工开发必需的前期工作造成动工开发迟延的除外。《城市房地产开发经营管理条例》还规定了以下三种情况造成的违约和土地闲置,不征收土地闲置费:(1)因不可抗力造成开工延期;(2)因政府或者政府有关部门的行为而不能如期开工的或中断建设一年以上的;(3)因动工开发必需的前期工作出现不可预见的情况而延期动工开发的,如发现地下文物不是开发商努力能解决的问题等。

2. B 【解析】《城镇国有土地使用权出让和转让暂行条例》规定的出让最高年限如下:居住用地70年,工业用地50年,教育、科技、文化卫生、体育用地50年,商业、旅游、娱乐用地40年,综合或其他用地50年。商业用地土地使用权法定最高出让年限为40年。

3. B 【解析】依据《物权法》规定,住宅建设用地使用权期间届满的,自动续期。非住宅建设用地使用权期间届满,土地使用者需要继续使用土地的,应当至迟于届满前一年申请续期,除根据社会公共利益需要收回该幅土地的,应当予以批准。经批准准予续期的,应当重新签订土地使用权出让合同,依照规定支付土地使用权出让金。

4. C 【解析】选项A错误,征收耕地的补偿费,为该耕地被征地前3年平均年产值的6~10倍;选项B错误,安置补助费由农村集体经济组织管理和使用;由其他单位安置的人员,安置补助费支付给安置单位;不需要统一安置的人员,补助费发放给个人。选项D错误,征收城市郊区的菜地,按照国家有关规定缴纳新菜地开发建设资金。城市郊区菜地是指连续3年以上常年种菜或养殖鱼、虾的商品菜地和精养鱼塘。

5. B 【解析】《城镇国有土地使用权出让和转让暂行条例》规定的出让最高年限如下:居住用地70年,工业用地50年,教育、科技、文化卫生、体育用地50年,商业、旅游、娱乐用地40年;综合或其他用地50年。

6. D 【解析】国家建设征地,除支付土地补偿费外,还应支付安置补助费;耕地的补偿费标准为该耕地被征收前3年平均年产值的6~10倍;需要安置的农业人口数,按照被征收的耕地数量除以征地前被征地单位平均每人占有耕地的数量计算,即 $=100\ hm^2/0.2=500$ 人,每公顷耕地需要安置的农业人口 $=500$ 人$/100\ hm^2=5$ 人。

7. A 【解析】下列建设用地可由县级以上人民政府依法批准,划拨土地使用权:(1)机关和军事用地;(2)基础设施用地和公益事业用地;(3)重点扶持的能源、交通、水利等项目用地;(4)法律规定的其他用地。

8. A 【解析】以房地产转让方式取得出让土地使用权的权利人,其实际使用年限不是出让合同约定的年限,而是出让合同约定的年限减去原土地使用权已经使用年限后的剩余年限。$60-2-20=38$ 年。

9. B 【解析】征收是土地由集体所有权转变为国有所有权。

二、多项选择题

1. ABCD 【解析】按建设用地的利用方式分类,可分为商服用地、工矿仓储用地、公用设施用地、公共建筑用地、住宅用地、交通设施用地、水利设施用地;其他建设用地。

2. ABC 【解析】建设用地供应分为两大类:有偿使用与行政划拨。有偿方式分为三种:土

地使用权出让、土地使用权作价出资入股与土地使用权租赁。

3. ABC 【解析】在土地利用总体规划确定的村庄和集镇建设用地范围内,为实施村庄和集镇规划占用土地的,由市、县国土资源主管部门拟订农用地转用方案、补充耕地方案和征收土地方案,编制建设项目用地呈报说明书,经同级人民政府审核同意后,报上一级国土资源主管部门审查。

4. ABCD 【解析】农用地转用方案和补充耕地方案符合下列条件的方可批准:(1)符合土地利用总体规划;(2)确属必须占用农用地且符合土地利用年度计划确定的控制指标;(3)占用耕地的,补充耕地方案符合土地整理开发专项规划且面积、质量符合规定要求;(4)单独办理农用地转用的,必须符合单独选址条件。

5. ACDE 【解析】选项 B 征地管理费,是征地时实际要支付的费用,但不属于补偿费用,而是要交给政府的相关费用。

6. ADE 【解析】在征地告知后,凡被征地农村集体经济组织和农户在拟征土地上抢栽、抢种、抢建的地上附着物和青苗,征地时一律不予补偿。由农村经济集体组织安置的人员,安置补助费由农村集体经济组织管理和使用;由其他单位安置的人员,安置补助费支付给安置单位;不需要统一安置的人员,补助费发放给个人。

7. ABCD 【解析】下列情况应采取土地出让或出租方式处置:(1)国有企业改造或改组为有限责任或股份有限公司以及组建企业集团的;(2)国有企业改组为股份合作制的;(3)国有企业租赁经营的;(4)非国有企业兼并国有企业的。

8. ABCD 【解析】下列情况经批准可保留划拨土地使用权:(1)继续作为城市基础设施用地、公益事业用地和国有重点扶持的能源、交通、水利等项目用地,原土地用途不发生改变,但改造或改组为公司制企业除外;(2)国有企业兼并国有企业、非国有企业及国有企业合并后的企业是国有工业企业的;(3)在国有企业兼并、合并中,一方属于濒临破产企业的;(4)国有企业改造或改组为国有独资公司的。其中,(2)、(3)、(4)项保留划拨土地方式的期限不超过 5 年。

9. ABD 【解析】共同之处是:都有一定强制性,都要经过法定程序,都要依法给予补偿。不同之处在于,征收主要是所有权的改变,是国家为了公共利益需要而强制取得所有权的行为,其结果是权利发生转移;征用是在土地所有权不变的前提下,有条件的使用权的改变,是因抢险救灾等紧急需要而强制使用的行为,一旦紧急需要结束,被征用的土地应当如数返还给原权利人。

三、判断题

1. √ 【解析】土地使用权的出让市场是土地一级市场,土地使用权转让、租赁和抵押则是土地二级市场。

2. √ 【解析】依据土地利用规划和城镇控制性详细规划协调拟订住房用地出让方案。土地出让必须以宗地为单位提供规划条件、建设条件和土地使用标准,不得将两宗以上地块捆绑出让,不得“毛地”出让。

3. × 【解析】各类住房建设项目应当在划拨决定书和出让合同中约定土地交付之日起一

年内开工建设，自开工之日起三年内竣工。

4. √ 【解析】划拨土地的转让有两种规定：一是报有批准权的人民政府审批准予转让的，应当由受让方办理土地使用权出让手续，并依照国家有关规定缴纳土地使用权出让金；二是可不办理出让手续，但转让方应将所获得的收益中的土地收益上缴国家。

5. √ 【解析】划拨土地经许可，可以进行转让、抵押。

6. √ 【解析】建设用地使用权划拨应由受让方办理出让手续。

第三章　国有土地上房屋征收制度与政策

知识导图

- 国有土地上房屋征收制度与政策
  - 房屋征收概述
    - 房屋征收的概念和限制条件
    - 房屋征收的前提条件
    - 征收与征用的异同
  - 国有土地上房屋征收与补偿
    - 国有土地上房屋征收的管理体制
    - 国有土地上房屋征收的程序
    - 国有土地上房屋征收的补偿
    - 国有土地上房屋征收与补偿的法律责任
  - 国有土地上房屋征收评估
    - 房屋征收中的评估工作
    - 房屋征收评估机构选定及委托
    - 房屋征收评估原则和要求
    - 房屋征收评估异议处理和争议调处
    - 房屋征收评估收费
    - 对违法违规房地产估价机构和人员的处罚

考情分析

本章主要介绍了房屋征收概述、国有土地上房屋征收与补偿、国有土地上房屋征收评估。本章的学习重点是房屋征收的限制条件、房屋征收评估机构选定及委托，学习难点是房屋征收评估原则和要求、房屋征收评估收费。

本章在考试中的平均分值为6分，考试目的是测查应试人员对国有土地上房屋征收管理、征收补偿、估价等政策和制度的了解、熟悉与掌握程度。

表解考点

考点	重要等级
房屋征收的概念	掌握
房屋征收的限制条件	掌握

续表

考点	重要等级
房屋征收的前提条件	熟悉
征收与征用的异同	熟悉
国有土地上房屋征收的管理体制	了解
国有土地上房屋征收的程序	熟悉
国有土地上房屋征收的补偿内容、方式	掌握
国有土地上房屋征收与补偿的法律责任	熟悉
房屋征收评估机构选定及委托	掌握
房屋征收评估原则和要求	掌握
房屋征收评估异议处理和争议调处	掌握
房屋征收评估收费	掌握
对违法违规房地产估价机构和人员的处罚	掌握

考点详解

第一节　房屋征收概述

考点一　房屋征收的概念和限制条件

要点	具体内容
概念	房屋征收指国家为了公共利益的需要,依照法律规定的权限和程序强制取得国有土地上单位、个人的房屋及其他不动产的行为。 【注】房屋征收的主体是国家,通常是政府代表国家以行政命令的方式执行。房屋征收通常处于建设项目的前期工作阶段,是城市建设的重要组成部分
限制条件	(1)房屋征收只能是为了公共利益的需要。 (2)房屋征收必须严格依照法律规定的权限和程序。 (3)以房屋征收决定公告之日被征收房屋类似房地产的市场价格对被征收人的损失予以公平补偿

考点二　房屋征收的前提条件

要点	具体内容
公共利益的界定	房屋征收的核心是不需要房屋所有权人的同意而强制取得其房屋，收回国有土地使用权。“公共利益”是国家征收国有土地上单位、个人的房屋的前提条件。 公共利益的范围：(1)国防和外交的需要；(2)由政府组织实施的能源、交通、水利等基础设施建设的需要；(3)由政府组织实施的科技、教育、文化、卫生、体育、环境和资源保护、防灾减灾、文物保护、社会福利、市政公用等公共事业的需要；(4)由政府组织实施的保障性安居工程建设的需要；(5)由政府依照城乡规划法有关规定组织实施的对危房集中、基础设施落后等地段进行旧城区改建的需要；(6)法律、行政法规规定的其他公共利益的需要
公共利益的特点	(1)公共利益是客观的。它客观地影响着社会公众整体的生存与发展，不因各个利益主体主观认识上的不同有所改变。 (2)公共利益是共享的。公共利益具有整体性、相对普遍性和共有性。 (3)公共利益是不确定的。包括“利益内容的不确定性”和“受益对象的不确定性”

考点三　征收与征用的异同

要点	具体内容
概述	征收是国家强制取得集体和单位、个人的财产；征用是国家强制使用集体和单位、个人的财产
主要区别	(1)适用对象不同。征收的财产主要是不动产，征用的财产既包括不动产也包括动产。 (2)前提条件不同。征收是为了国防和外交以及由政府组织实施的基础设施建设、公共事业、保障性安居工程建设、旧城区改建等公共利益的需要，征用是因抢险、救灾等紧急需要。 (3)所有权转移不同。征收主要是所有权的改变，不存在返还的问题，通俗地说是“强买”；征用只是使用权的改变，被征用的财产使用后，应返还被征用人，通俗地说是“强租”。 (4)补偿内容不同。《物权法》对征收规定了具体的补偿办法，这就是说任何征收都要给予补偿，而且必须依法补偿。征用在财产使用后首先应及时返还被征用人，《物权法》只是规定应当给予补偿，补偿办法可以由双方依据法律规定协商确定

第二节　国有土地上房屋征收与补偿

考点一　国有土地上房屋征收的管理体制

要点	具体内容
房屋征收主体	房屋征收的主体是市、县级人民政府。市、县级人民政府负责本行政区域的房屋征收与补偿工作
房屋征收部门	房屋征收部门是市、县级人民政府确定的房屋征收部门。房屋征收部门组织实施本行政区域的房屋征收与补偿工作
房屋征收实施单位	房屋征收部门可以委托房屋征收实施单位承担房屋征收与补偿的具体工作，并对其在委托范围内实施的房屋征收与补偿行为负责监督，对其行为后果承担法律责任。房屋征收实施单位不得以营利为目的
房屋征收的监督与指导部门	上级人民政府应当加强对下级人民政府房屋征收与补偿工作的监督。国务院住房城乡建设主管部门和省、自治区、直辖市人民政府住房城乡建设主管部门应当会同同级财政、国土资源、发展与改革等有关部门，加强对房屋征收与补偿实施工作的指导。任何组织和个人对违反《房屋征收条例》规定的行为，都有权向有关人民政府、房屋征收部门和其他有关部门举报

考点二　国有土地上房屋征收的程序

要点	具体内容
拟订征收补偿方案	房屋征收部门拟订征收补偿方案，报市、县级人民政府
组织有关部门论证	收到房屋征收部门上报的征收补偿方案后，市、县级人民政府应当组织发展改革、城乡规划、国土资源、环境资源保护、文物保护、财政、建设等有关部门对征收补偿方案进行论证
征求公众意见	对征收补偿方案进行论证、修改后，市、县级人民政府应当予以公布，征求公众意见，期限不得少于30日。 因旧城区改建需要征收房屋的，如果多数被征收人认为征收补偿方案不符合《房屋征收条例》规定，市、县级人民政府应当组织召开听证会进一步听取意见

续表

要点	具体内容
房屋征收决定	市、县级人民政府做出房屋征收决定前，应当按照有关规定进行社会稳定风险评估。市、县级人民政府作出房屋征收决定后应当及时公告。公告应当载明征收补偿方案和行政复议、行政诉讼权利等事项。市、县级人民政府做出房屋征收决定后应当及时公告。房屋被依法征收的，国有土地使用权同时收回
与房屋征收相关的几项工作	(1)组织调查登记。调查登记，一般应当在房屋征收决定前进行，调查登记应当全面深入，以满足拟定征收补偿方案和进行评估的需要。调查结果应当在征收范围内向被征收人公布。 (2)对未进行登记的建筑物先行调查、认定和处理。市、县级人民政府做出房屋征收决定前，应当组织有关部门依法对征收范围内未经登记的建筑进行调查、认定和处理。 (3)暂停办理相关手续。在房屋征收范围确定后，不得在房屋征收范围内实施新建、扩建、改建房屋和改变房屋用途等不当增加补偿费用的行为；违反规定实施上述行为的，不予补偿。房屋征收部门应当将暂停办理事项书面通知有关部门。暂停办理相关手续的书面通知应当载明暂停期限。暂停期限最长不得超过1年。 (4)做出房屋征收决定前，征收补偿费用应当足额到位、专户存储、专款专用。专款专用是指征收补偿费用只能用于发放征收补偿，不得挪作他用

考点三　国有土地上房屋征收的补偿

要点	具体内容
房屋征收补偿的内容	(1)被征收房屋价值的补偿。对被征收房屋价值的补偿，不得低于房屋征收决定公告之日被征收房屋类似房地产的市场价格。 (2)因征收房屋造成的搬迁、临时安置的补偿。因征收房屋造成搬迁的，房屋征收部门应当向被征收人支付搬迁费。选择房屋产权调换的，产权调换房屋交付前，房屋征收部门应当向被征收人支付临时安置费或者提供周转用房。 (3)因征收房屋造成的停产停业损失的补偿。对因征收房屋造成停产停业损失的补偿，根据房屋被征收前的效益、停产停业期限等因素确定
房屋征收补偿的方式	房屋征收补偿的方式有货币补偿和房屋产权调换两种，由被征收人选择。 选择房屋产权调换的，市、县级人民政府应当提供用于产权调换的房屋，并与被征收人计算、结清被征收房屋价值与用于产权调换房屋价值的差价。 因旧城区改建征收个人住宅，被征收人选择在改建地段进行房屋产权调换的，做出房屋征收决定的市、县级人民政府应当提供改建地段或者就近地段的房屋
被征收房屋价值的评估	被征收房屋的价值由具有相应资质的房地产价格评估机构评估确定。 房地产价格评估机构由被征收人协商选定。协商不成的，通过多数决定、随机选定等方式确定

续表

要点	具体内容
订立补偿协议或做出补偿决定	房屋征收部门与被征收人就补偿方式、补偿金额和支付期限、用于产权调换房屋的地点和面积、搬迁费、临时安置费或者周转用房、停产停业损失、搬迁期限、过渡方式和过渡期限等事项订立补偿协议。 达不成补偿协议，或者被征收房屋所有权人不明确的，由市、县级政府依法按照征收补偿方案作出补偿决定，并在房屋征收范围内予以公告
公布补偿情况和审计结果	房屋征收部门应当依法建立房屋征收补偿档案，并将分户补偿情况在房屋征收范围内向被征收人公布。 审计机关应当加强对征收补偿费用管理和使用情况的监督，并公布审计结果

考点四　国有土地上房屋征收与补偿的法律责任

要点	具体内容
暴力野蛮搬迁的法律责任	采取暴力、威胁或者违反规定中断供水、供热、供气、供电和道路通行等非法方式迫使被征收人搬迁，造成损失的，依法承担赔偿责任；对直接负责的主管人员和其他直接责任人员，构成犯罪的，依法追究刑事责任；尚不构成犯罪的，依法给予处分；构成违反治安管理行为的，依法给予治安管理处罚
出具虚假或有重大差错的评估报告的法律责任	房地产价格评估机构或者房地产估价师出具虚假或者有重大差错的评估报告的，可以给予警告、罚款、吊销证书等行政处罚，并将有关处罚记录记入信用档案；造成损失的，依法承担赔偿责任；构成犯罪的，依法追究刑事责任
市、县级人民政府及房屋征收部门工作人员的法律责任	市、县级人民政府及房屋征收部门工作人员在房屋征收与补偿工作中不履行《房屋征收条例》规定的职责，或者滥用职权、玩忽职守、徇私舞弊的，由上级人民政府或者本级人民政府责令改正，通报批评；造成损失的，依法承担赔偿责任；对直接负责的主管人员和其他直接责任人员，依法给予处分；构成犯罪的，依法追究刑事责任
非法阻碍依法征收与补偿的法律责任	采取暴力、威胁等方法阻碍依法进行的房屋征收与补偿工作，构成犯罪的，依法追究刑事责任；构成违反治安管理行为的，依法给予治安管理处罚
涉及征收补偿费用的法律责任	贪污、挪用、私分、截留、拖欠征收补偿费用的，责令改正，追回有关款项，限期退还违法所得，对有关责任单位通报批评、给予警告；造成损失的，依法承担赔偿责任；对直接负责的主管人员和其他直接责任人员：构成犯罪的，依法追究刑事责任；尚不构成犯罪的，依法给予处分

第三节　国有土地上房屋征收评估

考点一　房屋征收中的评估工作

要点	具体内容
被征收房屋的价值	《房屋征收条例》规定，被征收房屋的价值，由具有相应资质的房地产价格评估机构按照房屋征收评估办法评估确定
用于产权调换房屋的价值	《房屋征收条例》规定，被征收人选择房屋产权调换的，市、县级人民政府应当提供用于产权调换的房屋，并与被征收人计算、结清被征收房屋价值与用于产权调换房屋价值的差价。因此，要对用于产权调换房屋的价值进行评估
被征收房屋类似房地产的市场价格	《房屋征收条例》规定，对被征收房屋价值的补偿，不得低于房屋征收决定公告之日被征收房屋类似房地产的市场价格。因此，需要对类似房地产的市场价格进行测算

考点二　房屋征收评估机构选定及委托

要点	具体内容
概述	《房屋征收条例》规定，房屋征收评估应当由具有相应资质的房地产估价机构承担。 《房地产估价机构管理办法》规定，除三级暂定资质外，其他资质的房地产估价机构都可以从事房屋征收评估工作。 房地产估价机构的选定应当科学、合理。首先由被征收人在规定时间内协商选定；在规定时间内没有协商或者经协商达不成一致意见的，由房屋征收部门组织被征收人按照少数服从多数的原则投票决定，或者采取随机选定等方式确定，如进行摇号、抽签等。 房地产估价机构选定后，一般由房屋征收部门作为委托人在规定时间内向其出具房屋征收评估委托书，并与其签订房屋征收评估委托合同。 房屋征收评估报告必须由负责房屋征收评估项目的2名以上注册房地产估价师签字，并加盖房地产估价机构公章

考点三　房屋征收评估原则和要求

要点	具体内容
房屋征收评估原则	房地产价格评估机构应当独立、客观、公正地开展房屋征收评估工作，任何单位和个人不得干预

续表

要点	具体内容
房屋征收评估基本事项	1. 评估目的 被征收房屋价值评估目的应当表述为“为房屋征收部门与被征收人确定被征收房屋价值的补偿提供依据，评估被征收房屋的价值”。 用于产权调换房屋价值评估目的应当表述为“为房屋征收部门与被征收人计算被征收房屋价值与用于产权调换房屋价值的差价提供依据，评估用于产权调换房屋的价值”。 2. 评估时点确定 被征收房屋价值评估时点应当为房屋征收决定公告之日。用于产权调换房屋价值评估时点应当与被征收房屋价值评估时点一致。 3. 评估对象界定 对于已经登记的房屋，其性质、用途和建筑面积，一般以房屋权属证书和房屋登记簿的记载为准；房屋权属证书与房屋登记簿的记载不一致的，除有证据证明房屋登记簿确有错误外，以房屋登记簿为准；对于未经登记的建筑，应当按照市、县级人民政府的认定、处理结果进行评估。 4. 评估价值内涵 被征收房屋的价值包含被征收房屋及其占用范围内土地使用权的价值。价值内涵具体是指被征收房屋及其占用范围内的土地使用权在不被征收的情况下，由熟悉情况的交易双方以公平交易方式在评估时点（房屋征收决定公告之日）自愿交易的金额，但不考虑被征收房屋租赁、抵押、查封等因素的影响
实地查勘、评估方法和技术协调	1. 实地查勘要求 房地产估价机构应当安排注册房地产估价师对被征收房屋进行实地查勘。房屋征收部门、被征收人和注册房地产估价师应当在实地查勘记录上签字或者盖章确认。 2. 评估方法选用 房屋征收评估应当选用市场法、收益法、成本法、假设开发法等方法中的一种或者多种。可以同时选用两种（含两种）以上评估方法评估的，应当选用两种以上评估方法评估。 （1）被征收房屋的类似房地产有交易的，应当选用市场法评估。 （2）被征收房屋或者其类似房地产有经济收益的，应当选用收益法评估。 （3）被征收房屋是在建工程的，应当选用假设开发法评估。 3. 评估结果确定 房屋征收评估价格应当以人民币为计价的货币，精确到元。 4. 技术协调要求 同一个房屋征收范围内的房屋征收评估工作，原则上由一家房地产估价机构承担。房屋征收范围较大的，可以由两家以上房地产估价机构共同承担。由两家以上房地产估价机构承担的，应当共同协商确定一家房地产估价机构为牵头单位
评估结果和报告送达	房地产估价机构应当在委托书或者委托合同约定期限内将分户初步评估结果提交房屋征收部门。分户的初步评估结果应当包括评估对象的构成及其基本情况和评估价值

考点四　房屋征收评估异议处理和争议调处

要点	具体内容
概述	《房屋征收条例》规定，对评估确定的被征收房屋价值有异议的，可以向房地产价格评估机构申请复核评估。对复核结果有异议的，可以向房地产价格评估专家委员会申请鉴定
房屋征收评估异议处理	被征收人或者房屋征收部门对评估报告有疑问的，可以向出具报告的房地产估价机构咨询。 房屋征收当事人对评估结果有异议的，应当自收到评估报告之日起 10 日内，向原房地产估价机构书面申请复核评估。该房地产估价机构应当自收到书面复核评估申请之日起 10 日内对评估结果进行复核
房屋征收评估争议调处	被征收人或者房屋征收部门对房地产估价机构的复核结果有异议的，应当自收到复核结果之日起 10 日内，向被征收房屋所在地房地产价格评估专家委员会申请鉴定。 评估专家委员会应当自收到鉴定申请之日起 10 日内，出具书面鉴定意见。 被征收人或者房屋征收部门对鉴定意见不服的，可以依法申请行政复议，也可以依法提起行政诉讼
评估专家委员会及其工作机制	省、自治区住房城乡建设主管部门和设区城市的房地产管理部门应当成立房地产价格评估专家委员会。评估专家委员会由房地产估价师以及价格、房地产、土地、城市规划、法律等方面的专家组成。评估专家委员会对复核结果进行鉴定，选派成员组成专家组时，专家组成员应为 3 人以上单数，其中房地产估价师不得少于 1/2

考点五　房屋征收评估收费

要点	具体内容
概述	房屋征收评估、鉴定费用由委托人承担，即房屋征收评估的费用由房屋征收部门承担，鉴定费用由进行委托的房屋征收当事人承担。但鉴定改变原评估结果的，鉴定费用由原房地产估价机构承担。房地产估价机构受托进行复核评估的，不再收取评估费用

考点六　对违法违规房地产估价机构和人员的处罚

要点	具体内容
概述	房地产估价机构或者房地产估价师出具虚假或者有重大差错的评估报告的，按照《房屋征收条例》的规定进行处罚。具体的法律责任包括： （1）给予警告、罚款、吊销证书等行政处罚。即由房地产估价机构或者房地产估价师的发证机关责令限期改正，给予警告；对房地产估价机构并处 5 万元以上 20 万元以下罚款，对估价师并处 1 万元以上 3 万元以下罚款；情节严重的，吊销资质证书、注册证书

续表

要点	具体内容
概述	(2)将有关处罚记入信用档案。 (3)造成损失的,依法承担赔偿责任。 (4)构成犯罪的,依法追究刑事责任。房地产估价机构或者房地产估价师出具虚假评估报告的,可能构成提供虚假证明文件罪;出具有重大差错的评估报告的,可能构成出具证明文件重大失实罪,应当依照《刑法》予以处罚

跟踪训练

一、单项选择题

1. 评估国有土地上被征收房屋价值的房地产估价机构,首先由(　　)选定。

A. 被征收人协商　　B. 房屋征收部门

C. 市、县级人民政府　　D. 房屋征收实施单位

2. 国有土地上被征收房屋价值评估的评估时点是(　　)之日。

A. 房屋征收决定作出　　B. 房屋征收决定公告

C. 房屋征收补偿协议签订　　D. 房屋征收实施

3. 房屋征收的核心是(　　)。

A. 需要房屋使用权人的同意而强制取得其房屋,收回国有土地使用权

B. 不需要房屋使用权人的同意而强制取得其房屋,收回国有土地使用权

C. 需要房屋所有权人的同意而强制取得其房屋,收回国有土地使用权

D. 不需要房屋所有权人的同意而强制取得其房屋,收回国有土地使用权

4. 房屋征收主体是(　　)。

A. 市、县级人民政府房屋管理部门　　B. 省级人民政府房屋行政管理部门

C. 省级人民政府　　D. 市、县级人民政府

5. 市、县级人民政府应当组织有关部门对征收补偿方案进行论证并予以公布,征求公众意见。征求意见期限不得少于(　　)。

A. 7 日　　B. 10 日

C. 30 日　　D. 60 日

6. 对被征收房屋价值的补偿,不得低于(　　)之日被征收房屋类似房地产的市场价格。

A. 签订房屋征收协议　　B. 房屋征收确定

C. 房屋征收决定公告　　D. 房屋征收实施

7. 对国有土地上被征收房屋价值的补偿,不得低于房屋征收决定公告之日被征收房屋类似房地产的(　　)。

A. 重置价格　　B. 租赁价格

C. 评估价格　　D. 市场价格

8. 某注册房地产估价师在房屋征收评估时，为被征收人谋取不正当利益，虚增建筑面积 1 500 m^2，致使国家损失 1 000 万元，该房地产估价师涉嫌(　　)。

A. 金融诈骗罪　　B. 提供虚假证明文件罪

C. 侵犯财产罪　　D. 出具证明文件重大失实罪

9. 房屋征收评估报告必须由负责房屋征收评估项目的(　　)名以上注册房地产估价师签字。

A. 1　　B. 2

C. 3　　D. 5

10. 不属于房地产估价机构选定方法的是(　　)。

A. 被征收人协商选定　　B. 被征收人多数决定

C. 被征收人随机选定　　D. 房屋征收部门决定

二、多项选择题

1. 征收与征用的区别有(　　)。

A. 适用对象不同　　B. 前提条件不同

C. 强制程度不同　　D. 所有权转移不同

E. 补偿内容不同

2. 房地产价格评估机构应当按照(　　)原则开展房屋征收评估工作。

A. 独立　　B. 客观

C. 诚信　　D. 等价有偿

E. 公正

3. 房地产估价机构提交的国有土地上房屋征收评估分户初步评估结果应包括(　　)。

A. 房屋评估价值　　B. 评估对象的构成

C. 装饰装修评估结果　　D. 评估对象基本情况

E. 停产停业损失评估结果

4. 市人民政府在做出房屋征收决定前，应完成的工作为(　　)。

A. 进行社会稳定风险评估　　B. 足额到位征收补偿费

C. 评估被征收房屋的价值　　D. 组织有关部门对征收补偿方案进行论证

E. 确认评估报告

5. 关于国有土地房屋征收评估、鉴定费用的说法，错误的有(　　)。

A. 房屋征收评估费用由房屋征收部门承担

B. 房屋征收评估鉴定费用均由被征收人承担

C. 房地产估价机构复核评估不再收取评估费用

D. 房屋征收评估费用由被征收人和政府共同承担

E. 鉴定改变原评估结果的鉴定费由原房地产估价机构承担

三、判断题

1. 用于产权调换房屋价值评估时点应当与被征收房屋价值评估时点一致。(　　)

2. 公共利益是共享的、客观的和不确定的。(　　)

3. 做出房屋征收决定前,征收补偿费用应当足额到位、专户存储、专款专用。( )

4. 按照等价有偿的原则,对被征收房屋价值的补偿,不得高于房屋征收决定公告之日被征收房屋类似房地产的市场价格。( )

5. 同一个房屋征收范围内的房屋征收评估工作,只能由一家房地产估价机构承担。( )

参考答案及解析

一、单项选择题

1. A 【解析】国有土地上房屋征收的估价机构,首先由被征收人在规定时间内协商选定;在规定时间内没有协商或者经协商达不成一致意见的,由房屋征收部门组织被征收人按照少数服从多数的原则投票决定,或者采取随机选定等方式确定,如进行摇号、抽签等。

2. B 【解析】评估时点确定:被征收房屋价值评估时点应当为房屋征收决定公告之日。用于产权调换房屋价值评估时点应当与被征收房屋价值评估时点一致。

3. D 【解析】房屋征收的核心:不需要房屋所有权人的同意而强制取得其房屋,收回国有土地使用权。

4. D 【解析】国有土地房屋征收的主体是市、县级人民政府。

5. C 【解析】对由房屋征收部门拟订的征收补偿方案征求公众意见期限不得少于30日。

6. C 【解析】对被征收房屋价值的补偿,不得低于房屋征收决定公告之日被征收房屋类似房地产的市场价格。被征收房屋的价值,由具有相应资质的房地产价格评估机构按照房屋征收评估办法评估确定。

7. D 【解析】对被征收房屋价值的补偿,不得低于房屋征收决定公告之日被征收房屋类似房地产的市场价格。

8. B 【解析】房地产估价机构或者房地产估价师出具虚假评估报告的,可能构成提供虚假证明文件罪;出具有重大差错的评估报告的,可能构成出具证明文件重大失实罪,应当依照《刑法》予以处罚。

9. B 【解析】房屋征收评估报告必须由负责房屋征收评估项目的2名以上注册房地产估价师签字,并加盖房地产估价机构公章。

10. D 【解析】房地产估价机构的选定应当科学、合理。首先由被征收人在规定时间内协商选定;在规定时间内没有协商或者经协商达不成一致意见的,由房屋征收部门组织被征收人通过多数决定、随机选定等方式确定,如进行摇号、抽签等。

二、多项选择题

1. ABDE 【解析】本题考查的是征收与征用的异同。征收与征用在适用对象、前提条件、所有权转移、补偿内容等方面都不同。两者都具有强制性,即都不必取得财产所有权人的同意。

2. ABE 【解析】《房屋征收条例》规定,房地产价格评估机构应当独立、客观、公正地开展房屋征收评估工作,任何单位和个人不得干预。这要求房屋征收评估应当坚持独立、客观、公正的原则。

3. ABD 【解析】分户的初步评估结果包括评估对象的构成及其基本情况和评估价值。

4. ABD 【解析】收到房屋征收部门上报的征收补偿方案后，市、县级人民政府应当组织发展改革、城乡规划、国土资源、环境资源保护、文物保护、财政、建设等有关部门对征收补偿方案进行论证。市、县级人民政府做出房屋征收决定前，应当按照有关规定进行社会稳定风险评估。做出房屋征收决定前，征收补偿费用应当足额到位、专户存储、专款专用。

5. BD 【解析】房屋征收评估、鉴定费用由委托人承担，即房屋征收评估的费用由房屋征收部门承担，鉴定费用由进行委托的房屋征收当事人承担。但鉴定改变原评估结果的，鉴定费用由原房地产估价机构承担。房地产估价机构受托进行复核评估的，不再收取评估费用。

三、判断题

1. √ 【解析】被征收房屋价值评估时点应当为房屋征收决定公告之日。用于产权调换房屋价值评估时点应当与被征收房屋价值评估时点一致。

2. √ 【解析】公共利益的特点：(1)公共利益是客观的。它客观地影响着社会公众整体的生存与发展，不因各个利益主体主观认识上的不同有所改变。(2)公共利益是共享的。公共利益具有整体性、相对普遍性和共有性。(3)公共利益是不确定的。包括“利益内容的不确定性”和“受益对象的不确定性”。

3. √ 【解析】市、县级人民政府做出房屋征收决定前的三个条件之一是：征收补偿费用应当足额到位、专户存储、专款专用。

4. × 【解析】对被征收房屋价值的补偿不得低于房屋征收决定公告之日被征收房屋类似房地产的市场价格。

5. × 【解析】同一个房屋征收范围内的房屋征收评估工作，原则上由一家房地产估价机构承担。房屋征收范围较大的，可以由两家以上房地产估价机构共同承担。由两家以上房地产估价机构承担的，应当共同协商确定一家房地产估价机构为牵头单位；牵头单位应当组织有关房地产估价机构就评估对象、评估时点、价值内涵、评估依据、评估假设、评估原则、评估技术路线、评估方法、重要参数选取、评估结果确定方式等进行沟通，统一标准。

第四章　规划设计及工程建设管理制度与政策

知识导图

- 规划设计及工程建设管理制度与政策
  - 城乡规划管理
    - 城乡规划概述
    - 城乡规划的编制与审批
    - 城乡规划的实施与监督
    - 城乡规划控制线管理
  - 勘察设计
    - 勘察设计单位的资质管理
    - 勘察设计的发包与承包
    - 勘察设计的监督管理
    - 注册结构工程师制度
  - 招标投标与建设监理
    - 工程建设的招标投标管理
    - 建设监理制度
  - 建设工程施工与质量管理
    - 施工许可管理
    - 建设工程质量管理
    - 建设工程的竣工验收管理制度
    - 建设工程质量保修办法
    - 建筑施工企业的资质管理
    - 注册建造师制度

考情分析

本章主要介绍了城乡规划管理、勘察设计、招标投标与建设监理、建设工程施工与质量管理。学习重点是城乡规划的实施与监督、城乡规划控制线管理,学习难点是施工许可制度。

本章在考试中的平均分值为4分,内容较多且难度较大,考生应重点学习。本部分的考试目的是测查应试人员对城乡规划、建设工程的勘察设计、招投标、监理、施工管理基本制度和政策的了解、熟悉与掌握程度。

表解考点

考点	重要等级
城乡规划的含义	熟悉
城乡规划的编制与审批	熟悉
城乡规划的实施与监督	掌握
城乡规划控制线管理	掌握
勘察设计单位的资质管理	了解
勘察设计的发包与承包	了解
建设工程勘察设计的监督管理	了解
注册结构工程师制度	了解
工程建设的招标投标管理	熟悉
建设监理制度	熟悉
项目报建制度	熟悉
施工许可制度	掌握
建设工程质量管理	熟悉
建设工程的竣工验收管理制度	熟悉
建设工程质量保修办法	熟悉
建筑施工企业的资质管理	了解
注册建造师制度	了解

考点详解

第一节　城乡规划管理

考点一　城乡规划概述

要点	具体内容
城乡规划的概念	城乡规划是以促进经济社会全面协调可持续发展为根本任务、促进土地科学使用为基础、促进人居环境根本改善为目的，涵盖城乡居民点的空间布局规划，具有重要公共政策的属性。 城乡规划经过法定程序审批确立后，城乡规划区内的各项土地利用和建设活动，都必须按照城乡规划进行
城乡规划的内容	（1）城市总体规划、镇总体规划的内容应当包括城市、镇的发展布局，功能分区，用地布局，综合交通体系，禁止、限制和适宜建设的地域范围，各类专项规划等。 （2）规划区范围、规划区内建设用地规模、基础设施和公共服务设施用地、水源地和水系、基本农田和绿化用地、环境保护、自然与历史文化遗产保护以及防灾减灾等内容，应当作为城市总体规划、镇总体规划的强制性内容。 （3）城市总体规划、镇总体规划的规划期限一般为20年。 （4）乡规划、村庄规划的内容应当包括规划区范围，住宅、道路、供水、排水、供电、垃圾收集、畜禽养殖场所等农村生产、生活服务设施、公益事业等各项建设的用地布局、建设要求，以及对耕地等自然资源和历史文化遗产保护、防灾减灾等的具体安排。 （5）乡规划还应包括本行政区域内的村庄发展布局
城乡规划的原则	制定和实施城乡规划必须遵循以下五个基本原则：城乡统筹原则、合理布局原则、节约土地原则、集约发展原则、先规划后建设原则。 《中共中央国务院关于进一步加强城市规划建设管理工作的若干意见》，主要包括以下内容： （1）认真落实城市总体规划由本级政府编制、社会公众参与、同级人大常委会审议、上级政府审批的有关规定。 （2）经依法批准的城市规划，是城市建设和管理的依据，必须严格执行。城市政府应当定期向同级人大常委会报告城市规划实施情况。城市总体规划的修改，必须经原审批机关同意，并报同级人大常委会审议通过，从制度上防止随意修改规划等现象。控制性详细规划是规划实施的基础，未编制控制性详细规划的区域，不得进行建设。控制性详细规划的编制、实施以及对违规建设的处理结果，都要向社会公开

续表

要点	具体内容
城乡规划的原则	(3)加强空间开发管制,划定城市开发边界,根据资源禀赋和环境承载能力,引导调控城市规模,优化城市空间布局和形态功能,确定城市建设约束性指标。按照严控增量、盘活存量、优化结构的思路,逐步调整城市用地结构,把保护基本农田放在优先地位,保证生态用地,合理安排建设用地,推动城市集约发展。 (4)新建住宅要推广街区制,原则上不再建设封闭住宅小区。已建成的住宅小区和单位大院要逐步打开,实现内部道路公共化,解决交通路网布局问题,促进土地节约利用

考点二　城乡规划的编制与审批

要点	具体内容
城乡规划的组织编制主体和审批主体	(1)全国城镇体系规划由国务院城乡规划主管部门会同国务院有关部门组织编制。全国城镇体系规划由国务院城乡规划主管部门报国务院审批。 (2)省域城镇体系规划由省或自治区人民政府组织编制,报国务院审批。 (3)城市人民政府(包括直辖市人民政府和其他设市城市的人民政府)组织编制城市总体规划。 (4)直辖市的城市总体规划由直辖市人民政府报国务院审批。 (5)省、自治区人民政府所在地的城市以及国务院确定的城市的总体规划,由省、自治区人民政府审查同意后,报国务院审批。 (6)其他城市的总体规划,由城市人民政府报省、自治区人民政府审批。 (7)县人民政府组织编制县人民政府所在地镇的总体规划,报上一级人民政府审批。 城市人民政府城乡规划主管部门根据城市总体规划的要求,组织编制城市的控制性详细规划,经本级人民政府批准后,报本级人民代表大会常务委员会和上一级人民政府备案。 县人民政府所在地镇的控制性详细规划,由县人民政府城乡规划主管部门根据镇总体规划的要求组织编制,经县人民政府批准后,报本级人民代表大会常务委员会和上一级人民政府备案。 城市、县人民政府城乡规划主管部门和镇人民政府可以组织编制重要地块的修建性详细规划。其他地区的修建性详细规划的编制主体是建设单位。 各类修建性详细规划由城市、县城乡规划主管部门依法负责审定,修建性详细规划应当符合控制性详细规划
城乡规划编制的依据	(1)城市的总体规划必须以所在省、自治区的省域城镇体系规划为依据;城市详细规划必须以所在城市的总体规划为依据;修建性详细规划必须以控制性详细规划为依据。 (2)市辖县、区、乡镇域总体规划应当以所在城市的市域总体规划为依据。 (3)单独编制的各项专业规划应当以城市总体规划为依据。 (4)以上一层次的城市规划为依据,前提是这项规划必须是依法批准并有效,两者缺一不可

续表

要点	具体内容
城乡规划编制的依据	(5)未经依法批准的城乡规划没有法律效力，不能指导城乡规划编制与审批；因超过规划期限或因现实情况已经发生了变化的上一层次规划，且必须做调整的，依法调整后，方可指导下一层次规划的编制和审批
城乡规划的审批程序	(1)省域城镇体系规划和城市总体规划在报上一级人民政府审批前，应当先经本级人民代表大会常务委员会审议，常务委员会组成人员的审议意见交由本级人民政府研究处理。 镇总体规划在报上一级人民政府审批前，应当先经镇人民代表大会审议，代表的审议意见交由本级人民政府研究处理。 (2)城乡规划的组织编制机关报送审批省域城镇体系规划、城市总体规划或者镇总体规划，应当将本级人民代表大会常务委员会组成人员或者镇人民代表大会代表的审议意见和根据审议意见修改规划的情况一并报送。 村庄规划在报送审批前，应当经过村民会议或者村民代表会议讨论同意。 (3)城乡规划报送审批前，组织编制机关应当依法将城乡规划草案予以公告，并采取论证会、听证会或者其他方式征求专家和公众的意见。公告的时间不得少于30日。 (4)省域城镇体系规划、城市总体规划、镇总体规划批准前，审批机关应组织专家和有关部门进行审查。城乡规划审批机关在对上报的城乡规划组织审查同意后，予以书面批复。经依法批准的城乡规划，是城乡建设和规划管理的依据。城乡规划组织编制机关应当及时公布经依法批准的城乡规划。但是法律、行政法规规定不得公开的内容除外
城乡规划的修改	1. 修改规划 有下列情况之一的，组织编制机关方可按照规定的权限和程序修改省域城镇体系规划，城市总体规划和镇总体规划： (1)上级人民政府制定的城乡规划发生变更，提出修改规划要求的。 (2)行政区划调整确需修改规划的。 (3)因国务院批准重大建设工程确需修改规划的。 (4)经评估确需修改规划的。 (5)城乡规划的审批机关认为应当修改规划的其他情形。 2. 修改程序 (1)修改省域城镇体系规划、城市总体规划、镇总体规划前，组织编制机关应当对原规划的实施情况进行总结，并向原审批机关报告； 修改涉及城市总体规划、镇总体规划强制性内容的，应当先向原审批机关提出专题报告，经同意后，方可编制修改方案。 (2)修改控制性详细规划的，组织编制机关应当对修改的必要性进行论证，征求规划地段内利害关系人的意见，并向原审批机关提出专题报告，经原审批机关同意后，方可编制修改方案。 控制性详细规划修改涉及城市总体规划、镇总体规划的强制性内容的，应当先修改总体规划

考点三　城乡规划的实施与监督

要点	具体内容
概述	地方各级人民政府组织实施城乡规划。在城市总体规划、镇总体规划确定的建设用地范围以外,不得设立各类开发区和城市新区。城市、县、镇人民政府制定近期建设规划,报总体规划审批机关备案。近期建设规划的规划期限为5年。 在城市、镇规划区内进行临时建设的,应当经城市、县人民政府城乡规划主管部门批准。 城乡规划主管部门根据城乡规划及其有关法律法规对于在城市、镇规划区内建设项目用地提供规划条件,确定建设用地定点位置、面积、范围、审核建设工程总平面,核发建设用地规划许可证等进行各项行政管理并依法实施行政许可。 城市规划的实施管理主要是报建审批管理和批后管理两部分内容。报建审批管理主要包括对建设项目选址审批核发项目选址意见书、对城市用地审批核发建设用地规划许可证以及对建设工程审批核发建设工程规划许可证。批后管理主要是按照规划实施监督检查体系对违章占地和违章建设的查禁工作
建设项目选址意见书	《城乡规划法》规定,按照国家规定需要有关部门批准或者核准的建设项目,以划拨方式提供国有土地使用权的,建设单位在报送有关部门批准或者核准前,应当向城乡规划主管部门申请核发选址意见书。其他的建设项目不需要申请选址意见书
建设用地规划许可证	1. 以划拨方式提供国有土地使用权的建设项目 《城乡规划法》规定:在城市、镇规划区内以划拨方式提供国有土地使用权的建设项目,经有关部门批准、核准、备案后,建设单位应当向城市、县人民政府城乡规划主管部门提出建设用地规划许可申请,由城市、县人民政府城乡规划主管部门依据控制性详细规划核定建设用地的位置、面积、允许建设的范围,核发建设用地规划许可证。建设单位在取得建设用地规划许可证后,方可向县级以上地方人民政府土地主管部门申请用地,经县级以上人民政府审批后,由土地主管部门划拨土地。 2. 以出让方式提供国有土地使用权的建设项目 在城市、镇规划区内以出让方式提供国有土地使用权的,在国有土地使用权出让前,城市、县人民政府城乡规划主管部门应当依据控制性详细规划,提出出让地块的位置、使用性质、开发强度等规划条件,作为国有土地使用权出让合同的组成部分。未确定规划条件的地块,不得出让国有土地使用权。 以出让方式取得国有土地使用权的建设项目,在签订国有土地使用权出让合同后,建设单位应当持建设项目的批准、核准、备案文件和国有土地使用权出让合同,向城市、县人民政府城乡规划主管部门领取建设用地规划许可证。 规划条件未纳入国有土地使用权出让合同的,该国有土地使用权出让合同无效;对未取得建设用地规划许可证的建设单位批准用地的,由县级以上人民政府撤销有关批准文件;占用土地的,应当及时退回;给当事人造成损失的,应当依法给予赔偿

续表

要点	具体内容
建设工程规划许可证	在城市、镇规划区内进行建筑物、构筑物、道路、管线和其他工程建设的，建设单位或者个人应当向城市、县人民政府城乡规划主管部门或者省、自治区、直辖市人民政府确定的镇人民政府申请办理建设工程规划许可证。对符合控制性详细规划和规划条件的，由城市、县人民政府城乡规划主管部门或者省、自治区、直辖市人民政府确定的镇人民政府核发建设工程规划许可证。 建设单位应当按照规划条件进行建设；确需变更的，必须向城市、县人民政府城乡规划主管部门提出申请。变更内容不符合控制性详细规划的，城乡规划主管部门不得批准。 建设工程规划许可管理的主要内容包括： (1)建筑管理：主要是按照城市规划要求对各项建筑工程性质、规模、位置、标高、高度、体量、体形、朝向、间距、建筑密度、容积率、建筑色彩和风格等进行审查和规划控制。 (2)道路管理：主要是按照城市规划要求对各类道路的走向、坐标和标高、道路宽度、道路等级、交叉口设计、横断面设计、道路附属设施等进行审查和规划控制。 (3)管线管理：主要是按照城市规划要求对各项管线工程性质、断面、走向、坐标、标高、架埋方式、架设高度、埋置深度、管线相互间的水平距离与垂直距离及交叉点处理等进行审查和规划控制。 (4)审定设计方案。确认其符合规划设计要点的要求后，建设单位就可以进行建设工程的施工图设计。 (5)核发建设工程规划许可证。在核发前，应对建设工程施工图进行审查。建设单位或者个人在取得建设工程规划许可证件和其他有关批准文件后，方可申请办理开工手续。 (6)放线、验线制度。 (7)建设工程的竣工验收。未经核实或者经核实不符合规划条件的，建设单位不得组织竣工验收。 (8)竣工资料的报送。建设单位应当在竣工验收后6个月内向规划主管部门报送有关竣工验收资料
城乡规划实施的监督检查	1. 监管体制 县级以上人民政府及其城乡规划主管部门负责对城乡规划编制、审批、实施、修改的监督检查。 地方各级人民政府应当向本级人民代表大会常务委员会或者乡、镇人民代表大会报告城乡规划的实施情况，并接受监督。 2. 法律责任 未取得建设工程规划许可证或者未按照建设工程规划许可证的规定进行建设的，由县级以上地方人民政府城乡规划主管部门责令停止建设；尚可采取改正措施消除对规划实施的影响的，限期改正，处建设工程造价5%以上10%以下的罚款；无法采取改正措施消除影响的，限期拆除，不能拆除的，没收实物或者违法收入，可以并处建设工程造价10%以下的罚款

考点四　城乡规划控制线管理

要点	具体内容
概述	城乡规划控制线是指城乡规划中确定具有特定用途，需要保护和控制范围的界线，分为红线、紫线、绿线、蓝线、黄线等。规划控制线是城乡规划的组成部分，依法确定的规划控制线，未经法定程序不得修改。 为加强对规划控制线的管理，原建设部相继出台了以下部门规章进行专项管理：《城市绿线管理办法》《城市紫线管理办法》《城市蓝线管理办法》《城市黄线管理办法》
规划红线管理	规划红线一般指建设用地规划控制线，包括用地红线、道路红线和建筑红线。对“红线”的管理，体现在对容积率、建设密度和建设高度等的规划管理。 用地红线是各类建筑工程项目用地的使用权属范围的边界线，是围起某个地块的一些坐标点连成的线。红线内土地面积就是取得使用权的用地范围。用地红线内开发建设建筑小区时，还需要退红线 2 m 左右，具体由地方规划管理部门规定。小区的建筑必须在退红线范围内，退出的这块地不准占用。 道路红线一般是指道路用地的边界线。任何建筑物、构筑物不得越过道路红线。道路红线宽度包括：(1)通行机动车或非机动车和行人交通所需的道路宽度；(2)敷设地下、地上工程管线和城市公用设施所需增加的宽度；(3)种植行道树所需的宽度。 建筑红线是城市道路两侧控制沿街建筑物或构筑物（如外墙、台阶等）靠临街面的界线，又称建筑控制线。建筑红线是指建筑物的外立面所不能超出的界线。建筑红线可与道路红线重合
城市紫线、绿线、蓝线和黄线划定	1. 紫线划定 在编制城市规划时应当划定保护历史文化街区和历史建筑的紫线。 城市紫线是指国家历史文化名城内的历史文化街区和省、自治区、直辖市人民政府公布的历史文化街区的保护范围界线，以及历史文化街区外经县级以上人民政府公布保护的历史建筑的保护范围界线。 国家历史文化名城的城市紫线由城市人民政府在组织编制历史文化名城保护规划时划定。其他城市的城市紫线由城市人民政府在组织编制城市总体规划时划定。 2. 绿线划定 城市绿线是指城市各类绿地范围的控制线。 控制性详细规划应当提出不同类型用地的界线、规定绿化率控制指标和绿化用地界线的具体坐标。修建性详细规划应当根据控制性详细规划，明确绿地布局，提出绿化配置的原则或者方案，划定绿地界线。 3. 蓝线划定 编制各类城市规划，应当划定城市蓝线。城市蓝线是指城市规划确定的江、河、湖、库、渠和湿地等城市地表水体保护和控制的地域界线。 城市总体规划阶段，应当确定城市规划区范围内需要保护和控制的主要地表水体，划定城市蓝线，并明确城市蓝线保护和控制的要求

续表

要点	具体内容
城市紫线、绿线、蓝线和黄线划定	控制性详细规划阶段，应当依据城市总体规划划定的城市蓝线，规定城市蓝线范围内的保护要求和控制指标，并附有明确的城市蓝线坐标和相应的界址地形图。 城市蓝线应当与城市规划一并报批。 4. 黄线划定 在制定城市总体规划和详细规划时应当划定城市黄线。城市黄线是指对城市发展全局有影响的、城市规划中确定的、必须控制的城市基础设施用地的控制界线。 编制城市总体规划，应当根据规划内容和深度要求，合理布置城市基础设施，确定城市基础设施的用地位置和范围，划定其用地控制界线。 编制控制性详细规划，应当依据城市总体规划，落实城市总体规划确定的城市基础设施的用地位置和面积，划定城市基础设施用地界线，规定城市黄线范围内的控制指标和要求，并明确城市黄线的地理坐标。 修建性详细规划应当依据控制性详细规划，按不同项目具体落实城市基础设施用地界线，提出城市基础设施用地配置原则或者方案，并标明城市黄线的地理坐标和相应的界址地形图
城市紫线、绿线、蓝线和黄线管理	1. 紫线管理 在城市紫线范围内确定各类建设项目，必须先由市、县人民政府城乡规划行政主管部门依据保护规划进行审查，组织专家论证并进行公示后核发选址意见书。 城市紫线范围内各类建设的规划审批，实行备案制度。省、自治区、直辖市人民政府公布的历史文化街区，报省、自治区人民政府建设行政主管部门或者直辖市人民政府城乡规划行政主管部门备案。其中，国家历史文化名城内的历史文化街区报国务院建设行政主管部门备案。 2. 绿线管理 城市绿线内的用地，不得改作他用，不得违反法律法规、强制性标准以及批准的规划进行开发建设，不符合规划要求的建筑物及其他设施应当限期迁出。 3. 蓝线管理 在城市蓝线内新建、改建、扩建各类建筑物、构筑物、道路、管线和其他工程设施，应当依法向住房城乡建设主管部门（城乡规划主管部门）申请办理城市规划许可。 4. 黄线管理 在城市黄线内新建、改建、扩建各类建筑物、构筑物、道路、管线和其他工程设施，应当依法向住房城乡建设主管部门（城乡规划主管部门）申请办理城市规划许可
城市紫线、绿线、蓝线和黄线监督	1. 紫线监督 国务院建设行政主管部门，省、自治区人民政府建设行政主管部门和直辖市人民政府城乡规划行政主管部门根据需要可以向有关城市派出规划监督员，对城市紫线的执行情况进行监督

续表

要点	具体内容
城市紫线、绿线、蓝线和黄线监督	2. 绿线监督 各类建设工程要与其配套的绿化工程同步设计、同步施工、同步验收。达不到规定标准的,不得投入使用。城市人民政府规划、园林绿化行政主管部门按照职责分工,对城市绿线的控制和实施情况进行检查,并向同级人民政府和上级行政主管部门报告。 3. 蓝线、黄线监督 县级以上地方人民政府住房城乡建设主管部门(城乡规划主管部门)应当定期对城市蓝线、黄线管理情况进行监督检查

第二节　勘察设计

考点一　勘察设计单位的资质管理

要点	具体内容
勘察单位的资质管理	工程勘察资质分为工程勘察综合资质、工程勘察专业资质、工程勘察劳务资质。 工程勘察综合资质只设甲级;取得工程勘察综合资质的企业,可以承接各专业(海洋工程勘察除外)、各等级工程勘察业务。 工程勘察专业资质设甲级、乙级,根据工程性质和技术特点,部分专业可以设丙级;取得工程勘察专业资质的企业,可以承接相应等级相应专业的工程勘察业务。 工程勘察劳务资质不分等级。取得工程勘察劳务资质的企业,可以承接岩土工程治理、工程钻探、凿井等工程勘察劳务业务
设计单位的资质管理	工程设计资质分为工程设计综合资质、工程设计行业资质、工程设计专业资质和工程设计专项资质。 工程设计综合资质只设甲级;工程设计行业资质、工程设计专业资质、工程设计专项资质设甲级、乙级。根据工程性质和技术特点,个别行业、专业、专项资质可以设丙级,建筑工程专业资质可以设丁级。 从事建设工程勘察、设计活动的企业,申请资质升级、资质增项,在申请之日起前1年内有下列情形之一的,资质许可机关不予批准企业的资质升级申请和增项申请: (1)企业相互串通投标或者与招标人串通投标承揽工程勘察、设计业务的。 (2)将承揽的工程勘察、设计业务转包或违法分包的。 (3)注册执业人员未按照规定在勘察、设计文件上签字的。 (4)违反国家工程建设强制性标准的。 (5)因勘察、设计原因造成过重大生产安全事故的

续表

要点	具体内容
设计单位的资质管理	(6)设计单位未根据勘察成果文件进行工程设计的。 (7)设计单位违反规定指定建筑材料、建筑构配件的生产厂、供应商的。 (8)无工程勘察、设计资质或者超越资质等级范围承揽工程勘察、设计业务的。 (9)涂改、倒卖、出租、出借或者以其他形式非法转让资质证书的。 (10)允许其他单位、个人以本单位名义承揽建设勘察、设计业务的。 (11)其他违反法律、法规行为的。 有下列情形之一的,资质许可机关或者其上级机关,根据利害关系人的请求或者依据职权,可以撤销工程勘察、工程设计资质: (1)资质许可机关工作人员滥用职权、玩忽职守做出准予工程勘察、工程设计资质许可的。 (2)超越法定职权做出准予工程勘察、设计资质许可。 (3)违反资质审批程序做出准予工程勘察、设计资质许可的。 (4)对不符合许可条件的申请人做出工程勘察、设计资质许可的。 (5)依法可以撤销资质证书的其他情形。 以欺骗、贿赂等不正当手段取得工程勘察、设计资质证书的,应当予以撤销

考点二　勘察设计的发包与承包

要点	具体内容
概述	建设工程勘察、设计应当依照《招标投标法》的规定,实行招标发包。 (1)建设工程勘察、设计方案评标,应当以投标人的业绩、信誉和勘察、设计人员的能力以及勘察、设计方案的优劣为依据,进行综合评定。 (2)建设工程勘察、设计的招标人应当在评标委员会推荐的候选方案中确定中标方案。但是,建设工程勘察、设计的招标人认为评标委员会推荐的候选方案不能最大限度满足招标文件规定的要求的,应当依法重新招标。 (3)经有关主管部门批准,可以对下列建设工程的勘察、设计直接发包:①采用特定的专利或者专有技术的;②建筑艺术造型有特殊要求的;③国务院规定的其他建设工程的勘察、设计。 (4)发包方可以将整个建设工程的勘察、设计发包给一个勘察、设计单位;也可以将建设工程的勘察、设计分别发包给几个勘察、设计单位。但不得将建设工程勘察、设计业务发包给不具有相应勘察、设计资质等级的建设工程勘察、设计单位。 (5)除建设工程主体部分的勘察、设计外,经发包方书面同意,承包方可以将建设工程其他部分的勘察、设计再分包给其他具有相应资质等级的建设工程勘察、设计单位。建设工程勘察、设计单位不得将所承揽的建设工程勘察、设计转包。承包方必须在建设工程勘察、设计资质证书规定的资质等级和业务范围内承揽建设工程的勘察、设计业务。 《建筑工程设计招标投标管理办法》规定:建筑工程设计招标可以采用设计方案招标或者设计团队招标,招标人可以根据项目特点和实际需要选择

续表

要点	具体内容
概述	鼓励建筑工程实行设计总包,按照合同约定或者经招标人同意,设计单位可以不通过招标方式将建筑工程非主体部分的设计进行分包;招标人、中标人使用未中标方案的,应当征得提交方案的投标人同意并付给使用费

考点三　勘察设计的监督管理

要点	具体内容
概述	国务院建设行政主管部门对全国的建设工程勘察、设计活动实施统一监督管理。 建设工程勘察、设计单位在建设工程勘察、设计资质证书规定的业务范围内跨部门、跨地区承揽勘察、设计业务的,有关地方人民政府及其所属部门不得设置障碍,不得违反国家规定收取任何费用。 施工图设计文件未经审查批准的,不得使用

考点四　注册结构工程师制度

要点	具体内容
概述	(1)注册结构工程师是指取得中华人民共和国注册结构工程师资格证书和注册证书,从事房屋结构、桥梁结构及塔架结构等工程设计及相关业务的专业技术人员。 (2)注册结构工程师分为一级和二级注册结构工程师,注册有效期为2年,有效期届满需要继续注册的,应当在期满前30日内办理注册手续。 (3)注册结构工程师的执业范围包括:①结构工程设计;②结构工程设计技术咨询;③建筑物、构筑物、工程设施等调查和鉴定;④对本人主持设计的项目进行施工指导和监督;⑤原建设部和国务院有关部门规定的其他业务。 【注】一级注册结构工程师的执业范围不受工程规模及工程复杂程度的限制。 (4)注册结构工程师有权以注册结构工程师的名义执行注册结构工程师业务。注册结构工程师执行业务,应当加入一个勘察、设计单位,由勘察、设计单位统一接受委托并统一收费。非注册结构工程师不得以注册结构工程师的名称执行注册结构工程师业务。 (5)因结构设计质量造成的经济损失,由勘察、设计单位承担赔偿责任;勘察、设计单位有权向签字的注册结构工程师追偿

第三节　招标投标与建设监理

考点一　工程建设的招标投标管理

要点	具体内容
工程建设招标投标的范围	在中华人民共和国境内进行下列工程建设项目包括项目的勘察、设计、施工、监理以及与工程建设有关的重要设备、材料等的采购,必须进行招标: (1)大型基础设施、公用事业等关系社会公共利益、公众安全的项目。 (2)全部或者部分使用国有资金投资或者国家融资的项目。 (3)使用国际组织或者外国政府贷款、援助资金的项目。 (4)法律或者国务院对必须进行招标的其他项目的范围有规定的,依照其规定
工程建设招标投标的原则	(1)招标投标活动应当遵循公开、公平、公正和诚实信用的原则。 (2)任何单位和个人不得将依法必须进行招标的项目化整为零或者以其他任何方式规避招标。 (3)依法必须进行招标的项目,其招标活动不受地区或者部门的限制。任何单位和个人不得违法限制或者排斥本地区、本系统以外的法人或者其他组织参加投标,不得以任何方式非法干涉招标投标活动
建设工程招标的管理	1. 公开招标和邀请招标 公开招标,是指招标人以招标公告的方式邀请不特定的法人或者其他组织投标。 邀请招标,是指招标人以投标邀请书的方式邀请特定的法人或者其他组织投标。 国家和地方重点项目,如不适宜公开招标的,经批准,可以进行邀请招标。招标人采用邀请招标方式的,应当向三个以上具备承担招标项目的能力、资信良好的特定的法人或者其他组织发出投标邀请书。 2. 工程建设项目招标代理机构 国务院住房城乡建设主管部门负责全国工程招标代理机构资格认定的管理。 依法取得国务院住房城乡建设主管部门或者省、自治区、直辖市人民政府住房城乡建设主管部门认定的工程建设招标代理机构资格的单位,方可在其资格许可的范围内从事相应的工程建设招标代理业务。 工程建设招标代理机构资格分为甲级、乙级和暂定级。 (1)甲级工程建设招标代理机构可以承担各类工程建设的招标代理业务。 (2)乙级工程建设招标代理机构只能承担工程总投资1亿元人民币以下的工程建设招标代理业务。 (3)暂定级工程建设招标代理机构,只能承担工程总投资6 000万元人民币以下的工程招标代理业务

续表

要点	具体内容
建设工程招标的管理	工程建设招标代理机构可以跨省、自治区、直辖市承担工程招标代理业务。任何单位和个人不得限制或者排斥工程建设招标代理机构依法开展工程建设招标代理业务。 3. 建设工程的招标文件 招标人应当根据招标项目的特点和需要编制招标文件。招标文件应当包括招标项目的技术要求、对投标人资格审查的标准、投标报价要求、评标标准等所有实质性要求和条件,以及拟签订合同的主要条款。 国家对招标项目的技术、标准有规定的,招标人应当按照其规定在招标文件中提出相应的要求。招标项目需要划分标段、确定工期的,招标人应当合理划分标段、确定工期,并在招标文件中载明。 招标文件不得要求或者标明特定的生产供应者以及含有倾向或者排斥潜在投标人的其他内容。 招标人不得向他人透露已获取招标文件的潜在投标人的名称、数量以及可能影响公平竞争的有关招标投标的其他情况。招标人设有标底的,标底必须保密
建设工程投标的管理	投标人应当具备承担招标项目的能力。对投标的管理内容主要有: (1)投标人应当按照招标文件的要求编制投标文件。投标文件应当对招标文件提出的实质性要求和条件做出响应。 (2)两个以上法人或者其他组织可以组成一个联合体,以一个投标人的身份共同投标。联合体各方均应当具备承担招标项目的相应能力。由同一专业的单位组成的联合体,按照资质等级较低的单位确定资质等级。 联合体各方应当签订共同投标协议,明确约定各方拟承担的工作和责任,并将共同投标协议连同投标文件一并提交招标人。联合体中标的,联合体各方应当共同与招标人签订合同,就中标项目向招标人承担连带责任。招标人不得强制投标人组成联合体共同投标,不得限制投标人之间的竞争。 (3)投标人不得相互串通投标报价,不得排挤其他投标人的公平竞争,损害招标人或者其他投标人的合法权益。 (4)投标人不得与招标人串通投标,损害国家利益、社会公众利益或者他人的合法权益。 (5)投标人不得以低于成本的报价竞标,也不得以他人名义投标或者以其他方式弄虚作假,骗取中标
开标、评标和中标的管理	(1)开标由招标人主持,邀请所有投标人参加。开标时间应当在招标文件预先确定的提交投标文件截止期限后的时间公开进行,开标地点应当为招标文件中预先确定的地点。开标时,由投标人或者其推选的代表检查投标文件的密封情况,经确认无误后,由工作人员当众拆封,宣读投标人名称、投标价格和投标文件的其他主要内容。 (2)评标由招标人依法组成的评标委员会负责。评标委员会成员的名单在中标结果确定前应当保密。评标委员会应当按照招标文件确定的评标标准和方法,对投标文件进行评审和

续表

要点	具体内容
开标、评标和中标的管理	比较;设有标底的,应当参考标底。评标委员会完成评标后,应当向招标人提出书面评标报告,并推荐合格的中标候选人。 中标人的投标应当符合下列条件之一:能够最大限度地满足招标文件中规定的各项综合评价标准;能够满足招标文件的实质性要求,并且经评审的投标价格最低,但是投标价格低于成本的除外。 (3)中标人确定后,招标人应当向中标人发出中标通知书,并同时将中标结果通知所有未中标的投标人。中标人不得向他人转让中标项目,也不得将中标项目肢解后分别向他人转让。但中标人按照合同约定或者经招标人同意,可以将中标项目的部分非主体、非关键性工作分包给他人完成。接受分包的人应当具备相应的资格条件,并不得再次分包

考点二　建设监理制度

要点	具体内容
建设监理制度简介	建设工程项目监理简称建设监理,国外统称工程咨询。 建设监理机构,指符合规定条件且经批准成立、取得资格证书和营业执照的监理单位。其受业主委托依据国家法律、法规、规范、批准的设计文件和合同条款,对工程建设实施监理活动。 建设监理是委托性的,业主可以委托一个单位监理,也可同时委托几个单位监理;监理范围可以是工程建设的全过程监理,也可以是阶段监理,即项目决策阶段的监理和项目实施阶段的监理。我国目前的建设监理主要是项目实施阶段的监理。 在业主、承包商和监理单位三方中,是以经济为纽带、合同为依据进行制约的,其中经济手段是达到控制建设工期、造价和质量三个目标的重要因素
建设监理委托合同的形式与内容	建设监理一般是项目法人通过招标投标方式择优选定监理单位。监理单位在接受业主的委托后,必须与业主签订建设监理委托合同,才能对工程项目进行监理。 第一种形式是正式合同。 第二种形式是信件式合同。 第三种是由委托方发出的执行任务委托通知单。 第四种形式就是标准委托合同,是国际咨询工程师联合会(FIDIC)颁布的《业主、咨询工程师标准服务协议书》
工程建设监理的主要工作任务和内容	监理的基本方法就是控制,基本工作是“三控”“两管”“一协调”。 “三控”是指监理工程师在工程建设全过程中的工程进度控制、质量控制和投资控制。 “两管”是指监理活动中的合同管理和信息管理。 “一协调”是指全面的组织协调

续表

要点	具体内容
工程建设监理的主要工作任务和内容	工程进度控制的目的是:通过采用控制措施,确保项目交付使用时间目标的实现。 工程投资控制不是指投资越省越好,而是指在工程项目投资范围内得到合理控制,使该项目的实际投资小于或等于该项目的计划投资
建设工程的监理	实行监理的建设工程,建设单位应当委托具有相应资质等级的工程监理单位进行监理,也可以委托具有工程监理相应资质等级并与被监理工程的施工承包单位没有隶属关系或者其他利害关系的该工程的设计单位进行监理。 1. 建设工程监理范围 下列建设工程必须实行监理:(1)国家重点建设工程;(2)大、中型公用事业工程;(3)成片开发建设的住宅小区工程;(4)利用外国政府或者国际组织贷款、援助资金的工程;(5)国家规定必须实行监理的其他工程。 2. 建设工程监理单位的质量责任和义务 (1)工程监理单位应当依法取得相应等级的资质证书,并在其资质等级许可的范围内承担工程监理业务。禁止工程监理单位超越本单位资质等级许可的范围或者以其他工程监理单位的名义承担工程监理业务。禁止工程监理单位允许其他单位或者个人以本单位的名义承担工程监理业务。工程监理单位不得转让工程监理业务。 (2)工程监理单位与被监理工程的施工承包单位以及建筑材料、建筑构配件和设备供应单位有隶属关系或者其他利害关系的,不得承担该项建设工程的监理业务。 (3)工程监理单位应当依照法律、法规以及有关技术标准、设计文件和建设工程承包合同,代表建设单位对施工质量实施监理,并对施工质量承担监理责任。 (4)工程监理单位应当选派具备相应资格的总监理工程师和监理工程师进驻施工现场。 未经监理工程师签字,建筑材料、建筑构配件和设备不得在工程上使用或者安装,施工单位不得进行下一道工序的施工;未经总监理工程师签字,建设单位不拨付工程款,不进行竣工验收。 (5)监理工程师应当按照工程监理规范的要求,采取旁站、巡视和平行检验等形式,对建设工程实施监理
建设监理程序与管理	1. 建设监理程序 监理单位应根据所承担的监理任务,组建工程建设监理机构。承担工程施工阶段的监理,监理机构应进驻施工现场。工程建设监理一般按下列程序进行:(1)编制工程建设监理规划;(2)按工程建设进度,分专业编制工程建设监理细则;(3)按照建设监理细则进行工程建设监理;(4)参与工程竣工预验收,签署工程建设监理意见;(5)工程建设监理业务完成后,向项目法人提交工程建设监理档案资料。 2. 监理企业资质审查与管理 监理企业实行资质审批制度。监理企业的资质根据其人员素质、专业技能、管理水平及实际业绩分为甲、乙、丙三级

续表

要点	具体内容
建设监理程序与管理	设立监理企业或申请承担监理业务的企业到工商行政管理部门登记注册并取得企业法人营业执照后,方可到建设行政主管部门办理资质申请手续,经资质审查后取得《监理申请批准书》,才可从事监理活动。 3. 涉外监理的管理规定 凡外资在中华人民共和国境内独资的建设项目,在委托外国监理单位承担监理时,应聘请中国监理单位参加,进行合作监理。 中外合资的建设项目,不应委托外国监理单位承担监理,但可向外国监理单位进行技术、经济咨询。 外国贷款项目原则上由中国监理单位负责监理,如因贷款方要求外国监理单位参加,应与中国监理单位进行合作监理。 外国赠款、捐款建设的工程项目,一般由中国监理单位承担监理
注册监理工程师制度	工程监理活动中形成的监理文件由注册监理工程师按照规定签字盖章后方可生效。修改经注册监理工程师签字盖章的工程监理文件,应当由该注册监理工程师进行;因特殊情况,该注册监理工程师不能进行修改的,应当由其他注册监理工程师修改,并签字、加盖执业印章,对修改部分承担责任

第四节　建设工程施工与质量管理

考点一　施工许可管理

要点	具体内容
建筑工程施工许可管理的原则	(1)在中华人民共和国境内从事各类房屋建筑及其附属设施的建造、装修装饰和与其配套的线路、管道、设备的安装,以及城镇市政基础设施工程的施工,建设单位在开工前应当向工程所在地的县级以上地方政府住房城乡建设主管部门申请领取施工许可证。 (2)工程投资额在 30 万元以下或者建筑面积在 300 m^2 以下的建筑工程,可以不申请办理施工许可证。 (3)按照国务院规定的权限和程序批准开工报告的建筑工程,不再领取施工许可证。 (4)应当申请领取施工许可证的建筑工程未取得施工许可证的,一律不得开工。任何单位和个人不得将应当申请领取施工许可证的工程项目分解为若干限额以下的工程项目,规避申请领取施工许可证
申请建筑工程施工许可证的条件	建设单位申请领取施工许可证,应当具备下列条件,并提交相应的证明文件: (1)依法应当办理用地批准手续的,已经办理该建筑工程用地批准手续。 (2)在城市、镇规划区的建筑工程,已经取得建设工程规划许可证

续表

<table>
<tr><th>要点</th><th>具体内容</th></tr>
<tr><td>申请建筑工程施工许可证的条件</td><td>(3)施工场地已经基本具备施工条件,需要征收房屋的,其进度符合施工要求。
(4)已经确定施工企业。按照规定应当招标的工程没有招标,应当公开招标的工程没有公开招标,或者肢解发包工程,以及将工程发包给不具备相应资质条件的企业的,所确定的施工企业无效。
(5)有满足施工需要的技术资料,施工图设计文件已按规定审查合格。
(6)有保证工程质量和安全的具体措施。专业性较强的工程项目编制了专项质量、安全施工组织设计,并按照规定办理了工程质量、安全监督手续。
(7)按照规定应当委托监理的工程已委托监理。
(8)建设资金已经落实。建设工期不足一年的,到位资金原则上不得少于工程合同价的50%,建设工期超过一年的,到位资金原则上不得少于工程合同价的30%。建设单位应当提供本单位截至申请之日无拖欠工程款情形的承诺书或者能够表明其无拖欠工程款情形的其他材料,以及银行出具的到位资金证明,有条件的可以实行银行付款保函或者其他第三方担保。
(9)法律、行政法规规定的其他条件</td></tr>
<tr><td>申请办理施工许可证的程序</td><td>(1)建设单位向发证机关领取《建筑工程施工许可证申请表》。
(2)建设单位持加盖单位及法定代表人印鉴的《建筑工程施工许可证申请表》,并附本办法第四条规定的证明文件,向发证机关提出申请。
(3)发证机关在收到建设单位报送的《建筑工程施工许可证申请表》和所附证明文件后,对于符合条件的,应当自收到申请之日起15日内颁发施工许可证;对于证明文件不齐全或者失效的,应当当场或者5日内一次告知建设单位需要补正的全部内容,审批时间可以自证明文件补正齐全后做相应顺延;对于不符合条件的,应当自收到申请之日起15日内书面通知建设单位,并说明理由。
建筑工程在施工过程中,建设单位或者施工单位发生变更的,应当重新申请领取施工许可证</td></tr>
<tr><td>建筑工程施工许可证的管理</td><td>施工许可证分为正本和副本,正本和副本具有同等法律效力。复印的施工许可证无效。施工许可证应当放置在施工现场备查,并按规定在施工现场公开。施工许可证不得伪造和涂改。
建设单位应当自领取施工许可证之日起3个月内开工。因故不能按期开工的,应当在期满前向发证机关申请延期,并说明理由;延期以两次为限,每次不超过3个月。既不开工又不申请延期或者超过延期次数、时限的,施工许可证自行废止。
在建的建筑工程因故中止施工的,建设单位应当自中止施工之日起1个月内向发证机关报告,并按照规定做好建筑工程的维护管理工作。建筑工程恢复施工时,应当向发证机关报告;中止施工满1年的工程恢复施工前,建设单位应当报发证机关核验施工许可证。
对于未取得施工许可证或者为规避办理施工许可证将工程项目分解后擅自施工的,由有管辖权的发证机关责令停止施工,限期改正</td></tr>
</table>

考点二　建设工程质量管理

要点	具体内容
建设工程质量管理的原则	(1)县级以上政府建设行政主管部门和其他有关部门负责对建设工程质量实行监督管理。 (2)从事建设工程活动,必须严格执行基本建设程序,坚持先勘察、后设计、再施工的原则。 (3)县级以上人民政府及其有关部门不得超越权限审批建设项目或擅自简化基本建设程序。 (4)国家鼓励采用先进的科学技术和管理方法,提高建设工程质量
建设单位的质量责任和义务	(1)应当将工程发包给具有相应资质等级的单位,不得将建设工程肢解发包。 (2)应当依法对工程建设项目的勘察、设计、施工,以及与工程建设有关的重要设备、材料等的采购进行招标。 (3)不得迫使承包方低于成本竞标,不得任意压缩合理工期。不得明示或者暗示设计单位或者施工单位违反工程建设强制性标准,降低建设工程质量。 (4)应当将施工图设计文件报县级以上政府建设行政主管部门或者其他有关部门审查。施工图设计文件未经审查批准的,不得使用
施工单位的质量责任和义务	(1)应当依法取得相应等级的资质证书,并在其资质等级许可的范围内承揽工程。禁止超越本单位资质等级许可的业务范围或者以其他施工单位的名义承揽工程。禁止允许其他单位或者个人以本单位的名义承揽工程。不得转包或者违法分包工程。 (2)对建设工程的施工质量负责。应当建立质量责任制,确定工程项目的项目经理、技术负责人和施工管理负责人。建设工程实行总承包的,总承包单位应对全部建设工程质量负责。 (3)总承包单位依法将建设工程分包给其他单位的,分包单位应当按照分包合同的约定对其分包工程的质量向总承包单位负责,总承包单位与分包单位对分包工程质量承担连带责任。 (4)必须按照工程设计图纸和施工技术标准施工,不得擅自修改工程设计,不得偷工减料。在施工过程中发现设计文件和图纸有差错的,应当及时提出意见和建议。 (5)必须按照工程设计要求、施工技术标准和合同约定,对建筑材料、建筑构配件、设备和商品混凝土进行检验,应有书面记录和专人签字;未经检验或者检验不合格的,不得使用。 (6)必须建立、健全施工质量的检验制度,严格工序管理,做好隐蔽工程的质量检查和记录。隐蔽工程在隐蔽前,施工单位应当通知建设单位和建设工程质量监督机构。 (7)施工人员对涉及结构安全的试块、试件以及有关材料,应当在建设单位或者工程监理单位监督下现场取样,并送具有相应资质等级的单位检测。 (8)施工单位对施工中出现质量问题或者竣工验收不合格的建设工程,应当负责返修。 (9)施工单位应当建立、健全教育培训制度,加强对职工的教育培训;未经教育培训或者考核不合格的人员,不得上岗作业

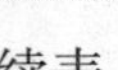

续表

要点	具体内容
建设工程质量监督管理制度	1. 建设工程质量监督管理机构 国务院住房城乡建设主管部门对全国的建设工程质量实施统一监督管理。 2. 建设工程质量监督管理的实施 由建设行政主管部门或者其他有关部门委托的建设工程质量监督机构具体实施。供水、供电、供气、公安消防等部门,不得明示或暗示建设单位、施工单位购买其指定的生产供应单位的建筑材料、建筑构配件和设备。工程发生质量事故,有关单位应当在24小时内向当地建设行政主管部门和其他有关部门报告

考点三　建设工程的竣工验收管理制度

要点	具体内容
概述	竣工验收是建设工程施工和施工管理的最后环节。任何工程竣工后,都必须进行竣工验收。单项工程完工,进行单项工程验收;分期建设的工程,进行分期验收;全部工程竣工,进行竣工综合验收。凡未经验收或验收不合格的建设工程和开发项目,不准交付使用
建设工程竣工验收的监督管理机构	国务院住房城乡建设主管部门负责全国工程的竣工验收备案管理工作。县级以上地方人民政府建设行政主管部门负责本行政区域内的竣工验收备案管理工作。 建设单位收到建设工程竣工报告后,应当组织设计、施工、监理等有关单位进行竣工验收。建设单位应当自工程竣工验收合格之日起15日内,向建设行政主管部门备案
建设工程竣工验收的条件	(1)完成工程设计和合同约定的各项内容。 (2)有完整的技术档案和施工管理资料。 (3)有工程使用的主要建筑材料、建筑构配件和设备的进场试验报告。 (4)有勘察、设计、施工、工程监理等单位分别签署的质量合格文件。 (5)有施工单位签署的工程保修书
建设工程竣工验收备案	建设单位办理竣工验收备案应提交下列文件: (1)工程竣工验收备案表。 (2)工程竣工验收报告。 (3)法律、行政法规规定应当由规划、公安消防、环保等部门出具的认可文件或准许使用文件。 (4)施工单位签署的工程质量保修书。 (5)法规、规章规定必须提供的其他文件。 商品住宅还应当提交《住宅质量保证书》和《住宅使用说明书》

考点四　建设工程质量保修办法

要点	具体内容
概述	房屋建筑工程质量保修，是指对房屋建筑工程竣工验收后在保修期限内出现的质量缺陷，予以修复。质量缺陷，是指房屋建筑工程的质量不符合工程建设强制性标准以及合同的约定。房屋建筑工程在保修范围和保修期限内出现质量缺陷，施工单位应当履行保修义务
房屋建筑工程质量保修期限	建设单位和施工单位应当在工程质量保修书中约定保修范围、保修期限和保修责任等，双方约定的保修范围、保修期限必须符合国家有关规定。 在正常使用下，房屋建筑工程的最低保修期限为：(1)地基基础和主体结构工程，为设计文件规定的该工程的合理使用年限；(2)屋面防水工程、有防水要求的卫生间、房间和外墙面的防渗漏为5年；(3)供热与供冷系统，为2个采暖期、供冷期；(4)电气系统、给排水管道、设备安装为2年；(5)装修工程为2年。 其他项目的保修期限由建设单位和施工单位约定。 房屋建筑工程保修期从工程竣工验收合格之日起计算
房屋建筑工程质量保修责任	(1)在保修期限内出现质量缺陷，施工单位应在保修书约定的时间内予以保修。发生涉及结构安全或者严重影响使用功能的紧急抢修事故，施工单位应当立即到达现场抢修。 (2)发生涉及结构安全的质量缺陷，建设单位或者房屋建筑所有人应当立即向当地建设行政主管部门报告；由原设计单位或者具有相应资质等级的设计单位提出保修方案，施工单位实施保修，原工程质量监督机构负责监督。 (3)保修完后，由建设单位或者房屋建筑所有人组织验收。涉及结构安全的，应当报当地建设行政主管部门备案。 (4)施工单位不按工程质量保修书约定保修的，建设单位可以另行委托其他单位保修，由原施工单位承担相应责任。 (5)保修费用由质量缺陷的责任方承担。 (6)在保修期内，因房屋建筑工程质量缺陷造成房屋所有人、使用人或者第三方人身、财产损害的，房屋所有人、使用人或者第三方可以向建设单位提出赔偿要求。建设单位向造成房屋建筑工程质量缺陷的责任方追偿。因保修不及时造成新的人身、财产损害，由造成拖延的责任方承担赔偿责任。

考点五　建筑施工企业的资质管理

要点	具体内容
概述	建筑业企业资质分为施工总承包资质、专业承包资质、施工劳务资质三个序列。 施工总承包资质、专业承包资质按照工程性质和技术特点分别划分为若干资质类别，各资质类别按照规定的条件划分为若干资质等级。施工劳务资质不分类别与等级

考点六　注册建造师制度

要点	具体内容
	企业可以申请一项或多项建筑业企业资质。企业首次申请或增项申请资质，应当申请最低等级资质。
概述	(1)注册建造师是指通过考核认定或考试合格取得建造师资格证书，并按照规定注册，取得建造师注册证书和执业印章，担任施工单位项目负责人及从事相关活动的专业技术人员。 (2)国务院住房城乡建设主管部门对全国注册建造师的注册、执业活动实施统一监督管理，分为一级注册建造师和二级注册建造师。 (3)取得建造师资格证书的人员应当受聘于一个具有建设工程勘察、设计、施工、监理、招标代理、造价咨询等一项或者多项资质的单位，经注册后方可从事相应的执业活动；担任施工单位项目负责人的，应当受聘并注册于一个具有施工资质的企业。注册建造师不得同时在两个及两个以上的建设工程项目上担任施工单位项目负责人。 (4)注册建造师可以从事建设工程项目总承包管理或施工管理、工程项目管理服务、技术经济咨询，以及其他业务。建设工程施工活动中形成的有关工程施工管理文件，应当由注册建造师签字并加盖执业印章。施工单位签署质量合格的文件上，必须有注册建造师的签字盖章

跟踪训练

一、单项选择题

1. 建设工程竣工验收由(　　)单位组织。

A. 施工　　B. 建设

C. 监理　　D. 工程质量监管

2. 城市规划确定的江、河、湖等城市地表水体保护和控制的地域界线是(　　)。

A. 紫线　　B. 绿线

C. 蓝线　　D. 黄线

3. 出让地块的位置、使用性质等规划条件，作为国有土地使用权出让合同的组成部分，由城乡规划主管部门依据(　　)提出。

A. 城镇体系规划　　B. 土地利用总体规划

C. 修建性详细规划　　D. 控制性详细规划

4. 施工单位签署建设工程项目质量合格的文件上，必须有(　　)签字盖章。

A. 注册建筑师　　B. 注册结构工程师

C. 注册建造师　　D. 注册施工管理师

5. 城市规划区内的建设工程，建设单位应当在竣工验收后(　　)个月内向城乡规划主管部门报送有关竣工验收资料。

A. 1　　B. 3　　C. 6　　D. 9

6. 招标人以招标公告的方式邀请不特定的法人或者组织来投标，这种招标方式称为(　　)。

A. 公开招标　　B. 邀请招标

C. 议标　　D. 定向招标

7. 下列关于城市总体规划的表述中，错误的是(　　)。

A. 城市总体规划的规划期限一般为 20 年

B. 城市总体规划应当对城市更长远发展作出预测性安排

C. 城市的总体规划由城市人民政府审批

D. 城市总体规划报送审批前，应当采取论证会、听证会等方式征求社会意见

8. 城市控制性详细规划由(　　)批准。

A. 本级人民政府　　B. 上一级人民政府

C. 国务院城乡规划主管部门　　D. 本级人民代表大会常务委员会

9. 按照国家规定需要有关部门批准或者核准的建设项目，以划拨方式提供国有土地使用权的，建设单位在报送有关部门批准或者核准前，应当向城乡规划主管部门申请核发(　　)。

A. 规划许可证　　B. 设计条件通知书

C. 选址意见书　　D. 建设工程许可证

10. 建设单位在取得建设用地规划许可证后，方可向县级以上地方人民政府(　　)申请用地。

A. 规划管理部门　　B. 土地主管部门

C. 发展与改革部门　　D. 建设主管部门

二、多项选择题

1. 制定和实施城乡规划必须遵循基本原则有(　　)。

A. 城乡统筹原则　　B. 合理布局原则

C. 节约土地原则　　D. 集约发展原则

E. 规划建设同步原则

2. 下列建设工程必须实行监理的有(　　)。

A. 三峡水利工程

B. 农民个人出资自建住宅

C. 利用亚洲开发银行贷款工程

D. 民营企业家投资开发建设的住宅小区工程

E. 娱乐设施

3. 下列选项中，属于违法建设的工程有(　　)。

A. 未取得建设工程规划许可证的建设工程

B. 临时建设工程

C. 违反建设工程规划许可证规定的建设工程

D. 城市规划行政主管部门不按照法律规定批准建设的项目

E. 擅自变更批准的规划设计图纸的建设工程

4. 工程建设监理基本工作中的“三控”指的是监理工程师在工程建设全过程中的(　　)。

A. 工程进度控制　　B. 工程质量控制

C. 工程人员控制　　D. 工程投资控制

E. 工程物资控制

5. 对“红线”的管理，体现在对(　　)等的规划管理。

A. 容积率　　B. 建设密度

C. 建设高度　　D. 建筑颜色

E. 建筑风格

三、判断题

1. 规划红线一般指建设用地规划控制线，包括用地红线、道路红线和建筑红线。(　　)

2. 经有关部门批准，建筑艺术造型有特殊要求的，其设计可以直接发包。(　　)

3. 建设单位领取施工许可证后 2 个月未开工的，施工许可证自行废止。(　　)

4. 某建设项目的建设工期不足一年，则申领施工许可证时要求其到位资金原则上不得少于工程合同价的 50%。(　　)

5. 建筑工程在施工过程中，建设单位或者施工单位发生变更的，不需重新申请领取施工许可证。(　　)

参考答案及解析

一、单项选择题

1. B 【解析】建设单位收到工程竣工报告后，应当组织设计、施工、监理等有关单位进行竣工验收。

2. C 【解析】城市紫线是指国家历史文化名城内的历史文化街区和省、自治区、直辖市人民政府公布的历史文化街区的保护范围界线，以及历史文化街区外经县级以上人民政府公布保护的历史建筑的保护范围界线；城市绿线是指城市各类绿地范围的控制线。控制性详细规划应当提出不同类型用地的界线、规定绿化率控制指标和绿化用地界线的具体坐标。修建性详细规划应当根据控制性详细规划，明确绿地布局，提出绿化配置的原则或者方案，划定绿地界线；城市蓝线是指城市规划确定的江、河、湖、库、渠和湿地等城市地表水体保护和控制的地域界线。城市蓝线应当与城市规划一并报批；城市黄线是指对城市发展全局有影响的、城市规划中确定的、必须控制的城市基础设施用地的控制界线。城市基础设施包括城市公共交通设施、城市供水设施、城市环境卫生设施、城市供燃气设施、城市供热设施、城市消防设施、城市通信设施等。

3. D 【解析】在城市、镇规划区内以出让方式提供国有土地使用权的，在国有土地使用权出让前，城市、县人民政府城乡规划主管部门应当依据控制性详细规划，提出出让地块的位置、使用性质、开发强度等规划条件，作为国有土地使用权出让合同的组成部分。

4. C 【解析】施工单位签署建设工程项目质量合格的文件上，必须有注册建造师签字盖章。

5. C 【解析】城市规划区内的建设工程，建设单位应当在竣工验收后 6 个月内向城乡规划主管部门报送有关竣工验收资料。

6. A 【解析】公开招标是指招标人以招标公告的方式邀请不特定的法人或者其他组织投标。邀请招标是指招标人以投标邀请书的方式邀请特定的法人或者其他组织投标。

7. C 【解析】直辖市的城市总体规划由直辖市人民政府报国务院审批。省、自治区人民政府所在地的城市以及国务院确定的城市的总体规划，由省、自治区人民政府审查同意后，报国务院审批。其他城市的总体规划，由城市人民政府报省、自治区人民政府审批。

8. A 【解析】《城乡规划法》规定，城市人民政府城乡规划主管部门根据城市总体规划的要求，组织编制城市的控制性详细规划，经本级人民政府批准后，报本级人民代表大会常务委员会和上一级人民政府备案。

9. C 【解析】《城乡规划法》规定，按照国家规定需要有关部门批准或者核准的建设项目，以划拨方式提供国有土地使用权的，建设单位在报送有关部门批准或者核准前，应当向城乡规划主管部门申请核发选址意见书。

10. B 【解析】建设单位在取得建设用地规划许可证后，方可向县级以上地方人民政府土地主管部门申请用地，经县级以上人民政府审批后，由土地主管部门划拨土地。

二、多项选择题

1. ABCD 【解析】制定和实施城乡规划必须遵循以下五个基本原则：城乡统筹原则、合理布局原则、节约土地原则、集约发展原则、先规划后建设原则。

2. AC 【解析】下列建设工程必须实行监理：国家重点建设工程；大中型公用事业工程，成片开发建设的住宅小区工程，利用外国政府或者国际组织贷款、援助资金的工程等。

3. ACDE 【解析】临时建设工程经批准的就不属于违法建设。

4. ABD 【解析】工程建设监理基本工作中的“三控”指的是监理工程师在工程建设全过程中的工程进度控制、工程质量控制和工程投资控制。

5. ABC 【解析】规划红线一般指建设用地规划控制线，包括用地红线、道路红线和建筑红线。对“红线”的管理，体现在对容积率、建设密度和建设高度等的规划管理。用地红线是各类建筑工程项目用地的使用权属范围的边界线，是围起某个地块的一些坐标点连成的线，红线内土地面积就是取得使用权的用地范围。

三、判断题

1. √ 【解析】规划红线一般指建设用地规划控制线，包括用地红线、道路红线和建筑红线。对“红线”的管理，体现在对容积率、建设密度和建设高度等的规划管理。

2. √ 【解析】经有关主管部门批准，可以对下列建设工程的勘察、设计直接发包：(1)采用特定的专利或者专有技术的；(2)建筑艺术造型有特殊要求的；(3)国务院规定的其他建设工程的勘察、设计。

3. × 【解析】必须 3 个月内开工,既不开工又不申请延期,或者超过延期次数的,自行废止。

4. √ 【解析】建设单位申领施工许可证时,建设工期不足一年的,到位资金原则上不得少于工程合同价的 50%;建设工期超过一年的,到位资金原则上不得少于工程合同价的 30%。

5. × 【解析】建筑工程在施工过程中,建设单位或者施工单位发生变更的,应当重新申请领取施工许可证。建设单位申请领取施工许可证的工程名称、地点、规模,应当符合依法签订的施工承包合同。

第五章　房地产开发经营管理制度与政策

知识导图

- 房地产开发经营管理制度与政策
  - 房地产开发企业的管理
    - 房地产开发企业的概念、特征及分类
    - 房地产开发企业的设立条件
    - 房地产开发企业资质等级
    - 房地产开发企业设立的程序
    - 房地产开发企业资质管理
  - 房地产开发项目管理
    - 确定房地产开发项目的原则
    - 房地产开发项目建设用地使用权的取得
    - 房地产开发项目资本金制度
    - 对不按期开发房地产开发项目的处理原则
    - 房地产开发项目质量责任制度
    - 项目手册制度
  - 房地产经营管理
    - 房地产开发项目转让
    - 商品房交付使用
    - 房地产广告
    - 依法查处违法违规房地产经营行为

考情分析

本章主要介绍了房地产开发企业的管理、房地产开发项目管理、房地产经营管理。本章的学习重点是房地产开发项目建设用地使用权的取得，学习难点是房地产开发项目转让。

本章在考试中的平均分值为 4 分，考试目的是测查应试人员对房地产开发企业管理、项目管理、经营管理制度和政策的了解、熟悉与掌握程度。

表解考点

考点	重要等级
房地产开发企业的概念、特征及分类	了解

续表

考点	重要等级
房地产开发企业的设立条件	了解
房地产开发企业资质等级	了解
房地产开发企业设立的程序	了解
房地产开发企业资质管理	了解
确定房地产开发项目的原则	熟悉
房地产开发项目建设用地使用权的取得	掌握
房地产开发项目资本金制度	熟悉
对不按期开发的房地产开发项目的处理原则	熟悉
房地产开发项目质量责任制度	熟悉
项目手册制度	熟悉
房地产开发项目转让	掌握
商品房交付使用	熟悉
房地产广告	了解

考点详解

第一节　房地产开发企业的管理

考点一　房地产开发企业的概念、特征及分类

要点	具体内容
概述	(1)房地产开发企业是依法设立,具有企业法人资格的,以营利为目的,从事房地产开发和经营的企业。又称为开发商、发展商、建设单位、房地产开发公司。 (2)一般具有高投入、高风险、回报周期长、综合性强、关联效应大等特征。 (3)房地产开发企业登记为有限责任公司或股份公司

考点二　房地产开发企业的设立条件

要点	具体内容
概述	(1)有符合公司法人登记的名称和组织机构。 (2)有适应房地产开发经营需要的固定的办公用房。 (3)有4名以上持有资格证书的房地产专业、建筑工程专业的专职技术人员,2名以上持有资格证书的专职会计人员。 (4)法律、法规规定的其他条件。 省、自治区、直辖市人民政府可以根据本地方的实际情况,对设立房地产开发企业的注册资本和专业技术人员的条件作出高于以上的规定

考点三　房地产开发企业资质等级

资质等级	从事房地产开发经营时间(年)	近3年房屋建筑累计竣工面积(万 m^2)	连续几年建筑工程质量合格率达到100%	上一年房屋建筑施工面积(万 m^2)	专业管理人员(人数)	其中:中级以上职称管理人员	其中:持有资格证书的专职会计人员
一级资质	≥5	≥30	5	≥15	≥40	≥20	≥4
二级资质	≥3	≥15	3	≥10	≥20	≥10	≥3
三级资质	≥2	≥5	2		≥10	≥5	≥2
四级资质	≥1		已竣工的建筑工程		≥5		≥2

考点四　房地产开发企业设立的程序

要点	具体内容
概述	(1)新设立的房地产开发企业,应当自领取营业执照之日起30日内,持下列文件到登记机关所在地的房地产开发主管部门备案:营业执照复印件;企业章程;企业法定代表人的身份证明;专业技术人员的资格证书和聘用合同。 (2)房地产开发主管部门应当在收到备案申请后30日内向符合条件的企业核发《暂定资质证书》,暂定资质的条件不低于四级资质的条件。 (3)《暂定资质证书》有效期1年,延长《暂定资质证书》有效期的,延长期不得超过2年。 (4)自领取《暂定资质证书》之日起1年内无开发项目的,《暂定资质证书》有效期不得延长

考点五　房地产开发企业资质管理

要点	具体内容
管理机构	国务院住房城乡建设行政主管部门负责全国房地产开发企业的资质管理工作；县级以上地方人民政府房地产开发主管部门负责本行政区域内房地产开发企业的资质管理工作
实行分级审批	一级资质由省、自治区、直辖市住房城乡建设行政主管部门初审，报国务院住房城乡建设行政主管部门审批；二级及二级以下资质的审批办法由省、自治区、直辖市人民政府住房城乡建设行政主管部门制定

第二节　房地产开发项目管理

考点一　确定房地产开发项目的原则

要点	具体内容
概述	(1)确定房地产开发项目，应当符合土地利用总体规划、年度建设用地计划和城市规划、房地产开发年度计划的要求；按照国家有关规定需要经国家发展改革主管部门批准的，还应当报国家发展改革主管部门批准，并纳入年度固定资产投资计划。 (2)房地产开发项目，应当坚持旧区改建和新区建设相结合的原则，注重开发基础设施薄弱、交通拥挤、环境污染严重以及危旧房集中的区域，保护和改善城市生态环境，保护历史文化遗产

考点二　房地产开发项目建设用地使用权的取得

要点	具体内容
建设用地使用权的取得方式	《城市房地产开发经营管理条例》规定，房地产开发用地应当以出让的方式取得，但法律和国务院规定可以采用划拨方式的除外。 采用划拨方式取得建设用地使用权有以下两种情形： (1)《城市房地产管理法》规定，国家机关用地和军事用地，城市基础设施用地和公益事业用地，国家重点扶持的能源、交通、水利等项目用地，法律、行政法规规定的其他用地确属必需的，可以由县级以上人民政府依法批准划拨。 (2)经济适用住房建设用地应在建设用地年度计划中统筹安排，并采取行政划拨方式供应

续表

要点	具体内容
建设条件书面意见的内容	土地使用权出让或划拨前,县级以上地方政府城市规划行政主管部门和房地产开发主管部门应当对下列事项提出书面意见,作为土地使用权出让或者划拨的依据之一: (1)房地产开发项目的性质、规模和开发期限。 (2)城市规划设计的条件。 (3)基础设施和公共设施的建设要求。 (4)基础设施建成后的产权界定。 (5)项目征收补偿、安置要求。 市、县住房城乡建设主管部门提出限价商品住房的控制性销售价位,商品住房建设项目中保障性住房的配建比例、配建套数、套型面积、设施条件和项目开竣工时间及建设周期等建设条件,作为土地出让的依据,并纳入出让合同

考点三　房地产开发项目实行资本金制度

要点	具体内容
项目资本金的概念	项目资本金是指在投资项目总投资中,由投资者认购的出资额,对投资项目来说是非债务性资金,项目法人不承担这部分资金的任何利息和债务;投资者可按其出资的比例依法享有所有者权益,也可转让其出资,但不得以任何方式抽出
项目资本金的出资方式	(1)项目投资资本金可以用货币出资,也可以用实物、工业产权、非专利技术、土地使用权作价出资,但必须经过资产评估机构评估。 (2)以工业产权、非专利技术作价出资的比例不得超过投资项目资本金总额的20%,国家对采用高新技术成果有特别规定的除外
房地产开发项目资本金	(1)房地产开发项目资本金是指规定房地产开发企业承揽项目必须有一定比例的资本金,可以有效地防止部分企业的不规范行为,减少楼盘"烂尾"等现象的发生。 (2)保障性住房和普通商品住房项目的最低资本金比例为20%,其他房地产开发项目的最低资本金比例为30%

考点四　对不按期开发房地产开发项目的处理原则

要点	具体内容
概述	(1)房地产开发企业应当按照土地使用权出让合同约定的土地用途、动工开发期限进行开发。 (2)出让合同约定的动工开发期限1年未动工开发的,可以征收相当于土地使用权出让金

续表

要点	具体内容
概述	20%以下的土地闲置费;满2年未动工开发的,可以无偿收回土地使用权。这里所指的开发日期是指开发建设单位进行实质性投入的日期。 (3)以下情况不征收土地闲置费或收回:①因不可抗拒力造成开工延期,如地震、洪涝等自然灾害;②因政府的行为而不能如期开工的或中断建设一年以上的;③因动工开发必需的前期工作出现不可预见的情况而延期动工开发的,如发现地下文物、拆迁中发现不是开发商努力能解决的问题等

考点五　房地产开发项目质量责任制度

要点	具体内容
房地产开发企业应对其开发的房地产项目承担质量责任	《城市房地产开发经营管理条例》规定,房地产开发企业应当对其开发建设的房地产开发项目的质量承担责任。 房地产开发企业作为房地产项目建设的主体,是整个活动的组织者,其他所有参与部门都是由开发企业选择的,都和开发企业发生合同关系,出现问题也理应由开发企业与责任单位协调解决。此外,消费者是从开发商手里购房,购买的房屋出现质量问题,理应由开发企业对购房者承担责任
对质量不合格房地产项目的处理方式	房屋竣工后,必须经验收合格后方可交付使用。商品房交付使用后,购房人认为主体结构质量不合格的,可以向工程质量监督单位申请重新核验。经核验,确属主体结构质量不合格的,购房人有权退房,给购房人造成损失的,房地产开发企业应当依法承担赔偿责任。 应当注意以下几个问题: (1)购房人在商品房交付使用之后发现质量问题。 (2)确属主体结构质量不合格,而不是一般性的质量问题。 (3)必须向工程质量监督部门申请重新核验,以质量监督部门核验的结论为依据。 (4)对给购房人造成损失应当有合理的界定,应只包含直接损失,不应含精神损失等间接性损失。选择退房还是换房,权利在消费者

考点六　项目手册制度

要点	具体内容
概述	(1)房地产开发企业应当将房地产开发项目建设过程中的主要事项记录在房地产开发项目手册中,并定期送房地产开发主管部门备案

续表

要点	具体内容
概述	(2)房地产开发项目实行项目手册制度,是政府行业管理部门对房地产开发企业是否按照有关法律、法规规定,是否按照合同的约定进行开发建设而建立的一项动态管理制度。其目的主要是在项目实施过程中对房地产开发企业的开发活动进行监控,保护消费者的合法权益。 (3)政府行业管理部门的监控主要针对是否按申请预售许可证时承诺的时间表进行开发建设,预售款项是否按期投入,安置是否按要求进行,工程项目是否发生变化等内容

第三节　房地产经营管理

考点一　房地产开发项目转让

要点	具体内容
转让条件	1. 以出让方式取得的土地使用权 《城市房地产管理法》规定,以出让方式取得的土地使用权,转让房地产开发项目时必须具备以下条件: (1)按照出让合同约定已经支付全部土地使用权出让金,并取得土地使用权证书,这是出让合同成立的必要条件,也只有出让合同成立,才允许转让。 (2)按照出让合同约定进行投资开发,完成一定开发规模后才允许转让:①属于房屋建设的,开发单位除土地使用权出让金外,实际投入房屋建设工程的资金额应占全部开发投资总额的25%以上;②属于成片开发土地的,应形成工业或其他建设的用地条件,方可转让。 2. 以划拨方式取得的土地使用权 《城市房地产管理法》规定,以划拨方式取得的土地使用权,转让房地产开发项目时的条件如下。 (1)对于以划拨方式取得土地使用权的房地产项目,要转让的前提是必须经有批准权的人民政府审批。经审查除不允许转让外,对准予转让的有两种处理方式:①由受让方先补办土地使用权出让手续,并依照国家有规定缴纳土地使用权出让金后,才能进行转让;②可以不办理土地使用权出让手续而转让房地产,但转让方应将转让房地产所获收益中的土地收益上缴国家或作其他处理。 (2)对以划拨方式取得土地使用权的,转让房地产时,属于下列情形之一的,经有批准权的人民政府批准,可以不办理土地使用权出让手续:①经城市规划行政主管部门批准,用于国家机关用地和军事用地,城市基础设施用地和公益事业用地,国家重点扶持的能源、交通、水利等项目用地以及法律、行政法规规定的其他用地。经济适用住房采取行政划拨的

续表

要点	具体内容
转让条件	方式进行;②私有住宅转让后仍用于居住的;③按照国务院住房制度改革有关规定出售公有住宅的;④同一宗土地上部分房屋转让而土地使用权不可分割转让的;⑤转让的房地产暂时难以确定土地使用权出让用途、年限和其他条件的;⑥根据城市规划土地使用权不宜出让的;⑦县级以上人民政府规定暂时无法或不需要采取土地使用权出让方式的其他情形
转让程序	(1)转让房地产开发项目,转让人和受让人应当自土地使用权变更登记手续办理完毕之日起30日内,持房地产开发项目转让合同到房地产开发主管部门备案。 (2)房地产开发企业转让房地产开发项目时,尚未完成安置补偿的,原安置补偿合同中的权利、义务随之转移给受让人。项目转让人应书面通知被拆迁人

考点二　商品房交付使用

要点	具体内容
履约按期交房,协助办理权属登记	(1)房地产开发企业应当按照合同约定,将符合交付使用条件的商品房按期交付给买受人。 (2)房地产开发企业应当在商品房交付使用前按项目委托实施测绘,测绘成果报房地产行政主管部门审核后用于房屋权属登记。 (3)对于期房,商品房建成后的测绘结果与合同约定的面积数据有差异,商品房交付时,开发商与购房人应根据合同约定对面积差异进行结算。 (4)房地产开发企业应协助购买人办理土地使用权变更和房屋所有权登记手续
《住宅质量保证书》和《住宅使用说明书》制度	《城市房地产开发经营管理条例》规定,房地产开发企业应当在商品房交付使用时,向购买人提供《住宅质量保证书》和《住宅使用说明书》。 1.《住宅质量保证书》 《住宅质量保证书》应当列明工程质量监督部门核验的质量等级、保修范围、保修期和保修单位等内容。房地产开发企业应当按照《住宅质量保证书》的约定,承担商品房保修责任。商品住宅的保修期从商品住宅交付之日起计算。商品住宅的保修期不得低于建设工程承包单位向建设单位出具的质量保修书约定保修的存续期。 在保修期限内发生的属于保修范围的质量问题,房地产开发企业应当履行保修义务,并对造成的损失承担赔偿责任。因不可抗力或者使用不当造成的损失,房地产开发企业不承担责任。 保修期内,因房地产开发企业对商品住宅进行维修,致使房屋使用功能受到影响,给购买人造成损失的,房地产开发企业应当承担赔偿责任

续表

要点	具体内容
《住宅质量保证书》和《住宅使用说明书》制度	房地产开发企业应当承担的最低保修项目和保修期限如下:①地基基础和主体结构,在合理使用寿命年限内承担保修;②屋面防水,3年;③墙面、厨房和卫生间地面、地下室、管道渗漏,1年;④墙面、顶棚抹灰层脱落,1年;⑤地面空鼓开裂、大面积起砂1年;⑥门窗翘裂、五金件损坏,1年;⑦管道堵塞,2个月;⑧供热、供冷系统和设备1个采暖期或供冷期;⑨卫生洁具,1年;⑩灯具、电器开关,6个月。其他部位、部件的保修期限,由房地产开发企业与用户自行约定。 2.《住宅使用说明书》 《住宅使用说明书》一般应当包含以下内容:①开发单位、设计单位、施工单位,委托监理的应注明监理单位;②结构类型;③装修、装饰注意事项;④上水、下水、电、燃气、热力、通信、消防等设施配置的说明;⑤有关设备、设施安装预留位置的说明和安装注意事项;⑥门、窗类型,使用注意事项;⑦配电负荷;⑧承重墙、保温墙、防水层、阳台等部位注意事项的说明;⑨其他需说明的问题。 住宅中配置的设备、设施,生产厂家另有使用说明书的,应附于《住宅使用说明书》中

考点三 房地产广告

要点	具体内容
房地产广告应当遵守的原则	房地产广告必须真实、合法、科学、准确,符合社会主义精神文明建设要求,不得欺骗和误导公众。未取得商品房预售许可的房地产开发项目,不得以"内部认购""内部认定""内部登记"等名目发布房地产广告。房地产广告不得含有风水、占卜等封建迷信内容,对项目情况进行的说明、渲染,不得有悖社会良好风尚
发布房地产广告应当提供的文件	(1)房地产开发企业、房地产权利人、房地产中介服务机构的营业执照或者其他主体资格证明。 (2)住房城乡建设主管部门颁发的房地产开发企业资质证书。 (3)土地主管部门颁发的项目土地使用权证明。 (4)工程竣工验收合格证明。 (5)发布房地产项目预售、出售广告,应当具有地方政府住房城乡建设主管部门颁发的预售、销售许可证证明,出租、项目转让广告,应当具有相应的产权证明。 (6)中介机构发布所代理的房地产项目广告,应当提供业主委托证明。 (7)确认广告内容真实性的其他证明文件
房地产广告的内容	房地产预售、销售广告,必须载明以下事项: (1)开发企业名称。 (2)中介服务机构代理销售的,载明该机构名称。 (3)预售许可证书号。 广告中仅介绍房地产项目名称的,可以不必载明上述事项

续表

要点	具体内容
发布房地产广告的具体要求	(1)房地产广告中涉及所有权或者使用权的,所有或者使用的基本单位应当是有实际意义的完整的生产、生活空间。 (2)房地产广告中对价格有表示的,应当清楚表示为实际的销售价格,明示价格的有效期限。 (3)房地产广告中的项目位置示意图,应当准确、清楚,比例恰当。 (4)房地产广告中涉及的交通、商业、文化教育设施及其他市政条件等,如在规划或者建设中,应当在广告中注明。 (5)房地产广告涉及内部结构、装修装饰的,应当真实、准确。 (6)房地产广告中不得利用其他项目的形象、环境作为本项目的效果。 (7)房地产广告中使用建筑设计效果图或者模型照片的,应当在广告中注明。 (8)房地产广告中不得出现融资或者变相融资的内容。 (9)房地产广告中涉及贷款服务的,应当载明提供贷款的银行名称及贷款额度、年期。 (10)房地产广告中不得含有能够为入住者办理户口、就业、升学等事项的承诺。 (11)房地产广告中涉及物业管理内容的,应当符合国家有关规定;涉及尚未实现的物业管理内容,应当在广告中注明。 (12)房地产广告中涉及房地产价格评估的,应当标明评估单位、估价师和评估时间;使用其他数据、统计资料、文摘、引用语的,应当真实、准确,标明出处
禁止发布房地产广告的几种情形	1.禁止发布房地产虚假广告 广告有下列情形之一的,为虚假广告: (1)商品或者服务不存在的。 (2)商品的性能、功能、产地、用途、质量、规格、成分、价格、生产者、有效期限、销售状况、曾获荣誉等信息,或者服务的内容、提供者、形式、质量、价格、销售状况、曾获荣誉等信息,以及与商品或者服务有关的允诺等信息与实际情况不符,对购买行为有实质性影响的。 (3)使用虚构、伪造或者无法验证的科研成果、统计资料、调查结果、文摘、引用语等信息作证明材料的。 (4)虚构使用商品或者接受服务的效果的。 (5)以虚假或者引人误解的内容欺骗、误导消费者的其他情形。 房地产开发企业不得进行虚假广告宣传,虚假内容是指向购房者承诺与实际情况不符或根本无法兑现的各种价格优惠、服务标准、环境及配套措施、物业管理等。 2.凡下列情况的房地产,不得发布广告 (1)在未经依法取得国有土地使用权的土地上开发建设的。 (2)在未经国家征收的集体所有的土地上开发建设的。 (3)司法机关和行政机关依法规定、决定查封或者以其他形式限制房地产权利的。 (4)预售房地产,但未取得该项目预售许可证的。 (5)权属有争议的。 (6)违反国家有关规定建设的。 (7)不符合工程质量标准,经验收不合格的

续表

要点	具体内容
禁止发布房地产广告的几种情形	(8)法律、行政法规规定禁止的其他情形。 3. 房地产广告不得包含的内容 《广告法》规定:房地产广告,房源信息应当真实,面积应当表明为建筑面积或者套内建筑面积,并不得含有下列内容: (1)升值或者投资回报的承诺。 (2)以项目到达某一具体参照物的所需时间表示项目位置。 (3)违反国家有关价格管理的规定。 (4)对规划或者建设中的交通、商业、文化教育设施以及其他市政条件作误导宣传
违规行为的处罚	主要是罚款、吊销营业执照、撤销广告审查批准文件等行政处罚。 违反《房地产广告发布规定》发布广告的,法律法规没有规定的,对负有责任的广告主、广告经营者、广告发布者,处以违法所得3倍以下但不超过3万元的罚款;没有违法所得的,处1万元以下罚款。 《广告法》规定,因发布虚假广告,或者有其他本法规定的违法行为,被吊销营业执照的公司、企业法定代表人,对违法行为负有个人责任的,自该公司、企业被吊销营业执照之日起3年内不得担任公司、企业的董事、监事、高级管理人员

考点四　依法查处违法违规房地产经营行为

要点	具体内容
概述	(1)发布虚假房源信息和广告。 (2)通过捏造或散布涨价信息等方式恶意炒作、哄抬房价。 (3)未取得预售许可证销售商品房。 (4)不符合商品房销售条件,以认购、预订、排号、发卡等方式向买受人收取或者变相收取定金、预订款等费用,借机抬高价格。 (5)捂盘惜售或者变相囤积房源。 (6)商品房销售不予明码标价,在标价之外加价出售房屋或者收取未标明的费用。 (7)以捆绑搭售或者附加条件等限定方式,迫使购房人接受商品或者服务价格。 (8)将已作为商品房销售合同标的物的商品房再销售给他人等

跟踪训练

一、单项选择题

1. 房地产开发企业在商品房销售过程中应实行(　　)制度。

A. 住宅质量保险和住宅质量保证书

B. 商品房预售许可证和住宅质量保证书

C. 住宅使用说明书和住宅质量保证书

D. 住宅使用说明书和住宅质量保修书

2. 房地产开发公司对商品住宅的保修期从商品住宅(　　)之日起计算。

A. 竣工　　B. 竣工验收

C. 入住　　D. 交付

3. 禁止发布房地产广告的是(　　)。

A. 尚未竣工的房地产

B. 已设定抵押的房地产

C. 预售房地产,但未取得该项目预售许可证的房地产

D. 没有选聘物业管理企业的房地产

4. 商品房现房广告不得涉及的内容是(　　)。

A. 销售价格　　B. 装饰装修

C. 小区环境　　D. 升值承诺

5. 根据国家有关法规,闲置土地满(　　)未动工开发时,政府可以无偿收回土地使用权。

A. 6 个月　　B. 1 年

C. 2 年　　D. 3 年

6. 向购房人承担房地产开发项目质量责任的是(　　)。

A. 设计单位　　B. 施工单位

C. 监理单位　　D. 房地产开发企业

7. 土地闲置需要征收土地闲置费的是(　　)。

A. 该区域发生洪涝灾害　　B. 规划修改

C. 发现古人活动遗址　　D. 银行贷款没有落实

8. 下列不能够用于投资资本金的是(　　)。

A. 工业产权　　B. 非专利技术

C. 土地使用权　　D. 借款

二、多项选择题

1. 下列关于房地产广告的表述中,符合有关规定要求的有(　　)。

A. 仅介绍项目名称的房地产广告,可不载明商品房预售许可证书号

B. 在集体土地上建设的房地产发布销售广告应载明集体经济组织名称

C. 房地产广告中对价格有表示的,应当清楚表示为实际的销售价格,明示价格的有效期限

D. 房地产广告中可以出现融资或者变相融资的内容

E. 房地产广告中不得含有能够为入住者办理户口、就业、升学等事项的承诺

2. 购房人发现商品房有质量问题,不能选择退房的情形有(　　)。

A. 使用一年后发现屋面漏水

B. 办理房屋所有权证后，确认房屋主体结构有质量问题

C. 办理房屋所有权证前，确认房屋主体结构有质量问题

D. 尚未使用即发现下水管道堵塞

E. 下雨时发现外墙渗水

3. 根据《商品住宅实行质量保证书和住宅使用说明书制度的规定》，下列关于保修项目最低保修期的规定，说明正确的是(　　)。

A. 管道渗漏为 1 年

B. 五金件损坏为 2 年

C. 管道堵塞为 6 个月

D. 电器开关损坏为 6 个月

E. 供冷系统损坏为 1 个供冷期

4. 下列房地产项目中，可以转让的有(　　)。

A. 已完成开发投资总额 35% 的高档公寓项目

B. 已支付全部土地出让金并取得建设用地使用权证书的成片开发工业用地

C. 开发单位除土地使用权出让金外，实际投入房屋建设工程的资金额占全部开发投资总额的 25% 以上

D. 成片开发土地的，形成工业或其他建设的用地条件

E. 少数共有人已书面表示不同意转让的共有房产

三、判断题

1. 无论质量问题是由勘察、设计、施工哪个单位造成的，房地产开发公司都应对其开发的房地产项目对购房者承担责任。　(　　)

2. 房地产开发主管部门应当在收到备案申请后 15 日内向符合条件的企业核发《暂定资质证书》，暂定资质的条件不低于四级资质的条件。　(　　)

3. 房屋竣工后，必须经验收合格后方可交付使用。商品房交付使用后，购房人认为主体结构质量不合格的，可以向工程质量监督单位申请重新核验。　(　　)

4. 属于房屋建设的，开发单位除土地使用权出让金外，实际投入房屋建设工程的资金额应占全部开发投资总额的 25% 以上。　(　　)

5. 按照出让合同约定已经支付全部土地出让金，取得土地使用权证书，房地产开发项目即可以转让。　(　　)

参考答案及解析

一、单项选择题

1. C　**【解析】**根据《城市房地产开发经营管理条例》的规定，房地产开发企业应当在商品房交付使用时，向购买人提供《住宅质量保证书》和《住宅使用说明书》。

2. D　**【解析】**商品住宅的保修期从商品住宅交付之日起计算。商品住宅的保修期不得低于建设工程承包单位向建设单位出具的质量保修书约定保修的存续期。非住宅商品房的保修

期不得低于建筑工程承包单位向建设单位出具的质量保修书约定保修的存续期。在保修期限内发生的属于保修范围的质量问题，房地产开发企业应当履行保修义务，并对造成的损失承担赔偿责任。因不可抗力或者使用不当造成的损失，房地产开发企业不承担责任。

3. C 【解析】禁止发布房地产广告的情形主要有：(1)在未经依法取得国有土地使用权的土地上开发建设的；(2)在未经国家征收的集体所有的土地上建设的；(3)司法机关和行政机关依法规定、决定查封或者以其他形式限制房地产权利的；(4)预售房地产，但未取得该项目预售许可证的房地产；(5)权属有争议的；(6)违反国家有关规定建设的；(7)不符合工程质量标准，验收不合格的；(8)法律、行政法规规定禁止的其他情形。

4. D 【解析】预售预租商品房广告，不得涉及装修装饰内容；现房广告无限制但是不能有升值或投资回报承诺。

5. C 【解析】《城市房地产开发经营管理条例》规定，房地产开发企业应当按照土地使用权出让合同约定的土地用途、动工开发期限进行项目开发建设。出让合同约定的动工开发期限满2年未动工开发的，可以无偿收回土地使用权。

6. D 【解析】房地产开发企业应对其开发的建设项目的质量承担责任。

7. D 【解析】《城市房地产开发经营管理条例》规定了以下三种情况造成的违约和土地闲置，不征收土地闲置费：(1)因不可抗拒力造成开工延期；(2)因政府或者政府有关部门的行为而不能如期开工的或中断建设一年以上的；(3)因动工开发必需的前期工做出现不可预见的情况而延期动工开发的，如发现地下文物、拆迁中发现不是开发商努力能解决的问题等。

8. D 【解析】项目投资资本金可以用货币出资，也可以用实物、工业产权、非专利技术、土地使用权作价出资，但必须经过有资格的资产评估。

二、多项选择题

1. ACE 【解析】选项B错误，在未经国家征收的集体所有的土地上开发建设的房地产项目，不得发布销售广告；选项D错误，房地产广告中不得出现融资或者变相融资的内容。

2. ADE 【解析】对于经工程质量监督部门核验，确属房屋主体结构质量不合格的，消费者有权要求退房，终止房屋买卖关系。

3. ADE 【解析】地基基础和主体结构终身保修，五金件损坏1年，屋面防水3年，管道堵塞2个月，灯具、电器开关6个月。

4. ACD 【解析】《城市房地产管理法》规定了以出让方式取得的土地使用权，转让房地产开发项目时必须具备以下条件：(1)要按照出让合同约定已经支付全部土地使用权出让金，并取得土地使用权证书，这是出让合同成立的必要条件，也只有出让合同成立，才允许转让；(2)要按照出让合同约定进行投资开发，完成一定开发规模后才允许转让。这里又分为两种情形：一是属于房屋建设的，开发单位除土地使用权出让金外，实际投入房屋建设工程的资金额应占全部开发投资总额的25%以上；二是属于成片开发土地的，应形成工业或其他建设的用地条件，方可转让。

三、判断题

1. √ 【解析】房地产开发企业必须对其开发的房地产项目承担质量责任。

2. × 【解析】地产开发主管部门应当在收到备案申请后30日内向符合条件的企业核发《暂定资质证书》,暂定资质的条件不低于四级资质的条件。

3. √ 【解析】房屋竣工后,必须经验收合格后方可交付使用。商品房交付使用后,购房人认为主体结构质量不合格的,可以向工程质量监督单位申请重新核验。经核验,确属主体结构质量不合格的,购房人有权退房,给购房人造成损失的,房地产开发企业应当依法承担赔偿责任。

4. √ 【解析】属于房屋建设的,开发单位除土地使用权出让金外,实际投入房屋建设工程的资金额应占全部开发投资总额的25%以上。

5. × 【解析】对于出让方式获得土地的项目转让,除获得土地使用权证书外,还必须完成一定开发规模后才允许转让。属于房屋建设的,开发单位除土地使用权出让金外,实际投入房屋建设工程的资金应占全部开发投资总额的25%以上;属于成片开发土地的,应形成工业或其他建设用地条件。

第六章　房地产交易管理制度与政策

知识导图

- 房地产交易管理制度与政策
  - 房地产交易管理概述
    - 房地产交易管理的概念和原则
    - 房地产交易的基本制度
    - 房地产交易管理机构及其职责
  - 房地产转让管理
    - 房地产转让概述
    - 房地产转让的条件、程序及合同
    - 房地产转让的方式
    - 共有房屋的转让
    - 已购公有住房和经济适用住房上市的有关规定
    - 对失信被执行人购买房地产的限制
  - 商品房销售管理
    - 商品房预售
    - 商品房现售和商品房销售代理
    - 商品房销售的其他限制性规定
    - 商品房买卖合同
  - 房屋租赁管理
    - 房屋租赁的概念和商品房屋租赁的条件
    - 商品房屋租赁合同
    - 商品房屋租赁登记备案
    - 商品房屋转租
    - 培育和发展住房租赁市场的若干意见
  - 房地产抵押管理
    - 房地产抵押的概念和条件
    - 房地产抵押的一般规定
    - 房地产抵押合同
    - 房地产抵押估价
    - 最高额抵押权
    - 房地产抵押登记与抵押的效力
    - 房地产抵押权的实现

考情分析

本章主要介绍了房地产交易管理概述、房地产转让管理、商品房销售管理、房屋租赁管理、房地产抵押管理。本章的学习重点是房地产交易的基本制度、房地产转让的条件，学习难点是房地产转让的程序、商品房预售的条件、房地产作为抵押物的条件。

本章在考试中的平均分值为8分，考试目的是测查应试人员对房地产交易管理基本内容、房地产转让、商品房销售、商品房屋租赁、房地产抵押制度和政策的了解、熟悉与掌握程度。

表解考点

考点	重要等级
房地产交易管理的概念和原则	熟悉
房地产交易的基本制度	掌握
房地产交易管理机构及其职责	了解
房地产交易手续费	熟悉
房地产转让的概念和分类	掌握
房地产转让的条件	掌握
房地产转让的程序	掌握
房地产转让合同	熟悉
以出让方式取得建设用地使用权的房地产转让	掌握
以划拨方式取得建设用地使用权的房地产转让	掌握
已购公有住房和经济适用住房上市的有关规定	熟悉
商品房预售的概念	熟悉
商品房预售的条件	掌握
商品房预售许可	掌握
商品房预售合同登记备案	掌握
商品房现售	掌握
商品房销售代理	熟悉

续表

考点	重要等级
商品房销售中禁止的行为	熟悉
商品房买卖合同	掌握
房屋租赁的概念	熟悉
商品房屋租赁的条件	熟悉
商品房屋租赁合同	熟悉
房屋租赁登记备案	熟悉
商品房屋转租	熟悉
房地产抵押的概念	掌握
房地产作为抵押物的条件	掌握
房地产抵押的一般规定	掌握
房地产抵押合同	掌握
房地产抵押估价	掌握
房地产抵押登记	掌握
最高额抵押权	掌握
房地产抵押的效力	掌握
房地产抵押权的实现	掌握

考点详解

第一节　房地产交易管理概述

考点一　房地产交易管理的概念和原则

要点	具体内容
概念	房地产交易管理指政府房地产管理部门及其他相关部门采取法律的、行政的、经济的手段，对房地产交易活动进行指导和监督，是房地产市场管理的重要内容。房地产交易包括房地产转让、房地产抵押和房屋租赁三种形式

续表

要点	具体内容
原则	房地产交易应当遵循自愿、公平、诚实信用等原则

考点二 房地产交易的基本制度

要点	具体内容
房地产价格申报制度	《城市房地产管理法》规定，国家实行房地产成交价格申报制度。房地产权利人转让房地产，应当向县级以上地方人民政府规定的部门如实申报成交价，不得瞒报或者作不实的申报。 房地产转让当事人在房地产转让合同签订后90日内持房地产权属证书、当事人的合法证明、转让合同等有关文件向房地产所在地的房地产管理部门提出申请，并申报成交价格；房地产转让应当以申报的成交价格作为缴纳税费的依据。成交价格明显低于正常市场价格的，以评估价格作为缴纳税费的依据。 房地产权利人转让房地产、房地产抵押权人依法处分抵押房地产，应当向房屋所在地县级以上地方人民政府房地产管理部门如实申报成交价格，才予办理产权转移手续，取得确定的法律效力。 房地产管理部门在接到价格申报后，如发现成交价格明显低于市场正常价格，应当及时通知交易双方，并不要求交易双方当事人更改合同约定的成交价格，但交易双方应当按不低于税务部门确认的评估价格缴纳了有关税费后，方为其办理房地产交易手续。 如果交易双方对确认的评估价格有异议，可以要求重新评估。交易双方对重新评估的价格仍有异议，可以按照法律程序向人民法院提起诉讼
房地产价格评估制度	国家实行房地产价格评估制度。房地产价格评估，应当遵循公正、公平、公开的原则，按照国家规定的技术标准和评估程序，以基准地价、标定地价和各类房屋的重置价格为基础，参照当地的市场价格进行评估。基准地价、标定地价和各类房屋重置价格应当定期确定并公布。具体办法由国务院规定
房地产价格评估人员资格认证制度	国家实行房地产价格评估人员资格认证制度。房地产估价师必须是经国家统一考试、执业资格认证，取得《房地产估价师执业资格证书》，并经注册登记取得《房地产估价师注册证》的人员

考点三 房地产交易管理机构及其职责

要点	具体内容
房地产交易的管理机构	国务院建设行政主管部门、省级建设行政主管部门和各市、县房地产管理部门以及房地产管理部门授权的房地产交易管理所（房地产市场管理处、房地产交易中心等）

续表

要点	具体内容
房地产交易管理机构主要职责	(1)执行国家有关房地产交易管理的法规,并制定具体实施办法。 (2)整顿和规范房地产交易秩序,对房地产交易、经营等活动进行指导和监督,查处违法行为,维护当事人的合法权益。 (3)负责房地产交易合同网签备案、资金监管等工作。 (4)协助财政、税务部门征收与房地产交易有关的税款。 (5)为房地产交易提供洽谈协议、交流信息、展示行情等各种服务。 (6)发布市场交易信息,为政府宏观决策和正确引导市场发展服务

第二节　房地产转让管理

考点一　房地产转让概述

要点	具体内容
房地产转让的概念	房地产转让指房地产权利人通过买卖、赠予或者其他合法方式将其房地产转移给他人的行为。 其他合法方式主要包括下列行为:(1)以房地产作价入股、与他人成立企业法人,房地产权属发生变更的;(2)一方提供土地使用权,另一方或者多方提供资金,合资、合作开发经营房地产,而使房地产权属发生变更的;(3)因企业被收购、兼并或合并,房地产权属随之转移的;(4)以房地产抵债的;(5)法律、法规规定的其他情形。 房地产转让的实质是房地产权属发生转移。房地产转让时,房屋所有权和该房屋所占用范围内的土地使用权同时转让
房地产转让的分类	(1)根据转让的对象,房地产转让可分为地面上有建筑物的房地产转让和地面上无建筑物的房地产转让(又称为土地使用权转让)。 (2)根据土地使用权的获得方式,房地产转让可分为以出让方式取得土地使用权的房地产转让和以划拨方式取得土地使用权的房地产转让。 (3)根据转让的方式,房地产转让可分为有偿和无偿两种方式。有偿转让主要包括房地产买卖、房地产作价入股等行为,无偿转让主要包括房地产赠予、继承等行为。 房地产买卖属于双务行为,即买卖双方均享有一定的权利,并不需要承担一定的义务;房地产赠与属于单务行为,受让人不需承担任何义务

考点二　房地产转让的条件、程序及合同

要点	具体内容
房地产转让的条件	房地产转让最主要的特征是发生权属变化，即房屋所有权连同房屋所占用的土地使用权发生转移。 下列房地产不得转让： (1)达不到下列条件不得转让：①以出让方式取得土地使用权用于投资开发的，属于房屋建设工程的，应完成开发投资总额的25%以上；②属于成片开发的，形成工业用地或者其他建设用地条件；③按照出让合同约定已经支付全部土地使用权出让金，并取得土地使用权证书。 (2)司法机关和行政机关依法裁定、决定查封或以其他形式限制房地产权利的。 (3)依法收回土地使用权的。 (4)共有房地产，未经其他共有人书面同意的。 (5)权属有争议的。 (6)未依法进行登记领取权属证书的。 (7)法律和行政法规禁止转让的其他情况
房地产转让的程序	(1)房源核验与购房资格审核。 (2)草签转让合同，办理合同网签备案、申报成交价格。 (3)签订交易资金监管等协议(合同)。 (4)按照协议(合同)约定将交易资金存入监管账户。 (5)依法缴纳税费。 (6)办理不动产转移登记。 (7)拨付交易资金
房地产转让合同	房地产转让合同是指房地产转让当事人之间签订的用于明确各方权利、义务关系的协议。房地产转让时，应当签订书面转让合同。合同的内容由当事人协商拟订，一般应包括： (1)双方当事人的姓名或者名称、住所。 (2)房地产权属证书的名称和编号。 (3)房地产坐落位置、面积、四至界限。 (4)土地宗地号、土地使用权取得的方式及年限。 (5)房地产的用途或使用性质。 (6)成交价格及支付方式。 (7)房地产交付使用的时间。 (8)违约责任。 (9)双方约定的其他事项

考点三　房地产转让的方式

要点	具体内容
以出让方式取得建设用地使用权的房地产转让	受让人取得的土地使用权的权利、义务范围应当与转让人原有的权利和承担的义务范围一致。 以出让方式取得建设用地使用权，可以在不同土地使用者之间多次转让，但土地使用权出让合同约定的使用年限不变。 以房地产转让方式取得出让土地使用权的权利人，其实际使用年限是出让合同约定的年限减去原土地使用者已经使用年限后的剩余年限。 以出让方式取得建设用地使用权的，转让房地产后，受让人改变原建设用地使用权出让合同约定的土地用途的，必须取得原土地出让方和市、县政府城市规划行政主管部门的同意，相应调整土地使用权出让金
以划拨方式取得建设用地使用权的房地产转让	《城市房地产管理法》对划拨方式取得建设用地使用权的房地产转让规定了两种方式： (1)需办理出让手续，变划拨土地使用权为出让土地使用权，由受让方缴纳土地出让金。 (2)不改变原有土地的划拨性质，对转让方征收土地收益金。 《城市房地产转让管理规定》规定以下几种情况可以不办出让手续： (1)经城市规划行政主管部门批准，转让的土地用于下列项目用地：①国家机关用地和军事用地；②城市基础设施用地和公益事业用地；③国家重点扶持的能源、交通、水利等项目用地；④法律、行政法规规定的其他用地。 (2)私有住宅转让后仍用于居住的。 (3)按照国务院住房制度改革有关规定出售公有住宅的。 (4)同一宗土地上部分房屋转让而土地使用权不可分割转让的。 (5)转让的房地产暂时难以确定土地使用权出让用途、年限和其他条件的。 (6)根据城市规划土地使用权不宜出让的。 (7)县级以上地方人民政府规定暂时无法或不需要采取土地使用权出让方式的其他情形。 对于转让的房地产再转让，需要办理出让手续、补交土地出让金的，应当扣除已缴纳的土地收益

考点四　共有房屋的转让

要点	具体内容
概述	共有房屋是指两个或两个以上的单位、个人对同一房屋享有所有权。分为按份共有(出资关系)和共同共有(配偶、父母子女关系)，如果共有人之间没有约定或约定不明，除非家庭关系，否则默认为按份共有

续表

要点	具体内容
按份共有房屋的转让	按份共有人可以转让其所拥有的份额，无须经其他共有人同意，其他共有人在同等条件下享有优先购买的权利。 优先购买权的行使期间，有约定的，按照约定处理；没有约定或者约定不明的，按照下列情形确定： (1)转让人向其他按份共有人发出的包含同等条件内容的通知中载明行使期间的，以该期间为准。 (2)通知中未载明行使期间，或者载明的期间短于通知送达之日起15日的，为15日。 (3)转让人未通知的，为其他按份共有人知道或者应当知道最终确定的同等条件之日起15日。 (4)转让人未通知，且无法确定其他按份共有人知道或者应当知道最终确定的同等条件的，为共有份额权属转移之日起6个月。 按份共有人具有下列情形之一，请求按照同等条件购买该共有份额的，不予支持： (1)未在规定的期间内主张优先购买，或者虽主张优先购买，但提出减少转让价款、增加转让人负担等实质性变更要求。 (2)以其优先购买权受到侵害为由，仅请求撤销共有份额转让合同或者认定该合同无效。 两个以上按份共有人主张优先购买且协商不成时，请求按照转让时各自份额比例行使优先购买权的，应予支持
共同共有房屋的转让	除非另有约定，共同共有人处分共有房屋，须经全体共同共有人同意。 具有家庭关系的共同共有人只有在共有的基础丧失或者有重大理由需要分割共有房屋时，才可以请求分割。分割后，共同共用的房屋变为按份共有的房屋，按份共有房屋的所有权人可以自由处分分割所得份额

考点五　已购公有住房和经济适用住房上市的有关规定

要点	具体内容
概述	经济适用住房的土地使用权全部是划拨供给。经济适用住房建设项目免收城市基础设施配套费等各种行政事业性收费和政府性基金。经济适用住房项目外基础设施建设费用，由政府负担。 经济适用住房单套的建筑面积控制在60 m^2 左右。 经济适用住房购房人拥有有限产权。购买经济适用住房不满5年，不得直接上市交易，购房人因特殊原因确需转让经济适用住房的，由政府按照原价格并考虑折旧和物价水平等因素进行回购

考点六　对失信被执行人购买房地产的限制

要点	具体内容
惩戒对象	惩戒对象,即最高人民法院公布的失信被执行人。 有履行能力而不履行生效法律文书确定义务的,且具有下列情形之一:(1)以伪造证据、暴力、威胁等方法妨碍、抗拒执行的;(2)以虚假诉讼、虚假仲裁或者以隐匿、转移财产等方法规避执行的;(3)违反财产报告制度的;(4)违反限制高消费令的;(5)被执行人无正当理由拒不执行和解协议的;(6)其他有履行能力而拒不履行生效法律文书确定义务的
惩戒措施	惩戒措施共八类,第六类是限制高消费及其他消费行为,包括限制购买不动产,和拒不履行限制高消费的行为,可拘留、罚款;情节严重、构成犯罪的,追究刑事责任

第三节　商品房销售管理

考点一　商品房预售

要点	具体内容
概念	商品房预售指房地产开发企业将正在建设中的房屋预先出售给承购人,由承购人预付定金或房价款的行为。 《城市房地产管理法》规定商品房预售实行预售许可和商品房预售合同登记备案制度
商品房预售的条件	商品房预售应当符合以下条件: (1)已交付全部土地使用权出让金,取得土地使用权证书。 (2)持有建设工程规划许可证和施工许可证。 (3)按提供预售的商品房计算,投入开发建设的资金达到工程建设总投资的25%以上,并已经确定施工进度和竣工交付日期。 (4)商品房预售实行许可制度,开发企业进行商品房预售,应当向房地产管理部门申请预售许可,取得《商品房预售许可证》。 预售许可的最低规模不得小于栋,不得分层、分单元办理预售许可
商品房预售许可	开发企业进行商品房预售,应当向承购人出示《商品房预售许可证》,售楼广告和说明书中应载明《商品房预售许可证》的批准文号。 未取得《商品房预售许可证》的项目,房地产开发企业不得以认购、预订、排号、发放VIP卡等方式向买受人收取或变相收取定金、预定款等性质的费用,不得参加任何展销活动。 1. 申请许可需提交的材料 (1)商品房预售许可申请表。 (2)开发企业的营业执照和资质证书

续表

要点	具体内容
商品房预售许可	(3)土地使用权证、建设工程规划许可证、施工许可证。 (4)投入开发建设的资金占工程建设总投资25%以上的证明。 (5)工程施工合同及关于施工进度的说明。 (6)商品房预售方案:应当包括项目基本情况、建设进度安排、预售房屋套数、面积预测及分摊情况、公共部位和公共设施的具体落实、预售价格及变动幅度、预售资金监管落实情况、住房质量责任承担主体和承担方式、住房能源消耗指标和节能措施等。 2.许可程序 (1)受理:若材料不齐,应当场或5日内一次性书面告知需要补充的材料。 (2)审核:开发企业对所提交材料实质内容的真实性负责。 (3)许可:受理10日内,如条件符合,应依法作出预售许可决定;决定之日起10日内向企业送达《商品房预售许可证》。取得预售许可的商品住房项目,房地产开发企业要在10日内一次性公开全部准售房源及每套房屋价格,并严格按照申报价格,明码标价对外销售。 (4)公示。房地产管理部门作出的准予商品房预售许可的决定,应当予以公开,公众有权查阅
商品房预售合同登记备案	商品房预售,开发企业应当与承购人签订书面预售合同。 房地产开发企业应当自签约之日起30日,向房地产管理部门和市、县土地管理部门办理商品房预售合同登记备案手续

考点二　商品房现售和商品房销售代理

要点	具体内容
商品房现售	商品房现售,必须符合以下条件: (1)出售商品房的房地产开发企业应当具有企业法人营业执照和房地产开发企业资质证书。 (2)取得土地使用权证书或使用土地的批准文件。 (3)持有建设工程规划许可证和施工许可证。 (4)已通过竣工验收。 (5)拆迁安置已经落实。 (6)供水、供电、供热、燃气、通信等配套设施设备交付使用条件,其他配套基础设施和公共设备具备交付使用条件或已确定施工进度和交付日期。 (7)物业管理方案已经落实
商品房销售代理	(1)实行销售代理必须签订委托合同。房地产开发企业应当向商品房购买人出示商品房的有关证明文件和商品房销售委托书。 (2)房地产中介服务机构不得收取佣金以外的其他费用。 (3)房地产销售人员必须经过专业培训取得相应的资格后,才能从事商品房销售业务

考点三 商品房销售的其他限制性规定

要点	具体内容
概述	(1)房地产开发企业不得在未解除商品房买卖合同前,将作为合同标的物的商品房再行销售给他人。 (2)房地产开发企业不得采取返本销售或变相返本销售的方式销售商品房。 (3)不符合商品房销售条件的,房地产开发企业不得销售商品房,不得向买受人收取任何预定款性质的费用。 (4)商品住宅必须按套销售,不得分割拆零销售。禁止商品房预购人将购买的未竣工的预售商品房再行转让。实行实名制购房。 (5)要执行住房限购措施

考点四 商品房买卖合同

要点	具体内容
概述	商品房买卖,房地产开发企业应与购房者签订商品房买卖合同。 商品房现售,是指房地产开发企业将竣工验收合格的商品房出售给买受人,并由买受人支付房价款的行为。 签订补充协议的前提是对示范合同中未约定或约定不明的内容,双方可以根据具体情况签订书面补充协议。补充协议中如含有不合理减轻或免除示范合同中约定应当由出卖人承担的责任或不合理加重买受人责任、排除买受人主要权利内容的,仍以示范合同为准
商品房预售合同主要内容	(1)合同当事人。 (2)商品房基本状况。 (3)商品房价款。 (4)商品房交付条件与交付手续。 (5)面积差异处理方式。 (6)规划设计变更。 (7)商品房质量及保修责任。 (8)合同备案与房屋登记。 (9)前期物业管理。 (10)其他事项,如业主共有部分约定、配套设施约定、争议解决方式等
商品房现售合同主要内容	(1)合同当事人。 (2)商品房基本状况。 (3)商品房价款。 (4)商品房交付条件与交付手续

续表

要点	具体内容
商品房现售合同主要内容	(5)商品房质量及保修责任。 (6)房屋登记。 (7)物业管理。 (8)其他事项
计价方式	可以按套(单元)计价,也可以按套内建筑面积或建筑面积计价。按套、套内建筑面积计价并不影响用建筑面积进行产权登记。 商品房建筑面积由套内建筑面积和分摊的共有建筑面积组成,套内建筑面积部分为专有部分,分摊的共有面积部分为共有产权,买受人按照法律、法规的规定对其享有权利,承担责任
面积误差的处理方式	按套内建筑面积或者建筑面积计价的,当事人可以在合同中约定合同约定面积误差比。面积误差比是实测面积与预测面积之差与预测面积之比,公式为: 面积误差比 =(实测面积 - 预测面积)/预测面积 ×100% 合同中没有约定面积误差比的,按以下原则处理: (1)按套内建筑面积计价的,面积误差比绝对值在3%以内(含3%,下同)的,据实结算房价款;按建筑面积计价的,建筑面积或套内建筑面积误差比绝对值均在3%以内的,根据实测建筑面积结算房价款。 (2)按套内建筑面积计价,面积误差比绝对值超过3%时,买受人有权解除合同。按建筑面积计价的,建筑面积或套内建筑面积任何一个的误差比绝对值超过3%的,买受人就有权解除合同。买受人解除合同的,房地产开发企业应当自解除合同通知送达之日起15日内退还买受人已付全部房价款(含已付贷款部分),并自买受人付款之日起,按照不低于中国人民银行公布的同期贷款基准利率计付利息。 买受人不退房的,实测面积大于预测面积时,面积误差比在3%之内的房价款由买受人补足;超出3%部分的房价款由房地产开发企业承担,产权归买受人。 实测面积小于预测约定面积时,面积误差比绝对值在3%(含3%)以内部分的房价款由房地产开发企业返还买受人;绝对值超过3%的房价款由房地产开发企业双倍返还买受人
中途变更规划、设计	房地产开发企业不得擅自变更规划、设计。经规划部门批准的规划变更、设计单位同意的设计变更,房地产开发企业应当在变更确立之日起10日内,书面通知买受人。 买受人有权在通知到达之日起15日内做出是否退房的书面答复。买受人在通知到达之日起15日内未做出书面答复的,视同接受规划、设计变更以及由此引起的房价款的变更
保修责任	当事人应当在合同中就保修范围、保修期限、保修责任等内容做出约定。房地产开发企业承担的保修期从房地产开发企业(出卖人)将商品房交付给买受人之日起计算

第四节 房屋租赁管理

考点一 房屋租赁的概念和商品房屋租赁的条件

要点	具体内容
房屋租赁的概念	房屋租赁指房屋所有权人作为出租人将其房屋出租给承租人使用，由承租人向出租人支付租金的行为
商品房屋租赁的条件	出租商品住房的，应当以原设计的房间为最小出租单位，人均租住建筑面积不得低于当地人民政府规定的最低标准。厨房、卫生间、阳台和地下储藏室不得出租供人员居住。 有下列情形之一的房屋不得出租：(1)属于违法建筑的；(2)不符合安全、防灾等工程建设强制性标准的；(3)违反规定改变房屋使用性质的；(4)法律、法规规定禁止出租的其他情形

考点二 商品房屋租赁合同

要点	具体内容
概念	商品房屋租赁合同是出租人与承租人签订的，用于明确租赁双方权利义务关系的协议
主要内容	(1)房屋租赁当事人的姓名(名称)和住所。 (2)房屋的坐落、面积、结构、附属设施，家具和家电等室内设施状况。 (3)租金和押金数额、支付方式。房屋租赁合同期内，出租人不得单方面随意提高租金水平。租金标准是租赁合同的核心之一。 (4)租赁用途和房屋使用要求。 (5)房屋和室内设施的安全性能。 (6)租赁期限。租赁期限不得超过20年，超过20年的，超过部分无效。租赁期满当事人可以续订租赁合同，但约定的租赁期限自续订之日起不得超过20年。 (7)房屋维修责任。 (8)物业服务、水、电、燃气等相关费用的缴纳。 (9)争议解决办法和违约责任。 (10)其他约定。 上述条款中，租赁期限、租赁用途、租金及交付方式、房屋的修缮责任是《城市房地产管理法》规定的必备条款
商品房屋租赁关系的保护	商品房屋租赁期间，因赠与、析产、继承或者买卖转让房屋的，原房屋租赁合同继续有效。承租人在房屋租赁期间内死亡的，与其生前共同居住的人可以按照原租赁合同租赁该房屋

续表

要点	具体内容
商品房屋租赁关系的保护	房屋租赁期间出租人出售租赁房屋的，应当在出售前合理期限内通知承租人，承租人在同等条件下有优先购买权

考点三　商品房屋租赁登记备案

要点	具体内容
概述	房屋租赁合同订立后30日内，房屋租赁当事人应当到租赁房屋所在地直辖市、市、县人民政府房地产主管部门办理房屋租赁登记备案
商品房屋租赁登记备案材料	商品房屋租赁当事人办理房屋租赁登记备案，应当提交下列材料：(1)房屋租赁合同；(2)房屋租赁当事人身份证明；(3)房屋所有权证书或者其他合法权属证明；(4)直辖市、市、县人民政府建设(房地产)主管部门规定的其他材料。 房屋租赁当事人可以书面委托他人办理房屋租赁登记备案
商品房屋租赁登记备案办理	对依法出租的房屋，直辖市、市、县人民政府建设(房地产)主管部门应当在3个工作日内办理房屋租赁登记备案，向租赁当事人开具房屋租赁登记备案证明
商品房屋租赁登记备案证明	商品房屋租赁登记备案内容发生变化、续租或者租赁终止的，当事人应当在30日内，到原租赁登记备案的部门办理房屋租赁登记备案的变更、延续或者注销手续
商品房屋租赁登记备案系统	《商品房屋租赁管理办法》要求，直辖市、市、县房地产主管部门应当建立房屋租赁登记备案信息系统，逐步实行房屋租赁合同网上登记备案，并纳入房地产市场信息系统

考点四　商品房屋转租

要点	具体内容
概述	承租人转租房屋的，应当经出租人书面同意。在房屋出租人同意的条件下，房屋承租人可以将承租房屋的部分或全部转租给他人。 房屋转租，应当订立转租合同，必须按照有关部门规定办理登记备案手续。转租合同的终止日期不得超过原租赁合同的终止日期，但出租人与转租双方协商一致的除外。 转租合同生效后，转租人享有并承担新的合同规定的出租人的权利与义务，并且应当履行原租赁合同规定的承租人的义务，但双方协商一致的除外。 承租人未经出租人书面同意转租的，出租人可以解除租赁合同，收回房屋并要求承租人赔偿损失

考点五　培育和发展住房租赁市场的若干意见

要点	具体内容
培育市场供应主体	发展住房租赁企业,规范住房租赁中介机构
鼓励住房租赁消费	完善住房租赁支持政策,明确各方权利义务
完善公共租赁住房	推进公租房货币化,提高公租房运营保障能力
支持租赁住房建设	鼓励新建租赁住房,允许改建房屋用于租赁
加大政策支持力度	给予税收优惠,提供金融支持,完善供地方式
加强住房租赁监管	健全法规制度,落实地方责任,加强行业管理

第五节　房地产抵押管理

考点一　房地产抵押的概念和条件

要点	具体内容
概念	房地产抵押是指抵押人以其合法的房地产以不转移占有的方式向抵押权人提供债务履行担保的行为。债务人不履行到期债务或者发生当事人约定的实现抵押权的情形时,抵押权人有权就抵押的房地产优先受偿。 抵押人是指将依法取得的房地产提供给抵押权人,作为本人或者第三人履行债务担保的自然人、法人或者非法人组织。抵押权人是指接受房地产抵押作为债务人履行债务担保的自然人、法人或者非法人组织
条件	《城市房地产管理法》规定,依法取得的房屋所有权连同该房屋占用范围内的土地使用权(出让或划拨),可以设定抵押权。以出让方式取得的土地使用权,可以设定抵押

续表

要点	具体内容
条件	依法取得的房屋所有权连同该房屋占用范围内的土地使用权同时设定抵押权。对于这类抵押,无论土地使用权来源于出让还是划拨,只要房地产权属合法,即可将房地产作为统一的抵押物同时设定抵押权。 以单纯的土地使用权抵押的,也就是在地面上尚未建成建筑物或其他地上定着物时,以取得的土地使用权设定抵押权。对于这类抵押,设定抵押的前提条件是,土地必须是以出让方式取得的。 《物权法》规定,债务人或者第三人有权处分可以抵押的财产有:(1)建筑物和其他土地附着物;(2)建设用地使用权;(3)以招标、拍卖、公开协商等方式取得的荒地等土地承包经营权;(4)生产设备、原材料、半成品、产品;(5)正在建造的建筑物、船舶、航空器;(6)交通运输工具;(7)法律、行政法规未禁止抵押的其他财产。抵押人可以将上列财产一并抵押。 《物权法》规定,不得抵押的财产有:(1)土地所有权;(2)耕地、宅基地、自留地、自留山等集体所有的土地使用权,但法律规定可以抵押的除外;(3)学校、幼儿园、医院等以公益为目的的事业单位、社会团体的教育设施、医疗卫生设施和其他社会公益设施;(4)所有权、使用权不明或者有争议的财产;(5)依法被查封、扣押、监管的财产设施和其他社会公益设施;(6)法律、行政法规规定不得抵押的其他财产。 《城市房地产抵押管理办法》规定下列房地产不得设定抵押权:(1)权属有争议的房地产;(2)用于教育、医疗、市政等公共福利事业的房地产;(3)列入文物保护的建筑物和有重要纪念意义的其他建筑物;(4)被依法查封、扣押、监管或者以其他形式限制的房地产;(5)依法不得抵押的其他房地产

考点二　房地产抵押的一般规定

要点	具体内容
概述	(1)房地产抵押,抵押人可以将几宗房地产一并抵押。以两宗以上房地产设定同一抵押权的,视为同一抵押物,在抵押关系存续期间,其承担的共同担保义务不可分割,但抵押当事人另有约定的,从其约定。 (2)以建筑物抵押的,该建筑物占用范围内的建设用地使用权一并抵押。以建设用地使用权抵押的,该土地上的建筑物一并抵押。抵押人未依照上述规定一并抵押的,未抵押的财产视为一并抵押。 乡镇、村企业的建设用地使用权不得单独抵押。以乡镇、村企业的厂房等建筑物抵押的,其占用范围内的建设用地使用权一并抵押。 (3)以享受国家优惠政策购买的房地产抵押的,其抵押额以房地产权利人可以处分和收益的份额为限。 (4)国有企业、事业单位法人以国家授予其经营管理的房地产抵押的,应当符合国有资产管理的有关规定

续表

要点	具体内容
概述	(5)以集体所有制企业的房地产抵押的，必须经集体所有制企业职工(代表)大会通过，并报其上级主管机关备案。 (6)以中外合资企业、合作经营企业和外商独资企业的房地产抵押的，必须经董事会通过，但企业章程另有约定的除外。 (7)以股份有限公司、有限责任公司的房地产抵押的，必须经董事会或者股东大会通过，但企业章程另有约定的除外。 (8)有经营期限的企业以其所有的房地产抵押的，所担保债务的履行期限不应当超过该企业的经营期限。 (9)以具有土地使用年限的房地产抵押的，所担保债务的履行期限不得超过土地使用权出让合同规定的使用年限减去已经使用年限后的剩余年限。 (10)以共有的房地产抵押的，抵押人应当事先征得其他共有人的书面同意。 (11)预购商品房贷款抵押的，商品房开发项目必须符合房地产转让条件并取得商品房预售许可证。 (12)企事业单位法人分立或合并后，原抵押合同继续有效。其权利与义务由拥有抵押物的企业享有和承担。 抵押人死亡、依法被宣告死亡或者被宣告失踪时，其房地产合法继承人或者代管人应当继续履行原抵押合同。 (13)订立抵押合同时，不得在合同中约定在债务履行期届满抵押权人尚未受清偿时，抵押物的所有权转移为抵押权人所有的内容。 (14)抵押当事人约定对抵押房地产保险的，由抵押人为抵押的房地产投保，保险费由抵押人负担。抵押房地产投保的，抵押人应当将保险单移送抵押权人保管。在抵押期间，抵押权人为保险赔偿的第一受益人。 (15)学校、幼儿园、医院等以公益为目的的事业单位、社会团体，可以其教育设施、医疗卫生设施和其他社会公益设施以外的房地产为自身债务设定抵押。 (16)订立抵押合同前抵押房地产已出租的，原租赁关系不受该抵押权的影响。抵押权设立后抵押房屋出租的，该租赁关系不得对抗已登记的抵押权。 (17)抵押期间，抵押人经抵押权人同意转让抵押财产的，应当将转让所得的价款向抵押权人提前清偿债务或提存。转让的价款超过债权数额的部分归抵押人所有，不足部分由债务人清偿。 (18)抵押权不得与债权分离而单独转让或者作为其他债权的担保。 (19)抵押人的行为足以使抵押财产价值减少的，抵押权人有权要求抵押人停止其行为。 (20)抵押权人可以放弃抵押权或者抵押权的顺位

考点三　房地产抵押合同

要点	具体内容
概述	房地产抵押合同是指抵押人与抵押权人为了保证债权债务的履行，明确双方权利与义务的协议，是债权债务合同的从合同。债权债务的主合同无效，抵押这一从合同也就自然无效。房地产抵押是一种标的物价值很大的担保行为，法律规定房地产抵押人与抵押权人必须签订书面抵押合同。 房地产抵押合同一般应载明下列内容： （1）抵押人、抵押权人的名称或者个人姓名、住所。 （2）被担保债权种类、数额。 （3）抵押房地产的处所、名称、状况、建筑面积、用地面积以及“四至”、所有权归属或者使用权归属等。 （4）抵押房地产的价值。 （5）抵押房地产的占用管理人、占用管理方式、占用管理责任以及意外损毁、灭失的责任。 （6）债务人履行债务的期限。 （7）担保的范围。 （8）违约责任。 （9）争议解决的方式。 （10）抵押合同订立的时间与地点。 （11）双方约定的其他事项。 抵押物须保险的，当事人应在合同中约定，并在保险合同中将抵押权人作为保险赔偿金的优先受偿人。抵押权人在债务履行期届满前，不得与抵押人约定债务人不履行到期债务时抵押的房地产归债权人所有。 抵押权人需在房地产抵押后限制抵押人出租、出借或者改变抵押物用途的，应在合同中约定

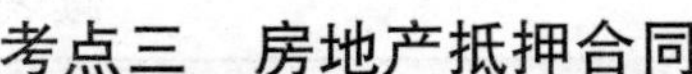

考点四　房地产抵押估价

要点	具体内容
概述	商业银行在发放房地产抵押贷款前，可以与抵押人协商确定房地产的抵押价值，也可以委托房地产估价机构评估房地产抵押价值。 房地产抵押价值为抵押房地产在估价时点假定未设立法定优先受偿权利下的市场价值减去房地产估价师知悉的法定优先受偿款。 扣除的法定优先受偿款一般是指在抵押的房地产上债权人依法拥有的优先受偿款，即假定在估价时点实现抵押权时，法律规定优先于本次抵押贷款受偿的款额，包括发包人拖欠承包人的建筑工程价款，已抵押担保的债权数额，以及其他法定优先受偿款

续表

要点	具体内容
房地产估价师职责	(1)了解抵押房地产的法定优先受偿权利等情况。 (2)必要时对委托人提供的有关情况和资料进行核查。 (3)全面、细致了解估价对象,对估价对象现状与相关权属证明材料逐一对照,做好实地查勘记录,拍摄反映其内外状况和周围环境的照片。 (4)处置房地产时,除评估房地产的公开市场价值外,同时给出快速变现价值意见及其理由等
房地产抵押估价报告内容	(1)要全面、详细地界定估价对象的范围和在估价时点的法定用途、实际用途以及区位、实物、权益状况。 (2)披露估价对象已设定的抵押权。 (3)分析估价对象的变现能力。 (4)披露已作为假设和限制条件,对估价结果有重大影响的因素,并说明其对估价结果可能产生的影响。 (5)将法定优先受偿权利等情况的书面查询资料和调查记录、内外部状况照片作为估价报告的附件。 对由于各种原因不能拍摄内外部状况照片的,应当在估价报告中予以披露。房地产抵押估价报告应用有效期从估价报告出具之日起计算,不得超过一年。房地产估价师预计估价对象的市场价格将有较大变化的,应当缩短估价报告应用有效期

考点五 最高额抵押权

要点	具体内容
概念	最高额抵押权是指为担保债务的履行,债务人或者第三人对一定期间内将要连续发生的债权提供担保财产的,债务人不履行到期债务或者发生当事人约定的实现抵押权的情形,抵押权人有权在最高债权额限度内就该担保财产优先受偿
概念理解	最高额抵押所担保的最高债权额是确定的,但实际发生额不确定。 设定最高额抵押权时,债权尚未发生,为担保将来债权的履行,抵押人和抵押权人协议确定担保的最高数额,在此额度内对债权担保
最高额抵押变更及转让	最高额抵押权设立前已经存在的债权,经当事人同意,可以转入最高额抵押担保的债权范围。最高额抵押担保的债权确定前,部分债权转让的,最高额抵押权不得转让,但当事人另有约定的除外。 最高额抵押担保的债权确定前,抵押权人与抵押人可以通过协议变更债权确定的期间、债权范围以及最高债权额,但变更的内容不得对其他抵押权人产生不利影响

续表

要点	具体内容
抵押权人的债权确定	有下列情形之一的，抵押权人的债权确定：(1)约定的债权确定期间届满；(2)没有约定债权确定期间或者约定不明确，抵押权人或者抵押人自最高额抵押权设立之日起满2年后请求确定债权；(3)新的债权不可能发生；(4)抵押财产被查封、扣押；(5)债务人、抵押人被宣告破产或者被撤销；(6)法律规定债权确定的其他情形

考点六 房地产抵押登记与抵押的效力

要点	具体内容
房地产抵押登记	房地产抵押应当签订书面抵押合同并办理抵押登记。抵押权自登记时设立。房地产抵押未经登记的，抵押权不生效，抵押权人不享有优先受偿权
房地产抵押的效力	抵押权为价值权而非实体权。抵押人设定抵押后，房地产的所有权仍然属于抵押人，抵押人仍可以对抵押物行使占有、使用、收益、处分的权利，但抵押人所享有的所有权受到限制。 房地产抵押关系存续期间，抵押人应当维护抵押房地产的安全完好，抵押人的行为足以使抵押物价值减少的，抵押权人有权要求抵押人停止其行为。抵押物价值减少时，抵押权人有权要求抵押人恢复抵押房地产的价值，或者提供与减少的价值相当的担保。抵押人不恢复抵押房地产的价值也不提供担保的，抵押权人有权要求债务人提前清偿债务

考点七 房地产抵押权的实现

要点	具体内容
实现的方式	债务人不履行到期债务或者发生当事人约定的实现抵押权的情形，抵押权人可以与抵押人协议以抵押房地产折价或者以拍卖、变卖该抵押房地产所得的价款优先受偿。 协议损害其他债权人利益的，其他债权人可以在知道或者应当知道撤销事由之日起一年内请求法院撤销该协议。抵押权人与抵押人未就抵押权实现方式达成协议的，抵押权人可以请求人民法院拍卖、变卖抵押房地产。抵押房地产折价或者变卖的，应当参照市场价格。 人民法院依法对抵押物拍卖的，拍卖财产经过评估的，评估价即为第一次拍卖的保留价；未作评估的，参照市价确定，并应当征询当事人的意见。拍卖保留价由人民法院参照评估确定
多个抵押清偿顺序	同一房地产向两个以上债权人抵押的，拍卖、变卖抵押房地产所得的价款依照以下规定清偿：抵押权已登记的，按照登记的先后顺序清偿；顺序相同的，按照债权比例清偿；抵押权已登记的先于未登记的受偿；抵押权未登记的，按照债权比例清偿

续表

要点	具体内容
特殊情况的处理	(1)对于设定房地产抵押权的土地使用权是以划拨方式取得的,依法拍卖该房地产后,应当从拍卖所得的价款中缴纳相当于应缴纳的土地使用权出让金的款额后,抵押权人方可优先受偿。 (2)房地产抵押合同签订后,土地上新增的房屋不属于抵押财产。需要拍卖该抵押的房地产时,可以依法将土地上新增的房屋与抵押财产一同拍卖,但对拍卖新增房屋所得,抵押权人无权优先受偿。 (3)土地承包经营权,乡镇、村企业的厂房等建筑物占用范围内的建设用地使用权一并抵押的,实现抵押权后,未经法定程序不得改变土地所有权的性质和土地用途。 (4)抵押权因抵押物灭失而消灭。因灭失所得的赔偿金,应当作为抵押财产
实现抵押权时应注意的问题	抵押权人应当在主债权诉讼时效期内行使抵押权,未行使的,人民法院不予保护。 人民法院对已经依法设定抵押的被执行人及其所扶养家属居住的房屋,在裁定拍卖、变卖或者抵债后,应给予被执行人6个月的宽限期。被执行人属于低保对象且无法自行解决居住问题的,人民法院不应强制迁出。 在金钱债权执行中,符合下列情形之一,被执行人以执行标的系本人及所扶养家属维持生活必需的居住房屋为由提出异议的,人民法院不予支持:(1)对被执行人有扶养义务的人名下有其他能够维持生活必需的居住房屋的;(2)执行依据生效后,被执行人为逃避债务转让其名下其他房屋的;(3)申请执行人按照当地廉租住房保障面积标准为被执行人及所扶养家属提供居住房屋,或者同意参照当地房屋租赁市场平均租金标准从该房屋的变价款中扣除5~8年租金的。 执行依据确定被执行人交付居住的房屋,自执行通知送达之日起,已经给予3个月的宽限期,被执行人以该房屋系本人及所扶养家属维持生活的必需品为由提出异议的,人民法院不予支持

跟踪训练

一、单项选择题

1. 商品房预售合同登记备案的申请人应是(　　)。

A. 购房人　　B. 房地产开发企业

C. 商品房销售代理机构　　D. 购房人和房地产开发企业

2. 房地产开发企业销售成套商品住宅,应采取的销售方式是(　　)。

A. 按套销售　　B. 返本销售

C. 按房间销售　　D. 售后包租

3. 在房地产抵押估价中,应扣除的法定优先受偿款不包括(　　)。

A. 拖欠的建筑工程材料费　　B. 拖欠的建筑工人工资

C. 抵押担保债权　　D. 出租房屋租金

4. 房地产抵押估价报告应用有效期从(　　)起计,不得超过一年。

A. 估价时点　　B. 估价委托日

C. 估价报告出具日　　D. 估价开始作业日

5. 人民法院依法拍卖抵押房地产时,拍卖保留价应由(　　)确定。

A. 房地产估价机构　　B. 人民法院

C. 抵押权人　　D. 人民法院和房地产估价机构共同

6. 承租人在租赁期内死亡,租赁房屋的共同居住人要求继承原租赁关系的,出租人(　　)。

A. 应重新办理租赁登记备案手续,房屋租赁合同方可生效

B. 可以收回房屋出租给其他人

C. 可以要求增加租金

D. 应当继续履行原租赁合同

7. 下列关于房屋租赁期说法正确的是(　　)。

A. 房屋的租赁期无限制,由租赁当事人约定

B. 房屋的租赁期不得少于 6 个月

C. 房屋的租赁期由租赁当事人约定,一般不得超过 20 年

D. 房屋的租赁期超过 20 年的,房屋租赁合同无效

8. 某房地产开发公司经城市规划行政主管部门批准变更规划设计方案,导致商品房户型发生变化,并在 10 日内书面通知了买受人,买受人接到通知后未作表示,2 个月后买受人提出退房,按规定买受人(　　)。

A. 有权退房　　B. 有权要求房地产开发公司承担违约责任

C. 有权要求房地产开发公司赔偿损失　　D. 无权退房

9. 当事人在订立抵押合同时,不得在合同中约定(　　)。

A. 债务履行期限

B. 被担保的债权数额

C. 抵押权人为抵押物保险赔偿的优先受益人

D. 债务履行期届满时抵押物的所有权转移为债权人所有

10. 下列关于商品房销售的表述中,错误的是(　　)。

A. 商品房销售可以按套(单元)计价

B. 按何种面积计价,就按何种面积登记发证

C. 按套内建筑面积计价的,商品房买卖合同中应当注明建筑面积和分摊的共有建筑面积

D. 按套、套内建筑面积计价并不影响用建筑面积进行产权登记

二、多项选择题

1. 同一房地产向两个以上债权人抵押的,拍卖抵押房地产所得价款的清偿原则有(　　)。

A. 抵押权已登记的,按照债权比例清偿

B. 抵押权已登记的,先于未登记的受偿

C. 抵押权未登记的,按照债权比例清偿

D. 抵押权已登记的，按照登记时间的先后顺序清偿

E. 抵押权未登记的，按照债权发生时间的先后顺序清偿

2. 在房地产抵押估价中，注册房地产估价师应尽的职责有（　　）。

A. 对委托人提供的资料进行核查，确保资料的真实性

B. 了解抵押房地产的法定优先受偿权利情况

C. 将估价对象现状与相关权属证明材料进行对照

D. 拍摄能够反映估价对象外观、内部状况和周边环境、景观的照片

E. 进行现场实地考察

3. 商品房屋租赁期间内，不影响房屋租赁合同继续有效的情形有（　　）。

A. 房屋抵押　　B. 房屋继承

C. 变更房屋用途　　D. 房屋买卖

E. 经出租人同意转租房屋

4. 下列关于共有房屋的表述正确的是（　　）。

A. 共有房屋是指两个或两个以上的单位、个人对同一房屋享有所有权

B. 按份共有人可以转让其所拥有的份额，须经其他共有人同意

C. 除非另有约定，共同共有人处分共有房屋，须经全体共同共有人同意

D. 具有家庭关系的共同共有人只有在共有的基础丧失或者有重大理由需要分割共有房屋时，才可以请求分割

E. 共同共有房屋分割后，变为按份共有的房屋，按份共有房屋的所有权人可以自由处分分割所得份额

三、判断题

1. 房屋租赁期内，房屋所有权人转让房屋的，原房屋租赁合同继续有效。（　　）

2. 房地产抵押价值为抵押房地产在估价时点的市场价值，即假定未设立法定优先受偿权利下的市场价值。（　　）

3. 按套内建筑面积计价房屋，办理房屋权属登记时，房屋面积仍按建筑面积登记。（　　）

4. 房地产开发企业应当在规划、设计变更确立之日起15日内，书面通知买受人。（　　）

5. 抵押权因抵押物灭失而消灭，因灭失所得的赔偿金，应当作为抵押财产。（　　）

6. 根据国务院有关规定，商品房预购人可以将购买的未竣工的预售商品房再转让。（　　）

7. 抵押房地产转让价款超过债权数额部分归抵押人所有，不足部分由抵押人清偿。（　　）

参考答案及解析

一、单项选择题

1. B 【解析】房地产开发企业应当自签订预售合同之日起30日内，向房地产管理部门和市、县土地管理部门办理商品房预售合同登记备案手续。

2. A 【解析】《商品房销售管理办法》规定，房地产开发企业不得采取返本销售或变相返本销售的方式销售商品房。商品住宅必须按套销售，不得分割拆零销售。

3. D　【解析】扣除的法定优先受偿款一般是指在抵押的房地产上债权人依法拥有的优先受偿款，即假定在估价时点实现抵押权时，法律规定优先于本次抵押贷款受偿的款额，包括发包人拖欠承包人的建筑工程价款，已抵押担保的债权数额，以及其他法定优先受偿款。

4. C　【解析】房地产抵押估价报告应用有效期从估价报告出具之日起计算，不得超过一年。房地产估价师预计估价对象的市场价格将有较大变化的，应当缩短估价报告应用有效期。

5. B　【解析】人民法院依法对抵押物拍卖的，拍卖保留价由人民法院参照评估价确定；未作评估的，参照市价确定，并应当征询当事人的意见。

6. D　【解析】商品房屋租赁期间，因赠与、析产、继承或者买卖转让房屋的，原房屋租赁合同继续有效。承租人在房屋租赁期间内死亡的，与其生前共同居住的人可以按照原租赁合同租赁该房屋。房屋租赁期间出租人出售租赁房屋的，应当在出售前合理期限内通知承租人，承租人在同等条件下有优先购买权。

7. C　【解析】租赁期限不得超过 20 年，超过的，是超过部分而不是整个房屋租赁合同无效。租赁期限届满当事人可以续订租赁合同，但约定的租赁期限自续订之日起同样不得超过 20 年。

8. D　【解析】经规划部门批准的规划变更和经设计单位同意的设计变更导致商品房的结构型式、户型、空间尺寸、朝向变化的，开发商应当在变更确立之日起 10 日内，书面通知买受人。买受人有权在通知到达之日起 15 日内做出是否退房的书面答复，在此期间内，未做出书面答复的，视同接受规划、设计变更以及由此引起的房价款的变更。开发商没有在规定时限内通知买受人的，买受人有权退房。

9. D　【解析】订立抵押合同时，不得在合同中约定在债务履行期届满抵押权人尚未受清偿时，抵押物的所有权转移为抵押权人所有的内容。

10. B　【解析】商品房销售可以按套（单元）计价，也可以按套内建筑面积或按建筑面积计价。按套、套内建筑面积计价并不影响用建筑面积进行产权登记。按套（单元）计价或者按套内建筑面积计价的，商品房买卖合同中应当注明建筑面积和分摊的共有建筑面积。

二、多项选择题

1. BCD　【解析】抵押权已登记的，按照登记的先后顺序清偿；顺序相同的，按照债权比例清偿。抵押权已登记的先于未登记的清偿；抵押权未登记的，按照债权比例清偿。

2. BCDE　【解析】在房地产抵押估价活动中，房地产估价师应当勤勉尽责，包括了解抵押房地产的法定优先受偿权利等情况；必要时对委托人提供的有关情况和资料进行核查；全面、细致地了解估价对象，对估价对象进行实地查勘，将估价对象现状与相关权属证明材料上记载的内容逐一进行对照，做好实地查勘记录，拍摄能够反映估价对象外观、内部状况和周围环境、景观的照片；处置房地产时，除评估房地产的公开市场价值，同时给出快速变现价值意见及其理由等。

3. ABDE　【解析】商品房屋租赁期间，原租赁关系不受抵押权的影响；因赠予、析产、继承或者买卖转让房屋的，原房屋租赁合同继续有效。承租人在房屋租赁期间内死亡的，与其生前共同居住的人可以按照原租赁合同租赁该房屋。房屋租赁期间出租人出售租赁房屋的，应当在出售前合理期限内通知承租人，承租人在同等条件下有优先购买权。

4. ACDE 【解析】按份共有人可以转让其所拥有的份额，无须经其他共有人同意。

三、判断题

1. √ 【解析】房屋租赁期内，因赠予、析产、继承或者买卖转让房屋的，原房屋租赁合同继续有效。

2. × 【解析】房地产抵押价值为抵押房地产在估价时点的市场价值，即假定未设立法定优先受偿权利下的市场价值，还必须减去房地产估价师知悉的法定优先受偿款。

3. √ 【解析】按照我国现行的房屋权属登记的有关规定，房屋权属登记中按建筑面积进行登记，按套、套内建筑面积计价并不影响用建筑面积进行产权登记。

4. × 【解析】开发商销售商品房后，不得擅自变更规划、设计。经规划部门批准的规划变更和经设计单位同意的设计变更，开发商应当在变更确立之日起10日内，书面通知买受人。

5. √ 【解析】抵押权因抵押物灭失而消灭，因灭失所得的赔偿金，应当作为抵押财产。

6. × 【解析】销售中禁止的行为包括：禁止商品房预购人将购买的未竣工的预售商品房再转让。

7. × 【解析】抵押期间，抵押人经抵押权人同意转让抵押房地产的，应当将转让所得的价款向抵押权人提前清偿债务或者提存。转让的价款超过债权数额的部分归抵押人所有，不足部分由债务人清偿。

第七章　不动产登记制度与政策

知识导图

- 不动产登记制度与政策
  - 不动产登记概述
    - 不动产登记的概念和范围
    - 不动产登记模式
    - 不动产登记的目的
    - 不动产登记的基本规定
  - 不动产登记类型和程序
    - 不动产登记的类型
    - 不动产登记机构
    - 不动产登记程序
    - 不动产登记收费
    - 不动产权证书和不动产登记证明主要内容
  - 房地产测绘
    - 房地产测绘概述
    - 房地产面积测算

考情分析

本章主要介绍了不动产登记概述、不动产登记类型和程序、房地产测绘。本章的学习重点是不动产登记的基本规定,学习难点是房地产面积测算。

本章在考试中的平均分值为8分,考试目的是测查应试人员对《物权法》与《不动产登记暂行条例》确定的不动产登记制度和政策,对房地产测绘制度和政策的了解、熟悉与掌握程度。

表解考点

考点	重要等级
不动产登记的概念和范围	熟悉
不动产登记模式	了解
不动产登记的目的	熟悉

续表

考点	重要等级
不动产登记的基本规定	掌握
不动产登记的类型	熟悉
不动产登记机构设置和职责	熟悉
不动产登记程序	熟悉
房地产测绘的概念和作用	熟悉
房地产面积测算	掌握

考点详解

第一节　不动产登记概述

考点一　不动产登记的概念和范围

要点	具体内容
不动产登记概念	不动产登记是指不动产登记机构依法将不动产权利归属和其他法定事项记载于不动产登记簿的行为。不动产登记采取登记的方式将不动产物权的设立、转移、变更和消灭等情况在不动产登记簿上予以记录,达到物权公示的目的,以保护不动产权利人的权益。 《城市房地产管理法》规定,国家实行土地使用权和房屋所有权登记发证制度。 《物权法》规定,不动产物权的设立、变更、转让和消灭,经依法登记发生效力;未经登记,不发生效力,但法律另有规定的除外
不动产登记范围	不动产登记范围为不动产的物权。根据《物权法》,不动产物权包括所有权、用益物权和担保物权。 《不动产登记暂行条例》规定,不动产登记的范围是: (1)集体土地所有权。 (2)房屋等建筑物、构筑物所有权。 (3)森林、林木所有权。 (4)耕地、林地、草地等土地承包经营权。 (5)建设用地使用权。 (6)宅基地使用权。 (7)海域使用权

续表

要点	具体内容
不动产登记范围	(8)地役权。 (9)抵押权。 (10)法律规定需要登记的其他不动产权利

考点二　不动产登记模式

要点	具体内容
契据登记制	不动产权利的变更、他项权利的设定，在当事人订立合约之时就已生效，即双方一经产生债的关系，不动产权利的转移或他项权利的设定即同时成立。 登记仅仅是作为对抗第三人的要件，所以称为对抗要件主义
产权登记制	当事人订立的有关房地产权利转移或他项权利设定的合同的效力只是一种债的效力，即当事人在法律上只能得到债权的保护，而不能得到物权的保护。只有履行不动产登记手续以后，不动产受让人权利才告成立。 成立要件主义将登记作为物权权利成立的要件，所以称为成立要件主义。产权登记制又可分为权利登记制和托伦斯登记制两种。 1. 权利登记制 登记机构备置登记簿，房地产权利的取得、变更过程记载，利害关系人、相关当事人可就登记簿的记载推知该房地产产权状态，若房地产权利的取得未经登记，便不产生效力，不仅不能对抗第三人，在当事人之间也不发生效力。 2. 托伦斯登记制 在核准登记以后发给权利人权属证书，房地产权利一旦载入政府产籍，权利状态就明确地记载在权属证书上，权利人可以凭证行使房地产权利

考点三　不动产登记的目的

要点	具体内容
保护不动产权利人的物权	物权取得、变动需要通过一定方式向外界加以展示。登记是一种展示的方法
维护交易安全	不动产登记簿具有公信效力。即便不动产登记簿上记载的物权归属和内容与真实情况不一致，只要权利人、利害关系人没有申请更正登记或异议登记，善意信赖登记簿记载的当事人不动产交易就应当得到保护。 不动产物权交易的当事人通过查询不动产登记簿，就可以判断作为交易标的物的不动产上的物权归属与内容，可以正确判断能否进行交易，避免受到他人欺诈

续表

要点	具体内容
利于国家对不动产进行管理、征收赋税和进行宏观调控	《契税暂行条例》规定,在房屋所有权转移登记和建设用地使用权的转移登记中,当事人没有提交契税完税凭证,土地或房产登记机构不能办理转移登记。 《土地增值税暂行条例》规定,纳税人未按照本条例缴纳土地增值税的,土地管理部门、房产管理部门不得办理有关的权属变更手续

考点四　不动产登记的基本规定

要点	具体内容
不动产登记载体	不动产登记的载体有不动产登记簿、不动产权证书和不动产登记证明。 (1)不动产登记簿是不动产物权归属和内容的根据;不动产物权的设立、变更、转让和消灭,依据法律规定应予登记的,自记载于不动产登记簿时发生效力。不动产登记簿应当采用电子介质,暂不具备条件的,可以采用纸质介质。 不动产登记簿由不动产登记机构指定专人负责管理、永久保存。 (2)不动产权证书和不动产登记证明是不动产登记机构颁发给权利人或登记申请人作为其享有权利或已办理登记的凭证,是不动产登记簿所记载内容的外在表现形式。 不动产权证书和不动产登记证明记载的事项,应当与不动产登记簿一致;如记载不一致的,除有证据证明不动产登记簿确有错误外,以不动产登记簿为准
不动产物权生效时间	根据原因行为不同,不动产物权生效时间主要分为以下几种情形: (1)法定生效,即根据法律规定物权生效。《物权法》规定,城市的土地属于国家所有。因此,属于国家所有的土地所有权就不需要通过登记的方式来公示所有权的归属。 (2)基于法律行为的物权生效,物权自记载于不动产登记簿生效。 ①不动产物权的设立、变更、转让和消灭,依照法律规定应当登记的,自记载于不动产登记簿时发生效力。例如,房屋买卖、房地产抵押,自记载于不动产登记簿时发生物权效力。 ②当事人之间订立有关设立、变更、转让和消灭不动产物权的合同,未办理物权登记的,不影响合同效力;依照法律规定需要办理登记的,未经登记,不发生物权效力。 (3)基于事实行为发生的物权变动,只要事实行为发生,不经登记,物权变动也发生效力。 ①因人民法院、仲裁委员会的法律文书或者人民政府的征收决定等,导致物权设立、变更、转让或者消灭的,自法律文书或者人民政府的征收决定等生效时发生效力。 ②因继承或者受遗赠(受遗赠≠赠予,受遗赠≠继承;受遗赠人是法定继承人以外的公民、社会团体或国家)取得物权的,自继承或者受遗赠开始时发生效力。 因合法建造、拆除房屋等事实行为设立或者消灭物权的,自事实行为成就时发生效力。但权利人基于事实行为取得物权的,处分该物权时,依据法律规定需要办理登记的,未经登记,不发生物权效力

续表

要点	具体内容
不动产登记信息查询	不动产登记是以维护不动产交易安全与效率为目的的法律制度。 不动产登记信息应当是公开的。《物权法》确定了权利人、利害关系人可以申请查询、复制登记资料。《不动产登记暂行条例》也沿用了《物权法》的规定。 权利人是指不动产的登记权利人,即在不动产登记簿上记载的不动产物权的归属人,如房屋的所有权人、房屋的抵押权人、地役权人、建设用地使用权人等。 利害关系人是指与登记的不动产具有法律上的利害关系之人,它不仅包括交易的当事人,也包括与登记权利人发生其他法律纠纷的人

第二节　不动产登记类型和程序

考点一　不动产登记的类型

要点	具体内容
按照登记的效力分类	1. 本登记 本登记是对不动产物权的设立、变更、转让以及消灭等法律事实进行的登记,具有终局、确定的效力,本登记包括: (1)首次登记,是指不动产所有权的第一次登记,包括土地所有权的第一次登记和房屋所有权的第一次登记。由于土地的国家所有权可以不办理登记,土地的初始登记仅指集体土地所有权的初始登记。 (2)转移登记,是指不动产物权转移时进行的登记。转移登记仅适用于土地使用权、房屋所有权及抵押权等其他物权发生转移的情形,不适用于土地所有权。 (3)变更登记,是指不动产物权归属的主体不变,而只是物权的内容、客体等发生变化时进行的登记。如不动产的面积发生变化、权利人名称发生变化时,应申请变更登记。 (4)注销登记,是指因法定或约定之原因使已登记的不动产物权归于消灭或因自然的、人为的原因使不动产本身灭失时进行的一种登记。如抵押权已实现,应申请抵押权注销等。 (5)更正登记和异议登记。更正登记是对原登记权利的涂销,同时对真正权利进行登记。异议登记是将事实上的权利人以及利害关系人对不动产登记簿中记载的权利所提出的异议计入登记簿中,其法律效力是使登记簿所记载权利失去推定的效力。 《物权法》规定,权利人、利害关系人认为不动产登记簿记载的事项错误的,可以申请更正登记。不动产登记簿记载的权利人书面同意更正或者有证据证明登记确有错误的,登记机构应当予以更正。不动产登记簿记载的权利人不同意更正的,利害关系人可以申请异议登记。登记机构予以异议登记的,申请人在异议登记之日起 15 日内不起诉,异议登记失效。异议登记不当,造成权利人损害的,权利人可以向申请人请求损害赔偿

续表

要点	具体内容
按照登记的效力分类	(6)查封登记,是指不动产登记机构按照人民法院的生效法律文书和协助执行通知书,配合人民法院对指定不动产在不动产登记簿上予以注记,以限制权利人处分被查封的不动产的行为。被查封、预查封的房屋,在查封、预查封期间不得办理抵押、转让等权属变更、转移登记手续。 2. 预登记 指在本登记之前进行的登记,其不具有终局、确定的效力,主要目的在于保护权利人的合法权益。如预购商品房预告登记。当事人签订买卖房屋协议,按照约定可以向登记机构申请预告登记。预告登记后,未经预告登记的权利人同意,处分该不动产的,不发生物权效力。预告登记后,债权消灭或者自能够进行不动产登记之日起3个月内未申请登记的,预告登记失效
按照登记的物权分类	1. 不动产所有权登记 不动产所有权登记是指不动产登记机构依法将不动产所有权及相关事项在不动产登记簿上予以记载的行为。 2. 不动产他项权利登记 不动产他项权利登记是指不动产登记机构依法将他项权利及相关事项在不动产登记簿上予以记载的行为。不动产他项权利包括用益物权和担保物权。 (1)不动产用益物权。根据《物权法》,不动产用益物权包括土地承包经营权、建设用地使用权、宅基地使用权和地役权。 (2)不动产担保物权。根据《物权法》,不动产担保物权为抵押权。抵押权又分为一般抵押和最高额抵押。一般抵押权登记包括抵押权设立登记、变更登记、转移登记和注销登记。对符合规定条件的,不动产登记机构应当将抵押当事人、债务人的名称(姓名)、被担保债权数额和登记时间记载于房屋登记簿。最高额抵押权登记包括设立登记、变更登记、转移登记和注销登记,以及最高额抵押权确定登记。对符合规定条件设立的最高额抵押权,应进行设立登记,并明确记载其为最高额抵押权。最高额抵押权担保的债权确定前,最高额抵押权发生转移的,转让人和受让人申请最高额抵押权转移登记。最高额抵押权担保的债权确定前,债权人转让部分债权的,除当事人另有约定外,不动产登记机构不得办理最高额抵押权转移登记。当事人约定最高额抵押权随同部分债权的转让而转移的,应按照规定办理抵押权转移登记。经依法登记的最高额抵押权担保的债权确定,予以登记的,不动产登记机构应当将最高额抵押权担保的债权已经确定的事实记载于不动产登记簿。《物权法》还将在建工程抵押纳入抵押权登记的范畴。 在建工程抵押权登记包括首次登记、变更登记、转移登记和注销登记。在建工程竣工并经房屋所有权首次登记后,当事人应当申请将在建工程抵押权登记转为房屋抵押权登记

续表

要点	具体内容
按照登记的物分类	(1)土地登记:包括集体所有权登记、国有建设用地使用权登记、集体建设用地使用权登记、宅基地使用权登记、土地使用权抵押权登记等。 (2)房屋登记:包括房屋所有权登记、房屋抵押权登记、预购商品房预告登记。 (3)林权登记:对森林、林木和林地权利及其相关事项在不动产登记簿上予以记载的行为

考点二　不动产登记机构

要点	具体内容
不动产登记机构设置	《物权法》确定了国家对不动产实行统一登记制度。自然资源部负责指导、监督全国不动产登记工作。 不动产登记由不动产所在地的县级人民政府不动产登记机构办理;直辖市、设区的市人民政府可以确定本级不动产登记机构统一办理所属各区的不动产登记。 跨县级行政区域的不动产登记,由所跨县级行政区域的不动产登记机构分别办理。不能分别办理的,协商办理;协商不成的,由共同的上一级人民政府不动产登记主管部门指定办理
不动产登记机构职责	登记机构应当履行下列职责:查验申请人提供的权属证明和其他必要材料;就有关登记事项询问申请人;如实、及时登记有关事项;法律、行政法规规定的其他职责。申请登记的不动产的有关情况需要进一步证明的,登记机构可以要求申请人补充材料,必要时可以实地查看。权利人、利害关系人可以申请查询、复制登记资料,登记机构应当提供。因登记错误,给他人造成损害的,登记机构应当承担赔偿责任。登记机构赔偿后,可以向造成登记错误的人追偿

考点三　不动产登记程序

要点	具体内容
申请	申请不动产登记,申请人或者其代理人应当到不动产登记机构办公场所申请。不动产登记以共同申请为原则,以单方申请为例外。即申请不动产登记原则上由当事人双方共同申请,但特殊情形下,也可以单方申请。 根据《不动产登记暂行条例》,属于下列情形之一的,可以由当事人单方申请

续表

要点	具体内容
申请	(1)尚未登记的不动产首次申请登记的。 (2)继承、接受遗赠取得不动产权利的。 (3)人民法院、仲裁委员会生效的法律文书或者人民政府生效的决定等设立、变更、转让、消灭不动产权利的。 (4)权利人姓名、名称或者自然状况发生变化,申请变更登记的。 (5)不动产灭失或者权利人放弃不动产权利,申请注销登记的。 (6)申请更正登记或者异议登记的。 (7)法律、行政法规规定可以由当事人单方申请的其他情形。 不动产登记申请人可以是自然人,也可以是法人或非法人组织。申请人为自然人的,应具备完全民事行为能力,即一般为年满 18 周岁智力正常的成年人。未成年人和其他限制行为能力人(如精神病人)由其监护人代为申请
受理	(1)查验事项:不动产界址、空间界限、面积等材料与申请登记的不动产状况是否一致;有关证明材料、文件与申请登记的内容是否一致;登记申请是否违反法律、行政法规规定。 (2)对属于登记职责范围,申请材料齐全、符合法定形式,或者申请人按照要求提交全部补正申请材料的,应当受理并书面告知申请人。 (3)申请材料不齐全或者不符合法定形式的,应当当场书面告知申请人不予受理并一次性告知需要补正的全部内容。 (4)对房屋等建筑物、构筑物所有权首次登记,在建建筑物抵押权登记,因不动产灭失导致的注销登记,以及不动产登记机构认为需要实地查看的情形,不动产登记机构应当实地查看。 (5)不动产登记机构未当场书面告知申请人不予受理的,视为受理。不动产登记费按件收取,不得按照不动产的面积、体积或者价款的比例收取
登簿	(1)登记事项自记载于不动产登记簿时完成登记。 (2)不动产登记簿记载的内容:不动产的宗地面积、坐落、界址、房屋面积、用途、交易价格等自然状况;权利人、权利类型、登记类型、登记原因、权利变化等权属状况;涉及不动产权利限制、提示的事项等。 (3)不动产登记机构完成登记,应当依法向申请人核发不动产权证书或者登记证明。 (4)不动产登记证明用于证明不动产抵押权、地役权或者预告登记、异议登记等事项。查封登记不颁发证书或证明。 (5)除法律另有规定的外,不动产登记机构应当自受理登记申请之日起 30 个工作日内办结不动产登记手续

考点四　不动产登记收费

要点	具体内容
不动产登记费	1. 住宅类不动产登记费 规划用途为住宅的房屋及其建设用地使用权申请办理下列不动产登记事项,提供具体服

续表

项目	具体内容
不动产登记费	务内容，据实收取不动产登记费，收费标准为每件80元。 (1)房地产开发企业等法人、其他组织、自然人合法建设的住宅，申请办理房屋所有权及其建设用地使用权首次登记。 (2)居民等自然人、法人、其他组织购买住宅，以及互换、赠予、继承、受遗赠等情形，住宅所有权及其建设用地使用权发生转移，申请办理不动产转移登记。 (3)住宅及其建设用地用途、面积、权利期限、来源等状况发生变化，以及共有性质发生变更等，申请办理不动产变更登记。 (4)当事人以住宅及其建设用地设定抵押，办理抵押权登记（包括抵押权首次登记、变更登记、转移登记）。 (5)当事人按照约定在住宅及其建设用地上设定地役权，申请办理地役权登记（包括地役权首次登记、变更登记、转移登记）。 为推进保障性安居工程建设，减轻登记申请人负担，廉租住房、公共租赁住房、经济适用住房和棚户区改造安置住房所有权及其建设用地使用权办理不动产登记，登记收费标准为零。 2.非住宅类不动产登记 办理下列非住宅类不动产权利的首次登记、转移登记、变更登记，收取不动产登记费，收费标准为每件550元。 (1)住宅以外的房屋等建筑物、构筑物所有权及其建设用地使用权或者海域使用权。 (2)无建筑物、构筑物的建设用地使用权。 (3)森林、林木所有权及其占用林地的承包经营权或者使用权。 (4)耕地、草地、水域、滩涂等土地承包经营权。 (5)地役权。 (6)抵押权。 不动产登记机构依法办理不动产查封登记、注销登记、预告登记和因不动产登记机构错误导致的更正登记，不得收取不动产登记费
证书工本费	不动产登记机构按上述规定收取不动产登记费，核发一本不动产权属证书的，不收取证书工本费。向一个以上不动产权利人核发权属证书的，每增加一本证书，加收证书工本费10元。 不动产登记机构依法核发不动产登记证明，不得收取登记证明工本费
收费优惠减免	1.减半收费，且不收取第一本工本费的情形 (1)申请不动产更正登记、异议登记的。 (2)不动产权利人姓名、名称、身份证明类型或者身份证明号码发生变更申请变更登记的。 (3)同一权利人因分割、合并不动产申请变更登记的

续表

要点	具体内容
收费优惠减免	(4)国家法律、法规规定予以减半收取的。 2. 免收不动产登记费(含第一本不动产权属证书的工本费) (1)申请与房屋配套的车库、车位、储藏室等登记,不单独核发不动产权属证书的(申请单独发放权属证书的,收取登记费)。 (2)因行政区划调整导致不动产坐落的街道、门牌号或房屋名称变更而申请变更登记的。 (3)小微企业(含个体工商户)申请不动产登记的。 (4)农村集体经济组织成员以家庭承包或其他方式承包取得农用地的土地承包经营权申请登记的。 (5)农村集体经济组织成员以家庭承包或其他方式承包取得森林、林木所有权及其占用的林地承包经营权申请登记的。 (6)依法由农民集体使用的国有农用地从事种植业、林业、畜牧业、渔业等农业生产,申请土地承包经营权登记或国有农用地使用权登记的。 (7)因农村集体产权制度改革导致土地、房屋等确权变更而申请变更登记的。 (8)国家法律、法规规定予以免收的。 3. 只收取不动产权属证书每本证书 10 元工本费 (1)单独申请宅基地使用权登记的。 (2)申请宅基地使用权及地上房屋所有权登记的。 (3)夫妻间不动产权利人变更,申请登记的。 (4)因不动产权属证书丢失、损坏等原因申请补发、换发证书的
不动产登记计费单位	不动产登记费按件收取,不得按照不动产的面积、体积或者价款的比例收取。 申请人以一个不动产单元提出一项不动产权利的登记申请,并完成一个登记类型登记的为一件。 申请人以同一宗土地上多个抵押物办理一笔贷款,申请办理抵押权登记的,按一件收费;非同宗土地上多个抵押物办理一笔贷款,申请办理抵押权登记的,按多件收费。 不动产单元,是指权属界线封闭且具有独立使用价值的空间。有房屋等建筑物、构筑物以及森林、林木定着物的,以该房屋等建筑物、构筑物以及森林、林木定着物与土地权属界线封闭的空间为不动产单元。没有房屋等建筑物、构筑物以及森林、林木定着物的,以土地权属界线封闭的空间为不动产单元
不动产登记费用缴纳	不动产登记费用由登记申请人缴纳。按规定需由当事各方共同申请不动产登记的,由登记为不动产权利人的一方缴纳;不动产抵押权登记,由登记为抵押权人的一方缴纳;不动产为多个权利人共有(用)的,由共有(用)人共同缴纳,具体分摊份额由共有(用)人自行协商。 向购房人提供抵押贷款的商业银行,不得把办理抵押权登记的费用转嫁给购房人承担。 房地产开发企业不得把新建商品房办理首次登记的登记费用,以及因提供测绘资料所产生的测绘费等其他费用转嫁给购房人承担

续表

要点	具体内容
不动产登记收费政策衔接	已实行不动产统一登记制度的地方,不动产登记机构按规定收费标准收取不动产登记费,原收费标准一律废止。 尚未实行不动产统一登记制度的地区,土地登记费、房屋登记费、土地承包经营权证工本费、林权证工本费收费标准仍按原规定执行,实行不动产统一登记制度后,即按上述通知规定的收费标准执行

考点五　不动产权证书和不动产登记证明主要内容

要点	具体内容
不动产权证书主要内容	二维码、登记机构(章)及时间、编号、不动产权证书号、权利人、共有情况、坐落、不动产单元号、权利类型、权利性质、用途、面积、使用期限、权利其他状况、附记、附图页
不动产登记证明	证明权利或事项、权利人、义务人、坐落、不动产单元号、其他、附记

第三节　房地产测绘

考点一　房地产测绘概述

要点	具体内容
房地产测绘的概念	1. 房地产测绘的定义 房地产测绘是指运用测绘仪器、测绘技术和测绘手段,来测定房地产的位置、界址、占地范围和面积数量等,为房地产权利人和管理部门提供信息服务的一项专业技术活动。 2. 房地产测绘的种类 (1)房地产基础测绘是指在一个城市或一个地域内,大范围、整体地建立房地产的平面控制网,形成房地产的基础图纸,即房地产分幅平面图的测绘活动。 (2)房地产项目测绘是指因房地产开发、经营、交易和房地产权属管理等的需要,测量、绘制房地产分丘平面图和房地产分层分户平面图,形成图、表、卡、册、簿、数据等信息的测绘活动。 3. 房地产测绘成果 房地产测绘成果是指在房地产测绘过程中形成的数据、图、表、卡、册等信息和资料,主要包括房产簿册、房产数据和房产图集

续表

要点	具体内容
房地产测绘的概念	4. 房地产测绘的基本内容 房地产平面控制测量、房地产调查、房地产要素测量、房地产图绘制、房地产面积测算、房地产变更测量、房地产成果资料的检查与验收
房地产测绘的作用	(1)为房地产开发、经营以及交易提供基本信息服务。 (2)为房地产管理提供信息服务。 (3)为其他部门提供参考资料

考点二　房地产面积测算

要点	具体内容
房地产面积测算的意义	房屋及其用地的面积,是房地产产权产籍管理、核发权属证书的必要信息,也是房地产开发商进行经营决策、房地产权利人维护合法权益的必不可少的资料;同时也是房地产税费的征收、城镇规划和建设的重要依据。房地产面积测算是一项技术性强、精确度要求高的工作,关系到国家、开发商、消费者和权利人的切身利益,是整个房地产测绘中非常重要的组成部分
房地产面积测算的内容	房地产面积测算的内容包括房屋面积测算和用地面积测算。 房屋面积测算包括房屋建筑面积、房屋使用面积和共有建筑面积的测算。 用地面积测算包括房屋占地面积的测算、丘面积的测算、各项地类面积测算和共用土地面积的测算、分摊
房地产面积测算的一般规定	(1)房地产面积的测算,均指水平投影面积的测算。 (2)各类面积的测算,必须独立测算两次,其较差应在规定的限差以内,取中数作为最后结果。 (3)边长以米为单位,取至 0.01 m;面积以平方米为单位,取至 0.01 m^2。 (4)量距应使用经鉴定合格的卷尺或其他能达到相应精度的仪器或工具。 (5)楼层高度是指上下两层楼面或楼面与地面之间的垂直距离
房地产面积测算的方法	根据面积测算数据资料的来源,可分为解析法和图解法两大类。 房地产面积的测算,主要采用解析法,房屋面积一般采用几何图形法量算,用地面积大多采用界址点坐标法测算,也可以用图解法测算。 (1)解析法测算面积。解析法测算面积是根据实地测量的数据,例如边长、角度或坐标等通过计算公式求得面积值。解析法测算面积主要包括界址点坐标解析测算面积和几何图形法量算面积。 (2)图解法测算面积。图解法测算面积是根据已有的房地产图,采用各种不同的测量仪器量算出面积,包括求积仪法、称重法、模片法、光电面积量算仪法等

续表

要点	具体内容
土地面积测算	1. 土地面积测算的意义 土地面积测算是土地利用现状调查的重要组成部分，是取得土地数据资料的关键步骤。通过面积量算，为各级行政单位、各土地权属单位量算出土地总面积和各类土地面积，因此，量算工作是准确掌握土地资源数据的重要技术手段。 2. 丘的测量要求 丘是指地表上一块有界空间的地块。丘有独立丘和组合丘之分，一个地块只属于一个产权单元时称为独立丘，一个地块属于几个产权单位时称为组合丘。一般以一个单位、一个门牌号或一处院落的房屋用地单元划分为独立丘，当用地单元的权属混杂和面积过小时，则划为组合丘。 3. 不计入用地面积的范围 (1)无明确使用权属的冷巷、巷道或间距地。 (2)市政管辖的马路、街道、巷道等公共用地。 (3)公共使用的河滩、水沟、排水沟。 (4)已征用、划拨或属于原房地产证记载范围，经规划部门核定需要作为市政建设的用地。 (5)其他按规定不计入宗地的面积
房屋面积测算的一般规定	1. 建筑面积和房屋产权登记面积 房屋建筑面积是指房屋外墙(柱)勒脚以上各层的外围水平投影面积，包括阳台、挑廊、地下室、室外楼梯等，且具备上盖，结构牢固，层高2.20 m以上(含2.20 m)的永久性建筑。 房屋共有建筑面积是指产权主共同占有或共同使用的建筑面积。房屋产权登记面积是指由房产测绘单位测算，标注在房屋权属证书上，记入房屋权属档案的房屋的建筑面积。 2. 房屋使用面积 房屋使用面积是指房屋户内全部可供使用的空间面积，按房屋内墙面水平投影计算。 3. 计算建筑面积的有关规定 (1)计算全部建筑面积的范围。 ①永久性结构的单层房屋，按一层计算建筑面积；多层房屋按各层建筑面积的总和计算。 ②房屋内的夹层、插层、技术层及其楼梯间、电梯间等其高度在2.20 m以上部位计算建筑面积。楼梯间、电梯(观光梯)井、提物井、垃圾道、管道井等均按房屋自然层计算面积。依坡地建筑的房屋，利用吊脚做架空层，有围护结构的，按其高度在2.20 m以上部位的外围水平面积计算。 ③穿过房屋的通道，房屋内的门厅、大厅，均按一层计算面积。门厅、大厅内的回廊部分，层高在2.20 m以上的，按其水平投影面积计算。 ④房屋天面上，属永久性建筑，层高在2.20 m以上的楼梯间、水箱间、电梯机房及斜面结构屋顶高度在2.20 m以上的部位，按其外围水平面积计算。 ⑤挑楼、全封闭的阳台，按其外围水平投影面积计算。属永久性结构有上盖的室外楼梯，按各层水平投影面积计算。与房屋相连的有柱走廊，两房屋间有上盖和柱的走廊，均按其柱的外围水平投影面积计算。房屋间永久性的封闭的架空通廊，按外围水平投影面积计算

续表

要点	具体内容
房屋面积测算的一般规定	⑥地下室、半地下室及其相应出入口,层高在2.20 m以上的,按其外墙(不包括采光井、防潮层及保护墙)外围水平面积计算。 ⑦有柱(不含独立柱、单排柱)或有围护结构的门廊、门斗,按其柱或围护结构的外围水平投影面积计算。 ⑧玻璃幕墙等作为房屋外墙的,按其外围水平投影面积计算。 ⑨属永久性建筑有柱的车棚、货棚等,按其柱外围水平投影面积计算。 ⑩有伸缩缝的房屋,若其与室内相通的,伸缩缝面积计算建筑面积。 (2)计算一半建筑面积的范围。 ①与房屋相连有上盖无柱的走廊、檐廊,按其围护结构外围水平投影面积的一半计算。 ②独立柱、单排柱的门廊、车棚、货棚等属永久性建筑的,按其上盖水平投影面积的一半计算。 ③未封闭的阳台、挑廊,按其围护结构外围水平投影面积的一半计算。 ④无顶盖的室外楼梯,按各层水平投影面积的一半计算。 ⑤有顶盖不封闭的永久性的架空通廊,按外围水平投影面积的一半计算。 (3)不计算房屋面积的范围。 ①层高小于2.20 m以下的夹层、插层、技术层及层高小于2.20 m的地下室和半地下室等。 ②突出房屋墙面的构件、配件、装饰柱、装饰性的玻璃幕墙、垛、勒脚、台阶、无柱雨篷等。 ③房屋之间无上盖的架空通廊。 ④房屋的天面、挑台,天面上的花园、泳池。 ⑤建筑物内的操作平台、上料平台及利用建筑物的空间安置箱、罐的平台。 ⑥骑楼、骑街楼的底层用作道路街巷通行的部分。 ⑦利用引桥、高架路、高架桥、路面作为顶盖建造的房屋。 ⑧活动房屋、临时房屋、简易房屋。 ⑨独立烟囱、亭、塔、罐、池、地下人防干支线。 ⑩与房屋室内不相通的房屋间的伸缩缝。 (4)特殊情况下,计算建筑面积的规定。 ①同一楼层外墙,既有主墙,又有玻璃幕墙的,以主墙为准计算建筑面积,墙厚按主墙体厚度计算。各楼层墙体厚度不同时,分层分别计算。金属幕墙及其他材料幕墙,参照玻璃幕墙的有关规定处理。 ②房屋屋顶为斜面结构(坡屋顶)的,层高(高度)2.20 m以上的部位计算建筑面积。 ③全封闭阳台、有柱挑廊、有顶盖封闭的架空通廊的外围水平投影超过其底板外沿的,以底板水平投影全部计算建筑面积。未封闭的阳台、无柱挑廊、有顶盖未封闭的架空通廊的外围水平投影超过其底板外沿的,以底板水平投影的一半计算建筑面积。 ④与室内任意一边相通,具备房屋的一般条件,并能正常利用的伸缩缝、沉降缝应计算建筑面积。 ⑤对倾斜、弧状等非垂直墙体的房屋,层高(高度)2.20 m以上的部位计算建筑面积。房屋墙体向外倾斜,超出底板外沿的,以底板投影计算建筑面积

续表

要点	具体内容
房屋面积测算的一般规定	⑥楼梯已计算建筑面积的,其下方空间不论是否利用,均不再计算建筑面积。 ⑦临街楼房、挑廊下的底层作为公共道路街巷通行的,不论其是否有柱、是否有维护结构,均不计算建筑面积。 ⑧与室内不相通的类似于阳台、挑廊、檐廊的建筑,不计算建筑面积。 ⑨室外楼梯的建筑面积,按其在各楼层水平投影面积之和计算
成套房屋建筑面积的测算	成套房屋的建筑面积:成套房屋的建筑面积由套内建筑面积及共有建筑面积的分摊组成。套内建筑面积由套内房屋的使用面积、套内墙体面积、套内阳台建筑面积三部分组成。 套内房屋的使用面积为套内使用空间的水平投影面积,按以下规定计算: (1)套内房屋使用面积为套内卧室、起居室、过厅、过道、厨房、卫生间、厕所、储藏室、壁柜等空间面积的总和。 (2)套内楼梯按自然层数的面积总和计入套内房屋使用面积。 (3)不包括在结构面积内的套内烟囱、通风道、管道井均计入套内房屋使用面积。 (4)内墙面装饰厚度计入套内房屋使用面积。 套内墙体面积是套内使用空间周围的围护或承重墙体或其他承重支撑体所占的面积。各套之间的分隔墙和套与公共建筑空间的分隔墙以及外墙(包括山墙)等共有墙,均按水平投影面积的一半计入套内墙体面积。 套内自有墙体按水平投影面积全部计入套内墙体面积。套内阳台建筑面积按阳台外围与房屋外墙之间的水平投影面积计算。其中封闭的阳台按其外围水平投影面积全部计算建筑面积,未封闭的阳台按水平投影的一半计算建筑面积
共有建筑面积的分摊	1. 共有建筑面积的分类 (1)不应分摊的共有建筑面积包括:独立使用的地下室、车棚、车库;作为人防工程的地下室、避难室(层);用作公共休憩、绿化等场所的架空层;为建筑造型而建,但无实用功能的建筑面积。建在幢内或幢外与本幢相连,为多幢服务的设备、管理用房,以及建在幢外不相连,为本幢或多幢服务的设备、管理用房,均作为不应分摊的共有建筑面积。 (2)应分摊的共有建筑面积包括:①作为公共使用的电梯井、管道井、垃圾道、变电室、设备间、公共门厅、过道、地下室、值班警卫用房等,以及为整幢服务的公共用房和管理用房的建筑面积;②单元与共有建筑之间的墙体水平投影面积的一半,以及外墙(包括山墙)水平投影面积的一半。 根据房屋共有建筑面积的不同使用功能,应分摊的共有建筑面积可分为三大类:①幢共有建筑面积,指为整幢(包括住宅功能、写字楼功能、商场功能等)服务的共有建筑面积。如为整幢服务的配电房、水泵房等。②功能共有建筑面积,指为某一建筑功能(如住宅、写字楼、商场等)服务的共有建筑面积。如为某一建筑功能服务的专用电梯、楼梯间、大堂等。③本层共有建筑面积,指为本层服务的共有建筑面积。如本层共有走廊等。 2. 共有建筑面积分摊的原则 (1)产权双方有合法的权属分割文件或协议的,按其文件或协议规定计算分摊

续表

要点	具体内容
共有建筑面积的分摊	(2)无权属分割文件或协议的,根据房屋共有建筑面积的不同使用功能,按相关建筑面积比例进行计算分摊。 3.共有建筑面积分摊的计算公式 按相关建筑面积比例进行分摊,计算各单元应分摊的面积。计算公式如下: $\delta S_i = k \cdot S_i$ 式中,δS_i 表示各户应分摊的共有公用面积;k 表示分摊比例系数;$k = \sum \delta S_i / \sum S_i$;$S_i$ 表示参加分摊的各户套内建筑面积。 4.共有建筑面积分摊的方法 (1)住宅楼。住宅楼以幢(栋)为单元,按各套内建筑面积比例分摊共有建筑面积。 (2)商住楼。①住宅部分:将幢摊分给住宅的共有建筑面积,作为住宅共有建筑面积的一部分,再加上住宅本身的共有建筑面积,按住宅各套的建筑面积比例分摊。②商业部分:先将幢分摊给商业的共有建筑面积,加上商业本身的共有建筑面积,按商业各层套内建筑面积比例分摊至各层,作为各层共有建筑的一部分,加至相应各层共有建筑面积内,得到各层总的共有建筑面积,然后根据各层各套内建筑面积分摊其相应各层总的共有建筑面积。③综合楼:多功能综合楼共有建筑面积按各自的功能,参照商住楼的分摊方法进行分摊

跟踪训练

一、单项选择题

1.房屋登记费按(　　)收取。

A.房屋面积　　B.件

C.房屋体积　　D.房屋价值

2.已办理抵押登记的在建工程竣工并经房屋所有权初始登记后,当事人应当申请将在建工程抵押权登记转为(　　)。

A.预告登记　　B.更正登记

C.异议登记　　D.房屋抵押权登记

3.在共有建筑面积计算中,不应分摊的是(　　)。

A.用作公共休憩的架空层　　B.本幢公共使用的电梯井

C.本幢的公共门厅　　D.本幢的公共过道

4.根据《物权法》,不动产物权不包括(　　)。

A.所有权　　B.用益物权

C.担保物权　　D.使用权

5. 预告登记后，债权消灭或者自能够进行不动产登记之日起(　　)个月内未申请登记的，预告登记失效。

A. 1　　　　B. 2　　　　C. 3　　　　D. 6

6. 下列关于预告登记的表述中，错误的是(　　)。

A. 预告登记的目的在于保护权利人的合法权益

B. 预告登记后，债权消灭或者自能够进行不动产登记之日起 3 个月内未申请登记的，预告登记失效

C. 预告登记后，未经预告登记的权利人同意处分该不动产的，不发生物权效力

D. 预告登记的范围是商品房预售，主要是防止一房多卖

7. 根据《房产测量规范》，不计算房屋建筑面积的是(　　)。

A. 属永久性建筑有柱的货棚

B. 有顶盖不封闭的永久性架空通廊

C. 无顶盖的室外楼梯

D. 与室内不相通的类似于阳台的建筑

8. 根据《房产测量规范》，计算一半建筑面积的是(　　)。

A. 无柱的雨篷

B. 有顶盖不封闭的永久性架空通廊

C. 房屋内高度在 2.20 m 以上的技术层

D. 与室内不相通的装饰性阳台

9. 房屋权利人法定名称改变时，应申请房屋权属(　　)登记。

A. 他项权利　　　　B. 转移

C. 所有权初始　　　　D. 变更

10. 下列有关丘的表述中，不正确的是(　　)。

A. 一个地块属于一个产权单元时称为独立丘

B. 房地产权属档案中，房地产卡片一般按丘的顺序填制

C. 组合丘一定大于独立丘

D. 房地产平面图中应注明丘号

二、多项选择题

1. 房屋登记机构应进行实地查看的情形有(　　)。

A. 房屋所有权初始登记　　　　B. 房屋所有权转移登记

C. 最高额抵押登记　　　　D. 在建工程抵押权登记

E. 地役权登记

2. 下列属于不动产登记载体的有(　　)。

A. 不动产登记簿　　　　B. 不动产权证书

C. 不动产登记证明　　　　D. 不动产购买协议

E. 不动产抵押证明

3. 下列关于丘的表述，正确的是(　　)。

A. 丘是指地表上一块无界空间的地块

B. 丘有独立丘和组合丘之分

C. 一个地块只属于一个产权单元时称为独立丘

D. 一个地块属于几个产权单位时称为组合丘

E. 当用地单元的权属混杂和面积过小时则划为独立丘

4.《不动产登记暂行条例》规定，可以由当事人单方申请房屋登记的情形有(　　)。

A. 尚未登记的不动产首次申请登记的

B. 申请更正登记或者异议登记的

C. 人民法院、仲裁委员会生效的法律文书或者人民政府生效的决定等设立、变更、转让、消灭不动产权利的

D. 权利人姓名、名称或者自然状况发生变化，申请变更登记的

E. 受赠取得的房屋所有权

5. 在宗地面积测算中，不能计入宗地面积的范围有(　　)。

A. 已明确使用权属的间距地

B. 市政管辖的道路、街道用地

C. 公共使用的排污沟

D. 经规划部门核定的市政用地

E. 房地产证记载范围内的用地

6. 根据《物权法》，不经登记也发生物权效力的行为有(　　)房屋。

A. 买卖

B. 合法建造

C. 抵押

D. 赠予取得

E. 受遗赠取得

7. 下列免收不动产登记费的是(　　)。

A. 申请与房屋配套的车库、车位、储藏室等登记，不单独核发不动产权属证书的

B. 因行政区划调整导致不动产坐落的街道、门牌号或房屋名称变更而申请变更登记的

C. 小微企业(含个体工商户)申请不动产登记的

D. 农村集体经济组织成员以家庭承包或其他方式承包取得农用地的土地承包经营权申请登记的

E. 申请不动产更正登记、异议登记的

三、判断题

1. 不动产登记簿记载的事项与不动产权证书记载不一致的，以不动产权证书为准。(　　)

2. 预告登记后，未经预告登记权利人同意，处分该不动产的，不发生物权效力。(　　)

3. 不动产登记范围为不动产的所有权。(　　)

4. 异议登记不当，造成权利人损害的，权利人可以向异议登记申请人请求损害赔偿。(　　)

5. 建在幢内或幢外与本幢相连，为多幢服务的设备、管理用房的面积，应作为分摊的共有建筑面积。(　　)

6. 房屋内的大厅层高超过 4.40 m 的，按其水平投影面积的 2 倍计算建筑面积。(　　)

参考答案及解析

一、单项选择题

1. B 【解析】不动产登记费按件收取,不得按照不动产的面积、体积或者价款的比例收取。具体收费标准由国务院有关部门会同价格主管部门规定。

2. D 【解析】在建工程抵押可变更、转让。已经登记在建工程抵押权变更、转让或者消灭的,当事人应当申请变更登记、转移登记、注销登记。在建工程竣工并经房屋所有权初始登记后,当事人应当申请将在建工程抵押权登记转为房屋抵押权登记。

3. A 【解析】不应分摊的共有建筑面积包括:独立使用的地下室、车棚、车库;作为人防工程的地下室、避难室(层);用作公共休憩、绿化等场所的架空层;为建筑造型而建,但无实用功能的建筑面积。建在幢内或幢外与本幢相连,为多幢服务的设备、管理用房,以及建在幢外不相连,为本幢或多幢服务的设备、管理用房,均作为不应分摊的共有建筑面积。

4. D 【解析】根据《物权法》,不动产物权包括所有权、用益物权和担保物权。

5. C 【解析】预告登记后,债权消灭或者自能够进行不动产登记之日起3个月内未申请登记的,预告登记失效。

6. D 【解析】预登记,是指在本登记之前进行的登记,其不具有终局、确定的效力,主要目的在于保护权利人的合法权益。预告登记后,未经预告登记的权利人同意,处分该不动产的,不发生物权效力。预告登记后,债权消灭或者自能够进行不动产登记之日起3个月内未申请登记的,预告登记失效。

7. D 【解析】属永久性建筑有柱的车棚、货棚等,按其柱外围水平投影面积计算全部建筑面积。有顶盖不封闭的永久性的架空通廊,按外围水平投影面积的一半计算。无顶盖的室外楼梯按各层水平投影面积的一半计算。

8. B 【解析】计算一半建筑面积的范围:(1)与房屋相连有上盖无柱的走廊、檐廊,按其围护结构外围水平投影面积的一半计算;(2)独立柱、单排柱的门廊、车棚、货棚等属永久性建筑的,按其上盖水平投影面积的一半计算;(3)未封闭的阳台、挑廊,按其围护结构外围水平投影面积的一半计算;(4)无顶盖的室外楼梯,按各层水平投影面积的一半计算;(5)有顶盖不封闭的永久性的架空通廊,按外围水平投影面积的一半计算。

9. D 【解析】变更登记,是指不动产物权归属的主体不变,而只是物权的内容、客体等发生变化时所为的登记。如不动产的面积发生变化、权利人名称发生变化时,应申请变更登记。

10. C 【解析】丘是指地表上一块有界空间的地块。丘有独立丘和组合丘之分,一个地块只属于一个产权单元时称为独立丘;一个地块属于几个产权单位时称为组合丘。一般一个单位、一个门牌号或一处院落的房屋用地单元划分为独立丘,当用地单元的权属混杂和面积过小时,则划为组合丘。丘的权属界线是界址点的连线。

二、多项选择题

1. AD 【解析】对房屋等建筑物、构筑物所有权首次登记,在建建筑物抵押权登记,因不动产灭失导致的注销登记,以及不动产登记机构认为需要实地查看的情形,不动产登记机构应当

实地查看。

2. ABC 【解析】不动产登记的载体有不动产登记簿、不动产权证书和不动产登记证明。

3. BCD 【解析】丘是指地表上一块有界空间的地块。丘有独立丘和组合丘之分，一个地块只属于一个产权单元时称为独立丘，一个地块属于几个产权单位时称为组合丘。一般以一个单位、一个门牌号或一处院落的房屋用地单元划分为独立丘，当用地单元的权属混杂和面积过小时，则划为组合丘。

4. ABCD 【解析】根据《不动产登记暂行条例》，属于下列情形之一的，可以由当事人单方申请：(1)尚未登记的不动产首次申请登记的；(2)继承、接受遗赠取得不动产权利的；(3)人民法院、仲裁委员会生效的法律文书或者人民政府生效的决定等设立、变更、转让、消灭不动产权利的；(4)权利人姓名、名称或者自然状况发生变化，申请变更登记的；(5)不动产灭失或者权利人放弃不动产权利，申请注销登记的；(6)申请更正登记或者异议登记的；(7)法律、行政法规规定可以由当事人单方申请的其他情形。

5. BCD 【解析】不计入宗地面积的范围有：(1)无明确使用权属的冷巷、巷道或间距地；(2)市政管辖的马路、街道、巷道等公共用地；(3)公共使用的河滩、水沟、排污沟；(4)已征用、划拨或者属于原房地产证记载范围，经规划部门核定需要作为市政建设的用地；(5)其他按规定不计入宗地的面积。

6. BE 【解析】合法建造和受遗赠取得的不经登记发生效力。因继承或者受遗赠取得物权的，自继承或者受遗赠开始时发生效力。

7. ABCD 【解析】申请不动产更正登记、异议登记的减半征收。

三、判断题

1. × 【解析】不动产权证书和不动产登记证明记载的事项，应当与不动产登记簿一致；如记载不一致的，除有证据证明不动产登记簿确有错误外，以不动产登记簿为准。

2. √ 【解析】预告登记后，未经预告登记的权利人同意，处分该不动产的，不发生物权效力。

3. × 【解析】不动产登记范围为不动产的物权。按照物权法定原则，不动产物权的种类和内容必须由法律规定，任何人不能创设物权。根据《物权法》，不动产物权包括所有权、用益物权和担保物权。

4. √ 【解析】异议登记不当，造成权利人损害的，权利人可以向申请人请求损害赔偿。

5. × 【解析】建在幢内或幢外与本幢相连，为多幢服务的设备、管理用房，以及建在幢外不相连，为本幢或多幢服务的设备、管理用房均作为不应分摊的共有建筑面积。

6. × 【解析】房屋内的门厅、大厅，均按一层计算面积。门厅、大厅内的回廊部分，层高在2.20 m以上的，按其水平投影面积计算。

第八章　房地产中介服务管理制度与政策

知识导图

- 房地产中介服务管理制度与政策
  - 房地产中介服务行业管理概述
    - 房地产中介服务的概念及特点
    - 房地产中介服务行业管理内容
    - 房地产中介服务费
  - 房地产估价机构管理
    - 房地产估价机构的概念及组织形式
    - 房地产估价机构设立和备案
    - 房地产估价机构资质等级
    - 房地产估价机构监管
    - 房地产估价机构的禁止行为和法律责任
  - 房地产估价师执业资格制度
    - 《资产评估法》关于评估专业人员的规定
    - 房地产估价师执业资格考试
    - 房地产估价师注册
    - 注册房地产估价师执业监管
  - 房地产经纪机构和人员管理
    - 房地产经纪机构管理
    - 房地产经纪专业人员管理
    - 房地产经纪人员技术能力与职责要求
    - 规范房地产经纪中介行为
  - 房地产中介服务行业信用档案
    - 建立房地产中介服务行业信用档案的意义
    - 房地产中介服务行业信用档案体系
  - 住房置业担保管理
    - 住房置业担保概述
    - 住房置业担保机构管理制度
    - 住房置业担保业务管理制度
  - 房地产中介服务行业自律
    - 房地产中介服务人员的职业道德
    - 房地产中介服务行业组织
    - 房地产中介服务行业规范

考情分析

本章主要介绍了房地产中介服务行业管理概述、房地产估价机构管理、房地产估价师执业资格制度、房地产经纪机构和人员管理、房地产中介服务行业信用档案、住房置业担保管理、房地产中介服务行业自律。本章的学习重点是房地产中介服务费、房地产估价机构资质核准程序,学习难点是房地产估价机构监管、房地产中介服务行业规范。

本章在考试中的平均分值为6分,考试目的是测查应试人员对房地产中介服务行业管理、房地产估计机构管理、房地产估价师执业资格制度、房地产经纪人员职业资格制度、房地产中介服务行业信用档案制度、住房置业担保管理及房地产行业自律管理政策和制度的了解、熟悉与掌握程度。

表解考点

考点	重要等级
房地产中介服务的概念及特点	熟悉
房地产中介服务行业管理内容	熟悉
房地产中介服务收费	掌握
行政许可的基本内容	掌握
房地产估价机构的概念及组织形式	掌握
房地产估价机构资质等级	掌握
房地产估价机构资质核准程序	掌握
房地产估价机构监管	掌握
房地产估价师执业资格考试	掌握
房地产估价师注册	掌握
注册房地产估价师执业监管	掌握
房地产经纪机构管理	熟悉
房地产经纪专业人员职业资格考试和登记服务	了解
房地产经纪专业人员技术能力与职责	了解
建立房地产中介服务行业信用档案的意义	熟悉
房地产中介服务行业信用档案体系	熟悉

续表

考点	重要等级
住房置业担保的概念	了解
住房置业担保机构管理制度	熟悉
住房置业担保业务管理制度	熟悉
房地产中介服务人员的职业道德	熟悉
房地产中介服务行业组织	了解
房地产中介服务行业规范	掌握

考点详解

第一节　房地产中介服务行业管理概述

考点一　房地产中介服务的概念及特点

要点	具体内容
概念	房地产中介服务是指具有专业执业资格的人员在房地产投资、开发、销售、交易等各个环节中,为当事人提供专业服务的经营活动,是房地产咨询、房地产估价、房地产经纪等活动的总称。 房地产咨询是指为从事房地产活动的当事人提供法律、法规、政策、信息、技术等方面服务的经营活动。 房地产估价是指专业房地产估价人员根据特定的估价目的,遵循公认的估价原则,按照严谨的估价程序,运用科学的估价方法,在对影响房地产价值的因素进行综合分析的基础上,对房地产在特定时点的价值进行测算和判定的活动。 房地产经纪是指房地产经纪机构和房地产经纪人为促成他人房地产交易而向委托人提供房地产居间、代理等专业服务并收取佣金的行为
主要特点	(1)人员特定。从事房地产中介服务的人员必须是具有特定资格的专业人员。从事房地产估价业务的人员必须取得房地产估价师执业资格并经注册取得《房地产估价师注册证书》;从事房地产经纪活动的人员必须取得房地产经纪人员职业资格。 (2)委托服务。房地产中介服务是受当事人委托进行的,并在当事人委托的范围内从事房地产中介服务活动,提供当事人所要求的服务。 (3)服务有偿。房地产中介服务是一种服务性的经营活动,委托人应按照一定的标准向房地产中介服务机构支付报酬、佣金

考点二　房地产中介服务行业管理内容

要点	具体内容
房地产中介服务人员的资格管理	(1)房地产估价人员。国家实行房地产价格评估人员资格制度。房地产估价师执业资格考试,由国务院建设行政主管部门和人事行政主管部门共同负责。 (2)房地产经纪人员。国家实行房地产经纪人员职业资格制度。房地产经纪人员职业资格属水平评价类职业资格,包括高级房地产经纪人、房地产经纪人和房地产经纪人协理
房地产中介服务机构管理	采取资质核准、资质分级、资信评价与日常监督相结合的管理模式。从事房地产中介服务活动应设立相应的房地产中介服务机构。 设立房地产中介服务机构,应当向当地工商行政管理部门申请设立登记,在领取营业执照后的一个月内,应当到登记机关所在地的县级以上房地产行政主管部门备案

考点三　房地产中介服务费

要点	具体内容
房地产咨询服务收费	按照服务形式分为口头咨询和书面咨询,收费由双方协商议定。房地产中介服务机构接受委托,提供有关房地产政策法规、技术及相关信息等咨询的服务收费,实行市场调节价
房地产估价服务收费	房地产估价收费一般按照评估总额的一定比例收取。自2015年1月1日起,放开房地产估价收费。 估价机构要严格落实明码标价制度,在经营场所醒目位置公示价目表和投诉举报电话等信息,不得在标价之外收取任何未予标明的费用
房地产经纪服务收费	房屋租赁代理收费,无论成交的租赁期限长短,一般均按半月至一月成交租金额标准,由双方协商议定一次性计收。房屋买卖代理收费,一般按成交价格总额的一定比例收取。比例一般为0.5%~3%。 房地产经纪服务收费实行市场调节价,房地产经纪服务收费标准由委托和受托双方,依据服务内容、服务成本、服务质量和市场供求状况协商确定。 一项服务包含多个项目和标准的,应明确标示每一个项目名称和收费标准,不得混合标价、捆绑标价;代收代付的税、费也应予以标明。房地产中介服务机构不得收取任何未标明费用

第二节　房地产估价机构管理

考点一　房地产估价机构的概念及组织形式

要点	具体内容
概念	房地产估价是指依法设立并取得房地产估价机构资质，从事房地产估价活动的中介服务机构
组织形式	房地产估价机构可以采取合伙制，也可以采取公司制。 合伙形式的评估机构，应当有2名以上评估师；其合伙人2/3以上应当是具有3年以上从业经历且最近3年内未受停止从业处罚的评估师。 采取公司形式的评估机构，应当有8名以上评估师和2名以上股东，其中2/3以上股东应当是具有3年以上从业经历且最近3年内未受停止从业处罚的评估师。 评估机构的合伙人或者股东为两名的，两名合伙人或者股东都应当是具有3年以上从业经历且最近3年内未受停止从业处罚的评估师

考点二　房地产估价机构设立和备案

要点	具体内容
概述	设立评估机构，应当向工商行政管理部门申请办理登记。评估机构应当自领取营业执照之日起30日内向有关评估行政管理部门备案。评估行政主管部门应当及时将备案情况向社会公示。 2016年12月1日起，设立房地产评估机构实行备案管理制度，不再实行资质核准。 从事房地产估价的机构应当自领取营业执照后30日内向所在地省级住房城乡建设（房地产）主管部门备案

考点三　房地产估价机构资质等级

要点	具体内容
房地产估价机构资质分级	房地产估价机构资质等级分为一、二、三级。新设立房地产估价机构资质等级核定为三级资质，设1年的暂定期

续表

<table>
<tr><th>要点</th><th>具体内容</th></tr>
<tr><td>房地产估价机构等级标准</td><td>1. 一级房地产估价机构标准
(1)机构名称有房地产估价或者房地产评估字样。
(2)从事房地产估价活动连续6年以上,且取得二级房地产估价机构3年以上。
(3)有15名以上专职注册房地产估价师。
(4)在申请核定资质等级之日前3年平均每年完成估价标的物建筑面积50万 m^2 以上或者土地面积25万平方米以上。
(5)法定代表人或执行合伙人是注册后从事房地产估价工作3年以上的专职注册房地产估价师。
(6)有限责任公司的股东中有3名以上、合伙企业的合伙人中有2名以上专职注册房地产估价师,股东或者合伙人中有一半以上是注册后从事房地产估价工作3年以上的专职注册房地产估价师。
(7)有限责任公司的股份或者合伙企业的出资额中专职注册房地产估价师的股份或者出资额合计不低于60%。
(8)有固定的经营服务场所。
(9)估价质量管理、估价档案管理、财务管理等各项企业内部管理制度健全。
(10)随机抽查的1份房地产估价报告符合《房地产估价规范》的要求。
(11)在申请核定资质等级之日前3年内无《房地产估价机构管理办法》第三十条禁止的行为:①涂改、倒卖、出租、出借或者以其他形式非法转让资质证书;②超越资质等级业务范围承接房地产估价业务;③以迎合高估或者低估要求、给予回扣、恶意压低收费等方式进行不正当竞争;④违反房地产估价规范和标准;⑤出具有虚假记载、误导性陈述或者重大遗漏的估价报告;⑥擅自设立分支机构;⑦未经委托人书面同意,擅自转让受托的估价业务;⑧法律、法规禁止的其他行为。
2. 二级房地产估价机构标准
(1)机构名称有房地产估价或者房地产评估字样。
(2)取得三级房地产估价机构资质后从事房地产估价活动连续4年以上。
(3)有8名以上专职注册房地产估价师。
(4)在申请核定资质等级之日前3年平均每年完成估价标的物建筑面积30万平方米以上或者土地面积15万平方米以上。
(5)法定代表人或执行合伙人是注册后从事房地产估价工作3年以上的专职注册房地产估价师。
(6)有限责任公司的股东中有3名以上、合伙企业的合伙人中有2名以上专职注册房地产估价师,股东或者合伙人中有一半以上是注册后从事房地产估价工作3年以上的专职注册房地产估价师。
(7)有限责任公司的股份或者合伙企业的出资额中专职注册房地产估价师的股份或者出资额合计不低于60%。
(8)有固定的经营服务场所</td></tr>
</table>

续表

要点	具体内容
房地产估价机构等级标准	(9)估价质量管理、估价档案管理、财务管理等各项企业内部管理制度健全。 (10)随机抽查的1份房地产估价报告符合《房地产估价规范》的要求。 (11)在申请核定资质等级之日前3年内无《房地产估价机构管理办法》第三十条规定禁止的行为。 3. 三级房地产估价机构标准 (1)机构名称有房地产估价或者房地产评估字样。 (2)有3名以上专职注册房地产估价师。 (3)在暂定期内完成估价标的物建筑面积8万平方米以上或者土地面积3万平方米以上。 (4)法定代表人或执行合伙人是注册后从事房地产估价工作3年以上的专职注册房地产估价师。 (5)有限责任公司的股东中有2名以上、合伙企业的合伙人中有2名以上专职注册房地产估价师,股东或者合伙人中有一半以上是注册后从事房地产估价工作3年以上的专职注册房地产估价师。 (6)有限责任公司的股份或者合伙企业的出资额中专职注册房地产估价师的股份或者出资额合计不低于60%。 (7)有固定的经营服务场所。 (8)估价质量管理、估价档案管理、财务管理等各项企业内部管理制度健全。 (9)随机抽查的1份房地产估价报告符合《房地产估价规范》的要求。 (10)在申请核定资质等级之日前3年内无《房地产估价机构管理办法》第三十条禁止的行为

考点四　房地产估价机构监管

要点	具体内容
房地产估价机构业务范围	房地产估价活动,包括土地、建筑物、构筑物、在建工程、以房地产为主的企业整体资产、企业整体资产中的房地产等各类房地产评估,以及因转让、抵押、房屋征收补偿、司法鉴定、课税、公司上市、企业改制、企业清算、资产重组、资产处置等需要进行的房地产评估。 各资质房地产估价机构范围:(1)一级房地产估价机构可以从事各类房地产估价业务;(2)二级房地产估价机构可以从事除公司上市、企业清算以外的房地产估价业务;(3)三级房地产估价机构可以从事除公司上市、企业清算、司法鉴定以外的房地产估价业务;(4)暂定期内的三级房地产估价机构可以从事除公司上市、企业清算、司法鉴定、城镇房屋拆迁、在建工程抵押以外的房地产估价业务

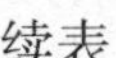

续表

要点	具体内容
房地产估价机构分支机构监管	一级资质房地产估价机构可以设立分支机构。二、三级资质房地产估价机构不得设立分支机构。 各资质等级的房地产估价机构不得设立类似分支机构性质的“办事处”“联络点(站)”等机构。 一级资质房地产估价机构设立分支机构应当符合下列条件:(1)名称采用“房地产估价机构名称+分支机构所在地行政区划名+分公司(分所)”的形式;(2)分支机构负责人应当是注册后从事房地产估价工作3年以上并无不良执业记录的专职注册房地产估价师;(3)在分支机构所在地有3名以上专职注册房地产估价师;(4)有固定的经营服务场所;(5)估价质量管理、估价档案管理、财务管理等各项内部管理制度健全。 注册于分支机构的专职注册房地产估价师,不计入设立分支机构的房地产估价机构的专职注册房地产估价师人数。 设立分支机构,应当自领取分支机构营业执照之日起30日内,到分支机构工商注册所在地的省、自治区人民政府建设行政主管部门或直辖市人民政府房地产行政主管部门备案
房地产估价机构合并、分设	房地产估价机构合并,合并后存续或者新设立的房地产估价机构可以承继合并前各方中较高的等级,但应当符合相应的资质等级条件。 房地产估价机构分立的,只能由分立后的一方房地产估价机构承继原等级,但应当符合原房地产估价机构等级条件。 承继原房地产估价机构资质的一方由各方协商确定,其他各方按照新设立的中介服务机构申请房地产估价机构等级
开展评估活动的基本要求	委托人有权自主依法选择评估机构进行评估,任何组织或者个人不得非法限制或者干预。对评估事项涉及两个以上当事人的,由全体当事人协商委托评估机构。委托开展法定评估业务,应当依法选择评估机构。委托人应当与评估机构订立委托合同,约定双方的权利和义务。委托人应当按照合同约定向评估机构支付费用,不得索要、收受或者变相索要、收受回扣。 对受理的评估业务,评估机构应当指定至少两名评估专业人员承办。评估专业人员应当恰当选择评估方法,除依据评估执业准则只能选择一种评估方法的外,应当选择两种以上评估方法。评估机构应当对评估报告进行内部审核。评估报告应当由至少两名承办该项业务的评估专业人员签名并加盖评估机构印章。评估机构及其评估专业人员对其出具的评估报告依法承担责任。评估机构开展法定评估业务,应当指定至少两名相应专业类别的评估师承办,评估报告应当由至少两名承办该项业务的评估师签名并加盖评估机构印章。 委托人对评估报告有异议的,可以要求评估机构解释。委托人认为评估机构或者评估专业人员违法开展业务的,可以向有关评估行政管理部门或者行业协会投诉、举报。委托人或者评估报告使用人应当按照法律规定和评估报告载明的使用范围使用评估报告

续表

要点	具体内容
房地产估价机构业务监管	1. 业务承揽 房地产估价机构及执行房地产估价业务的估价人员与委托人或者估价业务相对人有利害关系的，应当回避。房地产估价业务由房地产估价机构统一接受委托，统一收取费用。分支机构应当以设立该分支机构的房地产估价机构名义承揽估价业务。 承揽房地产估价业务时，房地产估价机构应当与委托人签订书面估价委托合同。 房地产估价师不得以个人名义承揽估价业务。 委托人要求出具虚假估价报告或者有其他非法干预估价结果情形的，房地产估价机构有权解除合同。房地产估价机构根据业务需要建立职业风险基金，或者自愿办理职业责任保险，完善风险防范机制。 2. 异地执业 房地估价机构在其工商注册所在地行政区域外从事房地产估价业务的，完成估价业务后，房地产估价机构应向业务发生地县级以上地方政府建设行政主管部门留存房地产估价报告备查。 3. 业务转让 经委托人书面同意，房地产估价机构可以与其他房地产估价机构合作完成估价业务，以合作双方的名义共同出具估价报告。 4. 估价所需资料获取 委托人及相关当事人应当协助房地产估价机构进行实地查勘，如实提供估价所必需的资料，并对其所提供资料的真实性负责。因估价需要，房地产估价机构和注册估价师可以向房地产行政主管部门查询房地产交易、登记信息。 5. 报告出具 房地产估价报告由房地产估价机构出具，加盖房地产估价机构公章，并有至少 2 名专职注册房地产估价师签字。分支机构以设立该分支机构的房地产估价机构的名义出具估价报告，有至少 2 名专职注册房地产估价师签字并加盖该房地产估价机构公章。 6. 估价档案保管 根据《资产评估法》，估价档案的保存期限不得少于 15 年，属于法定评估业务的，保存期限不得少于 30 年。 《房地产估价机构管理办法》还规定，房地产估价报告的保管期限届满而估价服务的行为尚未结束的，应当保管到估价服务的行为结束为止。 房地产估价机构破产、解散时，其房地产估价报告及相关资料应当移交当地建设（房地产）行政主管部门或其指定的机构

考点五　房地产估价机构的禁止行为和法律责任

要点	具体内容
房地产估价机构的禁止行为	（1）利用开展业务之便，谋取不正当利益。 （2）允许其他机构以本机构名义开展业务，或者冒用其他机构名义开展业务

续表

要点	具体内容
房地产估价机构的禁止行为	(3)以恶性压价、支付回扣、虚假宣传,或者贬损、诋毁其他评估机构等不正当手段招揽业务。 (4)受理与自身有利害关系的业务。 (5)分别接受利益冲突双方的委托,对同一评估对象进行评估。 (6)出具虚假评估报告或者有重大遗漏的评估报告。 (7)聘用或者指定不符合资产评估法规定的人员从事评估业务。 (8)违反法律、行政法规的其他行为
房地产估价机构的法律责任	房地产估价机构违反《资产评估法》规定和法律的,由住房城乡建设主管部门予以警告,可以责令停业1个月以上6个月以下;有违法所得的,没收违法所得,并处违法所得1倍以上5倍以下罚款;情节严重的,由工商行政管理部门吊销营业执照;构成犯罪的,依法追究刑事责任。 房地产估价机构、房地产估价师在1年内累计3次因违反《资产评估》法规定受到责令停业、责令停止从业以外处罚的,可以责令其停业或者停止从业1年以上5年以下。 房地产估价师违反《资产评估法》规定,给委托人或者其他相关当事人造成损失的,由其所在的房地产估价机构依法承担赔偿责任。房地产估价机构履行赔偿责任后,可以向有故意或者重大过失行为的房地产估价师追偿

第三节　房地产估价师执业资格制度

考点一　《资产评估法》关于评估专业人员的规定

要点	具体内容
一般规定	评估专业人员包括评估师和其他具有评估专业知识及实践经验的评估从业人员。评估师是指通过评估师资格考试的评估专业人员。 因故意犯罪或者在从事评估、财务、会计、审计活动中因过失犯罪而受刑事处罚,自刑罚执行完毕之日起不满5年的人员,不得从事评估业务
评估专业人员的权利	(1)要求委托人提供相关的权属证明、财务会计信息和其他资料,以及为执行公允的评估程序所需的必要协助。 (2)依法向有关国家机关或者其他组织查阅从事业务所需的文件、证明和资料。 (3)拒绝委托人或者其他组织、个人对评估行为和评估结果的非法干预。 (4)依法签署评估报告。 (5)法律、行政法规规定的其他权利

续表

要点	具体内容
评估专业人员应当履行下列义务	(1)诚实守信,依法独立、客观、公正从事业务。 (2)遵守评估准则,履行调查职责,独立分析估算,勤勉谨慎从事业务。 (3)完成规定的继续教育,保持和提高专业能力。 (4)对评估活动中使用的有关文件、证明和资料的真实性、准确性、完整性进行核查和验证。 (5)对评估活动中知悉的国家秘密、商业秘密和个人隐私予以保密。 (6)与委托人或者其他相关当事人及评估对象有利害关系的,应当回避。 (7)接受行业协会的自律管理,履行行业协会章程规定的义务。 (8)法律、行政法规规定的其他义务
评估专业人员的禁止行为	(1)私自接受委托从事业务、收取费用。 (2)同时在两个以上评估机构从事业务。 (3)采用欺骗、利诱、胁迫,或者贬损、诋毁其他评估专业人员等不正当手段招揽业务。 (4)允许他人以本人名义从事业务,或者冒用他人名义从事业务。 (5)签署本人未承办业务的评估报告。 (6)索要、收受或者变相索要、收受合同约定以外的酬金、财物,或者谋取其他不正当利益。 (7)签署虚假评估报告或者有重大遗漏的评估报告。 (8)违反法律、行政法规的其他行为
评估专业人员的法律责任	评估专业人员违反《资产评估法》规定,有下列情形之一的,由有关评估行政管理部门予以警告,可以责令停止从业 6 个月以上 1 年以下;有违法所得的,没收违法所得;情节严重的,责令停止从业 1 年以上 5 年以下;构成犯罪的,依法追究刑事责任: (1)私自接受委托从事业务、收取费用的。 (2)同时在两个以上评估机构从事业务的。 (3)采用欺骗、利诱、胁迫,或者贬损、诋毁其他评估专业人员等不正当手段招揽业务的。 (4)允许他人以本人名义从事业务,或者冒用他人名义从事业务的。 (5)签署本人未承办业务的评估报告或者有重大遗漏的评估报告的。 (6)索要、收受或者变相索要、收受合同约定以外的酬金、财物,或者谋取其他不正当利益的

考点二 房地产估价师执业资格考试

要点	具体内容
考试组织与考试内容	房地产估价师执业资格考试实行全国统一组织、统一大纲、统一命题、统一考试的制度。 考试科目与内容:《房地产基本制度与政策》及《房地产估价相关知识》,主要包括房地产

续表

要点	具体内容
考试组织与考试内容	管理制度与法规，其中以《物权法》、《城市房地产管理法》、《资产评估法》、《城乡规划法》、《土地管理法》、《国有土地上房屋征收与补偿条例》、《城市房地产抵押管理办法》、《房地产估价机构管理办法》和《注册房地产估价师管理办法》等法律、法规、规章为重点。此外，还包括房地产估价人员应当掌握的经济、金融、保险、证券、统计、会计、建筑、测绘、法律等相关学科的知识。 《房地产开发经营与管理》主要包括房地产投资分析、房地产市场分析、房地产开发等方面知识。 《房地产估价理论与方法》主要包括房地产估价的基本理论、房地产估价中应用的基本方法及其具体应用。 《房地产估价案例与分析》主要包括不同估价目的和不同类型房地产估价的特点与估价技术路线，通过对不同估价目的和不同类型房地产估价案例的分析，考察其实际工作能力与业务水平
执业资格考试报名条件	凡中华人民共和国公民，遵纪守法并具备下列条件之一的，可申请参加房地产估价师执业资格考试： (1)取得房地产估价相关学科(包括房地产经营、房地产经济、土地管理、城市规划等，下同)中等专业学历，具有8年以上相关专业工作经历，其中从事房地产估价实务满5年。 (2)取得房地产估价相关学科大专学历，具有6年以上相关专业工作经历，其中从事房地产估价实务满4年。 (3)取得房地产估价相关学科学士学位，具有4年以上相关专业工作经历，其中从事房地产估价实务满3年。 (4)取得房地产估价相关学科硕士学位或第二学位、研究生班毕业，从事房产估价实务满2年。 (5)取得房地产估价相关学科博士学位的。 (6)不具备上述规定学历，但通过国家统一组织的经济专业初级资格或审计、会计、统计专业助理级资格考试并取得相应资格，具有10年以上相关专业工作经历，其中从事房地产估价实务满6年，成绩特别突出的

考点三　房地产估价师注册

要点	具体内容
注册房地产估价师的概念	注册房地产估价师是指通过全国房地产估价师执业资格考试或者资格认定、资格互认，取得中华人民共和国房地产估价师执业资格(以下简称执业资格)，并按照《注册房地产估价师管理办法》注册，取得中华人民共和国房地产估价师注册证书(以下简称注册证书)，从事房地产估价活动的人员。国家实行房地产估价人员执业资格认证和注册登记制度

续表

要点	具体内容
房地产估价师注册管理部门	根据《资产评估法》，评估专业人员从事评估业务，应当加入评估机构，并且只能在一个评估机构从事业务。房地产估价师从事房地产估价，应当加入房地产估价机构并经注册后，方可执业。房地产估价师注册管理部门为住房和城乡建设部
房地产估价师注册种类	房地产估价师分为初始注册、变更注册、延续注册、注销注册和撤销注册。 初始注册、变更注册、延续注册需由当事人申请；注销注册可由当事人申请，也可由国务院住房城乡建设主管部门依职权直接作出；撤销注册由国务院住房城乡建设主管部门依据职权或者根据利害关系人的请求直接作出
房地产估价师注册条件	1. 房地产估价师注册的条件 （1）取得房地产估价师执业资格。 （2）达到房地产估价师继续教育合格标准。 （3）受聘于房地产估价机构。 （4）《注册房地产估价师管理办法》第十四条规定，无不予注册的情形。 2. 不予注册的情形 （1）不具有完全民事行为能力的。 （2）刑事处罚尚未执行完毕的。 （3）因房地产估价及相关业务活动受刑事处罚，自刑事处罚执行完毕之日起至申请注册之日止不满 5 年的。 （4）因房地产估价及相关业务活动受刑事处罚以外原因受刑事处罚，自刑事处罚执行完毕之日起至申请注册之日止不满 3 年的。 （5）被吊销注册证书，自被处罚之日起至申请注册之日止不满 3 年的。 （6）以欺骗、贿赂等不正当手段获准的房地产估价师注册被撤销，自被撤销注册之日起至申请注册之日止不满 3 年的。 （7）申请在 2 个或者 2 个以上房地产估价机构执业的。 （8）为现职公务员的。 （9）年龄超过 65 周岁的。 （10）法律、行政法规规定不予注册的其他情形
房地产估价师注册申请	自 2016 年 10 月 20 日起，房地产估价师执业资格注册试行网上申报、受理和审批。房地产估价师申请初始、变更、延续、注销注册的，应通过“房地产估价师注册系统”向住房和城乡建设部提出注册申请。 申请新设立房地产估价机构、分支机构注册的，应在申报房地产估价机构资质或者分支机构备案的同时，申请办理注册手续
房地产估价师注册提交的材料	1. 初始注册需提交 初始注册申请表、房地产估价师执业资格证件和身份证件、与聘用单位签订的劳动合同、聘用单位委托人才服务中心托管人事档案的证明和社会保险缴纳凭证的影印件。取得执业资格超过 3 年申请初始注册的，还要提供达到继续教育合格标准的证明材料

续表

要点	具体内容
房地产估价师注册提交的材料	2. 延续注册需提交 延续注册申请表、与聘用单位签订的劳动合同的影印件、申请人注册有效期内达到继续教育合格标准的证明材料。 3. 变更注册需提交 变更注册申请表、与新聘用单位签订的劳动合同、与原聘用单位解除劳动合同的证明文件、聘用单位委托人才服务中心托管人事档案的证明和社会保险缴纳凭证的影印件。 离退休人员，大专院校、科研院所从事房地产教学、研究的人员，外国人和台港澳人员，在房地产估价师注册中不需要提供聘用单位委托人才服务中心托管人事档案的证明和社会保险缴纳凭证，但应分别提供劳动、人事部门颁发的离退休证的影印件，所在大专院校、科研院所同意其在房地产估价机构注册的书面意见，外国人就业证书、台港澳人员就业证书的影印件
房地产估价师注册决定	对申请初始注册、变更注册、延续注册和注销注册的，住房和城乡建设部应当自受理之日起 15 日内作出决定
房地产估价师注册有效期	房地产估价师注册有效期为 3 年，应在注册有效期满 30 日前，申请办理延续注册。准予延续注册的，注册有效期延续 3 年。 注册房地产估价师变更执业单位，应与原聘用单位解除劳动合同，并申请办理变更注册手续。变更注册后的注册有效期，仍为原注册有效期
房地产估价师注册证书	注册证书是注册房地产估价师的执业凭证。注册房地产估价师下列情形之一的，其注册证书失效： (1)聘用单位破产的。 (2)聘用单位被吊销营业执照的。 (3)聘用单位被吊销或者撤回房地产估价机构资质证书的。 (4)已与聘用单位解除劳动合同且未被其他房地产估价机构聘用的。 (5)注册有效期满且未延续注册的。 (6)年龄超过 65 周岁的。 (7)死亡或者不具有完全民事行为能力的。 (8)其他导致注册失效的情形
房地产估价师注销注册	有下列情形之一的，注册房地产估价师应当及时向国务院城乡建设主管部门提出注销注册的申请，交回注册证书，国务院住房城乡建设主管部门办理注销手续，公告其注册证书作废： (1)注册证书失效的。 (2)依法被撤销注册的。 (3)依法被吊销注册证书的。 (4)受到刑事处罚的。 (5)法律、法规规定应当注销注册的其他情形

续表

要点	具体内容
房地产估价师撤销注册	注册房地产估价师有下列情形之一的，国务院住房城乡建设主管部门依据职权或者根据利害关系人的请求，可以撤销房地产估价师注册： (1)注册机关工作人员滥用职权、玩忽职守作出准予房地产估价师注册行政许可的。 (2)超越法定职权作出准予房地产估价师注册许可的。 (3)违反法定程序作出准予房地产估价师注册许可的。 (4)对不符合法定条件的申请人作出准予房地产估价师注册许可的。 (5)依法可以撤销房地产估价师注册的其他情形

考点四　注册房地产估价师执业监管

要点	具体内容
注册房地产估价师管理体制	县级以上人民政府房地产主管部门，依照有关法律、法规和《注册房地产估价师管理办法》的规定，对注册房地产估价师的注册、执业和继续教育情况实施监督检查
注册房地产估价师享有的权利	(1)使用注册房地产估价师名称。 (2)在规定范围内执行房地产估价及相关业务。 (3)签署房地产估价报告。 (4)发起设立房地产估价机构。 (5)保管和使用本人的注册证书。 (6)对本人执业活动进行解释和辩护。 (7)参加继续教育。 (8)获得相应的劳动报酬。 (9)对侵犯本人权利的行为进行申诉
注册房地产估价师应当履行的义务	(1)遵守法律、法规、行业管理规定和职业道德规范。 (2)执行房地产估价技术规范和标准。 (3)保证估价结果的客观公正，并承担相应责任。 (4)保守在执业中知悉的国家秘密和他人的商业、技术秘密。 (5)与当事人有利害关系的，应当主动回避。 (6)接受继续教育，努力提高执业水准。 (7)协助注册管理机构完成相关工作
注册房地产估价师执业	(1)取得房地产估价师执业资格的人员，受聘于一个具有房地产估价机构资质的单位，经国务院建设行政主管部门准予房地产估价师执业资格注册后，方能以注册房地产估价师的名义执业。 (2)注册房地产估价师可以在全国范围内开展与其聘用单位业务范围相符的房地产估价活动

续表

要点	具体内容
注册房地产估价师执业	(3)注册房地产估价师从事执业活动,由聘用单位接受委托并统一收费。 (4)房地产估价师在房地产估价过程中给当事人造成经济损失,聘用单位依法应当承担赔偿责任的,可依法向负有过错的注册房地产估价师追偿
注册房地产估价师继续教育	(1)注册房地产估价师继续教育,由中国房地产估价师与房地产经纪人学会负责组织,经继续教育达到合格标准的,颁发继续教育合格证书。 (2)每一注册有效期内即3年内,继续教育的时间为120学时,其中,必修课和选修课各为60学时
注册房地产估价师禁止行为	(1)不履行注册房地产估价师义务。 (2)在执业过程中,索贿、受贿或者谋取合同约定费用外的其他利益。 (3)在执业过程中实施商业贿赂。 (4)签署有虚假记载、误导性陈述或者重大遗漏的估价报告。 (5)在估价报告中隐瞒或者歪曲事实。 (6)允许他人以自己的名义从事房地产估价业务。 (7)同时在2个或者2个以上房地产估价机构执业。 (8)以个人名义承揽房地产估价业务。 (9)涂改、出租、出借或者以其他形式非法转让注册证书。 (10)超出聘用单位业务范围从事房地产估价活动。 (11)严重损害他人利益、名誉的行为。 (12)法律、法规禁止的其他行为
建立信用档案	注册房地产估价师信用档案包括注册房地产估价师的基本情况、业绩、良好行为、不良行为等内容。违法违规行为、被投诉举报处理、行政处罚等情况应当作为注册房地产估价师的不良行为记入其信用档案。注册房地产估价师信用档案信息按照有关规定向社会公示
监督管理	注册房地产估价师违法从事房地产估价活动的,由违法行为发生地直辖市、市、县、市辖区人民政府房地产主管部门依法查处,并将违法事实、处理结果告知注册房地产估价师注册所在地的省、自治区、直辖市房地产主管部门;依法需撤销注册的,应当将违法事实、处理建议及有关材料报国务院住房城乡建设主管部门
违规处罚	(1)违反《注册房地产估价师管理办法》规定,未经注册,擅自以注册房地产估价师名义从事房地产估价活动的,所签署的估价报告无效,由县级以上地方人民政府房地产主管部门给予警告,责令停止违法活动,并可处以1万元以上3万元以下的罚款;造成损失的,依法承担赔偿责任。 (2)隐瞒有关情况或者提供虚假材料申请房地产估价师注册的,房地产主管部门不予受理或者不予行政许可,并予以警告,在1年内不得再次申请房地产估价师注册以欺骗、贿赂

续表

要点	具体内容
违规处罚	等不正当手段取得注册证书的，由国务院住房城乡建设主管部门撤销其注册，3 年内不得再次申请注册，并由县级以上地方人民政府房地产主管部门处以罚款，其中没有违法所得的，处以 1 万元以下罚款，有违法所得的，处以违法所得 3 倍以下且不超过 3 万元的罚款；构成犯罪的，依法追究刑事责任。 （3）注册房地产估价师违反《注册房地产估价师管理办法》规定，未办理变更注册仍执业的，由县级以上地方人民政府房地产主管部门责令限期改正；逾期不改正的，可处以 5 000 元以下的罚款

第四节　房地产经纪机构和人员管理

考点一　房地产经纪机构管理

要点	具体内容
房地产经纪机构备案	房地产经纪机构及其分支机构应当自领取营业执照之日起 30 日内，到所在直辖市、市、县人民政府建设（房地产）主管部门备案。 房地产经纪机构及其分支机构变更或者终止的，应当自变更或者终止之日起 30 日内，办理备案变更或者注销手续
房地产经纪活动管理	房地产经纪业务应当由房地产经纪机构统一承接，服务报酬由房地产经纪机构统一收取。分支机构应以设立该分支机构的房地产经纪机构名义承揽业务。房地产经纪人员不得以个人名义承接房地产经纪业务和收取费用
房地产经纪合同要求	房地产经纪机构不得收取任何未予标明的费用；一项服务可以分解为多个项目和标准的，应当明确标示每一个项目和标准，不得混合标价、捆绑标价。房地产经纪机构未完成房地产经纪服务合同约定事项，或者服务未达到房地产经纪服务合同约定标准的，不得收取佣金。两家或者两家以上房地产经纪机构合作开展同一宗房地产经纪业务的，只能按照一宗业务收取佣金，不得向委托人增加收费
房地产经纪机构和经纪人员禁止行为	（1）捏造散布涨价信息，或者与房地产开发经营单位串通捂盘惜售、炒卖房号，操纵市场价格。 （2）对交易当事人隐瞒真实的房屋交易信息，低价收进、高价卖（租）出房屋赚取差价。 （3）以隐瞒、欺诈、胁迫、贿赂等不正当手段招揽业务，诱骗消费者交易或者强制交易。 （4）泄露或者不当使用委托人的个人信息或者商业秘密，谋取不正当利益。 （5）为交易当事人规避房屋交易税费等非法目的，就同一房屋签订不同交易价款的合同提供便利

续表

要点	具体内容
房地产经纪机构和经纪人员禁止行为	(6)改变房屋内部结构分割出租。 (7)侵占、挪用房地产交易资金。 (8)承购、承租自己提供经纪服务的房屋。 (9)为不符合交易条件的保障性住房和禁止交易的房屋提供经纪服务。 (10)法律、法规禁止的其他行为

考点二　房地产经纪专业人员管理

要点	具体内容
房地产经纪专业人员职业资格考试	国家设立水平评价类房地产经纪专业人员职业资格制度。房地产经纪专业人员职业资格分为房地产经纪人协理、房地产经纪人和高级房地产经纪人3个级别。 从2016年起,房地产经纪人协理、房地产经纪人职业资格实行全国统一大纲、统一命题、统一组织的考试制度。原则上每年举行1次考试
房地产经纪专业人员登记服务	各级别房地产经纪人员资格证书实行登记服务制度。中国房地产估价师与房地产经纪人学会负责登记服务的具体工作,定期向社会公布房地产经纪人员资格证书的登记情况,建立持证人员的诚信档案,为用人单位提供信息查询服务

考点三　房地产经纪人员技术能力与职责要求

要点	具体内容
房地产经纪专业人员职业技术能力	房地产经纪人应当具备的职业技术能力:(1)具有一定的房地产经济理论和相关经济理论水平,并具有丰富的房地产专业知识;(2)能够熟练掌握和运用与房地产经纪业务相关的法律、法规和行业管理的各项规定;(3)熟悉房地产市场的流通环节,具有熟练的实务操作的技术和技能;(4)具有丰富的房地产经纪实践经验和一定资历,熟悉市场行情变化,有较强的创新和开拓能力,能创立和提高企业的品牌。 房地产经纪协理应当具备的职业技术能力:(1)了解房地产法律、法规及有关行业管理的规定;(2)具有一定的房地产专业知识;(3)掌握一定的房地产流通的程序和实务操作技术及技能
房地产经纪专业人员的权利和义务	房地产经纪人享有的权利:(1)依法发起设立房地产经纪机构;(2)加入房地产经纪机构,承担房地产经纪机构关键岗位职责;指导房地产经纪人协理进行各种经纪业务;(3)经所在机构授权订立房地产经纪合同等重要文件;要求委托人提供与交易有关的资料;(4)有权拒绝执行委托人发出的违法指令;(5)执行房地产经纪业务并获得合理佣金。 房地产经纪人协理享有的权利:(1)加入房地产经纪机构;(2)协助房地产经纪人处理经纪有关事务并获得合理的报酬

考点四 规范房地产经纪中介行为

要点	具体内容
概述	2016 年 7 月 29 日印发了《关于加强房地产中介管理促进行业健康发展的意见》(建房〔2016〕168 号),积极推行从业人员实名服务制度。 各地要将房地产中介机构编造散布谣言、发布虚假信息、赚取房源差价、挪用交易资金、违规开展金融业务、违规代理销售、无照经营等七类违法违规行为作为整治重点,依法从严从重从快进行查处。要视情节轻重,依法给予责令限期整改、暂停网签、处以罚款等行政处罚;对情节严重的,要在整改期内暂停中介机构所有门店的业务办理。在此基础上,还要将违法违规的中介机构公开曝光,列入严重失信企业"黑名单",性质恶劣的,要依法清出市场;构成犯罪的,要移送有关部门依法追究刑事责任

第五节 房地产中介服务行业信用档案

考点一 建立房地产中介服务行业信用档案的意义

要点	具体内容
概述	(1)建立房地产中介服务行业信用档案的必要性。规范房地产市场行为,维护消费者合法权益,拉动国民经济增长和保持社会稳定的客观需要。 (2)建立房地产中介服务行业信用档案的作用。信用档案能够为政府和社会公众监督房地产中介服务行业及执业人员市场行为提供依据,为社会公众查询企业和个人信用信息提供服务

考点二 房地产中介服务行业信用档案体系

要点	具体内容
概述	房地产信用档案的建立范围是房地产开发企业、房地产中介服务机构、物业服务企业和房地产估价师、房地产经纪人、房地产经纪人协理等专业人员(统称执(从)业人员)。 房地产估价机构的不良行为应当作为该机构法定代表人或者执行合伙人的不良行为记入其信用档案
房地产中介服务行业信用档案的构成	包括房地产估价机构信用档案、注册房地产估价师信用档案、房地产经纪机构信用档案、注册房地产经纪人信用档案等房地产中介服务机构及其执(从)业人员信用档案

续表

要点	具体内容
房地产中介服务行业信用档案的内容	房地产估价机构、房地产经纪机构信用档案的主要内容包括机构基本情况、机构良好行为记录、机构不良行为记录、估价项目汇总、估价项目基本情况、股东(合伙人)情况、注册房地产估价师基本情况、机构资质年审情况、投诉情况等。 注册房地产估价师、注册房地产经纪人信用档案的主要内容包括个人基本情况、个人业绩汇总、继续教育情况、科研能力表现、良好行为记录、不良行为记录、投诉情况等
房地产中介服务行业信用档案的管理	1. 管理的原则 统一规划、分级建设、分步实施、信息共享。 2. 组织实施 住房和城乡建设部组织建立一级资质房地产估价机构及执业人员信用档案系统。中国房地产估价师与房地产经纪人学会为房地产中介服务行业信用档案的系统管理部门,在住房和城乡建设部领导下,负责一级资质房地产估价机构和房地产中介执业人员信用档案的日常管理工作。 3. 信息的采集 从政府部门、房地产中介行业自律组织、房地产中介服务机构、执(从)业人员、其他中介机构及社会公众等多种途径获得,并与机构资质审批、专业人员执(从)业资格注册工作有机结合。 房地产中介服务机构或执业人员获部省级表彰或荣誉称号,即可作为良好行为记录载人该企业或执(从)业人员的信用档案。 房地产中介服务机构或执(从)业人员出现违反房地产法律法规及相关法律法规、标准规范的行为,并受到行政处罚的,即可作为不良行为载入该企业或执(从)业人员的信用档案。 4. 信息维护和更新 房地产中介服务行业信用档案是由政府组织建立的,由系统管理部门对信息进行维护和更新。 对涉及企业商业秘密的信息要注意保密,实行授权查询;未经核实的信息不得在网上公示;不良记录在公示前,必须经过严格的审核批准程序。 5. 投诉处理 房地产中介服务机构对系统管理部门转去的投诉在15日内反馈意见(包括处理结果或正在处理情况)。无正当理由未按时反馈的,将在网上公示投诉情况。 机构对已公示的违法违规行为整改后,可提请相关行政主管部门组织考核验收,并在网上公布整改结果。如要撤销公示,须由被公示单位提出申请,经相关行政主管部门同意。 6. 信息查询 信用档案分为公示信息和授权查询信息两类。任何单位和个人有权查阅信用档案公示信息。授权查询信息,如房地产估价机构信用档案中估价项目名称、委托人名称、委托人联系电话等内容,需按照房地产信用档案管理规定的条件和程序进行查询

第六节　住房置业担保管理

考点一　住房置业担保概述

要点	具体内容
概述	住房置业担保是指依照《住房置业担保管理试行办法》设立的住房置业担保公司，在借款人无法满足贷款人要求提供担保的情况下，为借款人申请个人住房贷款而与贷款人签订保证合同，提供连带责任保证担保的行为

考点二　住房置业担保机构管理制度

要点	具体内容
公司设立	1. 设立程序 担保公司是为借款人办理个人住房贷款提供专业担保，收取服务费用，具有法人地位的房地产中介服务企业。向工商部门申请设立登记，领取营业执照后，方可营业。担保公司的组织形式为有限责任公司或者股份有限公司。 2. 设立条件 (1)有自己的名称和组织机构。 (2)有固定的服务场所。 (3)有不少于1 000万元人民币的实有资本。 (4)有一定数量的周转住房。 (5)有适应工作需要的专业管理人员。 (6)有符合《公司法》要求的公司章程。 (7)符合《公司法》和相关法律、法规规定的其他条件。 3. 其他规定 担保公司的实有资本以政府预算资助、资产划拨以及房地产骨干企业认股为主。货币形态的实有资本应当存入城市房地产行政主管部门指定的银行，或发放由担保公司提供住房置业担保的个人住房贷款的其他银行
机构的风险管理	1. 业务范围和资金应用的限制规定 担保公司只能从事住房置业担保和房地产经营业务(房地产开发除外)，不得经营财政信用业务、金融业务等其他业务，也不得提供其他担保。 2. 建立在银行的保证金制度 担保公司应当从其资产中按照借款人借款余额的一定比例提留担保保证金，并存入借款人的贷款银行。担保公司未按规定或合同约定履行担保义务时，贷款人有权从保证金账户中予以扣收。保证金的提留比例，由贷款人与担保公司协商确定

续表

要点	具体内容
机构的风险管理	3. 风险基金制度 担保公司应当建立担保风险基金,用于担保公司清算时对其所担保债务的清偿。担保风险基金由担保公司按照公司章程规定的比例从营业收入中提取,专户存储,不得挪用。 4. 最大担保额度规定 担保公司担保贷款余额的总额,不得超过其实有资本的30倍;超过30倍的,应当追加实有资本

考点三　住房置业担保业务管理制度

要点	具体内容
担保的设立	(1)担保公司与商业银行本着平等、自愿、分散和控制风险的原则建立合作关系。 (2)担保公司提供住房置业担保,应当严格评估借款人的资信。对于资信不良的借款人,担保公司可以拒绝提供担保。 借款人向担保公司申请住房置业担保,应当具备下列条件:①具有完全民事行为能力;②有所在城镇正式户口或者有效居留的身份证件;③收入来源稳定,无不良信用记录,且有偿还贷款本息的能力;④已订立合法有效的住房买卖合同;⑤已足额交纳购房首付款;⑥符合贷款人和担保公司规定的其他条件。 (3)设立程序。担保设立的过程包含要约和承诺两个阶段。借款人申请担保的,担保公司有权要求借款人以其自己或者第三人合法所有的房屋进行抵押反担保。住房置业担保当事人应当签订书面抵押合同和保证合同,并办理相关登记手续。担保服务费由借款人向担保公司支付,担保服务收费标准应报经同级物价部门批准
担保的解除	(1)借款人依照借款合同还清全部贷款本息,借款合同终止后,保证合同和房屋抵押合同即行终止。借款人到期不能偿还贷款本息时,依照保证合同约定,担保公司按贷款人要求先行代为清偿债务后,保证合同自然终止。 (2)保证合同终止后,担保公司有权就代为清偿的债务部分向借款人进行追偿,并要求行使房屋抵押权,处置抵押房屋。抵押房屋的处置,可以由抵押当事人协议折价或者拍卖、变卖该抵押房屋的方式进行;协议不成的,抵押权人可以向人民法院提起诉讼。处置抵押房屋时,抵押人居住确有困难的,担保公司应当予以协助

第七节　房地产中介服务行业自律

考点一　房地产中介服务人员的职业道德

要点	具体内容
概述	法律和道德是两个不同的范畴，在社会活动中，具体的行为往往需要法律和道德共同调节。 法律调节是国家或政府通过强制力来规范具体的行为，而道德调节是一种自律行为，即以人们内心的良知去支配自己的行为

考点二　房地产中介服务行业组织

要点	具体内容
行业组织的法定职能	行业组织是行业监督管理体系的重要组成部分，是评估机构和评估专业人员的自律性组织。 《资产评估法》规定，评估行业按照专业领域设立全国性评估行业协会，根据需要设立地方性评估行业协会。评估行业协会履行下列职责： (1)制定会员自律管理办法，对会员实行自律管理。 (2)依据评估基本准则制定评估执业准则和职业道德准则。 (3)组织开展会员继续教育。 (4)建立会员信用档案，将会员遵守法律、行政法规和评估准则的情况记入信用档案，并向社会公开。 (5)检查会员建立风险防范机制的情况。 (6)受理对会员的投诉、举报，受理会员的申诉，调解会员执业纠纷。 (7)规范会员从业行为，定期对会员出具的评估报告进行检查，按照章程规定对会员给予奖惩，并将奖惩情况及时报告有关评估行政管理部门。 (8)保障会员依法开展业务，维护会员合法权益。 (9)法律、行政法规和章程规定的其他职责
全国房地产估价和经纪行业组织	中国房地产估价师与房地产经纪人学会的最高权力机构是全国会员代表大会。在全国会员代表大会闭会期间，理事会为中国房地产估价师与房地产经纪人学会的领导机构。 中国房地产估价师与房地产经纪人学会主要通过以下工作开展行业自律管理： (1)开展行业自律情况的调研工作，为政府制定有关政策提供意见和建议。 (2)建立行业内部的自律规则，制止低价竞争和价格垄断行为，维护行业内部公平竞争。 (3)制定行业规范和从业人员道德规范，实施房地产估价师、房地产经纪人继续教育工作

续表

要点	具体内容
全国房地产估价和经纪行业组织	(4)参与房地产估价机构资质管理规定和标准的制定工作。 (5)拟订房地产经纪机构评价标准,并组织实施评价工作等

考点三 房地产中介服务行业规范

要点	具体内容
概述	《房地产经纪业务合同推荐文本》针对房屋买卖和房屋租赁在达成交易之前进行的委托事项分别制定了《房屋出售委托协议》《房屋出租委托协议》《房屋承购委托协议》《房屋承租委托协议》《房屋买卖合同》《房屋租赁合同》等六个合同

跟踪训练

一、单项选择题

1. 下列房地产服务活动中,不属于房地产中介服务的是(　　)。

A. 房地产咨询　　B. 物业管理

C. 房地产估价　　D. 房地产经纪

2. 下列房地产活动中,属于房地产经纪活动的是(　　)。

A. 房地产价值评估　　B. 房屋登记

C. 房屋面积测算　　D. 房地产居间

3. 甲房地产估价机构与乙房地产估价机构合作完成估价业务,并以合作双方的名义共同出具估价报告的前提是(　　)。

A. 经市(县)人民政府批准　　B. 经委托人书面同意

C. 经房地产行政主管部门批准　　D. 经省(自治区、直辖市)人民政府批准

4. 新设立中介服务机构的房地产估价机构资质等级应当核定为(　　)。

A. 一级资质　　B. 二级资质

C. 三级资质　　D. 临时资格资质

5. 房地产估价师执业资格延续注册的许可机关是(　　)。

A. 国务院人事主管部门　　B. 住房和城乡建设部

C. 省级人事主管部门　　D. 省级房地产主管部门

6. 大专院校、科研院所从事房地产教学、研究的人员取得房地产估价师执业资格的,申请注册时,需要提供(　　)。

A. 人才服务中心托管人事档案的证明　　B. 社会保险缴纳凭证复印件

C. 所在单位同意其注册的书面意见　　D. 所取得的房地产估价科研成果

7. 按照《住房置业担保管理试行办法》的规定，住房置业担保公司提供的担保是(　　)担保。

A. 一般保证　　B. 贷款人、保证人分担责任的比例保证

C. 连带责任保证　　D. 信誉保证

8. 设立分支机构的房地产估价机构，在分支机构所在地有(　　)名以上专职注册房地产估价师。

A. 3　　B. 4

C. 5　　D. 6

二、多项选择题

1. 由房地产估价师本人申请的注册种类有(　　)。

A. 初始注册　　B. 变更注册

C. 延续注册　　D. 注销注册

E. 撤销注册

2. 下列关于房地产估价师执业资格制度的表述中，正确的有(　　)。

A. 国家实行房地产价格评估人员资格认证制度

B.《房地产估价师注册证书》由住房和城乡建设部或其授权的部门颁发

C. 房地产估价师职业资格注册有效期为 3 ~ 5 年，具体由各省、直辖市、自治区人民政府确定

D. 取得房地产估价师资格超过 3 年申请初始注册，需达到继续教育合格标准

E. 房地产估价师受刑事处罚的，其注册应被撤销

3. 房地产估价师注册证书失效的情形有(　　)。

A. 注册期满 3 年而未延续注册的

B. 持续离开估价岗位超过 1 年的

C. 年龄超 60 周岁的

D. 聘用单位被撤回房地产估价机构资质证书的

E. 不具有完全民事行为能力的

4. 房地产估价师不予注册的情形有(　　)。

A. 不具有完全民事行为能力的

B. 申请在 2 个或者 2 个以上房地产估价机构执业的

C. 年龄超过 65 周岁的

D. 取得房地产估价师执业资格

E. 受聘于房地产估价机构

三、判断题

1. 房屋租赁代理收费，以成交租金额一定比例，由双方协商一次性收取。(　　)

2. 三级资质房地产估价机构不得从事公司上市、企业清算和司法鉴定的房地产估价业务。(　　)

3. 在核准房地产估价机构资质时，房地产估价机构的专职注册房地产估价师人数包括下设分支机构的注册房地产估价师。（ ）

4. 注册房地产估价师在每一注册有效期内，必须接受继续教育且接受继续教育的学时为60学时。（ ）

5. 根据中介服务收费的有关规定，房屋租赁代理可根据当事人签订的租赁协议中租赁期限的长短收取不等的中介代理费。（ ）

6. 房地产估价、经纪的收费都是以房地产交易的市场价格为基数计算的。（ ）

参考答案及解析

一、单项选择题

1. B 【解析】物业管理是和房地产中介平行的概念。房地产中介是房地产咨询、房地产估价、房地产经纪等活动的总称。

2. D 【解析】房地产中介包括房地产咨询、房地产估价和房地产经纪。房地产经纪是指房地产经纪机构和房地产经纪人为促成他人房地产交易而向委托人提供房地产居间、代理等专业服务并收取佣金的行为。经纪就是狭义的中介。选项A属于评估，选项BC不属于中介活动。

3. B 【解析】经委托人书面同意，房地产估价机构可以与其他房地产估价机构合作完成估价业务，以合作双方的名义共同出具估价报告。

4. C 【解析】房地产估价机构等级分为一、二、三级。新设立房地产估价机构等级核定为三级，设1年的暂定期。

5. B 【解析】房地产估价师注册管理部门为住房和城乡建设部。自2016年10月20日起，房地产估价师执业资格注册试行网上申报、受理和审批。房地产估价师申请初始注册、变更注册、延续注册、注销注册的，应通过"房地产估价师注册系统"向住房和城乡建设部提出注册申请。

6. C 【解析】离退休人员，大专院校、科研院所从事房地产教学、研究的人员，外国人和台港澳人员，在房地产估价师注册中不需要提供聘用单位委托人才服务中心托管人事档案的证明和社会保险缴纳凭证，但应分别提供劳动、人事部门颁发的离退休证的影印件，所在大专院校、科研院所同意其在房地产估价机构注册的书面意见，外国人就业证书、台港澳人员就业证书的影印件。

7. C 【解析】住房置业担保是指依照《住房置业担保管理试行办法》设立的住房置业担保公司，在借款人无法满足贷款人要求提供担保的情况下，为借款人申请个人住房贷款而与贷款人签订保证合同，提供连带责任保证担保的行为。

8. A 【解析】房地产估价机构在分支机构所在地有3名以上专职注册房地产估价师。

二、多项选择题

1. ABC 【解析】初始注册、变更注册、延续注册需由当事人申请；注销注册可由当事人申请，也可由国务院住房城乡建设主管部门依职权直接作出；撤销注册由国务院住房城乡建设主管部门依据职权或者根据利害关系人的请求直接作出。

2. ABD 【解析】《注册房地产估价师管理办法》规定，注册证书是注册房地产估价师的执业凭证。注册有效期为3年。

3. ADE 【解析】注册房地产估价师有下列情形之一的，其注册证书失效：(1)聘用单位破产的；(2)聘用单位被吊销营业执照的；(3)聘用单位被吊销或者撤回房地产估价机构资质证书的；(4)已与聘用单位解除劳动合同且未被其他房地产估价机构聘用的；(5)注册有效期满且未延续注册的；(6)年龄超过65周岁的；(7)死亡或者不具有完全民事行为能力的；(8)其他导致注册失效的情形。

4. ABC 【解析】《注册房地产估价师管理办法》规定不予注册的情形有：不具有完全民事行为能力的；刑事处罚尚未执行完毕的；因房地产估价及相关业务活动受刑事处罚，自刑事处罚执行完毕之日起至申请注册之日止不满5年的；因房地产估价及相关业务活动受刑事处罚以外原因受刑事处罚，自刑事处罚执行完毕之日起至申请注册之日止不满3年的；被吊销注册证书，自被处罚之日起至申请注册之日止不满3年的；以欺骗、贿赂等不正当手段获准的房地产估价师注册被撤销，自被撤销注册之日起至申请注册之日止不满3年的；申请在2个或者2个以上房地产估价机构执业的；为现职公务员的；年龄超过65周岁的；法律、行政法规规定不予注册的其他情形。

三、判断题

1. × 【解析】房屋租赁代理收费，无论成交的租赁期限长短，均按半月至一月成交租金额标准，由双方协商议定一次性计收。

2. √ 【解析】三级资质房地产估价机构可以从事除公司上市、企业清算、司法鉴定以外的房地产估价业务。

3. × 【解析】注册于分支机构的专职注册房地产估价师，不计入设立分支机构的房地产估价机构的专职注册房地产估价师人数。

4. × 【解析】注册房地产估价师在每一注册有效期内即3年内，接受继续教育的时间为120学时，其中，必修课和选修课每一注册有效期各为60学时。

5. × 【解析】房屋租赁代理收费，无论成交的租赁期限长短，一般均按半月至一月成交租金额标准，由双方协商议定一次性计收。房屋买卖代理收费，一般按成交价格总额的一定比例收取。

6. × 【解析】房屋租赁代理收费，无论成交的租赁期限长短，均按半月至一月成交租金额标准，由双方协商议定一次性计收。房屋买卖代理收费，一般按成交价格总额的一定比例收取。比例一般为0.5%～3%。

第九章　物业管理制度与政策

知识导图

- 物业管理制度与政策
  - 物业管理概述
    - 物业管理基本概念、基本特征和基本内容
    - 业主的建筑物区分所有权
  - 物业管理的基本制度
  - 物业运营维护费用
    - 物业服务收费
    - 物业服务定价成本监审
    - 住宅专项维修资金的使用

考情分析

本章主要介绍了物业管理概述、物业管理的基本制度、物业运营维护费用。本章的学习重点是住宅专项维修资金的使用,学习难点是建筑物区分所有权制度。

本章在考试中的平均分值为2分,考试目的是测查应试人员对物业管理基本制度和政策的了解、熟悉与掌握程度。

表解考点

考点	重要等级
物业与物业管理基本概念	了解
物业管理的基本特征	了解
物业管理服务的基本内容	了解
建筑物区分所有权制度	掌握
物业管理的基本制度	了解
物业服务收费	了解
物业服务定价成本监审	熟悉
住宅专项维修资金的使用	熟悉

考点详解

第一节　物业管理概述

考点一　物业管理基本概念、基本特征和基本内容

要点	具体内容
基本概念	物业管理是指业主通过选聘物业服务企业，由业主和物业服务企业按照物业服务合同约定，对房屋及配套的设施设备和相关场地进行维修、养护、管理，维护相关区域内的环境卫生和秩序的活动
基本特征	（1）社会化。有两层基本含义：①物业的所有权人要到社会上去选聘物业服务企业；②物业服务企业要到社会上去寻找可以代管的物业。 （2）专业化。专业化是指由物业服务企业通过合同的签订，按照产权人和使用人的要求去实施专业化管理。 （3）市场化，是物业管理最主要的特性
基本内容	（1）物业共用部位的维护与管理。 （2）物业共用设备设施的运行、维护和管理。 （3）环境卫生、绿化管理服务。 （4）机动车和非机动车的停放管理。 （5）物业管理区域内公共秩序、消防、交通等协助管理事项的服务。 （6）物业装饰装修管理服务。 （7）物业档案资料的管理

考点二　业主的建筑物区分所有权

要点	具体内容
概述	建筑物区分所有权是指多个业主共同拥有一栋建筑物时，各个业主对其在构造和使用上具有独立的建筑物部分所享有的所有权和对供全体或部分所有人共同使用的建筑物部分所享有的共有权以及基于建筑物的管理、维护和修缮等共同事务而产生的共同管理权的总称。 《物权法》规定，业主对建筑物内的住宅、经营性用房等专有部分享有所有权，对专有部分以外的共有部分享有共有和共同管理的权利

续表

要点	具体内容
专有部分的所有权	1. 专有部分认定 建筑区划内,符合下列条件的房屋,以及车位、摊位等特定空间,应当认定为建筑物专有部分:(1)具有构造上的独立性,能够明确区分;(2)具有利用上的独立性,可以排他使用;(3)能够登记为特定业主所有权的客体。 2. 业主对专有部分享有的权利 业主对其建筑物专有部分享有占有、使用、收益和处分的权利。 专有部分可以直接占有、使用,实现居住或者营业的目的;也可以依法出租,获取收益;还可以在自己的专有部分上依法设定负担。但业主行使专有部分所有权时,不得危及建筑物的安全,不得损害其他业主的合法权利。 由于建筑物专有部分与共有部分具有一体性、不可分离性,所以业主对专有部分行使专有所有权应受到一定限制。 3. 专有部分的转让 业主转让建筑内专有部分,其对共有部分享有的共有和共同管理的权利一并转让。业主的建筑物区分所有权是一个集合权,包括对专有部分享有的所有权、对建筑区划内共有部分享有的共有权和共同管理的权利,这三种权利具有不可分离性。 在这三种权利中,业主对专有部分的所有权占主导地位,是业主对专有部分以外的共有部分享有共有权以及对共有部分享有共同管理权的前提与基础。 4. 住宅改变为经营性用房 业主不得违反法律、法规以及管理规约,将住宅改变为经营性用房。业主将住宅改变为经营性用房的,除遵守法律、法规以及管理规约外,应当经有利害关系的业主同意
共有部分的共有权	《物权法》规定,建筑区划内的道路,属于业主共有,但属于城镇公共道路的除外。建筑区划内的绿地,属于业主共有,但属于城镇公共绿地或者明示属于个人的除外。 建筑区划内的其他公共场所、公用设施和物业服务用房,属于业主共有。建筑区划内的以下部分,应当认定为建筑物的共有部分:(1)建筑物的基础、承重结构、外墙、屋顶等基本结构部分,通道、楼梯、大堂等公共通道部分,消防、公共照明等附属设施、设备,避难层或者设备层间等结构部分。(2)其他不属于业主专有部分,也不属于市政公用部分或者其他权利人所有的场所及设施等。 《物权法》规定:(1)建筑区划内,规定用于停放汽车的车位、车库应当首先满足业主的需要;(2)建筑区划内,规划用于停放汽车的车位、车库的归属,由当事人通过出售、附赠或者出租等方式约定;(3)占用业主共有的道路或者其他场地用于停放汽车的车位,属于业主共有。 业主对专有部分以外的共有部分的共有权,还包括对共有部分共负义务
共有部分的共同管理权	业主对专有部分以外的共有部分享有共同管理的权利。 《物权法》规定,业主共同决定事项的范围包括:制定和修改业主大会议事规则;制定和修改

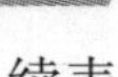

续表

要点	具体内容
共有部分的共同管理权	建筑物及其附属设施的管理规约；选举业主委员会和更换业主委员会成员；选聘和解聘物业服务企业或者其他管理人；筹集和使用建筑物及其附属设施的维修资金；改建、重建建筑物及其附属设施；有关共有和共同管理权利的其他重大事项

第二节　物业管理的基本制度

考点　物业管理的基本制度

要点	具体内容
业主大会制度	《物业管理条例》确立了业主大会和业主委员会并存，业主大会决策、业主委员会执行的制度。 业主委员会作为业主大会的执行机构，可以在业主大会的授权范围内就某些物业管理事项作出决定，但重大的物业管理事项的决定只能由业主大会作出
管理规约制度	管理规约对全体业主具有约束力。规定建设单位应当在销售物业之前，制定临时管理规约。 业主大会有权起草、讨论和修订管理规约，业主大会制定的管理规约生效时临时，管理规约终止
物业服务招标投标制度	鼓励建设单位按照房地产开发与物业管理相分离的原则，通过招投标的方式选聘具有相应资质的物业服务企业
物业承接查验制度	物业服务企业承接物业时，应当对物业共用部位、共用设施设备进行查验，应当与建设单位或业主委员会办理物业承接验收手续，同时规定建设单位、业主委员会应当向物业服务企业移交有关资料。物业承接验收是物业服务的基础工作
物业服务企业资质管理制度	物业管理服务实质上是对业主共同事务进行管理的一种活动，带有公共产品的性质。 《物业管理条例》规定，国家对从事物业服务活动的企业实行资质管理制度。在现阶段对物业管理行业实行市场准入制度
住宅专项维修资金制度	住宅物业、住宅小区内的非住宅物业或者与单幢住宅楼结构相连的非住宅物业的业主，应当按照国家有关规定交纳专项维修资金。 专项维修资金属业主所有，专项用于物业保修期满后物业共用部位、共用设施设备的维修和更新、改造，不得挪作他用

第三节　物业运营维护费用

考点一　物业服务收费

要点	具体内容
物业服务收费原则	物业服务收费应当遵循合理、公开以及费用与服务水平相适应的原则。国家鼓励物业服务企业开展正当的价格竞争,禁止价格垄断和牟取暴利行为
物业服务收费的价格管理方式	物业服务收费应当区分不同物业的性质、特点分别实行政府指导价和市场调节价
物业服务收费的计费方式	(1)包干制是指由业主向物业服务企业支付固定物业服务费用,盈余或者亏损均由物业服务企业享有或者承担的物业服务计费方式。 (2)酬金制是指在预收的物业服务资金中按约定比例或者约定数额提取酬金支付给物业服务企业,其余全部用于物业服务合同约定的支出,结余或者不足均由业主享有或者承担的物业服务计费方式。 建设单位与物业买受人签订的买卖合同,应当约定物业管理服务内容、服务标准、收费标准、计费方式及计费起始时间等内容,涉及物业买受人共同利益的约定应当一致
物业服务收费的费用构成	实行物业服务收费包干制的,物业服务费用的构成包括物业服务成本、法定税费和物业服务企业的利润。 实行物业服务收费酬金制的,预收的物业服务资金包括物业服务支出和物业服务企业的酬金。 物业服务成本或者物业服务支出构成一般包括以下部分:(1)管理服务人员的工资、社会保险和按规定提取的福利费等;(2)物业共用部位、共用设施设备的日常运行、维护费用;(3)物业管理区域清洁卫生费用;(4)物业管理区域绿化养护费用;(5)物业管理区域秩序维护费用;(6)办公费用;(7)物业服务企业固定资产折旧;(8)物业共用部位、共用设施设备及公众责任保险费用;(9)经业主同意的其他费用。 物业共用部位、共用设施设备的维修和更新、改造费用,应当通过专项维修资金予以列支,不得计入物业服务支出或者物业服务成本。 实行物业服务费用酬金制的,预收的物业服务资金属于代管性质,为所交纳的业主所有,物业服务企业不得将其用于物业服务合同约定以外的支出。物业服务企业应当向业主大会或者全体业主公布物业服务资金年度预决算并每年不少于一次公布物业服务资金的收支情况。 物业服务收费采取酬金制方式,物业服务企业或者业主大会可以按照物业服务合同约定聘请专业机构对物业服务资金年度预决算和物业服务资金的收支情况进行审计

考点二 物业服务定价成本监审

要点	具体内容
定义	物业服务定价成本是指价格主管部门核定的物业服务社会平均成本。 物业服务定价成本监审是指价格主管部门为制定或者调整实行政府指导价的物业服务收费标准,对相关物业服务企业的服务成本实施监督和审核的行为
原则	(1)合法性原则。计入定价成本的费用应当符合有关法律、行政法规和国家统一的会计制度的规定。 (2)相关性原则。计入定价成本的费用应当为与物业服务直接相关或者间接相关的费用。 (3)对应性原则。计入定价成本的费用应当与物业服务内容及服务标准相对应。 (4)合理性原则。影响物业服务定价成本各项费用的主要技术、经济指标应当符合行业标准或者社会公允水平
依据	核定物业服务定价成本,应当以经会计师事务所审计的年度财务会计报告、原始凭证与账册或者物业服务企业提供的真实、完整、有效的成本资料为基础
构成	物业服务定价成本由人员费用、物业共用部位共用设施设备日常运行和维护费用、绿化养护费用、清洁卫生费用、秩序维护费用、物业共用部位共用设施设备及公众责任保险费用、办公费用、管理费分摊、固定资产折旧以及经业主同意的其他费用组成。 (1)人员费用是指管理服务人员工资和按规定提取的工会经费、职工教育经费,以及根据政府有关规定应当由物业服务企业缴纳的住房公积金和养老、医疗、失业、工伤、生育保险等社会保险费用。 (2)物业共用部位共用设施设备日常运行和维护费用。不包括保修期内应由建设单位履行保修责任而支出的维修费、应由住宅专项维修资金支出的维修和更新、改造费用。 (3)绿化养护费。不包括应由建设单位支付的种苗种植费和前期维护费。 (4)清洁卫生费。 (5)秩序维护费。不包括共用设备中已包括的监控设备。 (6)物业共用部位共用设施设备及公众责任保险费用。 (7)办公费。 (8)管理费分摊是指物业服务企业在管理多个物业项目情况下,为保证相关的物业服务正常运转而由各物业服务小区承担的管理费用。 (9)固定资产折旧。物业服务固定资产指在物业服务小区内由物业服务企业拥有的、与物业服务直接相关的、使用年限在 1 年以上的资产。 (10)经业主同意的其他费用
方法和标准	(1)工会经费、职工教育经费、住房公积金以及医疗保险费、养老保险费、失业保险费、工伤保险费、生育保险费等社会保险费的计提基数按照核定的相应工资水平确定;工会经费、

续表

要点	具体内容
方法和标准	职工教育经费的计提比例按国家统一规定的比例确定,住房公积金和社会保险费的计提比例按当地政府规定比例确定。 (2)固定资产折旧采用年限平均法,折旧年限根据固定资产的性质和使用情况合理确定。固定资产残值率按3%~5%计算。 (3)物业服务企业将专业性较强的服务内容外包给有关专业公司的,该项服务的成本按照外包合同所确定的金额核定。 (4)物业服务企业只从事物业服务的,其所发生费用按其所管辖的物业项目的物业服务计费面积或者应收物业服务费加权分摊;物业服务企业兼营其他业务的,应先按实现收入的比重在其他业务和物业服务之间分摊,然后按上述方法在所管辖的各物业项目之间分摊

考点三　住宅专项维修资金的使用

要点	具体内容
概述	住宅专项维修资金应当专项用于住宅共用部位、共用设施设备保修期满后的维修和更新、改造,不得挪作他用。 按照下列规定分摊: (1)商品住宅之间或者商品住宅与非住宅之间共用部位、共用设施设备的维修和更新、改造费用,由相关业主按照各自拥有物业建筑面积的比例分摊;其中,应由业主承担的,再由相关业主按照各自拥有物业建筑面积的比例分摊。 (2)售后公有住房之间共用部位、共用设施设备的维修和更新、改造费用,由相关业主和公有住房售房单位按照所交存住宅专项维修资金的比例分摊。 下列费用不得从住宅专项维修资金中列支: (1)依法应当由建设单位或者施工单位承担的住宅共用部位、共用设施设备维修、更新和改造费用。 (2)依法应当由相关单位承担的供水、供电、供气、供热、通信、有线电视等管线和设施设备的维修、养护费用。 (3)应当由当事人承担的因人为损坏住宅共用部位、共用设施设备所需的修复费用。 (4)根据物业服务合同约定,应当由物业服务企业承担的住宅共用部位、共用设施设备的维修、养护费用。 在保证住宅专项维修资金正常使用的前提下,可以按照国家有关规定将住宅专项维修资金用于购买国债。 利用住宅专项维修资金购买国债,应当在银行间债券市场或者商业银行柜台市场购买一级市场新发行的国债,并持有到期。 禁止利用住宅专项维修资金从事国债回购、委托理财业务或者将购买的国债用于质押、抵押等担保行为

续表

要点	具体内容
概述	利用业主交存的住宅专项维修资金购买国债的,应当经业主大会同意;未成立业主大会的,应当经专有部分占建筑物总面积2/3以上的业主且占总人数2/3以上业主同意。 利用从公有住房售房款中提取的住宅专项维修资金购买国债的,应当根据售房单位的财政隶属关系,报经同级财政部门同意

跟踪训练

一、单项选择题

1. 业主交存的住宅专项维修资金属于(　　)所有。

A. 业主　　B. 业主大会

C. 业主委员会　　D. 物业服务企业

2. 建筑区划内,规划用于停放汽车的车位、车库,其产权(　　)。

A. 属于房地产开发企业

B. 属于业主共有

C. 属于物业服务企业

D. 归属由当事人通过出售、附赠或出租等方式约定

3. 业主大会的执行机构是(　　)。

A. 居委会　　B. 业主代表大会

C. 物业服务企业　　D. 业主委员会

4.《物业管理条例》规定(　　)应当在销售物业之前,制定临时管理规约。

A. 建设单位　　B. 监理单位

C. 业主委员会　　D. 房地产管理部门

5. 实行包干制的物业服务费,其构成不包括(　　)。

A. 物业服务成本　　B. 法定税费

C. 物业服务企业的酬金　　D. 物业服务企业的利润

二、多项选择题

1. 物业管理服务收费的计费方式主要包括(　　)。

A. 包干制　　B. 酬金制

C. 社会服务费　　D. 社区服务费

E. 一般服务费

2. 可用住宅专项维修资金进行维修的住宅共用的部位有(　　)。

A. 屋顶　　B. 户外墙面

C. 基础　　D. 楼梯间

E. 绿地

3. 下列对物业服务企业说法正确的是(　　)。

A. 物业管理服务实质上是对业主共同事务进行管理的一种活动,带有公共产品的性质

B. 在物业服务区域内,对个别业主的不当行为只能够听之任之

C. 物业服务企业需要一定数量的高素质管理和技术人员

D. 国家对从事物业服务活动的企业实行资质管理制度

E. 物业管理行业实行市场准入制度

4. 下列属于物业管理的基本特征(　　)。

A. 社会化　　B. 专业化

C. 市场化　　D. 职业化

E. 现代化

三、判断题

1. 住宅专项维修资金应专项用于住宅共用部位、共用设备设施交付使用后的维修、更新、改造,不得挪作他用。(　　)

2. 业主委员会作为业主大会的执行机构,可以在业主大会的授权范围内就某些物业管理事项作出决定,包括重大的物业管理事项的决定。(　　)

3. 商品住宅之间或者商品住宅与非住宅之间共用部位、共用设施设备的维修和更新、改造费用,由相关业主按照各自拥有物业建筑面积的比例分摊。(　　)

4. 物业服务定价成本监审是指价格主管部门为制定或者调整实行市场调节价的物业服务收费标准,对相关物业服务企业的服务成本实施监督和审核的行为。(　　)

5. 人员费用不包括根据政府有关规定应当由物业服务企业缴纳的住房公积金和养老、医疗、失业、工伤、生育保险等社会保险费用。(　　)

参考答案及解析

一、单项选择题

1. A 【解析】专项维修资金属业主所有,专项用于物业保修期满后物业共用部位、共用设施设备的维修和更新、改造,不得挪作他用。

2. D 【解析】建筑区划内,规划用于停放汽车的车位、车库应当首先满足业主的需要。建筑区划内,规划用于停放汽车的车位、车库的归属,由当事人通过出售、附赠或者出租等方式约定。占用业主共有的道路或者其他场地用于停放汽车的车位,属于业主共有。

3. D 【解析】业主委员会是业主大会的执行机构。

4. A 【解析】《物业管理条例》规定管理规约对全体业主具有约束力。规定建设单位应当在销售物业之前,制定临时管理规约,对有关物业的使用、维护、管理,业主的公共利益,业主应当履行的义务,违反规约应当承担的责任等依法作出约定。

5. C 【解析】实行物业服务收费包干制的,物业服务费用的构成包括物业服务成本、法定税费和物业服务企业的利润。实行物业服务收费酬金制的,预收的物业服务资金包括物业服务

支出和物业服务企业的酬金。

二、多项选择题

1. AB 【解析】物业服务收费的计费方式主要包括包干制和酬金制两种方式。

2. ABCD 【解析】住宅专项维修资金是指专项用于住宅共用部位、共用设施设备保修期满后的维修和更新、改造的资金。

3. ACDE 【解析】选项B错误,在物业服务区域内,对个别业主的不当行为不能够听之任之,个体利益应当服从整体利益。

4. ABC 【解析】社会化、专业化、市场化是物业管理的三个基本特征。

三、判断题

1. × 【解析】住宅专项维修资金不是交付使用后,而是在保修期满后用于住宅的维修、更新、改造。

2. × 【解析】业主委员会作为业主大会的执行机构,可以在业主大会的授权范围内就某些物业管理事项作出决定,但重大的物业管理事项的决定只能由业主大会作出。

3. √ 【解析】商品住宅之间或者商品住宅与非住宅之间共用部位、共用设施设备的维修和更新、改造费用,由相关业主按照各自拥有物业建筑面积的比例分摊。其中,应由业主承担的,再由相关业主按照各自拥有物业建筑面积的比例分摊。

4. × 【解析】物业服务定价成本监审是指价格主管部门为制定或者调整实行政府指导价的物业服务收费标准,对相关物业服务企业的服务成本实施监督和审核的行为。

5. × 【解析】人员费用是指管理服务人员工资和按规定提取的工会经费、职工教育经费,以及根据政府有关规定应当由物业服务企业缴纳的住房公积金和养老、医疗、失业、工伤、生育保险等社会保险费用。

第十章　房地产税收制度与政策

知识导图

- 房地产税收制度与政策
  - 税收制度概述
    - 税收的概念及特征
    - 税收制度及构成要素
    - 税收的征管与我国现行房地产税收
  - 房产税
    - 房产税概述
    - 具备房屋功能的地下建筑的房产税政策
  - 城镇土地使用税
    - 城镇土地使用税概述
    - 减税、免税
  - 耕地占用税
    - 耕地占用税概述
    - 减税、免税
  - 土地增值税
    - 土地增值税概述
    - 《关于土地增值税若干问题的通知》的有关规定
  - 契税
    - 契税概述
    - 其他有关具体规定
  - 相关税收
    - 营业税改征增值税
    - 城市维护建设税、教育费附加和地方教育费附加
    - 企业所得税
    - 个人所得税
    - 印花税
  - 有关房地产税收的优惠政策
    - 享受优惠政策的普通住房标准
    - 个人购买销售住房税收优惠政策
    - 个人出售住房所得税优惠政策
    - 住房租赁税收优惠政策
    - 经济适用住房的税收优惠政策
    - 公共租赁住房建设和运营的税收优惠政策

考情分析

本章主要介绍了税收制度概述、房产税、城镇土地使用税、耕地占用税、土地增值税、契税、相关税收、有关房地产税收的优惠政策。本章的学习重点是房产税、土地增值税,学习难点是契税、个人所得税。

本章在考试中的平均分值为8分,考试目的是测查应试人员对税收征管的基本内容、房产税、城镇土地使用税、土地增值税、契税、房地产相关税收及有关房地产税收的优惠政策的了解、熟悉与掌握程度。

表解考点

考点	重要等级
税收的概念及特征	了解
税收制度及构成要素	熟悉
税收的征管	了解
我国现行房地产税收	熟悉
房产税	掌握
城镇土地使用税	掌握
耕地占用税	掌握
土地增值税	掌握
契税	掌握
营业税、城市维护建设税、教育费附加和地方教育费附加	掌握
企业所得税	熟悉
个人所得税	掌握
印花税	掌握
有关房地产税收的优惠政策	掌握

考点详解

第一节 税收制度概述

考点一 税收的概念及特征

要点	具体内容
概念	税收是国家参与社会剩余产品分配的一种规范形式,其本质是国家凭借政治权利,按照法律规定和标准,无偿地取得财政收入的一种手段
特征	(1)强制性。纳税人不得以任何理由抗拒国家税收。 (2)无偿性。无偿性是税收的关键特征。 (3)固定性,也称确定性。国家征税必须通过法律形式,事先规定纳税人、课税对象和课税额度。固定性是税收区别于其他财政收入形式的重要特征

考点二 税收制度及构成要素

要点	具体内容
纳税人(课税主体)	纳税人是国家行使课税权所指向的单位和个人,即税法规定的直接负有纳税义务的单位和个人。 纳税人和负税人不同。纳税人是直接向国家交纳税款的单位和个人,负税人是实际负担税款的单位和个人
课税对象(课税客体)	课税对象又称征税对象,是税法规定的课税目的物,即国家对什么事物征税。 课税对象决定税收的课税范围,是区别征税与不征税的主要界限,也是区别不同税种的主要标志。根据课税对象性质的不同,全部税种分为五大类:流转税、收益税、财产税、资源税和行为目的税
计税依据	计税依据也称"课税依据""课税基数",是计算应纳税额的根据。 计税依据按照计量单位划分,有两种情况:从价计征和从量计征。市场经济条件下,绝大多数的税种都采取从价计征
税率或税额标准	税率是据以计算应纳税额的比率,即对课税对象的征收比例。 税率和税额标准体现征税的深度。在课税对象和税目(具体的征税项目,复杂的税种需设

续表

要点	具体内容
税率或税额标准	税目)不变的情况下,课税额与税率成正比。税率是税收制度和政策的中心环节,直接关系到国家财政收入和纳税人的负担。 按税率和税基的关系划分,税率主要有比例税率、累进税率和定额税率三类
附加、加成和减免	纳税人负担的轻重,主要通过税率的高低来调节,但还可以通过附加、加成和减免措施来调节。 1. 附加和加成是加重纳税人负担的措施 附加是地方附加的简称,是地方政府在正税之外(对所有纳税人)附加征收的一部分税款。通常把按国家税法规定的税率征收的税款称为正税,把正税以外征收的附加称为副税。 加成是加成征收的简称。对特定的纳税人实行加成征税,加一成等于加正税的10%,加二成等于加正税的20%,依次类推。 加成与附加不同,加成只对特定的纳税人加征,附加对所有纳税人加征。加成一般是在收益课税中采用,以便有效地调节某些纳税人的收入,附加则不一定。 2. 减税、免税以及规定起征点和免征额是减轻纳税人负担的措施 减税就是减征部分税款,免税就是免交全部税款。减免税是国家根据一定时期的政治、经济、社会政策的要求而对某些特定的生产经营活动或某些特定的纳税人给予的优惠
违章处理	违章处理是对纳税人违反税法行为的处置。纳税人的违章行为通常包括偷税、抗税、漏税、欠税等不同情况。偷税和抗税属于违法犯罪行为。漏税和欠税属一般违章行为,不构成犯罪。 对纳税人的违章行为,可以根据情节轻重,分别采取以下方式进行处理:批评教育、强行扣款、加收滞纳金、罚款、追究刑事责任等

考点三　税收的征管与我国现行房地产税收

要点	具体内容
税收的征管	(1)税收的开征、停征以及减税、免税、退税、补税,依照法律的规定执行;法律授权国务院规定的,依照国务院制定的行政法规的规定执行。任何机关、单位和个人不得违反法律、行政法规的规定,擅自做出税收开征、停征以及减税、免税、退税、补税和其他同税收法律、行政法规相抵触的规定。 (2)法律、行政法规规定的纳税人和扣缴义务人必须依照法律、行政法规的规定缴纳税款、代扣代缴、代收代缴税款。 (3)税务机关应当广泛宣传税收法律、行政法规,普及纳税知识,无偿地为纳税人提供纳税咨询服务;税务机关负责征收、管理、稽查,行政复议人员的职责应当明确,并相互分离、相互制约;为检举人保密;回避制度等。 (4)纳税人、扣缴义务人有权要求税务机关为纳税人、扣缴义务人的情况保密。税务机关应当依法为纳税人、扣缴义务人的情况保密

续表

要点	具体内容
税收的征管	(5)纳税人依法享有申请减税、免税、退税的权利。纳税人、扣缴义务人对税务机关所作出的决定,享有陈述权、申辩权,依法享有申请行政复议、提起行政诉讼、请求国家赔偿等权利,同时还依法享有控告和检举税务机关、税务人员的违法违纪行为的权利
现行房地产税收	我国现行房地产税收有房产税、城镇土地使用税、耕地占用税、土地增值税、契税。 其他与房地产紧密相关的税种主要有增值税、城市维护建设税、企业所得税、个人所得税、印花税等

第二节　房产税

考点一　房产税概述

要点	具体内容
纳税人	凡是中国境内拥有房屋产权的单位和个人都是房产税的纳税人。 产权属于全民所有的,以经营管理的单位和个人为纳税人;产权出典的,以承典人为纳税人;产权所有人、承典人均不在房产所在地的,或者产权未确定以及租典纠纷未解决的,以房产代管人或者使用人为纳税人。 外商投资企业、外国企业和组织及外籍个人,依照《房产税暂行条例》缴纳房产税
课税对象	房产税的课税对象是房产。《房产税暂行条例》规定,房产税在城市、县城、建制镇和工矿区征收
计税依据	对于非出租的房产,以房产原值一次减除10%~30%后的余值为计税依据。 对于出租的房产,以房产租金收入为计税依据。租金收入是房屋所有权人出租房产使用权所得的报酬,包括货币收入和实物收入。对以劳务或其他形式为报酬抵付房租收入的,应根据当地房产的租金水平,确定一个标准租金额按租计征
税率	房产税采用比例税率。按房产余值计征的,税率为1.2%;按房产租金收入计征的,税率为12%
纳税地点和纳税期限	房产税在房产所在地缴纳。房产不在同一地方的纳税人,应分别向房产所在地的税务机关纳税。 房产税按年计征,分期缴纳。具体纳税期限由各省、自治区、直辖市人民政府规定

续表

要点	具体内容
减税、免税	下述房产免征房产税： (1)国家机关、人民团体、军队自用的房产。但是,上述单位的出租房产以及非自身业务使用的生产、经营用房,不属于免税范围。 (2)由国家财政部门拨付事业经费的单位自用的房产。 (3)宗教寺庙、公园、名胜古迹自用的房产。但其附设的营业用房及出租的房产,不属于免税范围。 (4)个人所有非营业用的房产。对房地产开发企业建造的商品房,在售出前,不征收房产税;但对售出前房地产开发企业已使用或出租、出借的商品房应按规定征收房产税。 (5)经财政部批准免税的其他房产。包括:①损坏不堪使用的房屋和危险房屋,经有关部门鉴定后,可免征房产税。②房产大修停用半年以上的,经纳税人申请,税务机关审核,在大修期间可免征房产税。③在基建工地为基建工地服务的各种工棚、材料棚、休息棚和办公室、食堂、茶炉房、汽车房等临时性房屋,在施工期间一律免征房产税。但是,工程结束后,施工企业将这种临时性房屋交还或估价转让给基建单位的,应从基建单位接收的次月起,依照规定征税。④企业办的各类学校、医院、托儿所、幼儿园自用的房产,可免征房产税。⑤老年服务机构自用的房产免税。⑥自2016年1月1日至2018年12月31日,对向居民供热而收取采暖费的供热企业,为居民供热所使用的厂房免征房产税;对高校学生公寓免征房产税;对商品储备管理公司及其直属库承担商品储备业务自用的房产免征房产税。⑦自2016年1月1日至2018年12月31日,对专门经营农产品的农产品批发市场、农贸市场使用的房产,暂免征收房产税。⑧自2016年1月1日起,国家机关、军队、人民团体、财政补贴事业单位、居委会、村委会拥有的体育场馆,用于体育活动的房产、土地,免征房产税。其他单位拥有的体育场馆,同时符合向社会开放,用于满足公众体育活动,用于体育活动的房产、土地,免征房产税。企业拥有并运营管理的大型体育场馆,用于体育活动的房产、土地,减半征收房产税

考点二　具备房屋功能的地下建筑的房产税政策

要点	具体内容
概述	(1)凡在房产税征收范围内的具备房屋功能的地下建筑,包括与地上房屋相连的地下建筑以及完全建在地面以下的建筑、地下人防设施等,均应当依照有关规定征收房产税。上述具备房屋功能的地下建筑是指有屋面和维护结构,能够遮风避雨,可供人们在其中生产、经营、工作、学习、娱乐或储藏物资的场所。 (2)自用的地下建筑,按以下方式计税:①工业用途房产,以房屋原价的50%~60%作为应税房产原值。②商业和其他用途房产,以房屋原价的70%~80%作为应税房产原值。③对于与地上房屋相连的地下建筑,如房屋的地下室、地下停车场、商场的地下部分等,应将地下部分与地上房屋视为一个整体按照地上房屋建筑的有关规定计算征收房产税

续表

要点	具体内容
概述	(3)出租的地下建筑,按照出租地上房屋建筑的有关规定计算征收房产税。 (4)自2016年1月1日起,国家机关、军队、人民团体、财政补助事业单位、居委会、村委会拥有的体育场馆,用于体育活动的房产、土地,免征房产税。经费自理事业单位、体育社会团体、体育基金会、体育类民办非企业单位拥有并运营管理的体育场馆,同时符合向社会开放,用于满足公众体育活动,用于体育活动的房产、土地,免征房产税。企业拥有并运营管理的大型体育场馆,用于体育活动的房产、土地,减半征收房产税

第三节　城镇土地使用税

考点一　城镇土地使用税概述

要点	具体内容
纳税人	城镇土地使用税的纳税人是拥有土地使用权的单位和个人。 拥有土地使用权的纳税人不在土地所在地的,由代管人或实际使用人缴纳;土地使用权未确定或权属纠纷未解决的,由实际使用人纳税;土地使用权共有的,由共有各方划分使用比例分别纳税
课税对象	城镇土地使用税在城市、县城、建制镇和工矿区征收。课税对象是上述范围内的土地
计税依据	城镇土地使用税的计税依据是纳税人实际占用的土地面积。纳税人实际占用的土地面积,是指由省、自治区、直辖市人民政府确定的单位组织测定的土地面积
适用税额和应纳税额的计算	城镇土地使用税是采用分类分级的幅度定额税率。每平方米的年幅度税额按城市大小分4个档次:大城市1.5~30元,中等城市1.2~24元,小城市0.9~18元,县城、建制镇、工矿区0.6~12元。 经济较为落后地区,适当降低税额,但降低额不得超过最低税额的30%;经济发达地区可以适当提高适用税额标准,但必须报经财政部批准
纳税地点和纳税期限	城镇土地使用税由土地所在地的税务机关征收。纳税人使用的土地不属于同一省(自治区、直辖市)管辖范围的,应由纳税人分别向土地所在地的税务机关缴纳;在同一省(自治区、直辖市)管辖范围内,纳税人跨地区使用的土地,其纳税地点由省、自治区、直辖市税务机关确定。 城镇土地使用税按年计算,分期缴纳。各省、自治区、直辖市可结合当地情况,分别确定按月、季或半年等不同的期限缴纳

考点二　减税、免税

要点	具体内容
政策性免税	(1)国家机关、人民团体、军队自用的土地。 (2)由国家财政部门拨付事业经费的单位自用的土地。 (3)宗教寺庙、公园、名胜古迹自用的土地。 (4)市政街道、广场、绿化地带等公共用地。 (5)直接用于农、林、牧、渔业的生产用地。 (6)经批准开山填海整治的土地和改造的废弃土地,从使用的月份起免缴城镇土地使用税5~10年。 (7)由财政部另行规定的能源、交通、水利等设施用地和其他用地
由地方确定的免税	下列几项用地是否免税,由省、自治区、直辖市税务机关确定: (1)个人所有的居住房屋及院落用地。 (2)房产管理部门在房租调整改革前经租的居民住房用地。 (3)免税单位职工家属的宿舍用地。 (4)民政部门举办的安置残疾人占一定比例的福利工厂用地。 (5)集体和个人举办的学校、医院、托儿所、幼儿园用地
下列土地暂免征收土地使用税	(1)企业搬迁后原场地不使用的、企业范围内荒山等尚未利用的土地,免征城镇土地使用税。 (2)自2016年1月1日至2018年12月31日,对向居民供热而收取采暖费的供热企业;对商品储备管理公司及其直属库承担商品储备业务自用的土地,暂免征收城镇土地使用税。 (3)自2016年1月1日至2018年12月31日,对专门经营农产品的农产品批发市场、农贸市场使用的土地,暂免征收城镇土地使用税

第四节　耕地占用税

考点一　耕地占用税概述

要点	具体内容
纳税人	凡占用耕地建房或者从事其他非农业建设的单位和个人,都是耕地占用税的纳税人。 所称单位包括国有企业、集体企业、私营企业、股份制企业、外商投资企业、外国企业以及其他企业和事业单位、社会团体、国家机关、部队以及其他单位;所称个人包括个体工商户以及其他个人

续表

要点	具体内容
课税对象	耕地占用税的征税对象,是占用耕地建房或从事其他非农业建设的行为。 农田水利占用耕地的,不征收耕地占用税。占用园地建房或从事非农业建设的,视同占用耕地征收耕地占用税。占用林地、牧草地、农田水利用地、养殖水面以及渔业水域滩涂等其他农用地建房或从事非农业建设的,比照本条例的规定征收耕地占用税
计税依据	耕地占用税以纳税人实际占用耕地面积为计税依据,按照规定税率一次性计算征收
适用税额	耕地占用税实行定额税率,具体分4个档次: (1)以县为单位(下同),人均耕地在1亩以下(含1亩)的地区,10~50元/m^2。 (2)人均耕地在1~2亩(含2亩)的地区,8~40元/m^2。 (3)人均耕地在2~3亩(含3亩)的地区,6~30元/m^2。 (4)人均耕地在3亩以上的地区,5~25元/m^2
加成征税	(1)经济特区、经济技术开发区和经济发达且人均耕地特别少的地区,适用税额可以适当提高,但最高不得超过规定税额的50%。 (2)占用基本农田的,适用税额应当在规定的当地适用税额的基础上提高50%
纳税环节和纳税期限	耕地占用税由地方税务机关负责征收。土地管理部门在通知单位或者个人办理占用耕地手续时,应当同时通知耕地所在地同级地方税务机关。获准占用耕地的单位或个人应当在收到土地管理部门的通知之日起30日内缴纳耕地占用税。土地管理部门凭耕地占用税完税凭证或者免税凭证和其他有关文件发放建设用地批准书

考点二　减税、免税

要点	具体内容
减税规定	(1)铁路线路、公路线路、飞机场跑道、停机坪、港口、航道占用耕地。减按每平方米2元的税额征收耕地占用税。根据实际需要,国务院财政、税务主管部门商国务院有关部门并报国务院批准后,可对此情形免征或减征耕地占用税。 (2)农村居民占用耕地新建住宅,税额减半征收。 (3)农村烈士家属、残疾军人、鳏寡孤独以及革命老根据地、少数民族聚居区和边远贫困山区生活困难的农村居民,在规定用地标准以内新建住宅缴纳耕地占用税确有困难的,经所在地乡(镇)人民政府审核,报经县级人民政府批准后,可以免征或减征耕地占用税
免税范围	(1)军事设施占用耕地。 (2)学校、幼儿园、养老院、医院占用耕地

第五节 土地增值税

考点一 土地增值税概述

要点	具体内容
纳税人	凡有偿转让国有土地使用权、地上建筑物及其他附着物(以下简称转让房地产)并取得收入的单位和个人为土地增值税的纳税人。 各类企业单位、事业单位、国家机关、社会团体和其他组织,以及个体经营者、外商投资企业、外国企业及外国驻华机构,以及外国公民、华侨、港澳同胞等均在土地增值税的纳税义务人范围内
征税范围	土地增值税的征税范围包括国有土地、地上建筑物及其他附着物。转让房地产是指转让国有土地使用权、地上建筑物和其他附着物产权的行为。不包括通过继承、赠予等方式无偿转让房地产的行为
课税对象和计税依据	课税对象是有偿转让房地产所取得的土地增值额。 土地增值税以纳税人转让房地产所取得的土地增值额为计税依据,土地增值额为纳税人转让房地产所取得的收入减除规定扣除项目金额后的余额。 纳税人转让房地产所取得的收入,包括转让房地产的全部价款及相关的经济利益。具体包括货币收入、实物收入和其他收入
税率和应纳税额的计算	土地增值税实行四级超额累进税率: (1)增值额未超过扣除项目金额50%的部分,税率为30%,应纳税额=土地增值额×30%。 (2)增值额超过扣除项目金额50%,未超过100%的部分,税率为40%,应纳税额=土地增值额×40%-扣除项目×5%。 (3)增值额超过扣除项目金额100%,未超过200%的部分,税率为50%,应纳税额=土地增值额×50%-扣除项目×15%。 (4)增值额超过扣除项目金额200%以上部分,税率为60%,应纳税额=土地增值额×60%-扣除项目×35%。 每级"增值额未超过扣除项目金额"的比例均包括本比例数
扣除项目	土地增值税的扣除项目为: (1)取得土地使用权时所支付的金额。 (2)土地开发成本、费用。 (3)建房及配套设施的成本、费用,或者旧房及建筑物的评估价格。 (4)与转让房地产有关的税金。 (5)财政部规定的其他扣除项目

续表

<table>
<tr><th>要点</th><th>具体内容</th></tr>
<tr><td>扣除项目</td><td>上述扣除项目的具体内容为：
(1)取得土地使用权所支付的金额，是指纳税人为取得土地使用权所支付的地价款和按国家统一规定交纳的有关费用。凡通过行政划拨方式无偿取得土地使用权的企业和单位，则以转让土地使用权时按规定补交的出让金及有关费用，作为取得土地使用权所支付的金额。
(2)开发土地和新建房及配套设施(以下简称房地产开发)的成本，是指纳税人在房地产开发项目实际发生的成本(以下简称房地产开发成本)。包括土地征用及拆迁补偿、前期工程费用、建筑安装工程费、基础设施费、公共配套设施费、开发间接费。
(3)开发土地和新建房及配套设施的费用，是指与房地产开发项目有关的销售费用、管理费用和财务费用。其他房地产开发费用，按取得土地使用权所支付的金额和房地产开发成本两项规定计算的金额之和的5%以内计算扣除。凡不能按转让房地产项目计算分摊利息支出或不能提供金融机构证明的，房地产开发费用按取得土地使用权所付的金额与开发土地和新建房及配套设施的成本两项规定计算的金额的10%以内计算扣除。
(4)旧房及建筑物的评估价格，是指在转让已使用的房屋及建筑物时，由政府批准设立的房地产估价机构评定的重置成本价乘以成新度折扣率后的价格。评估价格须经当地税务机关确认。
(5)与转让房地产有关的税金，是指在转让房地产时已缴纳的营业税、城市维护建设税、印花税。因转让房地产交纳的教育费附加也可视同税金予以扣除。
(6)对从事房地产开发的纳税人，可按取得土地使用权所支付的金额和房地产开发成本两项规定计算的金额之和，加计20%的扣除。
另外，对纳税人成片受让土地使用权后，分期分批开发、分块转让的，其扣除项目金额的确定，可按转让土地使用权的面积占总面积的比例计算分摊；或按建筑面积计算分摊。也可按税务机关确认的其他方式计算分摊。
纳税人有下列情形之一者，按照房地产评估价格计算征收土地增值税：
(1)隐瞒、虚报房地产价格的。
(2)提供扣除项目金额不实的。
(3)转让房地产的成交价格低于房地产评估价，又无正当理由的</td></tr>
<tr><td>减税、免税</td><td>下列情况免征土地增值税：
(1)纳税人建造普通标准住宅出售，其土地增值额未超过扣除金额20%的。
(2)因国家建设需要而被政府征收的房地产。
纳税人建造普通标准住宅出售，增值额未超过扣除项目金额之和20%的，免征土地增值税；增值额超过扣除项目之和20%的，应就其全部增值额按规定计税。因城市实施规划、国家建设的需要而搬迁，由纳税人自行转让原房地产的，免征土地增值税。
符合上述免税规定的单位和个人，须向房地产所在地税务机关提出免税申请，经审核后免征</td></tr>
</table>

续表

要点	具体内容
征收管理	土地增值税的纳税人应于转让房地产合同签订之日起7日内，到房地产所在地的主管税务机关办理纳税申报。 纳税人在项目全部竣工结算前转让房地产取得的收入，由于涉及成本确定或其他原因，而无法据实计算土地增值税的，可以预征土地增值税，待该项目全部竣工、办理结算后再进行清算，多退少补

考点二　《关于土地增值税若干问题的通知》的有关规定

要点	具体内容
概述	(1)普通住宅的认定，一律按各省、自治区、直辖市人民政府制定并对社会公布的"中小套型、中低价位普通住房"的标准执行。纳税人既建造普通住宅，又建造其他商品房的，应分别核算土地增值额。 (2)关于转让旧房准予扣除项目的计算问题。纳税人转让旧房及建筑物，凡不能取得评估价格，但能提供购房发票的，经当地税务部门确认，可按发票所载金额并从购买年度起至转让年度止每年加计5%计算扣除项目的金额。 对纳税人购房时缴纳的契税，凡能提供契税完税凭证的，准予作为"与转让房地产有关的税金"予以扣除，但不作为加计5%的基数。 对于转让旧房及建筑物，既没有评估价格，又不能提供购房发票的，地方税务机关实行核定征收。 (3)关于土地增值税的预征和清算问题。对已竣工验收的房地产项目，凡转让的房地产的建筑面积占整个项目可售建筑面积的比例在85%以上的，税务机关可以要求纳税人按照转让房地产的收入与扣除项目金额配比的原则，对已转让的房地产进行土地增值税的清算。 (4)关于因城市实施规划、国家建设需要而搬迁，纳税人自行转让房地产的征免税问题。因"城市实施规划"而搬迁，是指因旧城改造或因企业污染、扰民，而由政府或政府有关主管部门根据已审批通过的城市规划确定进行搬迁的情况；因"国家建设的需要"而搬迁，是指因实施国务院、省级人民政府、国务院有关部委批准的建设项目而进行搬迁的情况。 (5)关于以房地产进行投资或联营的征免税问题。对于以房地产进行投资、联营的，投资、联营的一方以土地(房地产)作价入股进行投资或作为联营条件，将房地产转让到所投资、联营的企业中时，暂免征收土地增值税。对投资、联营企业将上述房地产再转让的，应征收土地增值税

第六节 契 税

考点一 契税概述

要点	具体内容
纳税人	在中华人民共和国境内转移土地、房屋权属,承受的单位和个人为契税的纳税人。 (1)转移土地、房屋权属是指下列行为:①国有土地使用权出让;②土地使用权转让,包括出售、赠予和交换;③房屋买卖;④房屋赠予;⑤房屋交换。 (2)下列方式视同为转移土地、房屋权属,予以征税:①以土地、房屋权属作价投资、入股;②以土地、房屋权属抵债;③以获奖方式承受土地、房屋权属;④以预购方式或者预付集资建房款方式承受土地、房屋权属
课税对象	契税的征税对象是发生产权转移变动的土地、房屋
计税依据	国有土地使用权出让、土地使用权出售、房屋买卖,为成交价格;土地使用权赠予、房屋赠予,由征税机关参照土地使用权出售、房屋买卖的市场价格核定;土地使用权交换、房屋交换,为所交换的土地使用权、房屋的价格的差额。 为了避免发生隐价、瞒价等逃税行为,征收机关可以直接或委托房地产估价机构对房屋价值进行评估,以评估价格作为计税依据。 在房地产交易契约中,无论是否划分房产的价格和土地的价格,都以房地产交易契约价格总额为计税依据
税率	契税的税率为3% ~5%,各地适用税率,由省、自治区、直辖市人民政府按照本地区的实际情况,在规定的幅度内确定,并报财政部和国家税务总局备案
纳税环节和纳税期限	契税的纳税环节是在纳税义务发生以后,办理契证或房屋产权证之前。 按照《契税暂行条例》,由承受人自转移合同签订之日起10日内后办理纳税申报手续,并在征收机关核定的期限内缴纳税款
减税、免税	有下列行为之一的,减征、免征契税: (1)国家机关、事业单位、社会团体、军事单位承受土地、房屋用于办公、教学、医疗、科研和军事设施的,免征。 (2)城镇职工,按规定第一次购买公有住房的,免征。 (3)因不可抗力灭失住房而重新购买住房的,免征。 (4)土地、房屋被县级以上人民政府征收,重新承受土地、房屋权属的,由省、自治区、直辖市人民政府决定是否减征或者免征

续表

要点	具体内容
减税、免税	(5)纳税人承受荒山、荒沟、荒滩、荒丘土地使用权,用于农、林、牧、渔业生产的,免征。 (6)依照我国有关法律规定以及我国缔结或参加的双边和多边条约或协定的规定应当予以免税的外国驻华大使馆、领事馆、联合国驻华机构及其外交代表、领事官员和其他外交人员承受土地、房屋权属的,经外交部确认,可以免征

考点二 其他有关具体规定

要点	具体内容
概述	(1)对于《继承法》规定的法定继承人,包括配偶、子女、父母、兄弟姐妹、祖父母、外祖父母,继承土地、房屋权属,不征收契税。非法定继承人根据遗嘱承受死者生前的土地、房屋权属,属于赠与行为,应征收契税。 (2)在婚姻关系存续期间,房屋、土地权属原归夫妻一方所有,变更为夫妻双方共有或另一方所有的,或者房屋、土地权属原归夫妻双方共有,变更为其中一方所有的,或者房屋、土地权属原归夫妻双方共有,双方约定、变更共有份额的,免征契税。 (3)市、县级人民政府征收居民房屋,居民因个人房屋被征收而选择货币补偿用以重新购置房屋,并且购房成交价格不超过货币补偿的,对新购房屋免征契税;购房成交价格超过货币补偿的,对差价部分按规定征收契税。居民因个人房屋被征收而选择房屋产权调换,并且不缴纳房屋产权调换差价的,对新换房屋免征契税;缴纳房屋产权调换差价的,对差价部分按规定征收契税。 (4)企业改制重组过程中,同一投资主体内部所属企业之间土地、房屋权属的无偿划转,不征收契税。自然人与其个人独资企业、一人有限责任公司之间土地、房屋权属的无偿划转属于同一投资主体内部土地、房屋权属的无偿划转,可比照上述规定不征收契税

第七节 相关税收

考点一 营业税改征增值税

要点	具体内容
概述	增值税是以商品在流转过程中产生的增值额作为计税依据而征收的一种流转税,有增值才征税,没增值不征税。 自 2016 年 5 月 1 日起,在全国范围内全面推开营改增试点,建筑业、房地产业、金融业、生活服务业等全部营业税纳税人,纳入试点范围,由缴纳营业税改为缴纳增值税

续表

要点	具体内容
概述	营改增之后，提供不动产租赁服务，销售不动产，转让土地使用权，增值税税率为11%。一般情况下，年销售额超过规定标准500万元的为一般纳税人，低于该标准的则为小规模纳税人
计算方法	1. 一般计税方法（适用一般纳税人） 应纳税额 = 当期销项税额 - 当期进项税额销项税额 销项税额 = 销售额 × 适用税率 进项税额是指纳税人购进货物、加工修理修配劳务、服务、无形资产或者不动产，支付或者负担的增值税额。 2. 简易计税方法 一般纳税人发生财政部和国家税务总局规定的特定应税行为，可以选择适用简易计税方法计税，但一经选择，36个月内不得变更。 简易计税方法的应纳税额是指按照销售额和增值税征收率计算的增值税额，不得抵扣进项税额。 简易计税方法的应纳税额计算公式：应纳税额 = 销售额 × 征收率。 税收减免的处理：个人发生应税行为的销售额未达到增值税起征点的，免征增值税；达到起征点的，全额计算缴纳增值税。增值税起征点不适用于登记为一般纳税人的个体工商户。 增值税起征点幅度： (1)按期纳税的，为月销售额5 000～20 000元（含本数）。 (2)按次纳税的，为每次（日）销售额300～500元（含本数）
营改增对不动产经营租赁服务的主要规定	1. 一般纳税人出租不动产 一般纳税人出租其2016年4月30日前取得的不动产，可以选择适用简易计税方法，按照5%的征收率计算应纳税额。 一般纳税人出租其2016年5月1日后取得的、与机构所在地不在同一县（市）的不动产，应按照3%的预征率在不动产所在地预缴税款后，向机构所在地主管税务机关进行纳税申报。 2. 其他纳税人出租不动产 小规模纳税人出租其取得的不动产（不含个人出租住房），应按照5%的征收率计算应纳税额。 其他个人出租其取得的不动产（不含住房），应按照5%的征收率计算应纳税额。 个人出租住房，应按照5%的征收率减按1.5%计算应纳税额。 3. 一般纳税人销售不动产 (1)一般纳税人销售其2016年4月30日前取得的不动产（不含自建），适用一般计税方

续表

要点	具体内容
营改增对不动产经营租赁服务的主要规定	法计税的,以取得的全部价款和价外费用为销售额计算应纳税额。上述纳税人应以取得的全部价款和价外费用减去该项不动产购置原价或者取得不动产时的作价后的余额,按照5%的预征率在不动产所在地预缴税款后,向机构所在地主管税务机关进行纳税申报。 (2)房地产开发企业中的一般纳税人销售房地产老项目,以及一般纳税人出租其2016年4月30日前取得的不动产,适用一般计税方法计税的,应以取得的全部价款和价外费用,按照3%的预征率在不动产所在地预缴税款后,向机构所在地主管税务机关进行纳税申报。 (3)一般纳税人销售其2016年4月30日前自建的不动产,适用一般计税方法计税的,应以取得的全部价款和价外费用为销售额计算应纳税额。纳税人应以取得的全部价款和价外费用,按照5%的预征率在不动产所在地预缴税款后,向机构所在地主管税务机关进行纳税申报。 2018年12月31日前,公共租赁住房经营管理单位出租公共租赁住房,免征增值税
销售不动产的增值税规定	1. 销售自建不动产 (1)个人销售自建自用住房,免征增值税。 (2)一般纳税人销售自建不动产。一般纳税人销售其2016年4月30日前自建的不动产,可以选择适用简易计税方法,以取得的全部价款和价外费用为销售额,按照5%的征收率计算应纳税额。一般纳税人销售其2016年5月1日后自建的不动产,应适用一般计税方法,以取得的全部价款和价外费用为销售额计算应纳税额。纳税人应以取得的全部价款和价外费用,按照5%的预征率在不动产所在地预缴税款后,向机构所在地主管税务机关进行纳税申报。 (3)小规模纳税人销售其自建的不动产,应以取得的全部价款和价外费用为销售额,按照5%的征收率计算应纳税额。纳税人应按照上述计税方法在不动产所在地预缴税款后,向机构所在地主管税务机关进行纳税申报。 房地产开发企业中的一般纳税人,销售自行开发的房地产老项目,可以选择适用简易计税方法,按照5%的征收率计税。 房地产开发企业中的小规模纳税人,销售自行开发的房地产项目,按照5%的征收率计税。房地产开发企业采取预收款方式销售所开发的房地产项目,在收到预收款时按照3%的预征率预缴增值税。 2. 销售非自建不动产 (1)一般纳税人销售其2016年4月30日前取得(不含自建)的不动产,可以选择适用简易计税方法,以取得的全部价款和价外费用减去该项不动产购置原价或者取得不动产时的作价后的余额为销售额,按照5%的征收率计算应纳税额。纳税人应按照上述计税方法在不动产所在地预缴税款后,向机构所在地主管税务机关进行纳税申报。 (2)一般纳税人销售其2016年5月1日后取得(不含自建的)不动产,应适用一般计税方法,以取得的全部价款和价外费用为销售额计算应纳税额

续表

要点	具体内容
销售不动产的增值税规定	纳税人应以取得的全部价款和价外费用减去该项不动产购置原价或者取得不动产时的作价后的余额，按照5%的预征率在不动产所在地预缴税款后，向机构所在地主管税务机关进行纳税申报。 (3)小规模纳税人销售其取得(不含自建)的不动产(不含个体工商户销售购买的住房和其他个人销售不动产)，应以取得的全部价款和价外费用减去该项不动产购置原价或者取得不动产时的作价后的余额为销售额，按照5%的征收率计算应纳税额。纳税人应按照上述计税方法在不动产所在地预缴税款后，向机构所在地主管税务机关进行纳税申报。 (4)其他个人销售其取得(不含自建)的不动产(不含其购买的住房)，应以取得的全部价款和价外费用减去该项不动产购置原价或者取得不动产时的作价后的余额为销售额，按照5%的征收率计算应纳税额
营业税改征增值税后有关计税依据的规定	(1)计征契税的成交价格不含增值税。 (2)房产出租的，计征房产税的租金收入不含增值税。 (3)土地增值税纳税人转让房地产取得的收入为不含增值税收入。土地增值税扣除项目涉及的增值税进项税额，允许在销项税额中计算抵扣的，不计入扣除项目，不允许在销项税额中计算抵扣的，可以计入扣除项目。 (4)个人转让房屋的个人所得税应税收入不含增值税，其取得房屋时所支付价款中包含的增值税计入财产原值，计算转让所得时可扣除的税费不包括本次转让缴纳的增值税。个人出租房屋的个人所得税应税收入不含增值税，计算房屋出租所得可扣除的税费不包括本次出租缴纳的增值税。个人转租房屋的，其向房屋出租方支付的租金及增值税额，在计算转租所得时予以扣除。 (5)免征增值税的，确定计税依据时，成交价格、租金收入、转让房地产取得的收入不扣减增值税额。 (6)在计征上述税种时，税务机关核定的计税价格或收入不含增值税

考点二　城市维护建设税、教育费附加和地方教育费附加

要点	具体内容
概述	城建税以缴纳增值税、消费税的单位和个人为纳税人。对外商投资企业和外国企业，暂不征城建税。城建税在全国范围内征收，包括城市、县城、建制镇，及其以外的地区。 城建税实行的是地区差别税率，城市市区，税率为7%；县城、建制镇，税率为5%；不在城市市区、县城、建制镇，税率为1%。 所有纳税人除另有规定外，一律执行纳税人所在地的税率，在同一地区，只能执行同一档次的税率，不能因企业隶属关系、企业规模和行业性质不同，而执行不同的税率

续表

要点	具体内容
概述	对下列两种情况,可不执行纳税人所在地的税率,而按缴纳"两税"的所在地的适用税率缴纳城建税:一是受托方代征、代扣增值税、消费税的纳税人;二是流动经营无固定纳税地点的纳税人。 城建税以纳税人实际缴纳的增值税、消费税税额为计税依据。"两税"税额仅指"两税"的正税,不包括税务机关对纳税人加收滞纳金和罚款等非税款项。教育费附加和地方教育费附加分别与增值税、消费税同时缴纳。 现行教育费附加征收率为3%。从2010起,地方教育费附加征收率统一为2%

考点三　企业所得税

要点	具体内容
纳税人	在中华人民共和国境内,企业和其他取得收入的组织(以下统称企业)为企业所得税的纳税人。 个人独资企业、合伙企业不适用《中华人民共和国企业所得税法》
税率	企业所得税的税率为25%。非居民企业在中国境内未设立机构、场所的,或者虽设立机构、场所但取得的所得与其所设机构、场所没有实际联系的,就其来源于中国境内的所得缴纳企业所得税的,适用税率为20%
应纳税所得额	企业每一纳税年度的收入总额,减除不征税收入、免税收入、各项扣除以及允许弥补的以前年度亏损后的余额,为应纳税所得额。 企业以货币形式和非货币形式从各种来源取得的收入,为收入总额。包括:(1)销售货物收入;(2)提供劳务收入;(3)转让财产收入;(4)股息、红利等权益性投资收益;(5)利息收入;(6)租金收入;(7)特许权使用费收入;(8)接受捐赠收入;(9)其他收入。 企业实际发生的与取得收入有关的、合理的支出,包括成本、费用、税金、损失和其他支出,准予在计算应纳税所得额时扣除
应纳税额	企业的应纳税所得额乘以适用税率,减除依照《中华人民共和国企业所得税法》关于税收优惠的规定减免和抵免的税额后的余额,为应纳税额。 企业取得的下列所得已在境外缴纳的所得税税额,可以从其当期应纳税额中抵免,抵免限额为该项所得依照本法规定计算的应纳税额,超过抵免限额的部分,可以在以后5个年度内,用每年度抵免限额抵免当年应抵税额后的余额进行抵补。 可以抵补的情况:(1)居民企业来源于中国境外的应税所得;(2)非居民企业在中国境内设立机构、场所,取得发生在中国境外但与该机构、场所有实际联系的应税所得

续表

要点	具体内容
房地产开发企业所得税预缴税款的处理	(1)企业按实际利润据实分季(或月)预缴企业所得税的,对开发、建造的住宅、商业用房以及其他建筑物、附着物、配套设施等开发产品,在未完工前采取预售方式销售取得的预售收入,按照规定的预计利润率分季(或月)计算出预计利润额,计入利润总额预缴,开发产品完工、结算计税成本后按照实际利润再行调整。 (2)预计利润率暂按以下规定的标准确定:①非经济适用房开发项目:位于省、自治区、直辖市和计划单列市人民政府所在地城区和郊区的,不得低于20%;位于地级市、地区、盟、州城区及郊区的,不得低于15%;位于其他地区的,不得低于10%。②经济适用房开发项目,不得低于3%

考点四　个人所得税

要点	具体内容
纳税人	个人所得税的纳税人为在中国境内有住所或者无住所而在境内居住满一年的,从中国境内和境外取得所得的个人。在中国境内无住所又不居住或者无住所而在境内居住不满一年的个人,从中国境内取得的所得的,依照法律规定同样需缴纳个人所得税
税目	下列各项个人所得,应纳个人所得税:(1)工资、薪金所得;(2)个体工商户的生产、经营所得;(3)对企事业单位的承包经营、承租经营所得;(4)劳务报酬所得;(5)稿酬所得;(6)特许权使用费所得;(7)利息、股息、红利所得;(8)财产租赁所得;(9)财产转让所得;(10)偶然所得;(11)经国务院财政部门确定征税的其他所得
与房地产相关的个人所得税税率	财产租赁所得,财产转让所得,适用比例税率,税率为20%
与转让住房有关的征收个人所得税具体规定	个人转让住房,以其转让收入额减除财产原值和合理费用后的余额为应纳税所得额,按照“财产转让所得”项目缴纳个人所得税。 个人转让住房所得应纳个人所得税的计算具体规定如下: (1)对住房转让所得征收个人所得税时,以实际成交价格为转让收入。 (2)对转让住房收入计算个人所得税应纳税所得额时,纳税人可凭原购房合同、发票等有效凭证,经税务机关审核后,允许从其转让收入中减除房屋原值、转让住房过程中缴纳的税金及有关合理费用。 ①房屋原值具体为:商品房为购置该房屋时实际支付的房价款及交纳的相关税费。 ②转让住房过程中缴纳的税金是指纳税人在转让住房时实际缴纳的增值税、城市维护建设税、教育费附加、土地增值税、印花税等税金。 ③合理费用是指纳税人按照规定实际支付的住房装修费用、住房贷款利息、手续费、公证费等费用

续表

要点	具体内容
与转让住房有关的征收个人所得税具体规定	(3)纳税人未提供完整、准确的房屋原值凭证,不能正确计算房屋原值和应纳税额的,税务机关可对其实行核定征税,即按纳税人住房转让收入的一定比例核定应纳个人所得税额。具体比例在住房转让收入1% ~3%的幅度内确定。 (4)对个人转让自用5年以上,并且是家庭唯一生活用房取得的所得,免征个人所得税。 受赠人取得赠予人无偿赠予的不动产后,再次转让该项不动产的,在缴纳个人所得税时,以财产转让收入减除受赠、转让住房过程中缴纳的税金及有关合理费用后的余额为应纳税所得额,按20%的适用税率计算缴纳个人所得税。在计征个人受赠不动产个人所得税时,不得核定征收,必须按税法规定据实征收

考点五　印花税

要点	具体内容
概念	对因商事活动、产权转移、权利许可证照授受等行为而书立、领受的应税凭证征收的一种税。 印花税的纳税人为在中国境内书立、领受税法规定应税凭证的单位和个人,包括国内各类企业、事业、机关、团体、部队及中外合资企业、中外合作企业、外商独资企业、外国公司和其他经济组织及其在华机构等单位和个人
征收范围	主要是经济活动中最普遍、最大量的各种商事和产权凭证,具体包括以下几项:(1)购销、加工承揽、建设工程勘察设计、建设安装工程承包、财产租赁、货物运输、仓储保管、借款、财产保险、技术等合同或者具有合同性质的凭证;(2)产权转移书据;(3)营业账簿;(4)权利、许可证照;(5)经财政部确定征税的其他凭证。 印花税的税率采用比例税率和定额税率两种。对一些载有金额的凭证,如各类合同、资金账簿等,采用比例税率。税率共分5档:1‰、0.5‰、0.3‰、0.1‰、0.05‰;对一些无法计算金额的凭证,或者虽载有金额,但作为计税依据明显不合理的凭证,采用定额税率,每件缴纳一定数额的税款
计税依据	(1)合同或具有合同性质的凭证,以凭证所载金额作为计税依据。 (2)营业账簿中记载资金的账簿,以固定资产原值和自有流动资金总额作为计税依据。 (3)不记载金额的营业执照、专利证、专利许可证照,以及企业的日记账簿和各种明细分类账簿等辅助性账簿,按凭证或账簿的件数纳税
免征情况	(1)财产所有人将财产捐赠给政府、社会福利单位、学校所书立的书据,免征印花税。 (2)已纳印花税凭证的副本或抄本,免征印花税。 (3)外国政府或者国际金融组织向我国政府及国家金融机构提供优惠贷款所立的合同,免征印花税。 (4)有关部门根据国家政策需要发放的无息、贴息贷款合同,免征印花税。 (5)经财政部批准免税的其他凭证,免征印花税

第八节　有关房地产税收的优惠政策

考点一　享受优惠政策的普通住房标准

要点	具体内容
享受优惠政策的住房应同时满足以下条件	(1)住宅小区建筑容积率在1.0以上。 (2)单套建筑面积在120 m² 以下。 (3)实际成交价格低于同级别土地上住房平均交易价格1.2倍以下。 各省允许单套建筑面积和价格的浮动比例不超过20%

考点二　个人购买销售住房税收优惠政策

要点	具体内容
营改增前后的营业税优惠政策	1.在营改增之前(自2016年2月22日起) (1)北京市、上海市、广州市、深圳市以外的地区实行以下优惠政策:个人将购买不足2年的住房对外销售的,全额征收营业税;个人将购买2年以上(含2年)的住房对外销售的,免征营业税。 (2)北京市、上海市、广州市、深圳市继续实行原来优惠政策:个人将购买不足2年的住房对外销售的,全额征收营业税;个人将购买2年以上(含2年)的非普通住房对外销售的,按照其销售收入减去购买房屋的价款后的差额征收营业税;个人将购买2年以上(含2年)的普通住房对外销售的,免征营业税。 2.在营改增之后 (1)北京市、上海市、广州市、深圳市以外的地区实行以下优惠政策:个人将购买不足2年的住房对外销售的,按照5%的征收率全额缴纳增值税;个人将购买2年以上(含2年)的住房对外销售的,免征增值税。 (2)北京市、上海市、广州市、深圳市实行的优惠政策:个人将购买不足2年的住房对外销售的,按照5%的征收率全额缴纳增值税;个人将购买2年以上(含2年)的非普通住房对外销售的,以销售收入减去购买住房价款后的差额按照5%的征收率缴纳增值税;个人将购买2年以上(含2年)的普通住房对外销售的,免征增值税。 个人购买住房的时间以取得的房屋产权证或契税完税证明上注明的时间作为其购买房屋的时间。房屋产权证和契税完税证明且二者所注明的时间不一致的,按照"孰先"的原则确定购买房屋的时间。 对于根据国家房改政策购买的公有住房,以购房合同的生效时间、房款收据的开具日期或房屋产权证上注明的时间,按照"孰先"的原则确定购买房屋的时间

续表

要点	具体内容
契税	自2016年2月22日起，对个人购买家庭唯一住房（家庭成员包括购房人、配偶以及未成年子女），面积为90 m^2 及以下的，减按1%的税率征收契税；面积为90 m^2 以上的，减按1.5%的税率征收契税。对个人购买家庭第二套改善性住房，面积为90 m^2 及以下的，减按1%的税率征收契税；面积为90 m^2 以上的，减按2%的税率征收契税
土地增值税	自2008年11月1日起，对个人销售住房暂免征收土地增值税
印花税	自2008年11月1日起，对个人销售或购买住房暂免征收印花税

考点三　个人出售住房所得税优惠政策

要点	具体内容
概述	按照“财产转让所得”项目征收个人所得税，按下列原则确定： （1）个人出售已购公有住房，其应纳税所得额为个人出售已购公有住房的销售价款，减除住房面积标准的经济适用住房价款、原支付超过住房面积标准的房价款、向财政或原产权单位缴纳的所得收益以及税法规定的合理费用后的余额。 （2）职工以成本价（或标准价）出资的集资合作建房、安居工程住房、经济适用住房以及拆迁安置住房，按照已购公有住房确定应纳税所得额。 （3）受赠人取得赠与人无偿赠与的住房后，再次转让的，在缴纳个人所得时，应纳税所得额为住房转让收入减除受赠、转让住房过程中缴纳的税金及有关合理费用后的余额。 （4）对个人转让自用5年以上，并且是家庭唯一生活用房取得的所得，继续免征个人所得税

考点四　住房租赁税收优惠政策

要点	具体内容
概述	2008年3月1日起，房屋租赁市场税收按以下规定执行： （1）对个人出租住房取得的所得税按10%的税率征收个人所得税。 （2）对个人出租、承租住房签订的租赁合同，免征印花税。 （3）对个人出租住房取得的收入，不区分用途，在3%税率的基础上减半征收营业税，按4%的税率征收房产税，免征城镇土地使用税。 （4）对企事业单位、社会团体以及其他组织按市场价格向个人出租用于居住的住房取得的收入，减按4%的税率征收房产税

考点五　经济适用住房的税收优惠政策

要点	具体内容
概述	(1)对经济适用住房建设用地,免征城镇土地使用税。 (2)企事业单位、社会团体以及其他组织转让旧房作为经济适用住房房源且增值额未超过扣除项目金额 20% 的,免征土地增值税。 (3)对经济适用住房经营管理单位与经济适用住房相关的印花税以及经济适用住房购买人涉及的印花税予以免征。 (4)经济适用住房经营管理单位回购经济适用住房继续作为经济适用住房房源的,免征契税。 (5)对个人购买经济适用住房,在法定税率基础上减半征收契税。 (6)经济适用住房经营管理单位为县级以上人民政府主办或确定的单位

考点六　公共租赁住房建设和运营的税收优惠政策

要点	具体内容
概述	(1)对公共租赁住房建设期间用地及公共租赁住房建成后占地免征城镇土地使用税。在其他住房项目中配套建设公共租赁住房,依据政府部门出具的相关材料,按公共租赁住房建筑面积占总建筑面积的比例免征建设、管理公共租赁住房涉及的城镇土地使用税。 (2)对公共租赁住房经营管理单位免征建设、管理公共租赁住房涉及的印花税。在其他住房项目中配套建设公共租赁住房,依据政府部门出具的相关材料,按公共租赁住房建筑面积占总建筑面积的比例免征建设、管理公共租赁住房涉及的印花税。 (3)对公共租赁住房经营管理单位购买住房作为公共租赁住房,免征契税、印花税;对公共租赁住房租赁双方免征签订租赁协议涉及的印花税。 (4)对企事业单位、社会团体以及其他组织转让旧房作为公共租赁住房房源,且增值额未超过扣除项目金额 20% 的,免征土地增值税。 (5)企事业单位、社会团体以及其他组织捐赠住房作为公共租赁住房,符合税收法律法规规定的,对其公益性捐赠支出在年度利润总额 12% 以内的部分,准予在计算应纳税所得额时扣除。 个人捐赠住房作为公共租赁住房,符合税收法律法规规定的,对其公益性捐赠支出未超过其申报的应纳税所得额 30% 的部分,准予从其应纳税所得额中扣除。 (6)对符合地方政府规定条件的低收入住房保障家庭从地方政府领取的住房租赁补贴,免征个人所得税。 (7)对公共租赁住房免征房产税。对经营公共租赁住房所取得的租金收入,免征营业税。公共租赁住房经营管理单位应单独核算公共租赁住房租金收入,未单独核算的,不得享受免征营业税、房产税优惠政策

跟踪训练

一、单项选择题

1.(　　)是税收的关键特征。

A. 固定性　　B. 强制性

C. 无偿性　　D. 公益性

2. 税收的基本理论中,(　　)决定税收的课税范围,是区别征税与不征税的主要界限,也是区别不同税种的主要标志。

A. 课税主体　　B. 课税对象

C. 税基　　D. 税率

3. 某企业自用的地下商业用房,应税房屋原值为 200 万元,则应纳房产税的最低税额为(　　)万元。

A. 1.44　　B. 1.68

C. 1.92　　D. 2.16

4. 某房地产开发商转让一块以出让方式取得的土地使用权,转让收入为 2 900 万元,土地增值税规定的扣除项目金额为 1800 万元,土地增值税应纳税额为(　　)万元。

A. 330　　B. 350

C. 440　　D. 870

5. 对已竣工验收的房地产项目,凡转让的房地产的建筑面积占整个项目可售建筑面积的比例在(　　)以上的,应进行土地增值税的清算。

A. 55%　　B. 65%

C. 75%　　D. 85%

6. 城镇土地使用税采用分类分级的(　　)税率。

A. 比例　　B. 超额累进

C. 全额累进　　D. 幅度定额

7. 纳税人建造普通标准住宅出售,增值额未超过扣除项目金额之和(　　)的,免征土地增值税。

A. 10%　　B. 20%　　C. 30%　　D. 40%

8. 房产税是以(　　)为课税对象,向产权所有人征收的一种税。

A. 土地使用权　　B. 房产人

C. 房产　　D. 纳税人

9. 经营性自用的地下房产缴纳房产税的计税依据是(　　)。

A. 房产原值　　B. 房产净值

C. 房产余值　　D. 房产市场价格

10. 下列取得房地产的行为中,属于免征契税的是(　　)。

A. 接受遗赠房地产

B. 购买经济适用住房

C. 城镇职工第一次购买公有住房

D. 购买 90 m^2 以下且属于该家庭唯一住房

二、多项选择题

1. 享受优惠政策住房原则上应同时满足(　　)。

A. 住宅小区建筑容积率在 1.0 以上

B. 单套建筑面积在 120 平方米以下

C. 单套建筑面积在 140 平方米以下

D. 实际成交价格低于同级别土地上住房平均交易价格 1.2 倍以下

E. 实际成交价格低于同级别土地上住房平均交易价格 1.5 倍以下

2. 转移土地、房屋权属是指(　　)的行为。

A. 国有土地使用权出让

B. 土地使用权转让,包括出售、赠与和交换

C. 房屋买卖

D. 房屋赠与

E. 房屋交换

3. 下列各项免征房产税的有(　　)。

A. 国家机关自用的房产　　B. 军队自用的房产

C. 学校自用的房产　　D. 宗教寺庙自用的房产

E. 名胜古迹自用的方产

4. 下列选项中,视同为转移土地、房屋权属,予以征收契税的是(　　)。

A. 以土地、房屋权属作价投资、入股

B. 以土地、房屋权属抵债

C. 以获奖方式承受土地、房屋权属

D. 以预购方式或预付集资建房款方式承受土地、房屋权属

E. 以土地、房屋抵押的

5. 按照陈某的遗嘱,其拥有的多处房屋分别由下列承受人承受,其中,应缴纳契税的有(　　)。

A. 陈某的儿子　　B. 陈某的经纪人

C. 陈某的继母　　D. 陈某的女儿

E. 护理陈某多年的保姆

三、判断题

1. 对于出租的房产,房产税按照房产租金收入计征,税率为 1.2%。　(　　)

2. 居民因房屋征收重新购置的住房,购房成交价与征收补偿款等额部分免征契税。　(　　)

3. 对公共租赁住房经营管理单位购买住房作为公共租赁住房的,免征营业税、房产税。　(　　)

参考答案及解析

一、单项选择题

1. C 【解析】税收具有无偿性、固定性和强制性的特征。其中,无偿性是税收的关键特征。

2. B 【解析】(课税客体)课税对象又称征税对象,是税法规定的课税目的物,即国家对什么事物征税。课税对象决定税收的课税范围,是区别征税与不征税的主要界限,也是区别不同税种的主要标志。

3. B 【解析】自用的地下建筑、工业用途房产,以房屋原价的50%~60%作为应税房产原值;商业和其他用途房产,以房屋原价的70%~80%作为应税房产原值。本题为企业自用的地下商业用房,则最低额应税房产原值为房屋原价的70%。应纳房产税税额=应税房产原值×[1-30%]×1.2%=200×70%×1.2%=1.68。

4. B 【解析】(1)土地增值额=2 900万元-1 800万元=1 100万元。(2)适用公式:土地增值额超过扣除项目金额50%,未超过100%的,应纳税额:土地增值额×40%-扣除项目×5%=1 100×40%-1 800×5%=350万元。

5. D 【解析】《关于土地增值税若干问题的通知》规定,对已竣工验收的房地产项目,凡转让的房地产的建筑面积占整个项目可售建筑面积的比例在85%以上的,税务机关可以要求纳税人按照转让房地产的收入与扣除项目金额配比的原则,对已转让的房地产进行土地增值税的清算。

6. D 【解析】城镇土地使用税采用分类分级的幅度定额税率。

7. B 【解析】下列情况免征土地增值税:(1)纳税人建造普通标准住宅出售,其土地增值额未超过扣除金额20%的;(2)因国家建设需要而被政府征用的房地产。

8. C 【解析】房产税是以房产为课税对象,向产权所有人征收的一种税。土地使用权、房产人、纳税人不是房产税的课税对象。

9. A 【解析】自用的地下建筑,按以下方式计税:(1)工业用途房产,以房屋原价的50%~60%作为应税房产原值。(2)商业和其他用途房产,以房屋原价的70%~80%作为应税房产原值。(3)对于与地上房屋相连的地下建筑,应将地下部分与地上房屋视为一个整体按照地上房屋建筑的有关规定计算征收房产税。

10. C 【解析】有下列行为之一的,减征、免征契税:(1)国家机关、事业单位、社会团体、军事单位承受土地、房屋用于办公、教学、医疗、科研和军事设施的,免征;(2)城镇职工,按规定第一次购买公有住房的,免征;(3)因不可抗力灭失住房而重新购买住房的,免征;(4)土地、房屋被县级以上人民政府征收,重新承受土地、房屋权属的,由省、自治区、直辖市人民政府决定是否减征或者免征;(5)纳税人承受荒山、荒沟、荒滩、荒丘土地使用权,用于农、林、牧、渔业生产的,免征;(6)依照我国有关法律规定以及我国缔结或参加的双边和多边条约或协定的规定应当予以免税的外国驻华大使馆、领事馆、联合国驻华机构及其外交代表、领事官员和其他外交人员承受土地、房屋权属的,经外交部确认,可以免征。

二、多项选择题

1. ABD 【解析】享受优惠政策的住房应同时满足以下条件(1)住宅小区建筑容积率在1.0以上;(2)单套建筑面积在120 m^2 以下;(3)实际成交价格低于同级别土地上住房平均交易价格1.2倍以下。

2. ABCDE 【解析】转移土地、房屋权属是指下列行为:(1)国有土地使用权出让;(3)土地使用权转让,包括出售、赠与和交换;(3)房屋买卖;(4)房屋赠与;(5)房屋交换。其中,土地使用权转让,不包括农村集体土地承包经营权的转移。

3. ABCDE 【解析】免征房产税的有:(1)国家机关、人民团体、军队自用的房产。但是,上述单位的出租房产以及非自身业务使用的生产、经营用房,不属于免税范围;(2)由国家财政部门拨付事业经费的单位自用的房产;(3)宗教寺庙、公园、名胜古迹自用的房产。但其附设的营业用房及出租的房产,不属于免税范围;(4)个人所有非营业用的房产。对房地产开发企业建造的商品房,在售出前,不征收房产税;但对售出前房地产开发企业已使用或出租、出借的商品房应按规定征收房产税;(5)经财政部批准免税的其他房产。

4. ABCD 【解析】下列方式视同为转移土地、房屋权属,予以征税:(1)以土地、房屋权属作价投资、入股;(2)以土地、房屋权属抵债;(3)以获奖方式承受土地、房屋权属;(4)以预购方式或者预付集资建房款方式承受土地、房屋权属。

5. BE 【解析】法定继承人,不征收契税,非法定继承人根据遗嘱承受房地产的,应征收契税。

三、判断题

1. × 【解析】出租房产,按房产租金收入的12%计征。

2. √ 【解析】居民因个人房屋被征收而选择货币补偿用以重新购置房屋,并且购房成交价格不超过货币补偿的,对新购房屋免征契税;购房成交价格超过货币补偿的,对差价部分按规定征收契税。

3. × 【解析】对公共租赁住房经营管理单位购买住房作为公共租赁住房的,免征契税、印花税。对经营公租房所取得的租金收入,免征营业税、房产税。

下篇 房地产相关知识

第一章 规划知识

知识导图

- 规划知识
  - 规划概述
    - 各种规划的基本概念
    - 各种规划之间的关系
  - 城市规划概述
    - 城市规划的含义、作用和任务
    - 城市规划体系
    - 城市规划管理系统
  - 城市总体规划
    - 城市总体规划的主要任务和内容
    - 城市发展战略
    - 城市性质与城市规模
    - 城市分区规划
    - 城市用地
  - 城市详细规划
    - 控制性详细规划
    - 修建性详细规划
  - 城市居住区规划
    - 居住区及规划布局
    - 居住区规划的任务和内容
    - 居住区的用地构成和规模
    - 住宅及其用地的规划布置
    - 公共建筑及其用地的规划布置
    - 居住区道路的规划布置
    - 居住区绿地的规划布置
    - 居住区规划的技术经济分析

考情分析

本章主要介绍了规划概述、城市规划概述、城市总体规划、城市详细规划、城市居住区规划。本章的学习重点是城市用地的自然条件评价、控制性详细规划的内容和控制体系,学习难点是居住区规划的技术经济分析。

本章在考试中的平均分值为 5 分,考试目的是测查应试人员对规划、城市规划、城市总体规划、城市详细规划等的了解、熟悉与掌握程度。

表解考点

考点	重要等级
规划的含义和主要类型	掌握
规划的作用	了解
城市规划的含义	掌握
城市规划的作用和任务	了解
城市规划法律体系	了解
城市规划行政体系和运作体系	熟悉
城市规划管理系统	了解
城市总体规划的主要任务和内容	熟悉
城市总体规划与其他相关规划的关系	了解
城市性质与城市规模	了解
城市分区规划	熟悉
城市用地分类	熟悉
城市用地的自然条件评价	掌握
城市用地的建设条件评价	掌握
城市用地经济评价	掌握
控制性详细规划的作用	了解
控制性详细规划的内容和控制体系	掌握
控制性详细规划有关计算规则	熟悉
修建性详细规划	了解
居住区及规划布局	了解
居住区规划的任务和内容	了解
居住区的用地构成和规模	熟悉
住宅及其用地的规划布置	熟悉
公共建筑及其用地的规划布置	熟悉
居住区道路的规划布置	熟悉

续表

考点	重要等级
居住区绿地的规划布置	熟悉
居住区规划的技术经济分析	掌握

考点详解

第一节　规划概述

考点一　各种规划的基本概念

要点	具体内容
国民经济和社会发展规划	国民经济和社会发展规划可分为全国性、省级和城市级规划，分别用以确定全国、省、城市发展的战略目标。 内容：战略目标；国民经济发展重大方针政策；区域间和城市重大的空间部署；规划指标分解：经济发展指标包括人均 GDP、每万元 GDP 综合能耗、国民收入等；社会发展指标（教育经费、研发与开发经费各自占 GDP 的比例、中小学普及率）；城市基础设施和环境指标
国土规划	对国土资源的开发、利用、治理和保护的全面规划。内容：自然资源的开发利用、产业布局和地区组合与发展
土地利用总体规划	各级人民政府，根据国家社会经济可持续发展的要求和当地自然、经济、社会条件，依法组织对辖区内全部土地的开发、利用、整治、保护在空间和时间上所作的综合部署和统筹安排。 各级地方人民政府编制的土地利用总体规划，建设用地总量不得超过上一级土地利用总体规划确定的控制指标，耕地保有量不低于上一级土地利用总体规划的控制指标。省、自治区、直辖市人民政府应该确保行政区内耕地总量不减少。 编制原则：严格保护基本农田，控制非农建设占用农用地；提高土地利用率；统筹安排各类区域用地；保护和改善生态环境，保障土地的可持续利用；占用耕地与开发复垦耕地相平衡
区域规划	实现一定区域范围的开发和建设目标进行的总体部署。区际规划解决区域之间的发展不平衡和区际分工协作问题；区内规划对一定区域内的社会经济发展和建设布局进行全面规划

续表

要点	具体内容
区域规划	区域规划的任务：因地制宜发展区域经济，有效利用资源，合理配置生产力和城镇居民点，使各项建设在地域分布上综合协调，提高社会经济效益，保持良好生态环境，顺利进行区域开发和建设。 区域规划是以跨行政区的经济区为编制对象，是国家总体规划或省级总体规划在特定经济区的细化和落实。其作用是划定主要功能区的“红线”，主要内容是把经济中心、城镇体系、产业聚集区、基础设施以及限制开发地区等落实到具体地域空间
城乡规划	城乡规划包括城镇体系规划、城市规划、镇规划、乡规划和村庄规划。城市规划、镇规划分为总体规划和详细规划。详细规划分为控制性详细规划和修建性详细规划
城市环境保护规划和城市生态规划	城市环境保护规划是城市总体规划的重要组成部分，属城市专项规划范畴。 城市生态规划致力于将生态学思想和原理渗透于城市规划的各个方面，并使城市规划“生态化”。城市生态规划不仅关注城市的自然生态，也关注城市的社会生态

考点二　各种规划之间的关系

要点	具体内容
城市总体规划与国民经济和社会发展规划的关系	城市总体规划依据国民经济和社会发展规划来确定城市发展的规模、速度与内容，同时将国民经济和社会发展规划中对生产力布局、居民生活等框架安排落实到城市的土地资源配置和空间布局中，并通过城市规划的实施，使国民经济和社会发展规划最终得以贯彻与实现。 国民经济和社会发展规划是城市总体规划的依据，是编制和调整城市总体规划的指导性文件。在国民经济和社会发展规划中，与城市总体规划密切相关的是有关生产力布局、人口、城乡建设以及环境保护等部分
城市总体规划与土地利用总体规划的关系	城市总体规划应该与土地利用总体规划相衔接，城市总体规划中的建设用地规模不得超过土地利用总体规划确定的城市和村庄集镇建设用地规模。二者要相互协调制约
城市总体规划和区域规划的关系	区域规划是城市总体规划的依据。区域规划的建设布局方案和计划时序，通过城市总体规划和专业部门规划得以贯彻落实

第二节　城市规划概述

考点一　城市规划的含义、作用和任务

要点	具体内容
含义	城市规划是为了实现一定时期内城市的经济和社会发展目标，而进行的确定城市性质、规模和发展布局，合理利用城市土地，协调城市空间布局和进行各项建设的综合部署与全面安排。城市规划是建设城市和管理城市的基本依据，是保证城市空间资源有效配置与土地合理利用的前提和基础，是实现城市经济和社会发展目标的重要手段之一
作用	城市规划是代表国家意志的政府行为，是政府通过确定城市未来发展目标，制定实现这些目标的途径、步骤和行动纲领，以及对城市空间，尤其是土地资源的配置，来引导和控制未来城市发展的纲领性文件。 城市规划的作用体现在下列三个层次： (1)城市规划是国家对城市建设进行宏观调控的手段。 (2)城市规划是政策形成和实施的工具。 (3)城市规划形成了城市未来的空间架构
任务	(1)确定城市的规模和发展方向，实现城市的经济和社会发展目标。 (2)从城市的整体和长远利益出发，合理和有序地配置城市空间资源。 (3)通过空间资源配置，提高城市的运作效率，促进经济和社会发展。 (4)确保城市经济和社会发展与生态环境相协调，增强城市发展的可持续性。 (5)建立各种引导机制和控制规则，确保各项建设活动与城市发展目标相一致

考点二　城市规划体系

要点	具体内容
城市规划法律体系	(1)主干法及配套法规和规章。《城乡规划法》是主干法，配套法规或规章由主干法授权相应的政府主管部门制定并报国家立法机构备案。 (2)专项法。针对规划中某些特定议题的立法。 (3)相关法律法规，如《土地管理法》《环境保护法》《城市房地产管理法》《文物保护法》《公路法》《建筑法》《标准化法》《消防法》等
城市规划行政体系	1. 城市规划的编制 城市人民政府组织编制城市总体规划。县人民政府组织编制县人民政府所在地镇的总体规划，其他镇的总体规划由镇人民政府组织编制

续表

要点	具体内容
城市规划行政体系	2. 城市规划的审批 直辖市的城市总体规划由直辖市人民政府报国务院审批。省、自治区人民政府所在地的城市以及国务院确定的城市的总体规划,由省、自治区人民政府审查同意后,报国务院审批。其他城市的总体规划,由城市人民政府报省、自治区人民政府审批。 县人民政府组织编制县人民政府所在地镇的总体规划,报上一级人民政府审批。其他镇的总体规划由镇人民政府组织编制,报上一级人民政府审批。 分区规划和详细规划一般由市人民政府城市规划行政主管部门审批。编制分区规划的城市详细规划,除重要的详细规划由市人民政府审批外,由市人民政府规划行政主管部门审批
城市规划运作体系	1. 城市规划具体编制 城市规划具体编制分为战略性发展规划的编制和实施控制性规划的编制。 根据编制的深度和内容,城市详细规划又可以进一步分为控制性详细规划(确定建设地区的土地使用性质和使用强度的控制指标、道路和工程管线控制性位置、空间环境控制等内容)和修建性详细规划(以城市总体规划、分区规划和控制性详细规划为依据,指导各项建设和工程设施的设计与施工)。 2. 城市规划实施控制 城市规划实施控制是为了落实城市规划的具体实施而采取的城市规划建设管理的运作方式。如建设用地规划许可证(提出出让地块的位置、使用性质、开发强度等规划条件,作为土地使用权出让合同的组成部分)。未确定规划条件的地块,不得出让国有土地使用权

考点三　城市规划管理系统

要点	具体内容
城市规划决策系统	城市规划决策系统,即城市规划的组织编制和审批管理系统,主要负责制定城市规划
城市规划执行系统	城市规划执行系统,即城市规划实施管理系统,是围绕从建设工程的计划、用地到建设而开展的,管理工作贯穿于建设的全过程
城市规划反馈系统	城市规划反馈系统,即城市规划实施的监督检查管理系统,主要负责建设工程规划审批后管理和查处违法用地、违法建设两项管理工作

续表

要点	具体内容
城市规划保障系统	城市规划法律规范的制定，构成了城市规划管理系统中保障系统的主要内容

第三节　城市总体规划

考点一　城市总体规划的主要任务和内容

要点	具体内容
城市总体规划的主要任务	城市总体规划是综合研究和确定城市性质、规模及空间发展形态，统筹安排城市各项建设用地，合理配置城市各项基础设施，处理好远期发展与近期建设的关系，指导城市合理发展的战略部署和纲领性文件
城市总体规划的主要内容	城市发展布局，功能分区，用地布局，综合交通体系，禁止、限制和适宜建设的地域范围，各类专项规划。 城市总体规划、镇总体规划的期限一般是20年，近期建设规划的期限是5年。近期建设规划的主要内容有：重要基础设施、公共服务设施和中低收入居民住房建设，生态环境保护等

考点二　城市发展战略

要点	具体内容
含义	城市发展战略指在较长时期内，人们从城市的各种因素、条件和可能变化的趋势预测出发，作出关系到城市经济、社会、环境发展全局的根本谋划和对策
主要内容	(1)经济发展目标。包括国内生产总值(GDP)等经济总量指标、人均国民收入等经济效益指标，以及第一、二、三产业之间的比例等经济结构指标。 (2)社会发展目标。包括总人口规模等人口总量指标、年龄结构等人口构成指标，人均寿命等反映居民生活水平的指标，以及居民受教育程度等人口素质指标。 (3)建设水平目标。包括建设规模、土地利用结构、人际环境质量、基础设施水平等方面的指标

考点三　城市性质与城市规模

要点	具体内容
城市性质	城市性质是指城市在一定地区、国家以至更大范围内的政治、经济与社会发展中所处的地位和所担负的主要职能。 1. 确定城市性质的意义 在编制城市总体规划时，首先要确定城市的性质。 2. 确定城市性质的依据 (1)国家方针、政策及国家经济发展规划对该城市建设的要求。 (2)该城市所处区域的地位与所担负的任务。 (3)该城市自身所具备的条件。 3. 确定城市性质的方法 一般采用“定性分析”和“定量分析”相结合的方法。 4. 按城市性质划分城市类型 (1)工业城市。 (2)交通港口城市。 (3)中心城市。 (4)县城。 (5)特殊职能城市
城市规模	广义的城市规模包括城市的人口规模、用地规模、生产力规模等；狭义的城市规模指城市人口规模，即城市人口总数，通常以市区的常住非农业人口作为衡量城市人口规模的依据。 1. 确定城市规模的意义 确定城市规模是城市总体规划的首要工作之一，对城市发展具有重要意义。 2. 确定城市规模的常用方法 (1)综合平衡法。对城市人口的自然增长和机械增长分别作出预测，再加上当前期末人口总数，从而得出未来城市总人口的预测结果。 (2)区域分配法。根据区域经济发展预测城市化水平，将城市人口根据区域生产力布局分配给各个城镇。 (3)环境容量法。根据城市基础设施的支持能力和自然资源的供给能力来计算城市极限人口的方法。 (4)线性回归分析法。根据城市人口发展规模与年份之间的相互关系，对未来城市人口规模进行预测的方法。 3. 按城市人口划分城市类型 国发〔2014〕51 号文《国务院关于调整城市规模划分标准的通知》五类七档： (1)城区常住人口 50 万以下为小城市(20 万～50 万为Ⅰ型小城市，20 万以下为Ⅱ型小城市)。 (2)城区常住人口 50 万～100 万，为中等城市

续表

要点	具体内容
城市规模	(3)城区常住人口100万~500万,为大城市(300万~500万为Ⅰ型大城市,100万~300万为Ⅱ型大城市)。 (4)500万~1 000万,为特大城市。 (5)1 000万以上,为超大城市

考点四　城市分区规划

要点	具体内容
概述	大城市、中等城市为了进一步控制和确定不同地段的土地用途、范围和容量,协调各项基础设施和公共设施的建设,在总体规划的基础上,可以编制分区规划
任务	在城市总体规划基础上,对城市土地利用、人口分布和公共设施、城市基础设施的配置作出进一步的安排,以便与城市详细规划更好地衔接
内容	分区内土地使用性质、居住人口分布、建筑及用地的容量控制指标;确定市、区、居住区级公共设施的分布及其用地范围;确定城市主、次干道的红线位置、断面、控制点坐标和标高,确定支路的走向、宽度以及主要交叉口、广场、停车场位置和控制范围;确定绿地系统、河湖水面、供电高压线走廊、对外交通设施、风景名胜的用地界限和文物古迹、传统街区的保护范围,提出空间形态的保护要求;确定工程干管的位置、走向、管径、服务范围以及主要工程设施的位置和用地范围、分区规划的规划期限一般与城市总体规划一致

考点五　城市用地

要点	具体内容
城市用地分类	《城市用地分类与规划建设用地标准》(GB 50137—2011)为国家标准。 市域内城乡用地共分为2大类、8中类、17小类。城乡用地分类和代码属于强制性条文。 城市建设用地共分为8大类、35中类、44小类。城市建设用地分类和代码属于强制性条文。 用地应按平面投影面积计算。每块用地应只计算一次,不得重复计算。分片布局的城市(镇)应先分片计算用地,再进行汇总。用地统计范围与人口统计范围必须一致,人口规模应按常住人口进行统计。 城市(镇)总体规划用地应采用1/10 000或1/5 000比例尺的图纸进行分类计算。现状和规划的用地计算范围应一致。用地规模应根据图纸比例确定统计精度,1/10 000图纸应精确至个位,1/5 000图纸应精确至小数点后一位

续表

要点	具体内容
城市用地分类	规划建设用地标准应包括规划人均城市建设用地标准、规划人均单项城市建设用地标准和规划城市建设用地结构三部分。 (1)首都的规划人均城市建设用地指标应在105.1～115.0 m²/人内确定。 (2)新建城市的规划人均城市建设用地指标应在85.1～105.0 m²/人内确定。 (3)除首都以外的现有城市的规划人均城市建设用地指标,应根据现状人均城市建设用地规模、城市所在的气候分区以及规划人口规模对应的允许调整幅度确定;规划人均城市建设用地指标,低限是65.0 m²/人,Ⅰ、Ⅱ、Ⅵ、Ⅶ建筑气候区高限115.0 m²/人,Ⅲ、Ⅳ、Ⅴ建筑气候区高限110.0 m²/人。边远地区、少数民族地区以及部分山地城市、人口较少的工矿城市、风景旅游城市等具有特殊情况的城市,应专门论证确定规划人均城市建设用地指标,且上限不得大于150.0 m²/人。 (4)规划人均居住用地面积指标,Ⅰ、Ⅱ、Ⅵ、Ⅶ建筑气候区,人均居住用地面积在28.0～38.0 m²/人;Ⅲ、Ⅳ、Ⅴ建筑气候区,人均居住用地面积在23.0～36.0 m²/人。 (5)规划人均公共管理与公共服务用地面积不应小于5.5 m²/人。 (6)规划人均交通设施用地面积不应小于12.0 m²/人。 (7)规划人均绿地面积不应小于10.0 m²/人,其中人均公园绿地面积不应小于8.0 m²/人
城市用地评价	1.城市用地的自然条件评价 (1)工程地质条件:①建筑土质与地基承载力。地基承载力对于建设用地的选择和各类工程建设项目的合理布局,以及工程建设的经济性影响很大。②地形条件。结合自然地形条件,合理规划城市各类用地和布局各项建设工程,对于节约土地和减少平整土石方工程投资、城市管理意义重大。③冲沟。由间断流水在地层表面冲刷形成的沟槽,冲沟的发育地区,水土流失严重。地表水导流或通过绿化工程防止水土流失。④滑坡与崩塌。滑坡与崩塌是一种物理工程地质现象。⑤岩溶。地下可溶性岩石在含有二氧化碳、硫酸盐、氯等化学成分地下水的溶解与侵蚀下,岩石内部形成空洞。⑥地震。大多数地震是由地壳断裂构造运动引起的。 (2)水文及水文地质条件:①水文条件。江河湖泊等地面水体,城市水源,水路运输,改善气候,稀释污水,美化环境,洪水。②水文地质条件。水文地质条件一般是指地下水的存在形式、含水层的厚度、矿化度、硬度、水温及水的流动状态等条件。 (3)气候条件:①太阳辐射。太阳辐射的强度与日照率,在不同纬度和不同地区存在着差异。②风象。根据城市多年风向观测记录汇总所绘制的风向频率图和平均风速图,称为风玫瑰图。③气温(日温差、降温或采暖)。④降水与湿度(排水、防洪、湿度)

续表

要点	具体内容
城市用地评价	(4)地形条件。不同建设用地的地形条件,对建设规划布局、道路的走向和线型、各项基础设施的建设、建筑群体的布置、城市的形态、轮廓与面貌等,均会产生一定程度的影响。 (5)城市用地适用性评价是指以城市建设用地为基础,综合各项用地的自然条件以及整个用地的工程措施的可能性与经济性,对用地质量进行的评价。 一类用地:适于修建的用地。地形坡度10°以下;土质能满足建筑物地基承载力的要求;地下水位低于建筑物的基础埋置深度;没有被百年一遇洪水淹没的危险;没有沼泽现象或采用简单工程措施即可排除地面积水的地段;没有冲沟、滑坡、崩塌、岩溶等不良的地质现象的地段。 二类用地:基本上可以修建的用地:土质较差;地下水位距地表面的深度较浅;洪水轻度淹没区,淹没深度不超过1~1.5 m,需采用防洪措施;地形坡度较大;地表面有较严重的积水现象;有轻微的活动性冲沟、滑坡等不良地质现象。 三类用地:不适于修建的用地。地基承载力小于60 kPa和厚度在2 m以上的泥炭层或流沙层的土壤,需要采取很复杂的人工地基和加固措施才能修建;地形坡度超过20°以上,布置建筑物很困难;经常被洪水淹没,淹没深度超过1.5 m;有严重的活动性冲沟、滑坡等不良地质现象,若采取防治措施需花费很大工程量和工程费用;农业生产价值很高的丰产农田,具有开采价值的矿藏埋藏,属给水水源卫生防护地段,存在其他永久性设施和军事设施等。 2. 城市用地的建设条件评价 组成城市各项物质要素的现有状况与它们在近期内建设或改进的可能以及它们的服务水平与质量。 (1)城市用地布局结构评价:①城市用地布局结构是否合理(城市各功能部分的组合与构成的关系,以及所反映的城市总体运营的效率与和谐性)。②城市用地布局结构能否适应发展。③城市用地分布对生态环境的影响。④城市内外交通系统结构的协调性、矛盾与潜力。⑤城市用地结构是否体现出城市性质的要求,或是反映出城市特定自然地理环境和历史文化积淀的特色。 (2)城市市政设施和公共服务设施评价(公共服务设施、市政设施):城市市政设施和公共服务设施的建设现状,包括城市市政设施和公共服务设施的质量、数量、容量与改造利用的潜力等,都将影响到土地的利用及旧区再开发的可能性与经济性。 (3)社会、经济构成评价:①工程准备条件。地形改造、防洪、改良土壤、降低地下水位、制止侵蚀和冲沟的形成、防止滑坡。②外部环境条件。经济地理条件、交通运输条件、供电条件、供水条件

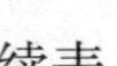

续表

要点	具体内容
城市用地评价	3. 城市用地经济评价 根据城市土地的经济和自然两方面的属性及其在城市社会经济活动中所产生的作用，综合评定土地质量优劣差异，为土地使用与安排提供依据。 (1)城市土地的基本特征：①土地承载力；②区位：宏观区位、中观区位(城市内部不同地段土地的相对位置及相互关系)、微观区位(具体使用的土地在城市中的具体位置及周边的条件)。 (2)区位评价：①根据区位条件对土地的作用方式，建立城市土地评价的基本思路；②从分析区位条件入手，取得土地评价的因素/因子体系

第四节 城市详细规划

考点一 控制性详细规划

要点	具体内容
控制性详细规划的作用	(1)承上启下的作用(上有城市总体规划和分区规划，下有修建性详细规划)。 (2)控制性详细规划是城市规划管理的依据和城市建设的引导。 (3)控制性详细规划是城市政策的载体
控制性详细规划的内容	1. 任务 以城市总体规划或分区规划为依据，确定建设地区的土地使用性质和使用强度的控制性指标、道路和工程管线控制性位置以及空间环境控制的规划要求，强化城市规划的控制功能，并指导修建性详细规划的编制。 2. 内容 (1)确定规划范围内各类不同使用性质的用地面积与用地界线。 (2)规定各地块土地使用、建筑容量、建筑形态、交通、配套设施及其他控制要求。 (3)确定各级支路的红线位置、控制点坐标和标高。 (4)根据规划容量，确定工程管线走向、管径和工程设施的用地界限。 (5)制定相应的土地使用及建筑管理规定

续表

要点	具体内容
控制性详细规划的控制体系	控制性详细规划的控制体系指标包括以下各项： (1)用地控制指标，包括用地性质、用地面积、土地与建筑使用相容性。 (2)环境容量控制指标，包括容积率、建筑密度、绿地率、人口容量。 (3)建筑形态控制指标，包括建筑高度、建筑间距、建筑后退红线距离、沿路建筑高度、相邻地段的建筑规定。 (4)交通控制指标，包括交通出入口方位、停车位。 (5)城市设计引导及控制指标，包括对城市重要地段的地块，需对地块内建筑的形式、色彩、体量、风格提出设计要求。 (6)配套设施体系，包括生活服务设施布置，市政公用设施、交通设施和管理要求。 以上前五项属地块控制指标，可分为规定性指标和指导性指标两类。规定性指标是一旦确定下来，就必须严格遵照的指标；指导性指标则是参照执行的指标。 规定性指标一般包括以下各项： (1)用地性质是指规划用地的使用功能或土地用途，可根据用地分类标准进行标注。 (2)用地面积是指规划地块划定的面积。 (3)建筑密度，即规划地块内各类建筑基底占地面积与地块面积之比，通常以上限控制。 (4)建筑控制高度，即由室外明沟面或散水坡面量至建筑物主体最高点的垂直距离。 (5)建筑红线后退距离，即建筑相对于规划内道路红线后退的距离。通常以下限控制。 (6)容积率，即规划地块内各类总建筑面积与地块面积之比，即： 容积率=总建筑面积/土地面积 容积率可根据需要制定上限和下限。容积率的下限保证地块开发的效益，防止无效益或低效益开发造成的土地浪费。容积率上限防止过度开发带来的城市基础设施超负荷运行。 (7)绿地率，规划地块内各类绿地面积的总和占规划地块面积的比率，即： 绿地率=绿地面积/土地面积 绿地率通常以下限控制。这里的绿地包括公共绿地、宅旁绿地、公共服务设施所属绿地(道路红线内的绿地)，不包括屋顶、晒台的人工绿地。公共绿地内占地面积不大于1%的雕塑、水池、亭榭等绿化小品建筑可视为绿地。 (8)交通出入口方位，一般情况下，每个地块应设1~2个出入口。 (9)停车泊位及其他需要配置的公共设施，停车泊位指地块内应配置的停车车位数，通常按下限控制。 指导性指标一般包括以下各项： (1)人口容量，即规划地块内部每公顷用地的居住人口数，通常以上限控制。 (2)建筑形式、体量、色彩、风格要求，对规划区重点地段的建筑形体和布局应进行特别控制(包括广场控制线、绿地控制线、裙房建筑控制线、主体建筑控制线、建筑架空控制线、建筑高度控制范围、建筑颜色等具体指标)。 (3)其他环境要求

续表

要点	具体内容
控制性详细规划有关计算规则	1. 建筑占地面积 建筑占地面积为建筑物的垂直投影面积，但不包括雨篷、外挑阳台、檐口、连接两座建筑物的架空通道、玻璃拱顶下的天井、室外楼梯或坡道和街坊内连接建筑物之间的过街楼，以及仅一面有围护结构、面积不大于基底空地面积10%的基底附属建筑面积。 2. 总建筑面积 按《建筑面积计算规则》规定计算，但不包括雨篷、外挑阳台、檐口、连接两座建筑物的架空通道、玻璃拱顶下的天井、室外楼梯或坡道，以及仅一面有围护结构、面积不大于基底空地面积10%的基底附属建筑面积，也不包括： (1)地下室和楼板面不高于明沟1.5 m的半地下室。 (2)开放供公共使用的地面敞空层。 (3)面积小于标准层面积10%的机房、水箱、瞭望用房的屋顶附属建筑物。此外，底层为杂物间和停车间的居住建筑，其底层面积按一半计入总建筑面积。 3. 建筑高度 在核算建筑间距时，建筑高度按以下规定计算： (1)平屋面算至女儿墙顶，无女儿墙算至檐口，面积小于标准层面积10%的屋顶附属建筑物高度不计。 (2)坡屋面坡度不大于35°时，高度算至檐口；大于35°者，屋脊线平行于相关建筑的算至屋脊线，垂直于相关建筑的算至山墙斜坡高度的中点。 在核算建筑高度时，建筑高度按以下规定计算： (1)平屋面算至女儿墙顶，无女儿墙者算至檐口。 (2)坡屋面当山墙平行于道路红线时，高度算至山墙斜坡的中点，当屋脊线平行于道路红线时，凡坡度不大于35°者，高度算至封檐墙顶，无封檐墙顶者算至檐口，坡度大于35°者算至屋脊

考点二　修建性详细规划

要点	具体内容
修建性详细规划的作用	修建性详细规划以上一个层次规划为依据，将城市建设的各项物质要素在当前拟建设开发的地区进行空间布置
修建性详细规划的内容	(1)建设条件分析和综合技术经济论证。 (2)建筑、道路和绿地的空间布局、景观规划设计，布置总平面图。 (3)道路系统规划设计。 (4)绿地系统规划设计。 (5)工程管线规划设计。 (6)竖向规划设计。 (7)估算工程量、搬迁量和总造价，分析投资效益

第五节 城市居住区规划

考点一 居住区及规划布局

要点	具体内容
概述	居住区按居住户数或人数规模，分为居住区、居住小区、居住组团三级。 居住区特指城市干道或自然分界线所围合，并与居住人口规模（30 000～50 000人、10 000～16 000户）相对应，配套建设有一整套较完善的、能满足该区居民物质与文化生活所需的公共服务设施的居住生活聚居地。 居住小区一般称小区，是指被城市道路或自然分界线所围合，并与居住人口规模（10 000～15 000人、3 000～5 000户）相对应，配套建设有一套能满足该区居民基本的物质与文化生活所需的公共服务设施的居住生活聚居地。 居住组团一般称组团，是指被小区道路分割，并与居住人口规模（1 000～3 000人、300～1 000户）相对应，配套建设有居民所需的基层公共服务设施的居住生活聚居地。组团由若干幢住宅组成，通常是构成居住区的基本单位
居住区及规划布局形式	（1）居住区—居住小区—住宅组团，这种规划布局形式是一种三级结构，居住区由若干个小区组成，每个小区又由若干个组团组成。 （2）居住区—住宅组团，是一种二级结构，居住区直接由若干个组团组成。 （3）居住小区—住宅组团，也是一种二级结构，这种居住区仅为小区规模，它由若干个组团组成

考点二 居住区规划的任务和内容

要点	具体内容
任务	创造一个满足日常物质和文化生活需要的舒适、方便、卫生、安宁和优美的环境
内容	选择、确定用地的位置和范围；确定规模、人口和用地；拟订居住建筑类型、层数、比例、数量、布置方式；拟订公共服务设施的内容、规模、数量、分布和布置方式；拟订各级道路的宽度、断面形式、布置方式；拟订公共绿地的数量、分布和布置方式；拟订有关的工程规划设计方案；拟订各项技术经济指标和造价估算

考点三　居住区的用地构成和规模

要点	具体内容
居住区的用地构成	(1)住宅用地:指居住建筑基底占有的用地及其前后左右必须留出的一些空地(住宅日照间距范围内的土地一般都列入居住建筑用地),其中包括通向居住建筑入口的小路、宅旁绿地和杂务院等。 (2)公共服务设施用地:指居住区各类公共建筑和公用设施建筑物基底占有的用地及其周围的专用地,包括专用地中的通路、场地和绿地等。 (3)道路用地:指居住区范围内的不属于上两项内道路的路面以及小广场、停车场、回车场等。 (4)绿化用地:指居住区内满足规定的日照要求、安排有游憩活动设施的、供居民共享的游憩绿地,包括居住区公园、小游园和组团绿地及其他块状、带状绿地等
居住区的规模	居住区的规模包括人口及用地两个方面,以人口数作为规模的标志。居住区合理规模的确定,主要受以下一些因素决定: (1)设置居住区级商业服务设施的经济性和合理的服务半径。所谓合理的服务半径,是指居住区内居民到达居住区级公共服务设施的最大步行距离,一般为 800 ~ 1 000 m,在地形起伏的地区还应适当减少。 (2)城市道路交通方面的影响。城市干道的合理间距一般应在 600 ~ 1 000 m,城市干道间用地一般在 36 ~ 100 hm^2。 (3)居民行政管理体制方面的影响。街道办事处管辖的人口一般以 5 万人为宜,少则3 万人左右。 综合以上分析,居住区作为城市的一个有机组成部分,应有其合理的规模。这个合理的规模应符合功能、技术经济和管理等方面的要求,人口一般以 3 万至 5 万人为宜,其用地规模应在 50 ~ 100 hm^2 左右

考点四　住宅及其用地的规划布置

要点	具体内容
住宅的类型及其特点	现代住宅按使用对象不同,基本上可分为两大类。第一类是供以家庭为居住单位的建筑,一般称为住宅;另一类是供单身居住的建筑,如学校的学生、工矿企业的单身职工等居住的建筑,一般称为单身宿舍或宿舍。 低层住宅指 1 ~ 3 层的住宅;多层住宅指 3 层及 3 层以上至可以不设电梯的层数(一般以 6 层为限);而高层住宅为 7 层及 7 层以上需设电梯的住宅

续表

要点	具体内容
住宅建筑经济和用地经济的关系	(1)住宅层数。就住宅建筑本身而言,低层住宅一般比多层造价经济,而多层又比高层经济,但低层占地大,如平房与5层楼房相比要大3倍左右。对于多层住宅,提高层数能降低住宅建筑的造价。 (2)进深。住宅进深加大,外墙相应缩短,对于采暖地区外墙需要加厚的情况下经济效果更好。至于与节约用地的关系,一般认为住宅进深在11 m以下时,每增加1 m,每公顷可增加建筑面积1 000 m^2 左右;在11 m以上时,效果相应减小。 (3)长度。住宅长度在30~60 m时,每增长10 m,每公顷可增加建筑面积700~1 000 m^2,在60 m以上时效果不显著。住宅长度也直接影响建筑造价,因为住宅单元拼接越长,山墙也就越省。根据分析,四单元长住宅比二单元长住宅每平方米居住面积造价省2.5%~3%,采暖费省10%~21%。但住宅长度不宜过长,过长就需要增加伸缩缝和防火墙等,且对通风和抗震也不利。 (4)层高。住宅层高的合理确定不仅影响建筑造价,也直接和节约用地有关。据计算,层高每降低100 mm,能降低造价1%,节约用地2%。但层高不应降得过低。 (5)平面系数(K)。在住宅建筑面积相同的情况下,提高K值能增加居住面积,K值每提高1%时,如果建筑面积单位造价不变,以居住面积平均计算,投资可减少1.4%
合理选择住宅类型	(1)满足户室比的要求,也就是要满足不同人口组成的家庭对各种户型的住宅需要。户室比的确定,在新建地区主要参照当地的人口结构;在改建区则要考虑改建地区被征收户人口的组成。 (2)住宅建筑层数的确定,要综合考虑用地的经济、建筑造价、施工条件、建筑材料的供应、市政工程设施、居民生活水平、居住方便的程度等因素。根据我国目前的条件,大中城市一般以5~6层为主,小城市以4~5层为主,在用地紧张的地方可适当建造一些高层住宅。 (3)适应当地自然气候的特点和居民的生活习惯

考点五 公共建筑及其用地的规划布置

要点	具体内容
公共建筑的分类	按公共建筑的使用性质可分为八类系统:教育、医疗卫生、商业、服务业、文娱体育、金融邮电、行政管理及市政公用系统。按居民对公共建筑的使用频繁程度可分为居民每日或经常使用的公共建筑(如菜市场、超级市场)和居民必要的非经常使用的公共建筑
公共建筑定额指标	公共建筑定额指标包括建筑面积和用地面积两项。公共建筑定额指标的计算方法一般有两种。 (1)以每千居民为计算单位,故称千人指标。千人指标是根据建筑不同性质而采用不同的定额单位来计算建筑面积和用地面积。 (2)民用建筑综合指标。民用建筑综合指标包括家属宿舍、单身宿舍和公共建筑三大内容。宿舍是按厂矿企业每职工多少平方米进行计算的

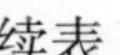

续表

要点	具体内容
公共建筑的规划布置	公共建筑的规划布置的基本要求如下： （1）合理的服务半径，一般为居住区级 800 ~ 1 000 m，居住小区级 400 ~ 500 m，居住组团级 150 ~ 200 m。 （2）应设在交通比较方便、人流比较集中的地段，要考虑职工上下班的走向。 （3）如为独立的工矿居住区或地处市郊的居住区，则应在考虑附近地区和农村使用方便的同时，要保持居住区内部的安宁。 （4）各级公共服务中心宜与相应的公共绿地相邻布置，或靠近河湖水面等一些能较好体现城市建筑面貌的地段

考点六　居住区道路的规划布置

要点	具体内容
功能要求	市政公用车辆通行；居住区内公共服务设施和工厂之间货运车辆通行；满足铺设工程管线的需要，道路走向和线型是组织居住区内建筑群体景观的重要手段；供救护、消防和搬运家具车辆的通行
道路分级	根据功能要求和居住区规模的大小，居住区级道路一般可分为三级或四级。 居住区道路是解决居住区的内外联系，车行道宽度不应小于 9 m，红线宽度一般为 20 ~ 30 m。 居住小区级道路是居住区的次要道路，用以解决居住区内部的联系，车行道宽度一般为 7 m，红线宽度根据规划要求确定。 居住组团级道路是居住区内的支路，用以解决住宅组群的内外联系，车行道宽度一般为 4 m；通向各户或各单元门前的小路宽度一般为 3 m
居住区道路规划布置的基本要求	（1）居住区内部道路主要为本居住区服务，为了保证居住区内居民的安全和安宁，不应有过境交通穿越居住区，特别是居住小区。同时，不宜有过多的车道出口通向城市交通干道。 （2）道路走向要便于职工上下班。 （3）应充分利用和结合地形，如尽可能结合自然分水线和汇水线，以利雨水排除。 （4）在进行旧居住区改建时，应充分利用原有道路和工程设施。 （5）车行道一般应通至住宅每单元的入口处。建筑物外墙面与人行道边缘的距离应不小于 1.5 m，与车行道边缘的距离不小于 3 m。 （6）尽端式道路长度不宜超过 120 m，在端头处应能便于回车，回车场地不小于 12 m × 12 m。 （7）如车道宽度为单车道，则每隔 150 m 左右应设置车辆会让处。 （8）道路宽度应考虑工程管线的合理敷设。 （9）道路的线型、断面等应与整个居住区规划结构和建筑群体的布置有机结合。 居住区内主要道路的布置形式常见的有丁字形、十字形、山字形等。居住小区内部道路的布置形式有环通式、尽端式、半环式、混合式等

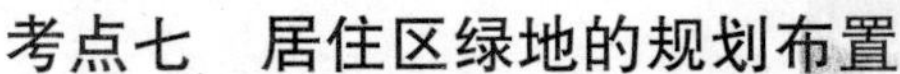

考点七　居住区绿地的规划布置

要点	具体内容
居住区绿地系统的组成	(1)公共绿地指居住区内居民公共使用的绿化用地，如居住区公园、居住小区公园、林荫道、居住组团的小块绿地等。 (2)公共建筑和公用设施专用绿地指居住区内的学校、幼托机构、医院、门诊所、锅炉房等用地的绿化。 (3)宅旁和庭院绿地指住宅四旁绿地。 (4)街道绿地指居住区内各种道路的行道树等绿地
居住区绿地的标准	居住区绿化的标准可按每居民平均占有多少平方米绿地面积和整个居住区用地的绿化覆盖率两种指标来衡量
居住区绿地的规划布置原则	(1)根据居住区的功能组织和居民对绿地的使用要求，采取集中与分散，重点与一般，点、线、面结合的原则，以形成完整统一的居住区绿地系统，并与城市总的绿地系统相协调。 (2)尽可能利用劣地、坡地、洼地进行绿化，以节约用地。 (3)应注意美化居住环境的要求。 (4)在植物配置和种植方式上力求经济实用和便于管理

考点八　居住区规划的技术经济分析

要点	具体内容
用地平衡表	(1)与土地使用现状情况进行比较分析，作为调整用地和制定规划的依据之一。 (2)进行方案比较。 (3)审批居住区规划设计方案的依据之一
技术经济指标	(1)住宅平均层数=住宅总建筑面积/住宅基底总面积(层)。 (2)住宅建筑净密度=住宅建筑基底总面积/住宅用地面积(%)。 (3)住宅建筑面积净密度=住宅总建筑面积/住宅用地面积(m^2/hm^2)。 (4)住宅建筑面积毛密度=住宅总建筑面积/居住用地面积(m^2/hm^2)。 (5)人口净密度=规划总人口/住宅用地面积(人/hm^2)。 (6)人口毛密度=规划总人口/居住用地面积(人/hm^2)

跟踪训练

一、单项选择题

1. 国家发展和改革委员会发布的《长江三角洲城市群发展规划》属于(　　)。

A. 城镇体系规划　　B. 城市规划

C. 区域规划　　D. 国土规划

2. 城市总体规划的依据是(　　)。

A. 国民经济和社会发展规划　　B. 土地利用总体规划

C. 城市环境保护规划　　D. 国土规划

3. 城市总体规划的期限一般为(　　)。

A. 1 年　　B. 5 年

C. 10 年　　D. 20 年

4. 设施较齐全、环境良好，以多、中、高层住宅为主的用地，是(　　)。

A. 一类居住用地　　B. 二类居住用地

C. 三类居住用地　　D. 四类居住用地

5. 根据《城市用地分类与规划建设用地标准》，公共管理与公共服务用地占城市建设用地的比例为(　　)。

A. 3% ~5%　　B. 5% ~8%

C. 8% ~10%　　D. 10% ~12%

6. 居住区特指城市干道或自然分界线所围合，并与居住人口规模(　　)相对应。

A. 30 000 ~50 000 人　　B. 10 000 ~15 000 人

C. 1 000 ~3 000 人　　D. 1 000 人以下

7. 已知某居住区的住宅用地面积和住宅建筑基底总面积，可以计算出该居住区规划的技术经济指标是(　　)。

A. 住宅平均层数　　B. 住宅建筑净密度

C. 住宅建筑面积净密度　　D. 住宅建筑面积毛密度

二、多项选择题

1. 城市规划在实施过程中还涉及其他一些相关法律、法规和规章，下列法律法规中属于相关法律法规的有(　　)。

A.《土地管理法》　　B.《环境保护法》

C.《城市房地产管理法》　　D.《文物保护法》

E.《城乡规划法》

2. 下列控制体系指标中，属于规定性指标的有(　　)。

A. 用地性质　　B. 建筑体量

C. 建筑密度　　D. 建筑控制高度

E. 人口容量

3. 下列选项中,属于城市总体规划内容的有(　　)。

A. 城市发展布局　　B. 功能分区

C. 确定城市建设分区内的用地性质　　D. 道路的空间布局

E. 人口规模

4. 规划建设用地标准应该包括(　　)。

A. 城市发展布局　　B. 规划人均城市建设用地标准

C. 规划人均单项城市建设用地标准　　D. 规划城市建设用地结构

E. 经济发展布局

5. 下列选项,属于修建性详细规划内容的有(　　)。

A. 确定建设区域的土地用地性质　　B. 建设条件分析

C. 确定工程管线的走向　　D. 竖向规划设计

E. 估算工程量

6. 控制性详细规划的主要任务,是以城市总体规划或分区规划为依据,确定(　　)。

A. 建设地区的土地使用性质的控制性指标

B. 建设地区的土地使用强度的控制性指标

C. 道路和工程管线控制性位置

D. 空间环境控制的规划要求

E. 指导各项建筑和工程设施的设计和施工的规划设计

7. 下列指标中,采取下限控制的指标有(　　)。

A. 用地性质　　B. 容积率　　C. 绿地率　　D. 停车泊位

E. 建筑密度

8. 下列用地属于二类建设用地的有(　　)。

A. 地形坡度在10°以下　　B. 土质较差,需要采取人工加固措施

C. 洪水淹没深度不超过1 ~ 1.5 m　　D. 有严重的滑坡等不良地质现象

E. 地表面有严重的积水现象,需要采取专门的工程措施改善

三、判断题

1. 城市规划作为政府行政管理的一项法定职能,是经济基础与上层建筑发展到一定阶段的客观产物。(　　)

2. 根据《国务院关于调整城市规模划分标准的通知》,以城区户籍人口为统计口径,将城市划分为五类七档。(　　)

3. 居住小区内的商业设施用地,属于商业服务业设施用地中的商业用地。(　　)

4. 容积率的上限保证地块开发的效益,防止无效益或低效益开发造成的土地浪费。容积率下限防止过度开发带来的城市基础设施超负荷运行。(　　)

5. 平均层数指各种住宅层数的平均值,一般按各种住宅层数建筑面积与基底面积之比进行计算。(　　)

6. 人口净密度 = 规划总人口/居住用地面积。(　　)

参考答案及解析

一、单项选择题

1. C 【解析】区域规划是为实现一定区域范围的开发和建设目标而进行的总体部署。长江三角洲城市群属于区域概念。城镇体系规划有点干扰，它讲的是大、中、小城市之间的关系。

2. A 【解析】城市总体规划要与土地利用总体规划衔接；环境保护规划是城市总体规划中的专项规划；国土规划主要是涉及国土资源的开发、利用、治理、保护。

3. D 【解析】城市总体规划的期限一般为20年。

4. B 【解析】二类居住用地是指设施较齐全、环境良好，以多、中、高层住宅为主的用地。

5. B 【解析】公共管理与公共服务用地占城市建设用地的比例在5% ~8%。

6. A 【解析】居住区特指城市干道或自然分界线所围合，并与居住人口规模（30 000 ~50 000人、10 000 ~16 000 户）相对应，配套建设有一整套较完善的、能满足该区居民物质与文化生活所需的公共服务设施的居住生活聚居地。选项B属于居住小区级别，选项C属于居住组团级别。

7. B 【解析】住宅建筑净密度 = 住宅建筑基底总面积/住宅用地面积。住宅建筑面积毛密度的分子是住宅建筑总面积，分母是居住用地面积。

二、多项选择题

1. ABCD 【解析】城市规划在实施过程中还涉及其他一些相关法律、法规和规章，它们并不是专门针对城市规划的立法，但又与城市规划关系非常密切，对城市规划有重要影响。如我国的《土地管理法》《环境保护法》《城市房地产管理法》《文物保护法》《公路法》《建筑法》《标准化法》《消防法》等。

2. ACD 【解析】规定性指标一般包括用地性质、用地面积、建筑密度、建筑控制高度、建筑红线后退距离、容积率、绿地率、交通出入口方位、停车泊位及其他需要配置的公共设施。选项B、E属于指导性指标。

3. ABE 【解析】《城乡规划法》规定，城市总体规划、镇总体规划的主要内容包括城市的发展布局，功能分区，用地布局，综合交通体系，禁止、限制和适宜建设的地域范围，各类专项规划等。选项C是分区规划的内容，选项D是修建性详细规划的内容。

4. BCD 【解析】规划建设用地标准应包括规划人均城市建设用地标准、规划人均单项城市建设用地标准和规划城市建设用地结构三部分。

5. BDE 【解析】修建性详细规划的主要内容如下：建设条件分析和综合技术经济论证；建筑、道路和绿地的空间布局、景观规划设计，布置总平面图；道路系统规划设计；绿地系统规划设计；工程管线规划设计；竖向规划设计；估算工程量、搬迁量和总造价，分析投资效益。选项A、C是控制性详细规划的内容。

6. ABCD 【解析】控制性详细规划的主要任务是：以城市总体规划或分区规划为依据，确定建设地区的土地使用性质和使用强度的控制性指标、道路和工程管线控制性位置以及空间环境控制的规划要求，强化城市规划的控制功能，并指导修建性详细规划的编制。选项E不属于控制性详细规划的内容。

7. CD　**【解析】**选项 A 用地性质不存在上下限控制的问题；选项 B 容积率根据需要采取上限或者下限控制；选项 E 建筑密度一般采取上限控制。

8. BCE　**【解析】**根据城市用地适用性评价结论，一般可将建设用地分为三类。一类用地，即适于修建的用地；二类用地，即基本上可以修建的用地；三类用地，即不适于修建的用地。选项 A 是一类用地，选项 D 是三类用地。

三、判断题

1. √　**【解析】**城市规划作为政府行政管理的一项法定职能，是经济基础与上层建筑发展到一定阶段的客观产物。

2. ×　**【解析】**据《国务院关于调整城市规模划分标准的通知》（国发〔2014〕51 号）规定，以城区常住人口为统计口径，将城市划分为五类七档。

3. ×　**【解析】**属于居住用地中的服务设施用地。

4. ×　**【解析】**容积率的下限保证地块开发的效益，防止无效益或低效益开发造成的土地浪费。容积率上限防止过度开发带来的城市基础设施超负荷运行。

5. √　**【解析】**平均层数指各种住宅层数的平均值，一般按各种住宅层数建筑面积与基底面积之比进行计算。

6. ×　**【解析】**人口净密度 = 规划总人口/住宅用地面积。

第二章　环境知识

知识导图

- 环境知识
  - 环境概述
    - 环境的概念和分类
    - 与环境相关的几个概念
    - 环境质量和环境污染概述
  - 大气污染
    - 大气污染、大气污染物及其危害
    - 大气污染源及其影响
  - 环境噪声污染
    - 环境噪声污染的概念、类型及其危害
    - 环境噪声污染源
    - 环境噪声标准
  - 水污染
    - 水污染的概念、水污染物及其危害
    - 水污染源
  - 固体废物污染和辐射污染
    - 固体废物污染
    - 辐射污染
  - 室内环境污染
    - 室内环境污染的概念及严重性
    - 室内环境污染的来源
    - 建筑材料的室内环境污染

考情分析

本章主要介绍了环境概述、大气污染、环境噪声污染、水污染、固体废物污染和辐射污染、室内环境污染。本章的学习重点是环境污染的概念和类型、环境噪声污染的概念，本章的学习难点是室内环境污染的概念及来源。

本章在考试中的平均分值为 3 分，考试目的是测查应试人员对环境、景观的概念和环境污染源等基础知识的了解、熟悉与掌握程度。

表解考点

考点	重要等级
环境的概念和分类	熟悉
景观、生态、生态系统、生态环境的概念	了解
环境质量	熟悉
环境污染的概念和类型	掌握
大气污染的概念	掌握
大气污染物及其危害	熟悉
大气污染源	熟悉
大气污染源情况的影响	了解
环境噪声污染的概念	掌握
环境噪声污染的类型和危害	熟悉
水污染的概念	了解
水污染物及其危害	熟悉
固体废物污染	了解
辐射污染	熟悉
室内环境污染的概念及来源	掌握
建筑材料的室内环境污染	熟悉

考点详解

第一节　环境概述

考点一　环境的概念和分类

要点	具体内容
概念	环境指围绕着某一事物(通常将其称为主体)并对该事物会产生某些影响的所有外界事物(通常称为客体),即环境是指某个主体周围的情况和条件。 环境的主体可以是人也可以是物
分类	1. 自然环境 自然环境指未经过人的加工改造而天然存在的环境。自然环境按照环境要素,又可以分为大气环境、水环境、土壤环境、地质环境和生物环境。 2. 人工环境 通俗地说,人工环境是指在自然环境的基础上经过人的加工改造所形成的环境,或人为创造的环境,如乡村、城市、居住区、房屋、道路、绿地、建筑小品等。 3. 社会环境 社会环境是指由人与人之间的各种社会关系所形成的环境,包括政治制度、经济体制、文化传统、社会治安、邻里关系等

考点二　与环境相关的几个概念

要点	具体内容
景观的概念	描述自然、人文以及它们共同构成的整体景象的总称,包括自然和人为作用的任何地表形态及其印象。 自然景观是指未经人类活动所改变的水域、地表起伏与自然植物所构成的自然地表景象及其给予人的感受。 人文景观是指被人类活动改变过的自然景观,即自然景观加上人工改造所形成的景观及印象
生态的概念	生物与其生存环境相互间直接或间接的作用;生物与其生存环境之间的关系。 环境是指独立存在于某一主体之外,对该主体会产生某些影响的所有客体。 生态是指生物与其生存环境之间或生物与生物之间的相对状态或相互关系

续表

要点	具体内容
生态系统的概念	在一定的时间和空间内,生物与非生物成分之间,通过物质循环、能量流动和信息传递,而相互作用、相互依存所构成的统一体。一个城市、一个居住区,其内部是一个相对封闭的生态系统。这个生态系统能否实现相对平衡,直接影响到其中房地产价值的高低
生态环境的概念	生态环境指生态系统中除人类种群外,相对于生态系统的全部外界条件的总和。 人类具有生物属性和社会属性。人类的生态环境凝聚着自然因素和社会因素的相互作用,是自然生态环境与社会生态环境共同组成的统一体

考点三　环境质量和环境污染概述

要点	具体内容
环境质量概述	环境质量指环境优劣的程度,即一个具体的环境中,环境总体或某些要素对人群健康、生存和繁衍以及社会经济发展的适宜程度。环境质量的好坏是影响房地产价值的重要因素之一
环境污染概述	1. 环境污染的概念 环境污染是指有害物质或因子进入环境,并在环境中扩散、迁移、转化,使环境系统结构与功能发生变化,对人类及其他生物的生存和发展产生不良影响的现象。 2. 环境污染的类型 (1)按环境要素,环境污染分为大气污染、水污染、土壤污染等。 (2)按污染物的性质,环境污染分为物理污染(声、光、电)、化学污染(无机物、有机物)、生物污染(霉菌、细菌、病毒等)。 (3)按照污染物的形态,环境污染分为废气污染、废水污染、噪声污染、固体废物污染、辐射污染等。 (4)按照污染的空间,环境污染分为室内环境污染和室外环境污染。 (5)按污染物分布的范围,环境污染分为全球性污染、区域性污染、局部性污染等。 (6)按照污染产生的原因,环绕污染分为工业污染交通污染、农业污染、生活污染等。 3. 环境污染源 环境污染源是指造成环境污染的发生源或环境污染的来源(场所、设备和装置)。 环境污染源按照污染物发生的类型,可分为工业污染源、交通污染源、农业污染源和生活污染源等。 按照污染源存在的形式,可分为固定污染源和移动污染源。 按照污染物排放的形式,可分为点源、线源和面源。 按照污染物排放的空间,可分为高架源和地面源。 按照污染物排放的时间,可分为连续源、间断源和瞬时源。 按照污染源存在的时间,可分为暂时性污染源和永久性污染源

第二节　大气污染

考点一　大气污染、大气污染物及其危害

要点	具体内容
大气污染的概念	大气污染就是空气污染，是指人类向空气中排放各种有毒有害物质，使空气成分长期改变而不能恢复，以致对人体健康产生不良影响的现象
颗粒污染物及其危害	1. 颗粒污染物的概念和种类 颗粒污染物又称总悬浮颗粒，是指能悬浮在空气中，空气动力学当量直径≤100 μm的颗粒物。主要有尘粒、粉尘、烟尘和雾尘。 2. 颗粒污染物的危害 颗粒污染物对人体的危害程度与其直径大小和化学成分有关。对人体危害最大的是飘尘
气态污染物及其危害	1. 硫氧化物及其危害 污染大气的硫氧化物主要是二氧化硫、三氧化硫；二氧化硫浓度低时刺激上呼吸道，浓度高时对骨髓、脾等造血器官有刺激和损伤。 2. 氮氧化物及其危害 污染大气的氮氧化物主要是一氧化氮和二氧化氮；一氧化氮要进入空气转化为二氧化氮后变得有害。二氧化氮可引起慢性支气管炎和慢性肺水肿。 3. 一氧化碳及其危害 一氧化碳在城市大气污染物中含量最多，约占大气污染物总量的1/3，大部分来自汽车尾气。一氧化碳与血红蛋白结合，引起人体各组织缺氧。 4. 碳氢化合物及其危害 碳氢化合物是一类重要的污染物，包括甲烷、乙烷、乙烯等；危害是刺激眼睛、引起哮喘、诱发肺癌等

考点二　大气污染源及其影响

要点	具体内容
大气污染源	1. 工业污染源 产生大气污染的工业污染源主要有钢铁、有色金属、火力发电、水泥、石油冶炼以及造纸、农药、医药等企业。另外，建筑施工工地的扬尘也不容忽视

续表

要点	具体内容
大气污染源	2. 交通污染源 交通污染源一般都是移动污染源，主要是各种机动车辆、飞机、轮船等排放有毒有害物质进入大气。由于交通工具以燃油为主，主要污染物为碳氢化合物、一氧化碳、氮氧化物和含铅污染物。据统计，汽车排放的铅占大气中铅含量的97%。 3. 生活污染源 人们由于做饭、取暖、沐浴等生活需要，造成大气污染的污染源称为生活污染源。这类污染源具有分布广、排放污染物量大、排放高度低等特点。 生活污染源主要有： (1)生活燃料的污染。居民家庭使用煤炭等燃料取暖或做饭，由于燃烧不充分，经常排出大量烟尘。 (2)居住环境的污染。由于建筑和家庭装修的发展，建筑材料和家具释放的甲醛、苯、氯氨等有机化合物，石棉以及氡等，成了重要的污染物。 (3)其他生活污染。城市垃圾、厕所、污水沟等
大气污染源情况的影响	大气污染源情况的影响可从源强和源高两方面来看。 源强是指污染物的排放速率。污染物的浓度与源强成正比，即源强越大，污染越严重。 源高是指污染源排放的高度。源高对污染物的浓度分布有很大影响。一般来说，离污染源越远，污染物的浓度越低，但对于高架源来说，情况比较复杂

第三节　环境噪声污染

考点一　环境噪声污染的概念、类型及其危害

要点	具体内容
环境噪声污染的概念	环境噪声是指干扰人们休息、工作和学习的声音。振幅和频率杂乱、断续或统计上无规律的声振动，也称噪声。 环境噪声污染是指所产生的环境噪声超过国家规定的环境噪声标准，并干扰他人正常生活、工作和学习的现象
环境噪声污染的特征	(1)环境噪声污染是能量污染。 (2)环境噪声污染是感觉公害。 (3)噪声影响范围的局限性和噪声源分布的分散性

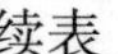

续表

要点	具体内容
环境噪声的类型	(1)按照噪声产生的机制,噪声分为机械噪声、空气动力噪声和电磁噪声三类。 (2)按照噪声随时间变化情况,噪声分为稳态噪声和非稳态噪声两类
环境噪声污染的危害	(1)对听力的损伤。 (2)对睡眠的干扰。 (3)对人体生理的影响。 (4)对人体心理的影响。 (5)对儿童的影响

考点二　环境噪声污染源

要点	具体内容
工业噪声	工业噪声主要是工厂开工时发出的噪声。工业噪声的发生源主要有两类:(1)气动源,如风机、风扇等;(2)机械动源,如纺织机、电锯等
交通噪声	交通噪声是由交通运输工具发出的噪声,其特点是声源面广而不固定。交通噪声日益成为城市的主要噪声,城市中50%~70%的噪声来自交通运输工具
社会生活噪声	社会生活噪声主要是指社会人群活动产生的噪声,如农贸市场、商场、展览馆、娱乐场所、体育场馆、中小学等人们的喧闹声、吆喝声、高音喇叭声等
建筑施工噪声	建筑施工噪声是建筑工地的各种施工机械产生的噪声。这种噪声具有突发性、冲击性、不连续性等特点,容易引起人们的烦躁

考点三　环境噪声标准

表2-1　中国城市区域环境噪声标准

类别	昼间等效声级 LAeq(dB)	夜间等效声级 LAeq(dB)	声环境功能区
0	50	40	特别需要安静:康复疗养
1	55	45	需要保持安静:居民住宅、医疗卫生、文化体育、科研设计、行政办公
2	60	50	需要维持安静:商业金融、集市贸易、居住、商业、工业混杂
3	65	55	需要防止工业噪声对周围环境产生严重影响的区域:工业生产、仓储物流

续表

类别		昼间等效声级 LAeq(dB)	夜间等效声级 LAeq(dB)	声环境功能区
4	4a 类	70	55	需要防止交通噪声对周围环境产生严重影响的区域:高速公路、一级公路、二级公路、城市快速路、城市主干路、城市次干路,城市轨道
	4b 类	70	60	铁路干线两侧区域。

第四节 水污染

考点一 水污染的概念、水污染物及其危害

要点	具体内容
水污染的概念	水污染是由有害化学物质造成水的使用价值降低或丧失。 水污染可分为地表水污染、地下水污染和海洋污染。过度开采地下水不仅使地下水位下降,而且会使水质恶化
水污染物及其危害	(1)植物营养物及其危害:植物营养物主要指氮、磷、钾、硫及其化合物;危害使水质恶化,危害人体健康和影响渔业发展。 (2)酚类化合物及其危害:酚有毒性,污染水后,将严重影响水产品的产量和质量;人体摄入会产生慢性中毒,出现呕吐、腹泻等症状。 (3)氰化物及其危害:氰化物是剧毒物质。 (4)酸碱及其危害:酸碱废水破坏水的自净功能,腐蚀管道和船舶,引起水质逐渐恶化、周围土壤酸碱化。 (5)放射性物质及其危害:水体所含有的放射性物质构成一种特殊的污染,总称为放射性辐射污染;较危险的放射性物质是锶、铯等。 (6)病原微生物及其危害:病原微生物有病菌、病毒和寄生虫三类

考点二 水污染源

要点	具体内容
工业污染源	工业废水的数量大、种类多、成分复杂,是城市水污染的主要来源。在工业生产过程中排放的废水、污水、废液等,统称工业废水。工业污染源的特点是量大、面广、含污染物多、成分复杂,在水中不易净化,处理比较困难

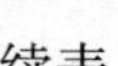

续表

要点	具体内容
生活污染源	生活污染源主要是由城市化造成的。城市和人口密集的居住区是主要的生活污染源。生活污水的特点是含氮、磷、硫高,含大量合成洗涤剂,含有多种微生物
农业污染源	如降水把土壤中的氮、磷和农药带入水体,由牧场、养殖场的有机废物排入水体。农业污染源的特点是面广、分散,难于治理

第五节　固体废物污染和辐射污染

考点一　固体废物污染

要点	具体内容
固体废物的概念和种类	固体废物指在生产和消费过程中被丢弃的固体或泥状物质,包括从废水、废气中分离出来的固体颗粒。固体废物的种类:按照废物的形状,分为颗粒状废物、粉状废物、块状废物和泥状废物;按照化学性质,分为有机废物和无机废物;按照危害状况,分为有害废物和一般废物。按废物的来源,可分为城市垃圾、工业固体废物、农业废弃物和放射性固体废物
固体废物的危害	1. 城市垃圾及其危害 城市垃圾主要包括城市居民的生活垃圾、商业垃圾、建筑垃圾、市政维护和管理中产生的垃圾,但不包括工厂排出的工业固体废物。城市垃圾的种类多而杂,如处理不善,将严重影响城市的卫生环境和城市容貌;能够产生臭味的垃圾还影响居民生活;焚化的垃圾会散发毒气和臭气,危害人体健康。 2. 工业固体废物及其危害 工业固体废物包括由工业生产过程中排入环境的各种废渣、粉尘及其他废物。 (1)煤渣和粉煤灰。大量煤渣弃置堆积可放出含硫气体污染大气,排入河湖等中还会造成水污染。 (2)有色金属渣。有色金属渣是指有色金属矿物质在冶炼过程中的废渣,有的有色金属渣含有铅、砷、镉、汞等有害物质,会对土壤、水、大气造成污染。 (3)铬渣。铬渣中含有剧毒的六价铬等,渗入地下或进入河流中严重污染环境,危害人体健康。 (4)化工废渣。化工废渣种类繁多,以塑料、石油废渣为主,硫酸废渣次之。化工废渣有毒物质最多,对环境污染最严重

考点二 辐射污染

要点	具体内容
电磁辐射污染	1. 光污染 光污染是指人类活动造成的过量光辐射对人类生活和生产环境形成不良影响的现象。种类：(1)灯光污染；(2)眩光污染（汽车远光灯）；(3)视觉污染；(4)其他可见光污染。 2. 其他电磁辐射污染 电磁辐射污染包括各种天然的和人为的电磁波干扰和有害的电磁辐射。对人体危害程度：微波 > 超短波 > 短波 > 中波 > 长波
放射性辐射污染	1. 放射性辐射污染的概念及来源 放射性辐射污染是指排放出的放射性污染物造成的环境污染和人体危害。 主要来源：(1)宇宙线；(2)地球上的天然放射性源；(3)人类活动增加的辐射；(4)核燃料的“三废”排放；(5)医疗照射引起的放射性。 2. 放射性辐射污染的危害 放射性辐射通过人体时，能够与细胞发生作用，通过某个途径影响细胞的分裂，使细胞受到严重的损伤以致出现生殖、死亡、细胞减少、功能丧失，或者造成致癌和致突变作用

第六节 室内环境污染

考点一 室内环境污染的概念及严重性

要点	具体内容
室内环境污染的概念及严重性	室内与室外的区别，通俗地说是一墙之隔，墙内称为室内，墙外称为室外。室内环境与室外环境一样，共同影响房地产的价值。现在人们已经逐渐认识到室内环境污染问题的重要性。其原因主要有： (1)室内环境是人们接触最频繁、最密切的环境。 (2)室内环境污染物的种类日益增多。 (3)室内环境污染物越来越不易扩散

考点二 室内环境污染的来源

要点	具体内容
室外来源	室外来源的污染物原存在于室外环境中，可通过门窗、孔隙或其他管道缝隙等进入室内
室内来源	室内来源的污染物主要来自建筑材料，尤其是装修装饰材料

考点三　建筑材料的室内环境污染

要点	具体内容
无机材料和再生材料	无机建筑材料以及再生的建筑材料影响人体健康比较突出的是辐射问题。 大部分建筑材料的辐射量基本符合标准，但也有一些灰渣砖放射性超标。例如，有些石材、砖、水泥和混凝土等材料中含有高本底的镭，镭可蜕变成氡，通过墙缝、窗缝等进入室内，造成室内氡的污染
合成隔热板材	合成隔热板材主要品种有聚苯乙烯泡沫塑料、聚氯乙烯泡沫塑料、聚氨酯泡沫塑料、脲醛树脂泡沫塑料等。这些材料存在一些在合成过程中未被聚合的游离单体或某些成分，它们在使用过程中会逐渐逸散到空气中。另外，随着使用时间的延长或遇到高温，这些材料会发生分解，释放出许多气态的有机化合物质，造成室内环境污染。这些污染物的种类很多，主要有甲醛、氯乙烯、苯、甲苯、醚类、甲苯二异氰酸酯等
吸声及隔声材料	吸声及隔声材料都可向室内释放多种有害物质，如石棉、甲醛、酚类、氯乙烯等
壁纸	天然纺织壁纸尤其是纯羊毛壁纸中的织物碎片是一种致敏源，可导致人体过敏。化纤纺织物型壁纸可释放出甲醛等有害气体，污染室内空气。塑料壁纸在使用过程中可向室内释放各种挥发性有机污染物，如甲醛、氯乙烯、苯、甲苯、二甲苯、乙苯等
涂料	在建筑上涂料和油漆是同一概念。涂料的溶剂是室内重要的污染源
人造板材及人造板家具	胶黏剂进行黏结，家具表面油漆。布置新家具的房间中可以测出较高浓度的甲醛、苯等，对人的呼吸系统、神经系统和血液循环系统造成损伤

跟踪训练

一、单项选择题

1. 按照(　　)，环境污染源可分为连续源、间断源和瞬时源。

A. 污染物发生的类型　　B. 污染物排放的时间

C. 污染物排放的形式　　D. 污染源存在的时间

2. 颗粒污染物又称总悬浮颗粒物，是指能悬浮在空气中，空气动力学当量直径（以下简称直径）≤(　　)μm 的颗粒物。

A. 100　　B. 200　　C. 500　　D. 800

3. 容易对人的心理产生影响的暂时性污染是(　　)。

A. 放射性物质污染　　B. 建筑施工噪声污染

C. 生活污染　　D. 固体废物污染

4. 在电磁辐射中,对人体危害程度最高的是(　　)。

A. 微波　　B. 超短波　　C. 短波　　D. 长波

5. 室内污染源主要来自(　　)。

A. 房屋基底的地层　　B. 建筑材料　　C. 室外空气　　D. 家用电器

二、多项选择题

1. 排入大气的污染物种类很多,按照污染物的形态,大气污染物分为(　　)。

A. 粉尘污染物　　B. 颗粒污染物　　C. 烟尘污染物　　D. 液态污染物

E. 气态污染物

2. 下列污染源中,属于大气污染源的有(　　)。

A. 工业污染源　　B. 交通污染源　　C. 光污染源　　D. 噪声污染源

E. 生活污染源

3. 下列关于环境噪声污染特征的表述中,正确的有(　　)。

A. 环境噪声污染是能量污染

B. 环境噪声污染是感觉公害

C. 环境噪声污染具有局限性

D. 随着离噪声源距离的增加和受建筑物及绿化林带的阻挡,声能量衰减

E. 环境噪声污染具有集中性

三、判断题

1. 对高架源而言,距离污染源越远,污染物的浓度越低。　　(　　)

2. 一般情况下,暂时性污染源相对于永久性污染源对房地产价值的影响小。　　(　　)

参考答案及解析

一、单项选择题

1. B　**【解析】**按照污染物排放的时间,环境污染源可分为连续源、间断源和瞬时源。

2. A　**【解析】**颗粒污染物又称总悬浮颗粒物,是指能悬浮在空气中,空气动力学当量直径(以下简称直径)≤100 μm 的颗粒物。

3. B　**【解析】**建筑施工噪声的特点有突发性、冲击性、不连续性,容易引起人们的烦躁。

4. A　**【解析】**波长越短对人的危害越高。微波炉微波泄漏。

5. B　**【解析】**室内来源的污染物主要来自建筑材料,尤其是装修装饰材料。

二、多项选择题

1. BE　**【解析】**排入大气的污染物种类很多,按照污染物的形态,大气污染物分为颗粒污染物和气态污染物两大类。选项 A 粉尘属于颗粒污染物。

2. ABE　**【解析】**大气污染源主要有三种:工业污染源、交通污染源、生活污染源。

3. ABCD 【解析】环境噪声污染具有局限性和分散性。

三、判断题

1. × 【解析】一般来说，离污染源越远，污染物的浓度越低，但对于高架源来说，情况比较复杂。以烟囱为例，地面污染物的浓度在离烟囱很近处很低，随着距离的增加逐渐增加，达到一个最大值后又逐渐减小，即污染物的最大浓度不是在最近处，而是在相隔了一段距离处。

2. √ 【解析】暂时性污染源经过一段时间之后通常会自动消失，如建筑施工噪声，待建筑工程完工后就不存在了。而永久性污染源一般是长期存在的，如在住宅旁边修筑一条道路所带来的汽车噪声污染，将会是长期的。

第三章　建筑工程知识

知识导图

- 建筑工程知识
  - 建筑识图与建筑设计
    - 建筑分类
    - 建筑识图基础
    - 建筑设计
    - 建筑等级
  - 建筑构造
    - 建筑的组成
    - 地基、基础与地下室
    - 墙
    - 柱、梁、板、楼、地面
    - 楼梯、电梯
    - 屋顶
    - 门窗
    - 变形缝
  - 建筑设备
    - 建筑给水设备
    - 建筑排水设备
    - 建筑采暖设备
    - 建筑通风与空调设备
    - 建筑电气设备
    - 住宅小区智能化系统
  - 建筑材料
    - 建筑材料的性质
    - 钢材、木材和水泥
    - 石灰与石膏
    - 砖与石
    - 混凝土
    - 防水材料
    - 装饰材料

考情分析

本章主要介绍了建筑识图与建筑设计、建筑构造、建筑设备、建筑材料。本章的学习重点是建筑的组成,学习难点是建筑构造。

本章在考试中的平均分值为3分,考试目的是测查应试人员对建筑识图与建筑设计、建筑构造、建筑设备、建筑材料等的了解、熟悉与掌握程度。

表解考点

考点	重要等级
建筑分类	熟悉
建筑识图基础	熟悉
建筑设计	了解
建筑等级	熟悉
建筑的组成	掌握
地基、基础与地下室	掌握
建筑构造	掌握
建筑给水设备	了解
建筑排水设备	了解
建筑采暖设备	了解
建筑通风与空调设备	了解
建筑电气设备	了解
住宅小区智能化系统	了解
建筑材料	熟悉

考点详解

第一节 建筑识图与建筑设计

考点一 建筑分类

要点	具体内容
按使用性质分类	1. 工业建筑分类 (1)按照建筑层数,分为单层厂房、多层厂房和层次混合厂房。 (2)按照用途,分为生产厂房、生产辅助厂房、动力用厂房、仓储建筑、运输用建筑和其他建筑。 (3)按照建筑跨度,分为单跨厂房、多跨厂房和纵横跨厂房。 (4)按照跨度尺寸,分为小跨度厂房(≤12 m)和大跨度厂房(≥15 m)。 2. 民用建筑分类 (1)居住建筑。 (2)公共建筑
按建筑物的结构类型和材料分类	(1)砖木结构建筑。 (2)砖混结构建筑。 (3)钢筋混凝土结构建筑。 (4)钢结构建筑
按建筑物的层数分类	(1)低层建筑(1~3层)。 (2)多层建筑(4~6层的建筑,多为居民住宅楼、普通办公楼等)。 (3)中高层建筑(7~9层的建筑)。 (4)高层建筑(10层以上,含10层)
按建筑物承重受力方式分类	(1)墙承重结构形式的建筑物,用墙体来承受由屋顶、楼板传来的荷载。 (2)构架式承重结构的建筑物,由柱、梁等构件做成建筑的骨架,由整个构架的各个构件来承受荷重。 (3)筒体结构或框架筒体结构的建筑物,该类建筑大多为高层建筑和超高层建筑。 (4)大空间结构的建筑物,该类建筑往往中间没有柱子,而通过网架等空间结构把荷重传到建筑四周的墙、柱上去

考点二　建筑识图基础

<table>
<tr><th>要点</th><th>具体内容</th></tr>
<tr><td>建筑制图的基本规定</td><td>1. 图纸幅面规定
幅面内应有标题栏和会签栏。幅面规格分别为0、1、2、3、4号(0号最大)。
2. 图标和会签栏
工程名称指某建设项目的名称;项目指建设项目中的具体工程;图名常用以表明本张图的主要内容;设计号是设计部门对该工程的编号;图别表明本图所属工种和实际阶段;图号是指图纸的编号。
3. 比例尺的选用
建筑和设备工种图纸注明比例尺。一个图形一般只采用一种比例尺。结构施工图一般不注比例尺,允许一个图形使用两种比例尺。结构施工图在施工中以所注尺寸为准。
4. 轴线
施工图中的轴线是施工中定位、放线的重要依据。凡承重墙、柱子、大梁或屋架等主要承重构件的位置必须画上轴线并编上轴线号,凡需要确定位置的建筑局部或构件都应注明与附近轴线的尺寸关系。
轴线用点画线表示,端部画圆圈,圆圈内注明编号。水平方向用阿拉伯数字由左至右编号,垂直方向用英文字母由下而上编号。
5. 尺寸及单位
根据“国标”规定,总图以米为单位,其余均以毫米为单位,为了图纸简明,按此规定画图,尺寸的数字后面可不写单位。
6. 标高
标高的单位用米记,按“国标”规定,标高数字准确到毫米,即注到小数点后面第三位。
标高分绝对标高和相对标高两种。我国青岛附近的黄海平均海平面定为绝对标高的零点,其他各地以它为基准所定标高即绝对标高。
相对标高与绝对标高的关系,一般在工程总说明及基础图中加以说明,例如,某建筑物的±0.000=42.500,即室内地面标高±0.000相当于绝对标高42.500 m。若某建筑物±0.000 = 42.500,设计楼顶标高29.000 m,则楼顶绝对标高=42.500 m+29.000 m=71.500 m。施工时可以根据当地水准点(绝对标高)测定该建筑物首层的标高。
7. 索引号
索引号的用途是索引,便于查找相互有关的图纸内容。索引号的表示方法是把图中所需要另画详图的部位编上索引号。索引号中的内容有两个,一是详图编号;二是详图所在的图纸的编号。将详图编注上详图号,就可以根据对应关系,查找详图</td></tr>
<tr><td>建筑施工图</td><td>建筑施工图是根据正投影原理绘制出来的,用立面图及屋顶平面图表示建筑物的外部,用总平面图表示建筑物的位置,用平面图及剖面图表示其内部,用大样图表示其细部做法的一套图纸。
1. 总平面图
总平面图是用来说明建筑物所在具体位置和其周围环境关系的水平投影图。
2. 建筑平面图
建筑平面图是建筑工程施工图纸中具有引导作用的图纸,它不仅反映了建筑的使用空间、装修等情况,而且是其他各工种图纸设计的基础,是室内外装修设计的重要依据</td></tr>
</table>

续表

要点	具体内容
建筑施工图	建筑平面图包含的内容如下： (1)由外围看可以了解建筑的外形、总长、总宽以及面积，首层平面图上还有散水、台阶、外门、窗的位置，外墙的厚度，轴线标法，有的还可能有变形缝、外用铁爬梯等图示。 (2)往内看可以看到图上绘有内墙位置、房间名称，楼梯间、卫生间等布置。 (3)从平面图上还可以了解到开间尺寸，内门窗位置，室内地面标高，门窗型号、尺寸，以及表明所用详图等符号。 3. 建筑立面图 建筑立面图是建筑物的各个侧面向竖直平面作正投影所形成的投影图。 立面图的内容包括： (1)反映了建筑物的外貌，如外墙上的檐口、门窗套、出檐、阳台、腰线、门窗外形、雨篷、花台、落水管、附墙柱、勒脚、台阶等构造形状。 (2)标明各层建筑标高、层数，建筑的总高度或突出部分最高点的标高尺寸。有的立面图也在侧边采用竖向尺寸，标注出窗口的高度、层高尺寸等。 (3)标明外墙装修所用的材料、色彩及分格，出入口处的做法及其装修等。 (4)标注立面详图索引号。 4. 建筑剖面图 建筑剖面图主要用以简要表示建筑物的内部结构形式、空间关系。 建筑剖面图的内容包括： (1)各层楼面的标高，窗台、窗上口、顶棚的高度，以及室内净空尺寸。 (2)建筑从屋面至地面的内部构造特征，如屋盖构造、楼板构造、隔墙构造、内门高度等。 (3)注明一些装修做法，楼、地面做法，对其所用材料等加以说明。 (4)有时也可以标明屋面做法及构造、屋面坡度以及屋顶上女儿墙、烟囱等构造物的情形等。 5. 建筑详图 为了清楚地表达局部细节的构造，把局部细节放大比例绘制成较详细的图纸，称为建筑详图或大样图。 建筑详图是各建筑部位具体构造的施工依据，所有平、立、剖面图上的具体做法和尺寸均以详图为准，因此详图是建筑图纸中不可缺少的一部分。 建筑详图一般包括：建筑的屋檐及外墙身构造大样，楼梯间、厨房、厕所、阳台、门窗、建筑装饰、雨篷、台阶等的具体尺寸、构造和材料做法
结构施工图	结构施工图用来表示各种承重构件（基础、承重墙、柱、梁、板、屋架等）的布置、形状、大小、材料、构造及其相互关系的一套图。 1. 基础施工图 基础施工图是反映标高在 ±0.000 以下建筑基础构造的图纸，它是进行施工放线、开挖基坑、砌筑基础以及编制施工图预算的依据。基础施工图一般包括基础平面图和基础详图

续表

要点	具体内容
结构施工图	(1)基础平面图主要表示基础的位置、轴线,以及基础内留洞、构件、管沟、地基变化的台阶、基底标高等平面布置情况。 (2)基础详图主要说明基础的具体构造。 2. 主体结构施工图 主体结构施工图一般是指标高在 ±0.000 以上的主体结构构造的图纸,也称为结构施工图。 (1)砖混结构施工图包括结构平面图和结构详图。 (2)钢筋混凝土框架结构施工图也分为结构平面施工图和结构构件的施工详图。 (3)工业厂房结构施工图中的一般单层工业厂房的建筑装饰相对比较简单,因此建筑平面图基本已将厂房构造反映出来
给排水施工图	给水和排水系统均通过平面图和透视图来表明,给排水的透视图是把管道变成线条,绘成竖向立体形式的图纸。 给排水施工图一般分为室内给排水和室外给排水两部分。 给排水总平面图亦称给排水外线图,是指在建筑物以外的给排水线路的平面布置图
采暖施工图	采暖施工图一般分为室内和室外两部分: (1)室内部分表示一栋建筑物的采暖工程,组成主要包括采暖平面图、立管图和节点详图。 (2)室外部分则表示一个区域的采暖管网,其施工图的组成包括总平面图、管道横剖面图、管道纵剖面图和节点详图等
通风施工图	通风是把空气作为介质,使之在室内的空气环境中流通,用来消除环境中的危害的一种措施。主要指送风、排风、除尘、排毒方面的工程。 通风方式分为: (1)局部排风。在生产过程中由于局部地方产生危害空气,而用吸气罩等排除有害空气的方法。 (2)局部送风。工作地点局部需要一定要求的空气,可以采用局部送风的方法。 (3)全面通风。整个生产或生活空间均需进行空气调节,可以采用全面送风的办法。 通风施工图纸分为平面图、剖面图、系统图、详图
电气施工图	电气施工图主要有系统图和接线原理图。根据不同的系统又可以分为电气动力系统图、照明系统图、空调供电与控制系统图、消防供电及控制信号系统图等

考点三 建筑设计

要点	具体内容
建筑设计的基本要求	1. 满足建筑功能的要求 建筑物首先应该满足人们的某种需求，即具有一定的功能。为人们的生产和生活活动创造良好的环境，是建筑设计的首要任务。 2. 采用合理的技术措施 选用建筑材料，根据建筑空间组合的特点，选择合理的结构、施工方案，使建筑物建造方便、坚固耐久。 3. 具有良好的经济效果 建造建筑物是一个复杂的物质生产过程，需要大量的人力、物力和资金，在建筑设计中，要因地制宜、就地取材，做到节省劳动力，节约建筑材料和资金。 4. 对建筑物美观的要求 建筑物是社会的物质和文化财富，它在满足使用要求的同时，还需要考虑人们对建筑物的美观方面的要求。 5. 符合总体规划要求 单体建筑是总体规划中的组成部分，单体建筑应符合总体规划提出的要求
建筑设计的主要内容	1. 建筑平面设计 用以满足建筑物的使用功能的平面要求，包括建筑物的内部使用空间和交通联系空间的设计，是建筑平面设计的一个重要内容。建筑平面设计的另一个重要内容是通过建筑功能分析形成建筑物的平面组合。常见的组合方式有走廊式组合、套间式组合、大厅式组合。走廊式组合是以走廊的一侧或两侧布置房间的组合方式。套间式组合是房间之间直接穿通的组合方式。大厅式组合是在人流集中、厂内具有一定活动特点并需要较大空间时形成的组合方式。 2. 建筑剖面设计 建筑剖面设计主要分析建筑物各部分应有的高度、建筑物层数，建筑空间的组合和利用，以及建筑结构、构造关系等。 3. 建筑体形和立面设计 房地产估价师要了解人们对建筑物的喜好取向，在估价中将外形价值客观地反映出来。建筑物的外部形象并不等于房间内部空间组合的直接表现，建筑体形和立面设计，必须符合建筑造型和立面构图方面的规律性，如均衡、韵律、对比、统一等，把适用、经济、美观有机地结合起来
建筑设计须考虑的因素	1. 建筑的受力因素 (1) 永久荷载是指建筑本身的自重，以及地基给建筑的土反力或土压力。 (2) 可变荷载是指在建筑使用中人群的活动、家具、设备、物资、风压力、雪荷载等。 (3) 偶然荷载是指由于一些随机因素使得建筑物承受的荷载。 2. 自然界的影响 在设计和建造时要考虑温度伸缩、地基压缩下沉、材料收缩、徐变等因素的影响。采取结

续表

要点	具体内容
建筑设计须考虑的因素	构、构造措施，以及保温、隔热、防水、防温度变形的措施，从而避免由于这些影响而引起建筑的破坏，保证建筑的正常使用。 3. 各种人为因素的影响 建筑设计和施工时要在相应部位采取防振、防腐、防火、防爆的构造措施，并对不合理的装饰拆改严格限制

考点四　建筑等级

要点	具体内容
建筑物耐久（年限）等级	建筑物的耐久等级是根据建筑物的使用要求确定的耐久年限。 （1）一级：具有历史性、纪念性、代表性的重要建筑物（如纪念馆、博物馆、国家会堂等），耐久年限在100年以上。 （2）二级：重要的公共建筑（如一级行政机关办公楼、大城市火车站、国际宾馆、大体育馆、大剧院等），耐久年限在50～100年。 （3）三级：比较重要的公共建筑和居住建筑（如医院、高等院校以及主要工业厂房等），耐久年限在40～50年。 （4）四级：普通的建筑物（如文教、交通、居住建筑以及工业厂房等），耐久年限在15～40年。 （5）五级：简易建筑和使用年限在5年以下的临时建筑，耐久年限在15年以下
建筑物的耐火等级	建筑物的耐火等级分为四级。 燃烧性能是指建筑构件在明火或高温的作用下燃烧的难易程度。它可分为非燃烧体、难燃烧体、燃烧体三类。 耐火极限是指建筑构件遇火后能支承荷载的时间。即从起火燃烧到建筑失去支承能力，或发生穿透性裂缝，或其背面温度升高到220 ℃以上时，所需要的时间。 （1）一、二级：最多允许层数不限，最大允许长度150 m，最大允许占地面积2 500 m^2。剧院、体育馆等的长度和面积，可适当放宽；托儿所、幼儿园的儿童用房不应设在4层及4层以上。 （2）三级：最多允许5层，最大允许长度100 m，最大允许占地面积1 200 m^2。托儿所、幼儿园的儿童用房不应设在3层及3层以上；电影院、剧院、礼堂、食堂不应超过2层；医院、疗养院不应超过3层。 （3）四级：最多允许2层，最大允许长度60 m，最大允许占地面积600 m^2。学校、食堂、菜市场不应超过1层
建筑物的重要性等级	建筑物按其重要性和使用要求分成五等：特等（具有重大纪念性、历史性、国际性和国家级的各类建筑）、甲等（高级居住建筑和公共建筑）、乙等（中级居住建筑和公共建筑）、丙等（一般居住建筑和公共建筑）、丁等（低标准的居住建筑和公共建筑）

第二节　建筑构造

考点一　建筑的组成

要点	具体内容
概述	建筑一般由以下部分组成:基础、主体结构(墙、柱、梁、板或屋架等)、门窗、屋面(包括保温、隔热、防水层或瓦屋面)、楼面和地面(地面和楼面的各层构造)、楼梯以及各种装饰。人们为生活生产的需要还要安装给水、排水、动力、照明、采暖和空调等系统,若是高层或高档建筑,还要配置电梯。在有条件的城市,住宅还要配置燃气系统来满足生活需要
单层工业厂房的组成	单层工业厂房的结构组成有两种类型,即墙体承重结构和骨架承重结构。 构件:屋盖结构、吊车梁、柱子、外墙围护系统、支撑系统、基础
民用建筑的结构组成	民用建筑物一般由基础、墙和柱、楼地面、楼梯、屋顶和门窗六部分组成

考点二　地基、基础与地下室

要点	具体内容
地基	位于基础下面并承受由基础传来全部荷载的土层叫地基。地基与基础是密切相关的,整个建筑物的全部荷载都通过基础最终传给地基来承受。 地基单位面积所能承受的最大压力称为地基容许承载力。为了保证建筑物的稳定与安全,需要根据基底压力不超过地基容许承载力的原则,适当扩大基础底面面积。一般来说,上部荷载越大,要求基础的底面面积就越大;或者说,地基容许承载力越小,所需要的基底面积就越大
基础	基础是位于建筑物最下部的承重构件,承受建筑物的全部荷载,并传递给建筑物下部的地基。基础必须具有一定的强度,并能抵御地下各种有害因素的侵蚀。 基础的构造类型与上部结构有密切的关系。此外,还和地基土的承载能力、荷载和埋置深度等有关。 基础按其构造特点可分为条形基础、单独基础、联合基础、箱形基础和桩基础等。 1. 条形基础 条形基础的形状为长条形,适用于砖混结构建筑,如住宅、教学楼、办公楼等多层建筑。 2. 独立基础 独立基础是呈独立柱墩形式的基础,基础底面形状为方形或矩形,适用于多层框架结构或厂房排架柱下基础。独立基础大多用钢筋混凝土材料做成,上面为钢筋混凝土柱或钢柱。也可以用砖、石材料

续表

<table>
<tr><th>要点</th><th>具体内容</th></tr>
<tr><td>基础</td><td>砌筑而成，上面为砖柱形式。
3. 整体式筏式基础
整体式筏式基础是由整片钢筋混凝土基板和反梁组成的基础。通过在梁的交点上竖立柱子，以支承建筑的骨架。这种基础面积较大，可承载能力较强，多用于大型公共建筑。
4. 箱形基础
箱形基础也是整块的大型基础。它是由底板、顶板、侧板和一定数量内隔墙构成的整体刚度较好的钢筋混凝土箱形结构。为了充分利用空间，人们又把该部分做成地下室，可以给建筑增添使用场所。
5. 桩基础
当建筑场地的上部土层较弱、承载力较低，不适宜采用在天然地基上做浅基础时，宜采用桩基础。桩基础由设置于土中的桩和承接上部结构的承台组成。承台设置于桩顶，把各单桩联成整体，并把建筑物的荷载均匀地传递给各根桩，再由桩端传给深处坚硬的土层，或通过桩表面与其周围土的摩擦力传给地基。前者称为端承桩，后者称为摩擦桩</td></tr>
<tr><td>地下室</td><td>1. 地下室分类
按使用功能不同，地下室可以分为普通地下室和人防地下室；按地下室顶板标高不同，地下室可以分为全地下室和半地下室；按结构材料不同，地下室可以分为砖墙结构地下室和钢筋混凝土结构地下室。
2. 地下室的构成
一般情况下，地下室由墙、底板、顶板、门窗和楼梯等部分组成。地下室墙采用砖墙时，其厚度一般不小于 490 mm。当采用混凝土或钢筋混凝土墙时，其厚度应按计算确定。
地下室的顶板，采用现浇或预制钢筋混凝土板。人防地下室的顶板，一般应为现浇板，也可以在预制板上浇筑一层混凝土，并应在构造上保证两者紧密结合为一体。
当地下水位高于地下室地面时，地下室的底板不仅承受作用在它上面的垂直荷载，还必须承受地下水的浮力。此时常采用具有足够强度、刚度和抗渗能力的钢筋混凝土底板。
3. 地下室的防潮与防水
根据水位高低与地下室地坪的关系，地下室的防潮、防水的构造做法有以下几种：
(1)防潮。常年静止水位和丰水期最高水位都低于地下室地坪时，可只做防潮处理。
(2)防潮与排水相结合。常年静止水位低于地下室地坪，丰水期最高水位高于地下室地坪，但不超过 500 mm 时，可采用防潮与排水相结合的做法。
(3)卷材防水。常年静止水位和丰水期最高水位都高于地下室地坪时，地下水不仅可以浸入地下室，还对墙板、底板有较大的压力。地下室必须采取防水构造做法，常用的防水做法是卷材防水。
(4)钢筋混凝土防水。这是承重结构与防水层合一的做法，也就是采用钢筋混凝土箱形结构，由于钢筋混凝土具有一定的抗渗能力，也能承受水压，如果配合比准确合理，保证施工质量，可不做防潮、防水处理。另一种做法可在混凝土中加入适量防水剂，做成防水混凝土，并在墙板外侧抹水泥砂浆找平层，再涂两道热沥青即成。防水混凝土墙和板不能过薄，一般墙板厚不应小于 200 mm，底板不宜小于 150 mm</td></tr>
</table>

考点三 墙

要点	具体内容
墙体的类型	(1)按所处位置不同,分为外墙和内墙。外墙指建筑四周与室外接触的墙;内墙是位于建筑内部的墙。 (2)按其方向不同,分为纵墙与横墙。纵墙指与建筑长轴方向一致的墙;横墙是与建筑短轴方向一致的墙。 (3)按其受力情况,分为承重墙和非承重墙。承重墙指除承受自身重量外,还承受上部传来荷载的墙;非承重墙是只承受自身重量,不承受上部传来荷载的墙。非承重墙包括自承重墙和框架墙。框架墙是指在框架结构中,填充在框架间的墙,它的重量由楼板、梁、柱承受。建筑中的隔墙也属于非承重墙。 (4)按构成墙的材料和制品不同,墙又可分为砖墙、石墙、砌块墙、板材墙等
墙体的构造	1. 砖砌墙体 (1)砖砌墙体材料。砖砌墙体是由砌墙砖与砂浆砌合而成,分为普通砖和空心砖两大类。空心砖是指孔洞率不小于15%的砖。 常用的有水泥砂浆、水泥石灰砂浆、石灰砂浆和黏土砂浆。水泥砂浆主要用于砌筑基础,砌墙一般用水泥石灰砂浆。石灰砂浆和黏土砂浆因强度较低,多用于砌筑非承重墙或荷载不大的承重墙。 砌筑砂浆的强度等级是由它的抗压强度确定的,共分为M15、M10、M7.5、M5、M2.5、M1和M0.4七个等级。 (2)砖砌墙体的基本尺寸和砌筑方式。砖的排列方式应按内外搭接、上下错缝的原则砌筑,错缝距离一般不小于60 mm。错缝和搭接能够保证墙体不出现连续的垂直通缝,以提高墙体的强度和稳定性。 2. 隔墙 隔墙的类型很多,按构造方式可以分为三大类。 (1)块材式隔墙。这类隔墙自重较大,但由于隔声效果较好和取材容易,所以采用比较广泛。 (2)立筋式隔墙。这类隔墙自重轻,可以搁置在楼板上,不需作特殊的结构处理。由于这类墙有空气夹层,隔声效果一般也比较好。 (3)板材式隔墙。这类隔墙的工厂化程度较高、施工速度快,可减少现场湿作业;不仅用于预制装配式建筑,在砖混结构中也已开始采用。 3. 玻璃幕墙 玻璃幕墙(简称幕墙)是一种新型墙体,主要用于高层办公塔楼及高级宾馆

考点四 柱、梁、板、楼、地面

要点	具体内容
柱	柱子是独立支承结构的竖向受力构件。它在建筑中承受梁和板这两种构件传来的荷载
梁	梁是跨过空间的横向受力构件。它在建筑中承担其上的板传来的荷载,再传到支承它的柱上
板	板是直接承担其上面的竖向平面荷载的水平平面构件。它支承在梁上或直接支承在柱上,把所受的荷载传给梁或柱子
楼、地面	楼、地面的构造层次一般有: (1)基层。地面的基层是基土;楼面的基层是结构楼板,包括现浇板和多孔预制板。 (2)垫层。垫层是指在基层之上的构造层。地面的垫层可以是灰土或素混凝土;在楼面可以是细石混凝土。 (3)填充层。在有隔声、保温等要求的楼面设置轻质材料的填充层,如水泥珍珠岩等。 (4)找平层。当面层为陶瓷地砖、水磨石及其他材料,要求面层很平整时,则先要做好找平层。 (5)面层和结合层。面层是地面的表层,是人们直接接触的一层

考点五 楼梯、电梯

要点	具体内容
楼梯	1. 楼梯的组成 (1)楼梯段,楼梯段踏步数不宜少于3级。每一个梯段的踏步数量一般不应超过18级。 (2)楼梯平台。为了使人们在上楼过程中休息。 (3)栏杆或栏板。保证在楼梯上行走的安全。 (4)扶手。做上下楼梯时依扶之用。 2. 楼梯的基本尺寸 楼梯踏步尺寸包括踏步高度和宽度。楼梯踏步的高和宽可以按下面公式计算:$2h+b=600\sim610$ mm,其中 h 指踏步的高度,b 指踏步的宽度。 一般住宅的踏步高为156~175 mm,宽为250~300 mm;办公楼的踏步高为140~160 mm,宽为280~300 mm;幼儿园的踏步高为120~150 mm,宽为250~280 mm。 楼梯的坡度一般在20°~45°。楼梯段上的垂直高度,最低处不应小于2 m;楼梯休息平台的宽度不应小于楼梯段的宽度。 楼梯的栏杆和扶手的高度除幼儿园可低些,其他都应高出梯步900 mm以上

续表

要点	具体内容
电梯与自动扶梯	1. 电梯 一般来说，住宅建筑层数在7层及7层以上的，或最高住户入口层楼面距底层室内地面的高度在16 m以上的，均应设置电梯。电梯由机房、井道、轿厢三大部分组成。 2. 自动扶梯 自动扶梯由电动机械牵动，梯级踏步连同扶手同步运行，机房设在地面以下。自动扶梯的坡度通常为30°，扶梯的栏板分为全透明型、透明型、半透明型、不透明型四种

考点六 屋顶

要点	具体内容
屋顶的类型	(1)平屋顶。平屋顶是目前民用建筑中采用最普遍的屋面形式，主要以钢筋混凝土屋顶为主；屋面可防水、保温或隔热。 (2)坡屋顶。坡度较陡，一般在10%以上，用屋架作为承重结构，上放檩条及屋面基层。 (3)曲面屋顶。由各种薄壳结构或悬索结构作为屋顶的承重结构，如双曲拱屋顶、球形网壳屋顶等。 (4)多波式折板屋顶。由钢筋混凝土薄板形成的一种多波式屋顶，折板厚约60 mm，预制的还要薄些，折板的波长为2 ~ 3 m，通常跨度为9 ~ 15 m，折板的倾斜角在30° ~ 38°
屋顶的组成	屋顶由屋面、屋顶承重结构、保温隔热层和顶棚组成

考点七 门窗

要点	具体内容
门窗的作用	实用价值、装饰、阳光和空气流通的通道、围护和安全保护、隔声、隔热、防寒、防风雨
门和窗的分类	(1)按材料不同，可分为木门窗、钢门窗、钢木组合门窗、铝合金门窗、塑料窗等。 (2)按形式不同，门可分为夹板门、半截玻璃门、镶板门、拼板门、双扇门、弹簧门、旋转门等，窗可分为平开窗、上悬窗、下悬窗、百叶窗、纱窗等。 (3)按位置不同，可分为围墙门、栅栏门、院门、大门等，外窗、内窗、天窗等

考点八 变形缝

要点	具体内容
伸缩缝	伸缩缝也叫温度缝，是防止由温度影响产生变形而设置的变形缝。伸缩缝要从基础顶面开始，将墙体、楼板、屋顶全部断开

续表

要点	具体内容
沉降缝	沉降缝是防止因荷载、结构形式、地基能力的差异等而产生不均匀沉降的影响所设的变形缝。 应该设置沉降缝的情况：(1)建筑平面的转折部位；(2)高度差异处、荷载差异处；(3)长高比过大的砌体承重结构或钢筋混凝土框架结构的适当部位；(4)地基土的压缩性有显著差异处；(5)建筑结构或基础的类型不同处；(6)分期建造建筑的交界处。 沉降缝可以替代伸缩缝，伸缩缝不能替代沉降缝
防震缝	防震缝是为防止地震的影响而设置的变形缝。地震烈度6度以下，可以不用设防；9度以上，免于建造任何建筑。防震缝的宽度在任何情况下不得小于50 mm

第三节　建筑设备

考点一　建筑给水设备

要点	具体内容
给水系统及其分类	给水系统的任务是供应不同类型建筑物用户的用水，满足其对水量、水质、水压和水温的要求。 (1)按供水用途，给水系统基本上可以分为生活、生产、消防等三种。 (2)根据水质、水量、水压和水温的要求，经济技术比较后设置生活、生产、消防三种独立的给水系统。 (3)按基本供水方式分为：①直接供水；②设置水箱的供水方式；③水泵水箱的供水方式；④分区分压供水方式
给水管道的布置和材料	(1)给水管道的布置要根据建筑的性质、建筑与结构的要求及用水设备设置情况而定。总的要求是管线力求简短、经济，便于安装、维修。 (2)给水管道的敷设，在一般民用与工业建筑中多为明装，管线沿墙、墙角、梁或地板上及顶棚下等处敷设，优点是安装、检修方便。 (3)给水管道的配件包括配水使用的各种水龙头，控制调节作用的球阀、安全阀、止回阀等
给水系统的升压设备	1. 水泵与水箱 离心式水泵一般设于底层或地下室水泵房内，为保证配水管网正常工作，设置贮水池，水泵由池中抽水并采用自动控制，将水提升至屋顶水箱内

续表

要点	具体内容
给水系统的升压设备	2. 气压给水装置 在大型建筑中，为保证顶层供水水压要求，减少结构荷载，在底层设置气压水罐，利用空气压力把罐内存水送到给水系统中。 3. 变频调速供水设备 变频调速供水设备可节省动力电消耗；变频调速供水设备由电机、水泵、传感器、控制器及变频调速器等组成
消防给水系统	(1)消火栓系统，是最基本的消防给水系统，在多层或高层建筑物中已广泛使用。 (2)自动喷洒系统，在火灾危险性比较大、燃烧较快、无人看管或防火要求较高的建筑物中，需装设自动喷洒消防给水系统。作用：火灾发生时，能自动喷水扑灭火灾，同时又能自动报警
热水供应系统	热水供应系统按竖向分区，为保证供水效果，建筑物内多设置机械循环集中热水供应系统，热水的加热器和水泵均集中于地下的设备间。 在电力供应充足或有煤气供应时，可设置电热水器或煤气热水器的局部供应热水系统，此时只需由冷水管道供水，省去一套集中热水系统，使用也比较灵活方便
分质供水系统	为了提高饮水品质，有的居住小区还有分质供水系统，即用两套系统供水，其中一套是提供高质量、净化后的直接饮用水

考点二　建筑排水设备

要点	具体内容
排水系统的分类与组成	建筑排水系统按其排放的性质可分为生活污水、生产废水、雨水三类排水系统，也可以根据污水的性质和城市排水制度的状况，将性质相近的生活与生产废水合流。当性质相差较大时，不能采用合流制。 排水系统通常由卫生器具和排水管道组成
污水的抽升与处理设备	当排水不能以重力流排至室外排水管中时，必须设置局部污水抽升设备来排出内部污废水。 污水局部处理方式：(1)化粪池是用钢筋混凝土或砖石砌筑成的矩形地下构筑物，可去除污水中的含有的油脂，以免堵塞排水管道。(2)中水道是为降低市政建设中给排水工程的投资，改善环境卫生，缓和城市供水紧张而采用废水处理后回用的技术措施

考点三 建筑采暖设备

要点	具体内容
常用的采暖方式	(1)集中采暖。热源(锅炉产生的热水或蒸汽作为热媒)经输热管道送到采暖房间的散热器中,放出热量后,经回水管道流回大热源重新加热,循环使用。 (2)局部采暖,如火炉、火炕、空气电加热器等。 (3)区域供热,如大型区域锅炉房或热电厂供热系统
采暖系统的类型	(1)热水采暖系统。常用的低温热水采暖系统中的供水温度为 95 ℃,回水温度一般为 70 ℃。 (2)蒸汽采暖系统。蒸汽采暖系统按蒸汽压力的不同,有低压蒸汽系统(供汽压力低于或等于 70 kPa)与高压蒸汽系统(供汽压力大于 70 kPa)。对于间歇性的采暖建筑(如影剧院、俱乐部),蒸汽采暖有较高的实用价值
高层建筑热水采暖系统	高层建筑的热水采暖系统,由于下层散热器只能承受一定的静水压力,这就限制了采暖系统的高度,使得系统须沿垂直方向分区,工程中常用分层式采暖系统和单双管混合式系统

考点四 建筑通风与空调设备

要点	具体内容
通风系统及其分类	通风系统是为了维持室内合适的空气环境湿度与温度,排出其中的余热余温、有害气体、水蒸气和灰尘,同时送入一定质量的新鲜空气,以满足人体卫生或生产车间工艺的要求,设置一套送、排风或除、排毒通风系统。 通风系统按动力可分为自然通风和机械通风;按作用范围可分为全面通风和局部通风;按特征可分为:进气式通风和排气式通风。在实际工程中,各种通风方式常常是联合使用的,应根据卫生和技术要求、建筑物和生产工艺特点以及经济、适用等具体情况而定
空调系统及其分类	为了使室内的空气温度、相对湿度、气流速度、洁净度等参数保持在一定的范围内的技术,称为空气调节。空气调节工程一般可由空气处理设备和空气输送管道,空气分配装置的各种风口和散流器,以及调节阀门、防火阀等附件所组成。 按空气处理的设置情况,可分为集中式系统、分布式系统、半集中式系统;按负担室内负荷所用介质,可分为全空气系统、全水系统、空气—水系统和冷剂系统;按集中式空调系统处理的空气来源,可分为封闭式系统、直流式系统和混合式系统

考点五　建筑电气设备

要点	具体内容
室内低压配电与配线方式	室内配电用的电压，最普通为220 V/380 V三相四线制、50 Hz交流电压。220 V单相负载用于电灯照明或其他家用电器设备，380 V三相负载多用于有电动机的设备
导线选择的一般原则	导线的选择是供配电系统设计中一项重要的内容，包括导线型号与导线截面的选择
配电箱、开关、电表及光源的选择	配电箱是接受和分配电能的装置。 分类：(1)按用途分为有照明和动力配电箱；(2)按安装形式分为明装、暗装和落地柜式；(3)按制造方式分为工厂的定型产品和由施工单位或工厂根据使用要求另行设计加工的非定型配电箱。 电开关包括刀开关和自动空气开关。 光源是指能将电能转换为光能的灯泡、灯管等
建筑防雷与接地、接零保护	建筑物的防雷装置一般由接闪器(避雷针、避雷带或网)、引下线及接地线三个基本部分组成

考点六　住宅小区智能化系统

要点	具体内容
住宅小区智能化的含义	所谓住宅小区智能化就是利用4C技术，通过有效的传输网络，将多元信息服务与管理、物业管理与安防、住宅智能化系统集成，为住宅小区的服务与管理提供高技术的智能化手段，以实现快捷高效的服务与管理，提供安全舒适的家居环境
住宅小区智能化应用系统的基本配置	(1)信息通信系统。 (2)防范系统。 (3)建筑设备监控系统。 (4)物业管理系统
住宅小区智能化系统等级	住宅小区智能化系统按其功能要求、技术含量、经济合理性等因素综合考虑，划分为一星级、二星级、三星级三种类型。 1.一星级 (1)安全防范子系统：①出入口管理及周界防越报警；②闭路电视监控；③对讲与防盗门控；④住户报警；⑤巡更管理

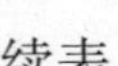

续表

要点	具体内容
住宅小区智能化系统等级	(2)信息管理子系统:①对安全防范系统实行监控;②远程抄收与管理或IC卡;③车辆出入与停车管理;④供电设备、公共照明、电梯、供水等主要设备监控管理;⑤紧急广播与背景音乐系统;⑥物业管理计算机系统。 (3)信息网络子系统:①为实现上述功能科学合理布线;②每户不少于两对电话线和两个有线电视插座;③建立有线电视网。 2. 二星级 二星级除应具备一星级全部功能外,同时在安全防范子系统和信息管理子系统的建设方面,其功能及技术水平应有较大提升。信息传输信道应采用高速宽带数据网作为主干网。物业管理计算机系统应配置局部网络。 3. 三星级 三星级应具备二星级全部功能,其中信息传输信道应采用宽带光纤用户接入网作为主干网,实现交互式数字视频业务等

第四节　建筑材料

考点一　建筑材料的性质

要点	具体内容
建筑材料的物理性质	建筑材料的物理性质是指材料分子结构不发生变化的情况下所具有的性质。 1. 与质量有关的性质 (1)密度。材料的密度是指材料在绝对密实状态下单位体积的质量,即材料的质量与材料在绝对密实状态下的体积之比。材料在绝对密实状态下的体积是指不包括材料内部孔隙的体积,即材料在自然状态下的体积减去材料内部孔隙的体积。 (2)表观密度。材料的表观密度是指材料在自然状态下单位体积的质量,即材料的质量与材料在自然状态下的体积之比。计算表观密度时,如果只包括材料内部孔隙而不包括孔隙内的水分,则称为干表观密度;如果既包括材料内部孔隙又包括孔隙内的水分,则称为湿表观密度。 (3)密实度。材料的密实度是指材料在绝对密实状态下的体积与在自然状态下的体积之比。凡是内部有孔隙的材料,其密实度都小于1。材料的密实度反映固体材料中固体物质的充实程度,密实度的大小与其强度、耐水性和导热性等很多性质有关。密实度又等于密度与表观密度之比。材料的密度与表观密度越接近,材料就越密实。 (4)孔隙率。材料的孔隙率是指材料内部孔隙的体积占材料在自然状态下的体积的比例。材料的孔隙率和密实度是从两个不同的角度来说明材料的同一性质

续表

要点	具体内容
建筑材料的物理性质	2. 与水有关的性质 (1)吸水性。材料的吸水性是指材料在水中吸收水分的性质,可用材料的吸水率来反映。材料的吸水率与其孔隙率呈正相关。 (2)吸湿性。材料的吸湿性是指材料在潮湿的空气中吸收水蒸气的性质,可用材料的含水率来反映。材料可从湿润的空气中吸收水分,也可向干燥的空气中扩散水分,最终使自身的含水率与周围空气湿度保持平衡。 (3)耐水性。材料的耐水性是指材料在饱和水作用下强度不显著降低的性质。 (4)抗渗性。材料的抗渗性是指材料的不透水性,或材料抵抗压力水渗透的性质。 (5)抗冻性。材料的抗冻性是指材料在多次冻融循环作用下不破坏,强度也不显著降低的性质。 3. 与温度有关的性质 (1)导热性。材料的导热性是指热量由材料的一面传至另一面的性质。 (2)热容量。材料的热容量是指材料受热时吸收热量、冷却时释放热量的性质
建筑材料的力学性质	建筑材料的力学性质是指建筑材料在各种外力作用下抵抗破坏或变形的性质,包括强度、弹性、塑性、脆性、韧性、硬度和耐磨性。 (1)强度。材料的强度是指材料在外力作用下抵抗破坏的能力。材料在建筑物上所受的外力主要有拉力、压力、弯矩和剪力。材料抵抗这些外力破坏的能力分别称为抗拉、抗压、抗弯和抗剪强度。 (2)弹性与塑性。材料的弹性是指材料在外力作用下产生变形,外力去掉后变形能完全恢复的性质。材料的这种可恢复的变形,称为弹性变形。材料的塑性是指材料在外力作用下产生变形,外力去掉后变形不能完全恢复,但也不即行破坏的性质。材料的这种不可恢复的残留变形,称为塑性变形。 (3)脆性与韧性。材料的脆性是指材料在外力作用下未发生显著变形就突然破坏的性质。脆性材料的抗压强度远大于其抗拉强度,所以脆性材料只适用于受压构件。建筑材料中大部分无机非金属材料为脆性材料,如天然石材、陶瓷、砖、玻璃、普通混凝土等。材料的韧性是指材料在冲击或振动荷载作用下产生较大变形尚不致破坏的性质,如钢材、木材等。 (4)硬度和耐磨性。材料的硬度是指材料表面抵抗硬物压入或刻画的能力。材料的耐磨性是指材料表面抵抗磨损的能力。材料的硬度愈大,耐磨性愈好
建筑材料的耐久性	材料的耐久性是指材料在使用过程中经受各种常规破坏因素的作用而能保持其原有性能的能力。采用耐久性好的材料有时虽然会增加成本、提高价格,但因材料的使用寿命长,建筑物使用寿命也相应延长,且会降低使用过程中的维修保养费用,最终会提高综合经济效益

考点二　钢材、木材和水泥

<table>
<tr><th>要点</th><th>具体内容</th></tr>
<tr><td>钢材</td><td>1. 钢材的分类
(1)按钢的化学成分不同,分为碳素钢、合金钢。
(2)按用途不同,分为结构钢、工具钢、特殊用途钢。
(3)按脱氧程度不同,分为镇静钢、特殊镇静钢、沸腾钢、半镇静钢。
2. 钢材的化学成分对其性能的影响
(1)碳。土木建筑工程中所使用的钢材大多为普通碳素钢和属普通碳素钢一类的低合金钢,含碳量不大于0.8%。在此范围内,随着含碳量的提高,钢材的强度和硬度相应提高,但塑性和韧性相应降低。
(2)硅。当硅在钢中的含量小于1%时,随着其含量的增加,可以提高钢材的强度,而对塑性和韧性影响不明显。
(3)锰。我国低合金钢中锰是主加合金元素,一般含量在1%～2%范围内,其作用主要是使钢的强度提高,同时还能消减硫、氧引起的热脆性,改善钢的热加工性能。
(4)硫和磷。硫和磷都属于有害元素。磷元素的含量提高,钢材的强度可以得到提高,但是塑性和韧性则会明显下降,特别是温度越低,对韧性和塑性的影响越大。
3. 建筑工程中常用钢材
建筑工程中常用钢材主要有碳素结构钢、低合金结构钢、型钢、钢板、钢筋。
钢筋是建筑工程中使用量最大的钢材品种,其材质包括普通碳素钢和普通低合金钢两大类。常用的有热轧钢筋、冷加工钢筋、钢丝、钢绞线等</td></tr>
<tr><td>木材</td><td>1. 木材的分类
按照材型将木材分为原木、板材和枋材。原木是指伐倒后经修剪并截成一定长度的木材;板材是宽度为厚度三倍或三倍以上的型材;枋材则是宽度不及厚度三倍的型材。
对于承重结构使用的木材,按照受力要求分成三级,即Ⅰ级、Ⅱ级、Ⅲ级。Ⅰ级用于受拉或受弯构件;Ⅱ级用于受弯或受压弯构件;Ⅲ级用于受压或次级构件。
2. 木材的物理力学性质
(1)木材的物理性质。①木材的含水率。木材的含水率与周围空气的相对湿度得到平衡时所对应的含水率为平衡含水率。平衡含水率随周围空气的温度和相对湿度变化而变化。在周围空气相对湿度为100%时,木材的平衡含水率就等于其纤维饱和点。②湿胀干缩。木材具有显著的湿胀干缩性。
(2)木材的力学性质。力学性质,如木材的强度,包括抗拉强度、抗压强度、抗弯强度和抗剪强度,都具有明显的方向性。木材顺纹方向的抗拉强度、抗剪强度最大,横纹方向最小;顺纹方向的抗压强度最小,而横纹方向最大;木材的抗弯性很好,一般在使用中是顺纹情况,可以认为弯曲上方为顺纹抗压、下方为顺纹抗拉</td></tr>
<tr><td>水泥</td><td>在工程中最常用的是硅酸盐系列水泥。
1. 水泥的种类
(1)硅酸盐水泥。凡是由硅酸盐水泥熟料、0～5%的石灰石或粒化高炉矿渣、适量石膏磨</td></tr>
</table>

续表

要点	具体内容
水泥	细而制成的水硬性胶凝材料，称为硅酸盐水泥，也叫波特兰水泥。 (2)普通硅酸盐水泥。硅酸盐水泥与普通硅酸盐水泥性质十分相似，在工程应用范围内也是一致的。主要体现在：水泥强度高，主要用于重要结构的高强度混凝土、钢筋混凝土和预应力混凝土工程；胶凝硬化较快、抗冻性能好，适用于早期强度要求高、凝结快，冬季施工及严寒地区遭受反复冻融的工程；水泥石中含有较多的氢氧化钙，抗软水侵蚀和抗化学腐蚀性差，不宜用于经常与流动软水接触及有水压作用的工程，以及受海水和矿物水作用的工程。 (3)掺混合材料的水泥。为了改善水泥的性能，调节水泥强度等级，在水泥的生产过程中，在水泥中加入一些天然或人工的矿物材料，称这些矿物材料为水泥混合材料。 (4)矿渣硅酸盐水泥。矿渣硅酸盐水泥适用于高温车间和有耐热、耐火要求的混凝土结构，大体积混凝土结构，蒸汽养护的混凝土结构，一般地上、地下和水中混凝土结构，以及有抗硫酸盐侵蚀要求的一般工程。矿渣硅酸盐水泥不适用于早期强度要求较高的工程和严寒地区并处在水位升降范围之内的混凝土工程。 (5)火山灰质硅酸盐水泥。火山灰质硅酸盐水泥适用于大体积混凝土工程、有抗渗要求的工程、蒸汽养护的混凝土构件、有抗硫酸盐侵蚀要求的一般工程，以及一般混凝土结构；不适用于处在干燥环境的混凝土工程、耐磨性要求高的工程、早期强度要求较高的工程和严寒地区并处在水位升降范围之内的混凝土工程。 (6)粉煤灰硅酸盐水泥。粉煤灰硅酸盐水泥适用于大体积混凝土工程，地上、地下和水中混凝土工程，蒸汽养护的混凝土构件，有抗硫酸盐侵蚀要求的一般工程，以及一般混凝土结构；不适用于处在干燥环境的混凝土工程、耐磨性要求高的工程、早期强度要求较高的工程、严寒地区并处在水位升降范围之内的混凝土工程，以及有抗碳化要求的工程。 2. 硅酸盐水泥的硬化 硅酸盐水泥的硬化是一个不可分割的连续而复杂的物理化学过程，包括化学反应过程(水化过程)和物理化学作用(胶凝过程)。 3. 硅酸盐水泥和普通硅酸盐水泥的技术性质 (1)细度。细度表示水泥颗粒的粗细程度。水泥细度直接影响水泥的活性和强度。颗粒越细，与水反应的表面积越大，水化速度越快，早期强度高，但硬化收缩较快，且粉磨时能耗大，成本高。颗粒过粗，不利于水泥活性的发挥，且强度低。 (2)强度。水泥强度是评定水泥强度等级的依据，是指胶凝的强度而不是净浆的强度。 (3)体积安定性。体积安定性是指水泥在硬化过程中体积变化是否均匀的性能。水泥安定性不良会导致构件制品产生膨胀性裂纹或翘曲变形，造成质量事故。引起水泥安定性不良的主要原因是熟料中游离氧化钙或游离氧化镁过剩或石膏掺量过多。安定性不合格的水泥不得用于工程，应废弃。 (4)胶凝时间。胶凝时间可分为初凝时间和终凝时间。初凝时间是指从水泥加水拌和起到水泥浆开始失去塑性所需的时间。终凝时间则是指从水泥加水拌和起到水泥浆完全失去塑性并开始产生强度所需的时间。 硅酸盐水泥初凝时间不得早于45 min，终凝时间不得迟于6.5 h；普通硅酸盐水泥初凝时间不得早于45 min，终凝时间不得迟于10 h。 (5)水化热。水化热对大体积混凝土工程是不利的

考点三　石灰与石膏

要点	具体内容
石灰	石灰是由含碳酸钙较多的石灰石经过高温煅烧生成的气硬性胶凝材料，呈白色或灰色块状，其主要成分是氧化钙。 石灰在建筑工程中的应用主要为：(1)配置水泥石灰混合砂浆、石灰砂浆；(2)拌制灰土或三合土；(3)生产硅酸盐制品；(4)利用石灰膏稀释成石灰乳，用作内墙和顶棚的粉刷涂料
石膏	石膏是以硫酸钙为主要成分的气硬性胶凝材料。石膏的主要原料是天然的二水石膏，也叫软石膏。 建筑石膏的初凝时间和终凝时间都很短，需要加入缓凝剂用以降低半水石膏的溶解度和溶解速度，便于成型。 建筑石膏在建筑工程中的主要用途：石膏抹灰材料、各种装饰石膏板、石膏浮雕花饰、雕塑饰品等

考点四　砖与石

要点	具体内容
砖	1. 烧结砖 烧结砖包括烧结普通砖、烧结多孔砖和烧结空心砖。烧结普通砖包括黏土砖、页岩砖、煤矸石砖、粉煤灰砖等多种。 烧结多孔砖有 190 mm×190 mm×190 mm 和 240 mm×115 mm×90 mm 两种规格。 烧结空心砖有 290 mm×190 mm×90 mm 和 240 mm×180 mm×115 mm 两种规格。 2. 蒸养(压)砖 蒸养(压)砖属于硅酸盐制品，是以石灰和含硅原料，如砂、粉煤灰、炉渣、煤矸石，加水拌和，经成型、蒸养(压)而制成。 3. 砌块 砌块建筑可以减轻建筑墙体自重，改善建筑功能，降低造价
天然石材	天然石材具有资源丰富、强度高、色泽自然、耐久性好的特点

考点五　混凝土

要点	具体内容
混凝土材料组成	1. 水泥 根据混凝土的强度，要求水泥强度等级与混凝土强度相适应。水泥的强度为混凝土强度的 1.5～2.0 倍为好

续表

要点	具体内容
混凝土材料组成	2. 细骨料 粒径为 5 mm 以下的骨料称为细骨料，一般采用天然砂。 混凝土用砂的质量要求，主要有以下几项：(1)砂的粗细程度及颗粒级配；(2)泥、泥块及有害物质；(3)坚固性。 3. 粗骨料 粒径的大小表示粗骨料的粗细程度。粗骨料最大粒径增大时，骨料总表面积减少，可减少水泥浆用量，节约水泥，且有助于提高混凝土密实度。因此，当配制中等强度以下的混凝土时，尽量采用粒径大的粗骨料。但粗骨料的最大粒径不得大于结构截面最小尺寸的 1/4，并不得大于钢筋最小净距的 3/4；对混凝土实心板，最大粒径不得大于板厚的 1/2，并不得超过 50 mm。 4. 水 凡能饮用的自来水及清洁的天然水都能用来养护和拌制混凝土。污水、酸性水、含硫酸盐超过 1% 的水均不得使用。海水一般不用来拌制混凝土
普通混凝土的性质	1. 和易性 和易性指混凝土是否易于施工操作和均匀密实的性能，主要表现为：是否易于搅拌和卸出；浇灌时是否离析，振捣时是否易于填满模型等。和易性是一项综合性能，包括流性、黏聚性和保水性。 影响和易性的因素：(1)用水量；(2)水灰比(一般在 0.5～0.8，不宜过小，也不宜过大)；(3)砂率：合理砂率就是保持混凝土拌和物有良好的黏聚性和保水性的最小砂率；(4)其他影响因素(水泥品种、骨料条件、时间和温度、外加剂)。 2. 普通混凝土结构的力学性质 (1)混凝土的抗压强度和强度等级。混凝土强度包括抗压强度、抗拉强度，混凝土的抗压强度是一项最重要的性能指标。混凝土强度分为 C7.5、C10、C15、C20、C25、C30、C35、C40、C45、C50、C55、C60 等十二个等级。 (2)普通混凝土受压破坏特点。普通混凝土受压主要发生在水泥石与骨料的界面上。 (3)影响混凝土强度的因素：①水泥强度和水灰比；②龄期；③养护温度和湿度；④施工质量。 (4)提高混凝土强度的措施：采用高强度等级水泥、采用干硬性混凝土拌和物、采用湿热处理、改进工艺、加强搅拌和振捣、加入外加剂。 3. 普通混凝土的变形性质 (1)化学收缩；(2)干湿变形；(3)温度变形；(4)荷载作用下的混凝土变形。 4. 普通混凝土的耐久性 抗渗性、抗冻性、抗侵蚀性、抗碳化性，以及防止碱－骨料反应等，统称为混凝土的耐久性
混凝土外加剂	在混凝土拌和物中，掺入能改善混凝土性质的材料，称为外加剂。外加剂掺入量一般不大于水泥质量的 5%

考点六　防水材料

要点	具体内容
防水卷材	防水卷材的特点： (1)拉伸强度高、抵抗基层和结构物质变形能力强、防水层不易开裂。 (2)防水厚度可按防水工程质量要求控制。 (3)防水层较厚,使用年限长。 (4)便于大面积施工
防水涂料	防水涂料是一种流态或半流态物质,可用刷、喷等工艺涂布在基层表面,经溶剂或水分挥发或各组分间的化学反应,形成具有一定弹性和厚度的连续薄膜,使基层表面与水隔绝,起到防水、防潮作用,广泛适用于工业与民用建筑工程的屋面防水、地下室防水和地面防潮等。 分类:按照成膜物质的主要成分,防水涂料可分为沥青基防水涂料、聚合物改性沥青防水涂料和合成高分子防水涂料等三类
建筑密封材料	建筑密封材料是具有高气密性、水密性而嵌入建筑接缝中的定型和不定型的材料。 分类:按构成类型分为溶剂型、乳液型和反应型;按使用时的组分分为单组分密封材料和多组分密封材料;按组成材料分为改性沥青密封材料和合成高分子密封材料

考点七　装饰材料

要点	具体内容
建筑装饰材料的分类	1. 按化学成分分类 (1)金属材料。 (2)非金属材料。 (3)复合材料。 2. 按建筑装饰的部位分类 (1)外墙装饰材料。 (2)内墙装饰材料。 (3)地面装饰材料。 (4)吊顶装饰材料。 (5)室内装饰用品及配套设备。 (6)其他
建筑装饰材料使用效果评价	1. 装饰效果 (1)建筑物外部色彩。主要看建筑物的色彩是否与建筑物的规模、环境及功能相适应

续表

要点	具体内容
建筑装饰材料使用效果评价	(2)建筑物内部色彩。建筑物内部色彩对人的生理和心理均产生重要的影响。因此,应观察色彩的选择是否与季节、建筑功能及人们从事不同活动时的需要相适应。 2. 耐久性 (1)力学性能。 (2)物理性能。 (3)化学性能。 目前,考虑耐久性时还应考虑到大气污染的问题,如由于城市空气中的二氧化硫遇水后对大理石中的方解石有腐蚀作用,故大理石不宜在室外使用。 3. 经济性 考虑建筑材料的经济性,要有一个总体的观念,既要考虑到装饰工程一次性投资的多少,也要考虑到日后的维护维修费用和材料的使用寿命。 4. 环保性 目前,由于装饰材料的大量使用,使得室内环境质量受到严重影响,因此,在评价时也应考虑装饰材料的环保性

跟踪训练

一、单项选择题

1. 下列不属于高层建筑的是(　　)。

A. 一幢 10 层的住宅楼　　B. 一幢 30 m 高的住宅楼

C. 一幢 24 m 高的单层体育馆　　D. 一幢 15 层的商业大厦

2. 在总平面图中,常用的比例尺是(　　)。

A. 1:100　　B. 1:200

C. 1:300　　D. 1:500

3. 凡承重墙、柱子、大梁或屋架等主要承重构件的位置必须画上轴线并编上轴线号,编号规定是(　　)。

A. 水平方向用英文字母由下而上编号,垂直方向用阿拉伯数字由左至右编号

B. 水平方向用英文字母由上至下编号,垂直方向用阿拉伯数字由右至左编号

C. 水平方向用阿拉伯数字由左至右编号,垂直方向用英文字母由下至上编号

D. 水平方向用阿拉伯数字由右至左编号,垂直方向用英文字母由上至下编号

4. 下列关于建筑制图有关要求的表述中,错误的是(　　)。

A. 图纸幅面内应有标题栏和会签栏

B. 结构施工图一般不注比例,允许一个图形使用两种比例尺

C. 凡承重墙、柱子、大梁或屋架的位置必须画上轴线并编上轴线号

D. 标高的单位用毫米计

5. 能查到指北针和风玫瑰图的建筑图纸是(　　)。

A. 总平面图　　B. 建筑平面

C. 建筑立面图　　D. 建筑剖面图

6. 根据建筑物重要性和使用要求,一般居住建筑的建筑物的重要性等级是(　　)。

A. 特等　　B. 甲等

C. 乙等　　D. 丙等

7. 位于北京的国家大剧院,其建筑等级属于(　　)。

A. 甲等建筑　　B. 乙等建筑

C. 丙等建筑　　D. 特等建筑

8. 在砌筑墙体时应遵循上下错缝的原则,错缝的距离一般不小于(　　)。

A. 20 mm　　B. 30 mm

C. 40 mm　　D. 60 mm

9. 伸缩缝的宽度一般是(　　)。

A. 10 ~ 20 mm　　B. 20 ~ 30 mm

C. 30 ~ 40 mm　　D. 40 ~ 50 mm

10. 下列关于建筑材料的耐久性,表述错误的是(　　)。

A. 材料被用于建筑物后,要长期受到来自使用方面的破坏因素及来自环境方面的破坏因素的作用

B. 材料的耐久性是指材料在使用过程中经受各种常规破坏因素的作用而能保持其原有性能的能力

C. 采用耐久性好的材料有时会增加成本、提高价格

D. 不同材料的耐久性相同,影响其耐久性的因素也相同

二、多项选择题

1. 建筑剖面图表示的内容包括(　　)。

A. 各层楼面的标高　　B. 建筑从屋面至地面的内部构造特征

C. 楼、地面做法　　D. 屋面做法及构造

E. 反映建筑物的外貌

2. 建筑材料的性质包括(　　)。

A. 物理性质　　B. 力学性质　　C. 耐久性质　　D. 吸水性质

E. 抗冻性质

3. 混凝土的和易性包括(　　)。

A. 流动性　　B. 黏聚性　　C. 保水性　　D. 稳定性

E. 抗拉性

4. 影响混凝土的强度的因素主要有(　　)。

A. 水泥强度　　B. 水灰比

C. 砂率　　D. 龄期

E. 养护温度和湿度

三、判断题

1. 工业厂房的结构剖面图,往往与建筑剖面图相一致,所以可以互相套用。 ( )

2. 横墙指与建筑长轴方向一致的墙,纵墙是与建筑短轴方向一致的墙。 ( )

3. 地基是建筑物最下部的组成部分。 ( )

4. 伸缩缝和沉降缝可以相互替代。 ( )

5. 木材顺纹方向的抗拉强度、抗剪强度最大,横纹方向最小;顺纹方向的抗压强度最小。 ( )

参考答案及解析

一、单项选择题

1. C 【解析】10 层以上(含 10 层)为高层建筑。公共建筑及综合性建筑通常是按照建筑总高度来划分的,总高度超过 24 m 的为高层(但不包括总高度 24 m 的单层建筑)。建筑总高度超过 100 m 的,不论是住宅,还是公共建筑、综合性建筑,均为超高层建筑。

2. D 【解析】总平面图常用的比例尺是 1∶500、1∶1 000 和 1∶2 000。选项 A、B、C 均为基本图的常用比例尺。

3. C 【解析】凡承重墙、柱子、大梁或屋架等主要承重构件的位置必须画上轴线并编上轴线号。水平方向用阿拉伯数字由左至右编号,垂直方向用英文字母由下至上编号。

4. D 【解析】标高的单位用米记,按“国标”规定,标高数字准确到毫米,即注到小数点后面第三位。

5. A 【解析】总平面图是用来说明建筑物所在具体位置和其周围环境关系的水平投影图。总平面图包含的主要内容如下:(1)拟建建筑和原有建筑的外形、层数和它们的相对位置关系;(2)建筑物周围的地形、道路(包括拟建的道路)、水源、桥梁和绿化等;(3)室内地坪、室外整平和道路的绝对标高;(4)指北针和风玫瑰图等。

6. D 【解析】丙等是一般居住建筑和公共建筑。

7. D 【解析】特等的适用范围是具有重大纪念性、历史性、国际性和国家级的各类建筑。国家大剧院属于国家级重点建筑,所以属于特等建筑。

8. D 【解析】砖的排列方式应按内外搭接、上下错缝的原则砌筑,错缝的距离一般不小于 60 mm。

9. B 【解析】伸缩缝的宽度一般采用 20 ~ 30 mm。为温度变化产生变形而设。

10. D 【解析】不同材料的耐久性不同,影响其耐久性的因素也不同。

二、多项选择题

1. ABCD 【解析】建筑剖面图的内容包括:各层楼面的标高,窗台、窗上口、顶棚的高度,以及室内净空尺寸;建筑从屋面至地面的内部构造特征,如屋盖、楼板构造、隔墙构造、内门高度等;注明一些装修做法,楼、地面做法,对其所用材料等加以说明;有时也可以标明屋面做法及构造,屋面坡度以及屋顶上女儿墙、烟囱等构造物的情形等。选项 A、B、C、D 属于建筑剖面图表示的内容,选项 E 属于建筑立面图的内容。

2. ABC 【解析】建筑材料的性质有物理性质、力学性质和耐久性。选项 D、E 属于物理性质中的与水有关的性质。

3. ABC 【解析】和易性是一项综合性能,包括流动性、黏聚性和保水性。

4. ABDE 【解析】影响混凝土的强度的因素主要有水泥强度和水灰比、龄期、养护温度和湿度、施工质量。选项 C 砂率影响的是和易性。

三、判断题

1. √ 【解析】工业厂房的结构剖面图,往往与建筑剖面图相一致,所以可以互相套用。

2. × 【解析】纵墙指与建筑长轴方向一致的墙,横墙是与建筑短轴方向一致的墙。

3. × 【解析】地基不是建筑物的组成部分,最下部的组成部分是基础。

4. × 【解析】沉降缝要求连基础断开,伸缩缝没有这个要求,所以沉降缝可以替代伸缩缝,伸缩缝不可以替代沉降缝。

5. √ 【解析】木材顺纹方向的抗拉强度、抗剪强度最大,横纹方向最小;顺纹方向的抗压强度最小,而横纹方向最大。

第四章 工程造价知识

知识导图

- 工程造价知识
  - 工程造价及其构成
    - 工程造价概述
    - 工程项目的划分
    - 工程造价的构成
  - 工程量计量
    - 工程量的概念、工程量计算的作用和依据
    - 工程量计算的顺序
  - 工程造价的计价与控制
    - 工程造价计价的基本原理和方法
    - 工程造价控制的基本原理和方法
    - 建设项目各个阶段工程造价的计价与控制

考情分析

本章主要介绍了工程造价及其构成、工程量计量、工程造价的计价与控制。本章的学习重点是工程造价的构成、工程造价控制的基本原理,学习难点是工程造价计价的基本原理与方法。

本章在考试中的平均分值为 2 分,考试目的是测查应试人员对工程造价及其构成、工程量计量、工程建设定额、工程造价的计价与控制等的了解、熟悉与掌握程度。

表解考点

考点	重要等级
工程造价概述	了解
工程项目的划分	熟悉
工程造价的构成	掌握
工程量的概念	掌握
工程量计算的作用	了解
工程量计算的依据	熟悉

续表

考点	重要等级
工程量的计算顺序	了解
工程建设定额的概念	掌握
工程建设定额的分类	熟悉
工程建设定额的特点	了解
工程造价计价的基本原理与方法	掌握
工程造价控制的基本原理	掌握
工程造价控制的主要方法	熟悉
建设项目各个阶段工程造价的计价与控制	熟悉

考点详解

第一节　工程造价及其构成

考点一　工程造价概述

要点	具体内容
工程造价的含义	从投资者角度,工程造价是指建设一项工程的预期开支或实际开支的全部固定资产投资费用。 从承包商角度,工程造价是指工程价格,即为建成一项工程,预期在土地市场、技术和设备市场、劳务市场以及工程承包市场等交易活动中所形成的建设安装工程价格或建设项目总价格,通常又称为工程承发包价格
工程造价的特点	(1)大额性。工程项目的造价一般都非常高昂。 (2)个别性和差异性。任何一项工程都有特定的用途、功能和规模,因此对各方面都有具体要求。 (3)动态性。工程从决策到竣工交付建设期长,有很多因素影响造价变动。 (4)层次性。工程造价的层次:建设工程总造价,单项、单位、分部分项工程造价。 (5)复杂性。表现在:造价构成因素的广泛性和复杂性,盈利构成也较为复杂,资金成本较大
工程造价的职能	(1)预测职能。投资者预测造价,作为项目决策、筹资和控制造价的依据。承包商预测造价,为投标决策提供参考,为成本控制提供依据

续表

要点	具体内容
工程造价的职能	(2)控制职能。控制成本。 (3)评价职能。评价投资合理性和投资效益。评价项目的偿贷能力、获利能力和经济效益,评价建筑安装企业经营管理水平和经营成果。 (4)调控职能。政府利用造价对工程建设中的物质消耗水平、建设规模、投资方向进行调控和管理

考点二 工程项目的划分

要点	具体内容
建设项目	建设项目是指在一个场地或几个场地上,按照一个总体设计进行施工,并受总概(预)算控制的各个工程项目的总和。如一个商品住宅小区项目。 建设项目在经济上实行独立核算,具有独立的组织形式
工程项目	工程项目也称为单项工程,是建设项目的组成部分。 工程项目是指具有独立的设计文件和相应的综合概(预)算书,竣工后能独立发挥生产能力或使用效益的工程。如高等院校的综合教学楼
单位工程	单位工程是工程项目的组成部分。它是指具有独立设计的施工图和相应的概(预)算书,能够单独施工,但竣工后不能独立形成生产能力或发挥使用效益的工程。如一个建筑物下分解的土建工程、安装工程、装饰工程等
分部工程	分部工程是单位工程的组成部分,是按照单位工程的不同部位、不同施工方法或不同材料和设备种类,从单位工程中划分出来的中间产品,如土建工程中的土石方工程等
分项工程	分项工程是分部工程的组成部分,是指通过简单施工过程就能生产出来并可利用某种计量单位计算的最基本的中间产品,它是按照不同施工方法或材料规格,从分部工程中进一步细分出来,如有支护土方工程,可分为排桩、降水、排水、地下连续墙等分项工程

考点三 工程造价的构成

要点	具体内容
设备及工、器具购置费用的构成	1. 设备购置费 为建设项目购置或自制的达到固定资产标准的各种国产或进口设备、工具、器具的购置费用,由设备原价和设备运杂费用构成

续表

要点	具体内容
设备及工、器具购置费用的构成	(1)国产设备原价的构成一般是指设备制造厂的交货价或订货合同价,一般根据生产厂或供应商的询价、报价、合同价确定,或采用一定的方法计算确定。 (2)进口设备原价的构成是指进口设备的抵岸价,通常是由进口设备到岸价(CIF)(由离岸价格 FOB 加国际运费、运输保险费构成)和进口从属费(银行财务费、外贸手续费、进口关税、消费税、进口环节增值税等)构成。 (3)设备运杂费的构成通常由运费、装卸费、包装费、设备供销部门的手续费、采购与仓库保管费等构成,通常按设备原价乘以设备运杂费率计算。计算公式: 设备运杂费=设备原价×设备运杂费率 2. 工具、器具及生产家具购置费 工具、器具及生产家具购置费是指新建或扩建项目初步设计规定的,保证初期正常生产必须购置的没有达到固定资产标准的设备、仪器、工卡模具、器具、生产家具和备品备件等的购置费用。计算公式: 工具、器具及生产家具购置费=设备购置费×定额费率
建筑安装工程费用的构成(建标〔2013〕44)	1. 按照费用构成要素划分 (1)人工费,指工资、奖金、津贴、补贴等。 (2)材料费,指施工过程中耗费的原材料、辅助材料、构配件、零件、半成品或成品、工程设备费用。 (3)施工机具使用费,包括施工机械使用费、仪器仪表使用费。 (4)企业管理费,指建筑安装企业组织施工生产和经营管理所需的费用,包括管理人员工资、办公费、差旅交通费、固定资产使用费等。 (5)利润,指施工企业完成所承包工程获得的盈利。 (6)规费,指国家法律、法规规定,由省级政府和省级有关权力部门规定必须缴纳或计取的费用,包括社会保险费、住房公积金、工程排污费以及其他应列而未列入的规费等。 (7)税金,包括增值税、城市维护建设税、教育费附加以及地方教育费附加等。 2. 按照工程造价形成划分 (1)分部分项工程费,指各专业工程的分部分项工程应予列支的各项费用。 (2)措施项目费,指为完成建设工程施工,发生于该工程施工前和施工过程中的技术、生活、安全、环境保护等方面的费用,包括安全文明施工费、夜间施工增加费、二次搬运费、冬雨季施工增加费等。 (3)其他项目费,包括暂列金额、计日工、总承包服务费。 (4)规费,定义与按照费用构成要素划分建筑安装工程费的规费相同。国家法律、法规规定,由省级政府和省级有关权力部门规定必须缴纳或计取的费用。 (5)税金,定义与按照费用构成要素划分建筑安装工程费的税金相同

续表

要点	具体内容
工程建设其他费用的构成	工程建设其他费用的构成是指应在建设项目的建设投资中开支的，为保证工程建设顺利完成和交付使用后能够正常发挥效用而发生的固定资产其他费用、无形资产费用和其他资产费用
预备费	预备费包括基本预备费和价差预备费两部分。 (1)基本预备费是项目实施中难以预料的支出，也称工程建设不可预见费用。主要是设计变更及施工过程中可能增加工程量的费用。计算公式为： 基本预备费 =(工程费用 + 工程建设其他费用)× 基本预备费率 (2)价差预备费是指建设项目在建设期内由于材料、人工、设备等价格可能发生变化引起工程造价变化，而事先预留的费用，亦称为价格变动不可预见费。 价差预备费的测算方法，一般根据国家规定的投资综合价格指数，按估算年份价格水平的投资额为基数，采用复利方法计算。计算公式为： $价差预备费 = PF = \sum_{t=1}^{n} I_t[(1+f)^m(1+f)^{0.5}(1+f)^{t-1}-1]$ 式中，I_t 表示建设期第 t 年的计划投资额，包括工程费用、工程建设其他费用及基本预备费；n 表示建设期；f 表示年均价格上涨率；m 表示建设前期年限(从编制估算到开工建设，单位:年)
建设期利息	建设期利息是指项目借款在建设期内发生的固定资产的利息，包括向国内外银行和其他非银行金融机构贷款、出口信贷、外国政府贷款、国际商业银行贷款以及在境内外发行债券等在建设期内所产生的应偿还贷款利息。计算公式为： 各年应计利息 =(年初借款本息累计 + 本年借款额/2)× 年利率

第二节　工程量计量

考点一　工程量的概念、工程量计算的作用和依据

要点	具体内容
工程量的概念	工程量是指以物理计量单位或自然计量单位所表示的建筑工程各个分项工程和结构构件的实物数量
工程量计算的作用	工程量计算是施工图预算编制的主要内容和工程估价的重要依据。 工程量计算是施工企业投标报价、安排工程作业计划、组织劳动力和物资供应、进行经济核算等必不可少的基础资料；也是建设方筹集建设资金、安排工程价款拨付和结算、进行财务管理和核算的重要依据

续表

要点	具体内容
工程量计算的依据	(1)施工图纸及设计说明书、相关图集、设计变更资料、图纸答疑、会审记录等。 (2)经审定的施工组织设计或施工方案。 (3)工程施工合同、招标文件的商务条款。 (4)工程量计算规则

考点二　工程量计算的顺序

要点	具体内容
单位工程计算顺序	1. 按施工顺序计算法 如一般民用建筑，按照土石方、基础、墙体、脚手架、地面、楼面、屋面、门窗、外抹灰、内抹灰、刷浆、油漆、玻璃等顺序进行计算。 2. 按"基础定额"和"计价规范"顺序计算法 这种方法是按照"基础定额"和"计价规范"中的分章或分部分项工程顺序来计算工程量
分部分项工程计算顺序	1. 按顺时针方向计算法 这种方法首先是从平面图的左上角开始，从左至右，然后从上到下，最后转回到左上角为止，按顺时针方向依次计算工程量。 2. 按"先横后竖、先上后下、先左后右"计算法 这种方法是从平面图的左上角开始，按"先横后竖、先上后下、先左后右"的顺序计算工程量。 3. 按图纸分项编号顺序计算法 这种方法是按照图纸上所注结构构件、配件的编号顺序计算工程量

第三节　工程造价的计价与控制

考点一　工程造价计价的基本原理和方法

要点	具体内容
工程造价计价的基本原理	工程造价计价也叫工程估价，是对投资项目造价(或价格)的计算。 工程造价的计价过程就是将建设项目进行分解和逐步组合的过程。 从工程费用计算角度，工程计价的顺序一般为：分部分项工程单价→单位工程总价→工程项目总价→建设项目总造价

续表

要点	具体内容
工程造价计价的基本原理	工程造价的基本计算公式： $$工程计价 = \sum_{i=1}^{n} 工程实物量_i \times 单位价格_i$$
工程造价计价的方法	1. 工程建设定额计价法 (1)工程建设定额是指在工程建设中单位质量合格的产品上人工、材料、机械、资金消耗的规定额度。它体现在正常施工条件下人工、材料、机械等消耗的社会平均水平。 (2)工程建设定额的分类： ①按定额反映的生产要素消耗内容划分。按定额反映的生产要素消耗内容不同，可以把工程建设定额划分为劳动消耗定额、机械消耗定额和材料消耗定额三种。 劳动消耗定额是指完成一定数量的合格产品规定的劳动消耗的数量标准。劳动定额的主要表现形式是时间定额，即完成一定的合格产品规定的劳动消耗时间数量标准。劳动定额的另一表现形式是产量定额，也就是在单位时间内完成合格产品的数量。时间定额和产量定额互为倒数关系。 机械消耗定额是指完成一定数量的合格产品规定的施工机械消耗的数量标准，其主要表现形式是机械时间定额，同时也可以产量定额表现。 材料消耗定额是完成一定数量的合格产品规定消耗的原材料、成品、半成品、构配件数量标准。 ②按定额编制的程序和用途划分。按定额的编制程序和用途不同，可以把工程建设定额划分为施工定额、预算定额、概算定额、概算指标和投资估算指标五种。 施工定额是以工序，即同一性质的施工过程作为研究对象，表示生产产品数量和生产要素消耗综合关系编制的定额，是施工企业组织生产和加强企业管理而在企业内部使用的一种定额，属于企业定额形式。施工定额由劳动定额、机械定额和材料定额三个部分组成，主要直接用于工程的施工管理，是工程建设定额中分项最细、定额子目最多的一种定额，也是工程建设定额中的基础性定额。 预算定额是在编制施工图预算阶段，以工程中的分项工程或结构构件为对象编制，用来计算工程造价和工程中的劳动、机械台班、材料需要量的定额。预算定额是一种计价性定额。从编制程序上看，预算定额是以施工定额为基础综合扩大编制的，同时是进一步编制概算定额的基础。预算定额是调整工程预算和工程造价的基础，同时也是编制施工组织设计、施工技术财务计划的参考。 概算定额是以扩大分项工程或扩大结构构件作为对象编制的，计算和确定该工程项目的劳动、机械台班、材料消耗量所使用的定额，也是一种计价性定额。概算定额是在预算定额的基础上综合扩大而成的，每一概算定额中综合分项都包含数个预算定额细目。概算定额是编制扩大初步设计概算、确定建设项目投资额的依据

续表

<table>
<tr><th>要点</th><th>具体内容</th></tr>
<tr><td>工程造价计价的方法</td><td>概算指标是概算定额的扩大与合并，是以整个建筑物和构筑物为对象，以更为扩大的计量单位编制的，包括劳动定额、机械台班定额、材料定额三个基本部分，同时列出了各结构分部的工程量及单位建筑工程的造价，是一种计价定额。
投资估算指标是在项目建议书和可行性研究阶段编制投资估算、计算投资需要量时使用的一种定额。
③按照工程的费用划分。按照工程费用的不同，可以把工程建设定额划分为建筑工程定额、设备安装工程定额、建筑安装工程费用定额、工器具定额以及工程建设其他费用定额。
④按照专业性质划分。按照专业性质不同，工程建设定额可以划分为全国通用定额、行业通用定额和专业专用定额三种。
⑤按照主编单位和管理权限划分。按照主编单位和管理权限不同，工程建设定额可以划分为全国统一定额、行业统一定额、地区统一定额、企业定额、补充定额5种。
(3)工程建设定额计价的基本方法与程序。工程建设定额计价法是依据建设行政主管部门颁发的各种工程预算定额来计算工程造价。因此，定额计价是建立在以政府定价为主导的计划经济管理基础上的价格管理模式，它所体现的是政府对工程价格的直接管理和调控。
工程建设定额计价的基本程序可以描述为：按预算定额规定的分部分项子目，逐项计算工程量，套用预算定额单价（或单位估价表）确定直接费，然后按规定的取费标准确定其他直接费、现场经费、间接费、计划利润和税金，加上材料调差系数和适当的不可预见费，经汇总后即为工程预算或标底。
工程建设定额计价的基本特征是“价格＝定额＋费用＋文件规定”，不论是工程招标编制标底还是投标报价，都以此作为唯一依据，承发包双方使用相同的定额和费用标准分别确定投标报价和标底价，一旦定额价与市场价脱节，就会影响计价的准确性。
可以用公式来进一步表明确定工程建设定额计价的基本方法和程序：
①人工费。根据不同的使用情况，人工费的计算方法分为以下两种：
公式1：
$$人工费 = \sum(工日消耗量 \times 日工资单价)$$
$$日工资单价 = 人工费 \times 人工费占分部分项工程费比例(\%)$$
公式1主要适用于施工企业投标报价时自主确定人工费，也是工程造价管理机构编制计价定额确定定额人工单价或发布人工成本信息的参考依据。
公式2：
$$人工费 = \sum(工程工日消耗量 \times 日工资单价)$$
日工资单价是指施工企业平均技术熟练程度的生产工人在每工作日（国家法定工作时间内）按规定从事施工作业应得的日工资总额。
工程造价管理机构确定日工资单价，最低日工资单价不得低于工程所在地人力资源和社会保障部门所发布的最低工资标准的：普工1.3倍、一般技工2倍、高级技工3倍</td></tr>
</table>

续表

<table>
<tr><th>要点</th><th>具体内容</th></tr>
<tr><td>工程造价计价的方法</td><td>
公式2主要适用于工程造价管理机构编制计价定额时确定定额人工费，是施工企业投标报价的参考依据。
②材料费。计算公式：
材料费 = ∑（材料消耗量 × 材料单价）
材料单价 =［（材料原价 + 运杂费）×（1 + 运输损耗率（%））］×（1 + 采购保管费率（%））
工程设备费 = ∑（工程设备量 × 工程设备单价）
工程设备单价 =（设备原价 + 运杂费）×（1 + 采购保管费率（%））
③施工机械使用费。计算公式：
施工机械使用费 = ∑（施工机械台班消耗量 × 机械台班单价）
机械台班单价 = 台班折旧费 + 台班大修费 + 台班经常修理费 + 台班安拆费及场外运费 + 台班人工费 + 台班燃料动力费 + 台班车船税费
仪器仪表使用费 = 工程使用的仪器仪表摊销费 + 维修费
④企业管理费。企业管理费按不同的计取基础乘以相应的企业管理费率来确定。
以分部分项工程费为计算基础：
$$企业管理费费率(\%)=\frac{生产工人年平均管理费}{年有效施工天数\times人工单价}\times人工费占分项工程费比例(\%)\times100\%$$
以人工费和机械费合计为计算基础：
$$企业管理费费率(\%)=\frac{生产工人年平均管理费}{年有效施工天数\times(人工单价费+每一工日机械使用费)}\times100\%$$
以人工费为计算基础：
$$企业管理费费率(\%)=\frac{生产工人年平均管理费}{年有效施工天数\times人工单价}\times100\%$$
上述公式适用于施工企业投标报价时自主确定管理费，是工程造价管理机构编制计价定额确定企业管理费的参考依据。
⑤利润。施工企业根据企业自身需求并结合建筑市场实际自主确定，列入报价中。
⑥规费。计算公式：
社会保险费和住房公积金 = ∑（工程定额人工费 × 社会保险费和住房公积金费率）
⑦税金。计算公式：
税金 = 增值税应纳税额 + 城市维护建设税 + 教育费附加和地方教育费附加 = 税前工程造价 × 综合税率（%）
税前工程造价为人工费、材料费、施工机具使用费、企业管理费、利润和规费之和，各费用项目均以不包含增值税可抵扣进项税额的价格计算。增值税应纳税额，根据纳税人是否属于一般纳税人还是小规模纳税人计税方法有所不同。建筑企业城市维护建设税根据纳税人实际纳税地区的不同而不同。下面以一般纳税人为例说明综合税率
</td></tr>
</table>

续表

要点	具体内容
工程造价计价的方法	纳税地点在市区的企业： 综合税率(%)=11%×(1+7%+3%+2%)=12.32% 纳税地点在县城、镇的企业： 综合税率(%)=11%×(1+5%+3%+2%)=12.10% 纳税地点不在县城、镇的企业： 综合税率(%)=11%×(1+1%+3%+2%)=11.66% 有关地区和部门可根据计价依据管理的实际情况，采取满足增值税下工程计价要求的其他调整方法。 ⑧单位工程概预算造价=人工费+材料费+施工机具使用费+企业管理费+利润+规费+税金。 ⑨单项工程概算造价=$\sum$单位工程概预算造价+设备、工器具购置费。 ⑩建设项目全部工程概算造价=$\sum$单项工程的概算造价+有关的其他费用+预备费。 2. 工程量清单计价法 (1)工程量清单的概念。工程量清单应由具有编制能力的招标人或受其委托，具有相应资质的工程造价咨询人编制。 全部使用国有资金投资或国有资金投资为主(简称“国有资金投资”)的工程建设项目，必须采用工程量清单计价。这是国家标准《建设工程工程量清单计价规范》(GB 50500—2013)中的强制性规定。而非国有资金投资的工程建设项目，也可采用工程量清单计价。 采用工程量清单方式招标时，工程量清单必须作为招标文件的组成部分，其准确性和完整性由招标人负责。 从性质上说，工程量清单是招标文件的组成部分，一经中标且签订合同，即成为合同的组成部分。 工程量清单是工程量清单计价的基础，应作为编制招标控制价、投标报价、计算工程量、支付工程款、调整合同价款、办理竣工结算以及工程索赔等的依据之一。 (2)工程量清单的内容。工程量清单由分部分项工程量清单、措施项目清单、其他项目清单、规费项目清单、税金项目清单组成，主要包括工程量清单说明和工程量清单表两部分。 (3)工程量清单计价的基本方法与程序。工程量清单计价方法，是由建设产品的买方和卖方在建设市场上根据供求状况、信息状况进行自由竞价，从而最终能够签订工程合同价格的方法。 工程量清单计价的基本过程可以描述为：在统一的工程量计算规则的基础上，根据具体工程的施工图纸计算出各个清单项目的工程量，再根据所获得的工程造价信息和经验数据计算得到工程造价

续表

要点	具体内容
工程造价计价的方法	招标控制价是由招标人根据有关计价规定计算的工程造价,其作用是招标人用于对招标工程发包的最高限价。 投标价是由投标人按照招标文件的要求,根据工程特点,并结合自身的施工技术、装备和管理水平,依据有关计价规定自主确定的工程造价,是投标人希望达成工程承包交易的期望价格,它不能高于招标人设定的招标控制价。 投标企业利用工程量清单来编制投标价。如果得以中标,则交易双方形成的合同价就是投标人的中标价。但合同价不是最后的“竣工结算价”,后者是在承包人完成施工合同约定的全部工程内容,发包人依法组织竣工验收合格后,由发、承包双方按照合同约定的工程造价条款,即合同价、合同价款调整以及索赔和现场签证等事项确定的最终工程造价。 具体算法如下: ①分部分项工程费 = $\sum$(分部分项工程量×综合单价)。 式中,综合单价包括人工费、材料费、施工机具使用费、企业管理费和利润以及一定范围的风险费用。 ②措施项目费 = $\sum$(措施项目工程量×综合单价)。 ③其他项目费=暂列金额+暂估价+计日工+总承包服务费。 ④规费=社会保障费+住房公积金+工程排污费。 ⑤税金=增值税+城市建设维护税+教育费附加+地方教育费附加。 ⑥单位工程报价=分部分项工程费+措施项目费+其他项目费+规费+税金。 ⑦单项工程报价 = $\sum$ 单位工程报价。 ⑧建设项目总报价 = $\sum$ 单项工程报价
定额计价方式与工程量清单计价方式的差别	(1)体现我国建设市场发展过程的不同定价阶段(定额计价方式的价格形成介于国家定价和指导价之间,工程量清单计价方式的价格是市场定价)。 (2)主要计价依据及其性质不同(定额计价方式的依据是定额资料,工程量清单计价方式的依据是“清单计价规范”)。 (3)编制工程量的主体不同(定额计价方式是招标人和投标人,工程量清单计价方式由招标人计算或委托咨询机构计算)。 (4)单价与报价的组成不同(定额计价方式是不完全单价,工程量清单计价方式是完全单价)。 (5)适用阶段不同(定额计价方式适用于项目建设前期各阶段对于建设投资的预测和估算,工程量清单计价方式适用于合同价格形成和合同价格管理)

续表

要点	具体内容
定额计价方式与工程量清单计价方式的差别	(6)合同价格的调整方式不同(定额计价方式有变更签证、定额解释、政策性调整等多种调整方式,工程量清单计价方式单价相对固定,减少了合同实施过程中的调整活口)。 (7)是否区分施工实体性损耗和施工措施性损耗不同(定额计价方式区分施工实体性损耗和施工措施性损耗,工程量清单计价方式把施工措施与工程实体项目进行分离)

考点二　工程造价控制的基本原理和方法

要点	具体内容
工程造价控制的基本原理	工程造价控制是全过程动态控制。 (1)工程造价控制是全过程控制。在整个工程造价全过程控制中,要以设计阶段为重点。具体地说,要用投资估算价控制设计方案的选择和初步设计概算造价;用概算造价控制技术设计和修正概算造价;用概算造价或修正概算造价控制施工图设计和预算造价。 (2)工程造价控制是动态控制。①工程造价受到建设周期影响,许多因素都是经常变化的,只有到实际竣工才能最终确定工程的实际造价;②在工程建设过程中,项目造价控制围绕三大目标:投资控制、质量控制和进度控制,这些目标是动态的,并且贯穿于项目实施的始终
工程造价控制的主要方法	(1)可行性研究。为投资决策提供依据的方法。 (2)限额设计。将上阶段审定的投资额和工程量先分解到各专业,再分解到各单位工程和分部工程。各专业设计确保投资额不被突破。 (3)价值工程。价值的公式为:价值 V = 功能 F/费用 C。提高价值的方法有:①功能提高,费用不变;②功能不变,费用降低;③功能提高,费用下降;④功能提高大于费用提高;⑤功能下降小于费用下降。 (4)招标投标。引入竞争机制,确保工程质量,控制工期,降低造价。 (5)合同管理。工程项目管理的核心

考点三　建设项目各个阶段工程造价的计价与控制

要点	具体内容
建设项目决策阶段工程造价的计价与控制	1. 建设项目决策 建设项目决策是选择和投资行动方案的过程,是对拟建项目的必要性和可行性进行技术经济论证,对不同建设方案进行技术经济比较及作出判断和决定的过程

续表

要点	具体内容
建设项目决策阶段工程造价的计价与控制	2. 建设项目决策阶段影响工程造价的主要因素 (1)项目合理规模。 (2)建设地区及建设地点(厂址),选址影响工程造价的高低、建设工期的长短、建设质量的好坏,还会影响到建成后的销售和经营状况。 (3)技术方案。 (4)设备方案。 (5)工程方案。 (6)环境保护措施。 3. 建设项目决策阶段工程造价计价与控制方法 (1)可行性研究。 (2)建设项目投资估算与财务评价
建设项目设计阶段工程造价的计价与控制	1. 设计阶段影响工程造价的因素 (1)总平面设计。 (2)建筑设计。 (3)工艺设计。 2. 设计方案评价 (1)设计方案评价原则包括:①经济合理性与技术先进性相结合的原则;②考虑项目全寿命费用的原则;③近期效益与远期效益相结合的原则。 (2)设计方案评价指标内容有: ①工业建设项目设计评价指标。 总平面设计评价指标有: 面积指标:厂区占地面积、建筑物和构筑物占地面积、永久性堆场占地面积,建筑占地面积、厂区道路占地面积,工程管网占地面积,绿化面积。 比率指标:建筑密度、土地利用系数、绿化系数。 工程量指标:场地平整土石方量、地上及地下管线工程量、防洪设施工程量等。 功能指标:生产流程便捷、流畅、连续程度,场内运输便捷程度,安全生产满足程度等。 经济指标:每吨货物运输费用、经营费用等。 工艺设计评价指标有:净现值、净年值、内部收益率、差额内部收益率、投资回收期等。 建筑设计评价指标有:单位面积造价,建筑物周长与建筑面积比,厂房展开面积、厂房有效面积与建筑面积比,工程全寿命成本

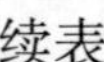

续表

要点	具体内容
建设项目设计阶段工程造价的计价与控制	②民用建设项目设计评价指标有: 住宅设计指标:平面系数、建筑周长指标、建筑体积指标、平均每户建筑面积、户型比。 公共建筑面积指标:占地面积、建筑面积、使用面积、辅助面积、有效面积、平面系数、建筑体积、单位指标等。 居住小区设计:建筑毛密度、居住建筑净密度、居住面积密度、居住建筑面积密度、人口毛密度、人口净密度、绿化比率等。 (3)设计方案评价方法有静态、动态评价指标
建设项目施工阶段工程造价的计价与控制	1.工程变更 (1)工程变更概念。工程的实际施工情况与招标投标时的工程情况发生的变化。工程变更包括工程量变更、工程项目变更、进度计划的变更和施工条件的变更等。 (2)工程变更的范围和内容。①取消合同中任何一项工作,但被取消的工作不能转由发包人或其他人实施;②改变合同中任何一项工作的质量或其他特性;③改变合同工程的基线、标高、位置或尺寸;④改变合同中任何一项工作的施工时间或改变已批准的施工工艺或顺序;⑤为完成工作需要施加的额外工作。 (3)工程变更程序。①监理人认为可能要发生变更的情形。监理人向承包人发出变更意向书,发包人同意,由监理人发布变更指示。承包人认为难以实施的,应该立即通知监理人,说明原因并附详细依据。监理人与承包人、发包人协商后确定撤销、改变或不改变原变更意向书。②监理人认为发生了变更的情形。监理人向承包人发出变更指示。③承包人认为可能要发生变更的情形。承包人向监理人发出书面申请,监理人与发包人研究,认为存在变更的,应在收到承包人书面建议后的14天内作出变更指示。不同意作为变更的,应由监理人书面答复承包人。承包人应在收到变更指示或变更意向书后的14天内,向监理人提交变更报价书。监理人收到承包人变更报价书后的14天内,根据变更估价原则,商定或确定变更价格。 (4)工程变更估价原则。①已标价工程量清单中有适用于变更工作子目的,采用该子目的单价;②已标价工程量清单中无适用于变更工作子目的但有类似子目的,可在合适范围内参照类似子目的单价,由发、承包双方商定或确定变更工作的单价;③已标价工程量清单中无适用或类似子目的单价,可按照成本加利润的原则,由发、承包双方商定或确定变更工作的单价;④因分部分项工程量清单漏项或非承包人原因的工程变更,引起措施项目发生变化,造成施工组织设计或施工方案变更的,原措施费中已有的措施项目,按原措施费的组价方法调整

续表

要点	具体内容
建设项目施工阶段工程造价的计价与控制	2. 工程索赔 (1)工程索赔的概念。工程索赔是在工程承包合同履行中,当事人一方由于另外一方未履行合同所规定的义务或出现了由对方承担的风险而遭受损失时,向另一方提出索赔要求的行为。工程索赔包括承包人向发包人的索赔和发包人向承包人的索赔(双向)。 (2)工程索赔的原因。①当事人违约;②不可抗力(自然事件和社会事件)或不利的物质条件;③合同缺陷(合同文件规定不严谨、合同存在遗漏和错误);④合同变更(设计变更、施工方法变更、追加或取消某些工作,以及合同其他规定的变更);⑤监理人指令(变更材料、采取某项措施、加速施工速度、进行某项工作);⑥其他第三方原因。 (3)工程索赔分类。按照索赔合同依据分为合同中明示的索赔和合同中默示的索赔;按照索赔的目的分为工期索赔和费用索赔;按照索赔事件的性质分为工程延误索赔、工程变更索赔、工程加速索赔、意外事件索赔、合同被迫终止的索赔等。 (4)工程索赔的程序。①索赔的提出。承包人向发包人的索赔应在索赔事件发生后,持证明索赔事件发生的有效证据,依据正当的索赔理由,在合同约定的时间内,向发包人递交索赔通知。发包人在合同约定的时间内对承包人提出的索赔进行答复和确认。合同未作约定时,承包人确认引起索赔事件后28天(4周)内,向发包人发出索赔通知,否则承包人无权获得追加付款,竣工时间不得延长。在承包人确认引起索赔事件后42天(6周)内,承包人应该递交详细的索赔报告,连续性事件应该每隔一个月递交进一步的中间索赔报告,说明累计索赔金额。在索赔事件产生影响结束后的28天内,递交最终索赔报告。②承包人索赔的处理程序。发包人收到报告后28天内作出回应,批准或不批准,并附具体意见。超过28天未作答复,视作索赔报告已认可。③承包人提出索赔的期限。承包人接受竣工付款证书后,应被认为已经无权再提出合同工程接收证书颁发前所发生的任何索赔。承包人提交的最终结清申请单中,只限于提出工程接受证书颁发后的索赔。提出索赔的期限自接受最终结清证书时终止。 3. 工程价款结算 (1)工程价款结算的方式。①按月结算与支付;②分段结算与支付。 (2)工程价款结算的主要内容。①竣工结算;②分阶段结算;③专业分包结算;④合同中止结算

跟踪训练

一、单项选择题

1. 工程项目,从大到小的正确顺序是(　　)。

A. 工程项目、建设项目、单位工程、分部工程、分项工程

B. 建设项目、工程项目、单位工程、分部工程、分项工程

C. 工程项目、建设项目、单位工程、分项工程、分部工程

D. 建设项目、工程项目、单位工程、分项工程、分部工程

2. 某建设项目工器具及生产家具购置费为1 500万元，建筑安装工程费用4 500万元，工程建设其他费2 000万元，建设期贷款利息50万元，预计建设期3年，年平均价格上涨率为5%，基本预备费率为6%。则基本预备费为(　　)万元。

A. 465.12　　B. 462.02

C. 456　　D. 480

3. 某建设项目建安工程费6 000万元、设备购置费4 000万元、工程建设其他费用2 000万元。已知基本预备费率为5%。项目建设前期年限为1年，建设期3年，各年投资计划额分别为：第一年完成投资20%、第二年完成投资60%、第三年完成投资20%，年均投资价格上涨率为6%，则该项目建设期间价差预备费为(　　)万元。

A. 1 225.975　　B. 1 250

C. 1 891.2　　D. 1 985.51

4. 以工序为对象编制的工程建设定额是(　　)。

A. 预算定额　　B 概算定额

C. 施工定额　　D. 概算指标

5. 按照定额反映的生产要素消耗内容划分，定额不包括(　　)。

A. 劳动消耗定额　　B. 机械消耗定额

C. 材料消耗定额　　D. 施工定额

二、多项选择题

1. 措施项目费的内容包括(　　)。

A. 安全文明施工费　　B. 夜间增加施工费

C. 二次搬运费　　D. 冬雨季施工增加费

E. 社会保险费

2. 提高价值功能的方法包括(　　)。

A. 功能提高，费用不变　　B. 功能不变，费用降低

C. 功能提高，费用下降　　D. 功能提高大于费用提高

E. 功能下降大于费用下降

3. 工程价款结算的主要内容包括(　　)。

A. 竣工结算　　B. 分阶段结算

C. 专业分包结算　　D. 合同中止结算

E. 劳务分包结算

4. 控制工程造价的主要方法有(　　)。

A. 可行性研究　　B. 定额设计

C. 价值工程　　D. 招标投标

E. 合同管理

5. 工程索赔的主要原因有(　　)。

A. 当事人违约　　B. 不可抗力

C. 合同缺陷　　D. 市场波动

E. 监理人指令

三、判断题

1. 建筑安装工程费按照费用构成要素划分由人工费、材料(包含工程设备)费、施工机具使用费、企业管理费、利润、规费和税金组成。(　　)

2. 施工定额是施工图预算编制的主要内容和工程估价的重要依据。(　　)

3. 由于合同缺陷造成的工程延误,发包人无须给承包人补偿。(　　)

参考答案及解析

一、单项选择题

1. B 【解析】工程项目,从大到小的顺序是建设项目、工程项目、单位工程、分部工程、分项工程。

2. D 【解析】基本预备费 =(工程费用 + 工程建设其他费用)× 基本预备费率 =(1 500 + 4 500 + 2 000)×6% =480(万元)。

3. D 【解析】基本预备费 =(6 000 +4 000 +2 000)×5% =600(万元);静态投资额 =12 000 + 600 =12 600(万元);第一年价差预备费 =12 600 ×20% ×(1.091 3 −1) =230.08(万元);第二年价差预备费 =12 600 ×60% ×(1.156 8 −1) =1 185.41(万元);第三年价差预备费 =12 600 × 20% ×(1.226 2 −1) =570.02(万元);建设期的价差预备费 =230.08 +1 185.41 +570.02 = 1 985.51(万元)。

4. C 【解析】施工定额是以工序,即同一性质的施工过程,作为研究对象,表示生产产品数量和生产要素消耗综合关系编制的定额。

5. D 【解析】按定额反映的生产要素消耗内容不同,可以把工程建设定额划分为劳动消耗定额、机械消耗定额和材料消耗定额三种。

二、多项选择题

1. ABCD 【解析】措施项目费是指为完成建设工程施工,发生于该工程施工前和施工过程中的技术、生活、安全、环境保护等方面的费用,包括安全文明施工费、夜间施工增加费、二次搬运费、冬雨季施工增加费、已完工程及设备保护费、工程定位复测费、特殊地区施工增加费、大型机械设备进出场及安拆费以及脚手架工程费等。选项 E 属于规费。

2. ABCD 【解析】提高价值的方法有:(1)功能提高,费用不变;(2)功能不变,费用降低;(3)功能提高,费用下降;(4)功能提高大于费用提高;(5)功能下降小于费用下降。

3. ABCD 【解析】工程价款结算的主要内容包括竣工结算、分阶段结算、专业分包结算、合同中止结算。

4. ACDE 【解析】控制工程造价的主要方法包括可行性研究、限额设计、价值工程、招标投标、合同管理。

5. ABCE 【解析】工程索赔的主要原因包括当事人违约、不可抗力、合同缺陷、合同变更、监理人指令、其他第三方原因。市场波动是正常行为，不成为索赔的依据。

三、判断题

1. √ 【解析】建筑安装工程费按照费用构成要素划分由人工费、材料（包含工程设备）费、施工机具使用费、企业管理费、利润、规费和税金组成。

2. × 【解析】工程量计算是施工图预算编制的主要内容和工程估价的重要依据。

3. × 【解析】合同缺陷是指合同文件规定的不严谨，甚至可能出现矛盾，以及合同中存在遗漏和错误。这种情况往往需要监理人给以解释，由此造成的工程拖延和损失，发包人应当给予补偿。

第五章　房地产测绘知识

知识导图

- 房地产测绘知识
  - 房地产测绘概述
    - 房地产测绘的内涵
    - 房地产测绘的特点
    - 房地产测量的技术规范
    - 房地产测绘的工作程序
    - 房地产测绘的精度要求
  - 房地产图
    - 地形图
    - 不动产权籍图
  - 房地产面积测算
    - 房地产面积测算的概念
    - 土地面积量算
    - 房产面积量算

考情分析

本章主要介绍了房地产测绘概述、房地产图、房地产面积测算。本章的学习重点是地形图及其应用,学习难点是房产图。

本章在考试中的平均分值为2分,考试目的是测查应试人员对房地产测绘的基本概念、房地产图、房地产面积测算等的了解、熟悉与掌握程度。

表解考点

考点	重要等级
房地产测绘的内涵	熟悉
房地产测绘的特点	了解
房地产测量的技术规范	了解
房地产测绘的工作程序	了解
房地产测绘的精度要求	了解

续表

考点	重要等级
地形图及其应用	掌握
地籍图	掌握
房产图	掌握
房地产面积测算	了解

考点详解

第一节 房地产测绘概述

考点一 房地产测绘的内涵

要点	具体内容
测量学	测量学是采用科学方法测定地面上点的平面位置和高程，将地球表面的地形和其他信息绘制成图，以及将已设计的工程建筑或指定的界址标定在实地上的一门学科。 测量工作的根本任务是确定地面点的空间位置。我国采用黄海平均海水面作为高程基准
房地产测量	(1)《物权法》规定，国家对不动产实行统一登记的制度。 (2)《不动产登记暂行条例》及《不动产登记暂行条例实施细则》规定，不动产统一登记制度自2016年开始在全国实行。不动产测量作为不动产统一登记中的重要组成部分，是确认不动产界址、范围以及相互关系等不可或缺的重要依据，是行使自然资源及其资产所有权和监督权的重要基础。 (3)不动产测量分为地籍测量、房产测量、海籍测量、行政区域界线测量、不动产测量监理五大子项。 (4)房地产测量属于不动产测量的重要组成部分，包括房地产测绘和房地产测设。 (5)房地产测绘是用测量手段测定地面上局部区域内的土地、建筑物及构筑物的特征点位，获得反映现状的图或图形信息。 (6)房地产测设是根据设计图纸将一系列点位在实地上标定。 (7)《不动产权籍调查技术方案(试行)》规定，不动产测量工作的主要内容包括控制测量、界址测量、宗地(海)图和分户房产图的测绘、面积计算、不动产测量报告的撰写等。 (8)地籍指记载土地的权属、位置、数量、质量、价值、利用等基本状况的图簿册和数据。地籍图指按特定的投影方法、比例关系，采用专用符号，突出表示地籍要素的地图

续表

要点	具体内容
房地产测量	(9)地籍测绘是获取和表述不动产的权属、位置、形状、数量等有关信息,为不动产产权管理、税后、规划、市政、环境保护、统计等多种用途提供定位系统和基础资料。 (10)不动产统一登记后房产测绘主要指房产项目测绘。房产项目测绘分为预测绘、实测绘(竣工后测绘)。 (11)房产预测绘主要用于在房屋交易与产权管理信息平台中建立楼盘表,并按照房屋基本单元建立房屋唯一代码,通过楼盘表对房屋交易与产权各项业务进行管理,主要用于办理商品房预售许可,可以对商品房合同的网签备案、在建工程和预购商品房抵押管理、商品房预售资金监管进行有效的管理。 (12)房产实测绘(竣工测绘)是建设工程项目完工后,在交付使用前,由有资质的测绘单位进行实地测量,采集和表述房屋的有关信息,生成房产实测绘报告,由不动产登记部门将预测绘数据和实测绘数据对接,并将有关信息关联到楼盘表中,形成的房产分户平面图及相关的图、表、册、簿、数据等,为不动产产权、产籍管理、房地产开发利用、交易、征收税费及城镇规划建设等提供数据和资料

考点二　房地产测绘的特点

要点	具体内容
测图比例尺大	房地产测绘一般在城市和城镇内进行,图上表示的内容较多,有关权属界限等房地产要素都必须清晰准确地注记,因此房地产分幅图的比例尺都比较大。分丘图和分层分户平面图的比例尺一般为1:200
测绘内容较多	地形测量测绘的对象是地貌和地物;房地产测绘的对象是房屋和房屋用地的位置、权属、质量、数量、用途等状况,以及与房地产权属有关的地形要素
精度要求高	房地产测绘精度要求高,不能直接从图上量取,必须进行实测和计算
修测、补测及时	城市基本地形图的复测周期一般为5~10年,房地产测绘权属发生变化时也应该及时修测。图、卡、表、册与实地情况要一致

考点三　房地产测量的技术规范

要点	具体内容
概述	(1)测量规范是测量工作所依据的法规性技术文件。 (2)房地产测量主要执行国家标准《房产测量规范》。 (3)房产测量的成果包括:房产簿籍、房产数据和房产图集。 (4)地籍测绘主要执行行业标准《地籍测绘规范》《地籍图图式》

考点四　房地产测绘的工作程序

要点	具体内容
房地产测绘由房地产的权利申请人或利害关系人申请	房地产测绘部门接受申请的，应查验提交的各种资料是否齐全，并与其签订房地产测绘合同。这是房地产测绘前期的主要工作内容
总体技术设计	按照房地产测绘合同的要求，进行平面控制测量，界址测量，地籍图、宗地图、房产分户图的测绘，面积计算，或组织变更测量
房地产测绘产品二级检查一级验收制	一级检查是在全面自查、互检的基础上，由测绘作业组的专职或兼职检查人员对产品质量实行过程检查。 二级检查是在一级检查的基础上，由施测单位质量检查机构和专职检查人员对产品质量实行的最终检查。 产品成果的最终验收工作由任务的委托单位组织实施，即一级验收

考点五　房地产测绘的精度要求

要点	具体内容
产生测量误差的原因	1. 仪器误差 最精密的仪器，也会有一定的误差。所以，尺子标记的长度、量得的长度均不是真长，还有仪器轴系之间的公差导致度盘偏心、几何关系不真正垂直或不真正水平等，都会给观测值带来误差。 2. 观测者的影响 由于观测者的感觉器官的鉴别能力有一定的局限性，所以不论在仪器的安置、照准、读数等方面，都会使观测值产生误差。自动化仪器虽然是自动进行接收处理，但设备的安置、目标和时间的选择仍由人来掌握，也会受到操作者的影响。 3. 周围环境的影响 观测时的自然界，如温度、湿度、风力、大气折光等因素，都会使观测值产生误差。自然界影响观测值的因素很多，且复杂多变，难于准确掌握其规律，但仍可采取适当措施，减弱或消除其影响
房产面积测量的精度要求	房产测量中以中误差作为评定精度的标准，以两倍中误差作为限差。 房产面积的测量精度分为三级：(1)一级的限差为$0.02\sqrt{S}+0.0006S$，中误差为$0.01\sqrt{S}+0.0003S$；(2)二级的限差为$0.04\sqrt{S}+0.0002S$，中误差为$0.02\sqrt{S}+0.0001S$；(3)三级的限差为$0.08\sqrt{S}+0.0006S$，中误差为$0.04\sqrt{S}+0.0003S$。(S为房地产面积，单位m^2)

第二节　房地产图

考点一　地形图

要点	具体内容
地形图	地形图是按一定比例绘制的地物和地貌的正射投影图。地物指地球表面上人造的或天然的固定性物体;地貌指地表面自然起伏的形态。地物和地貌总称为地形
地形图的阅读	在阅读地形图时,需要注意: (1)需要了解该地形图所采用的坐标系统和高程系统。城市地形图多用城市坐标系,工程项目总平面图多用施工坐标系。 (2)应熟悉图例,了解各符号和注记的确切含义。 (3)能根据等高线判别和分析地貌
地形图的应用	城市规划离不开对城市土地地形的基本特征进行分析。建筑设计,要考虑平面位置的布局、地形的特点,合理进行竖向布局。地形对建筑物布置的影响表现在很多方面,如排水、防潮、自然通风、采光及日照等。 地形条件对人行、车行交通网的设计具有决定作用

考点二　不动产权籍图

要点	具体内容
概述	不动产权籍图包括:地籍图、海籍图、不动产单元图(宗地图、宗海图、房产分户图等)。 不动产单元是指权属界线固定封闭,具有独立使用价值的空间。 不动产单元代码采用七层 28 位层次码,由宗地(宗海)代码和定着物代码构成。 (1)宗地(宗海)代码:五层 19 位层次码。县级行政区划 6 位代码、地籍区 3 位代码、地籍子区 3 位代码、宗地(宗海)特征码 2 位代码(G—国家土地或海域所有权;J—集体土地所有权;Z—土地或海域所有权未确定或有争议) (2)定着物代码:二层 9 位层次码。定着物特征码 1 位代码(F—房屋;L—森林或林木;Q—其他类型的定着物;W—无定着物)、定着物单元编码 8 位代码
地籍图	地籍图是不动产地籍的图形部分,和不动产登记簿、地籍数据集一起为不动产产权管理、税收、规划等提供基础资料

续表

要点	具体内容
地籍图	地籍图应标示的基本内容:土地权属界址点、界址线;宗地代码;地籍区、地籍子区编号和地籍区名称;土地利用类别;永久性建筑物和构筑物;地籍区和地籍子区界;行政区域界;平面控制点,有关地理名称及重要单位名称;道路和水域
宗地图	宗地是土地权属界址线封闭的地块或空间。 在地籍子区内划分宗地:(1)依据宗地的权属来源,分为国有土地使用权宗地和集体土地所有权宗地(集体建设用地使用权宗地、宅基地使用权宗地、土地承包经营权宗地、其他使用权宗地);(2)两个或以上农民集体共同所有的地块,且土地所有权界线难以划清的,应设为共有宗;(3)两个或以上的权利人共同使用的地块,且土地使用权界线难以划清的,应设为共用宗;(4)土地权属未确定或有争议的地块,可设为一宗地。 宗地图是描述一宗地位置、界址点线与相邻宗地关系等要素的地籍图,是不动产产权证书和宗地档案的附图。以地籍图为基础编绘宗地图。比例尺一般为1:500。 宗地图主要内容:(1)宗地代码、所在图幅号、土地权利人、宗地面积;(2)地类号、房屋幢号;(3)本宗地的界址点、界址点号、界址线、界址边长、门牌号码;(4)用加粗黑线表示建筑物区分所有权专有部分所在房屋的轮廓线;(5)宗地内的地类界线,建筑物、构筑物及宗地外紧靠界址点线的定着物,相邻宗地的宗地号,相邻宗地间的界址分隔线;(6)相邻宗地权利人名称、道路、街巷名称;(7)指北方向、比例尺、界址点测量方法、制图者、制图日期、审核者、审核日期、不动产登记机构
房产分户图	作为定着物单元的房屋,指独立成栋、有固定界线的封闭空间,以及区分幢、层、套、间等可以独立使用、有固定界线的封闭空间。 建筑物、构筑物定着物单元划分:(1)同一权利人拥有的独幢房屋宜划分为一个定着物单元;(2)具有多个权利人的一幢房屋,按照界线固定,且具有独立使用价值的幢、层、套、间划分为定着物单元;(3)同一权利人拥有多套界线固定且具有独立使用价值的房屋,宜各自划分定着物单元;(4)同一权利人拥有两幢或以上的房屋,可共同组成一个定着物单元。 房产分户图,以地籍图、宗地图(分宗房产图)为基础编绘房产分户图,是不动产产权证书和房产档案的附图。 房产分户图主要内容:(1)宗地代码、幢号、户号、坐落、房屋结构、所在层次、总层数、专有建筑面积、分摊建筑面积、建筑面积;(2)房屋轮廓线、房屋边长、分户专有房屋权属界线、比例尺、指北针;(3)电梯、楼梯等共有部分应标注“电梯共有”“楼梯共有”等字样;(4)不动产登记机构、绘制日期

第三节　房地产面积测算

考点一　房地产面积测算的概念

要点	具体内容
房地产面积测算	房地产面积测算是指水平面积测算,包括房屋面积测算和土地面积测算。 房屋的建筑面积是房屋面积测算包括房屋建筑面积、共有建筑面积、产权面积、使用面积等的测算
房屋的建筑面积	房屋的建筑面积是指房屋外墙(柱)勒脚以上各层的外围水平投影面积,包括阳台、挑廊、地下室、室外楼梯等,且具备上盖,结构牢固,层高2.20 m以上(含2.20 m)的永久性建筑
房屋使用面积	房屋使用面积是指房屋户内全部可供使用的空间面积,按房屋的内墙面水平投影计算
房屋的产权面积	房屋的产权面积是指产权主依法拥有房屋所有权的房屋建筑面积。房屋产权面积由直辖市、市、县房地产行政主管部门登记确权认定
房屋专有建筑面积	房屋专有建筑面积是指区分所有的建筑物权利人专有部分建筑面积
房屋共有建筑面积	房屋共有建筑面积是指各产权主共同占有或共同使用的建筑面积
房屋分摊建筑面积	房屋分摊建筑面积是指区分所有的建筑物权利人分摊的共有部分建筑面积
成套房屋的建筑面积	成套房屋的建筑面积是由房屋专有建筑面积和房屋分摊建筑面积组成。 房屋专有建筑面积指成套房屋的套内建筑面积,由套内房屋的使用面积、套内墙体面积、套内阳台建筑面积三部分组成
土地所有权面积、土地使用权面积	土地所有权面积、土地使用权面积是指土地权利人在一宗地内所有、使用的土地面积
土地独有独用面积	土地独有独用面积是指土地权利人在一宗地内独自所有、使用的土地面积
土地分摊面积	土地分摊面积是指土地权利人在共有、共用面积内分摊到的土地面积

续表

要点	具体内容
共有、共用宗的土地所有权、土地使用权面积	共有、共用宗的土地所有权、土地使用权面积为土地独有、独用面积和土地分摊面积之和。 【注】土地面积测算以宗单位进行

考点二　土地面积量算

要点	具体内容
概述	土地面积量算是地籍测量的重要内容，通过土地面积量算各级行政单位土地面积、宗地面积和地类图斑土地面积、建筑占地面积等数据资料。 土地面积量算在地籍调查和地籍测量的基础上进行，依据界址点坐标、界址边长等解析法数据或图解法数据选择解析法面积计算或图解法面积计算。 地籍数据宜进行面积的控制与量算，并进行“整体 = ∑部分”的面积逻辑检验。面积的控制与量算的原则为“从整体到局部，层层控制、分级量算、块块检核”。 面积变更采用高精度代替低精度的原则，即用高精度面积值取代低精度面积值。变更前为图解法量算的宗地面积，变更后为解析法量算的宗地面积，用解析法量算的宗地面积取代原宗地面积
解析法面积计算	1. 坐标法 根据界址点坐标成果表上数据，按下式计算面积： $S=\frac{1}{2}\sum_{i=1}^{n}X_i(Y_{i+1}-Y_{i-1})$ 或 $S=\frac{1}{2}\sum_{i=1}^{n}Y_i(X_{i-1}-X_{i+1})$ 其中，S表示面积，单位为m^2；X_i、Y_i表示第i个界址点的纵、横坐标，单位为m；n表示界址点个数；i表示界址点序号，按顺时针方向排序。 2. 几何要素法 对不规则图形，将其分割成简单规则的几何图形，然后分别计算面积，最后汇总计算
图解法面积计算	在地籍图上量取界址点坐标或界址点间距，用图解坐标法或几何要素法计算土地面积，或直接在地籍图上用光电面积量测仪法、求积仪法、方格网法及网点法等方法量取土地面积的方法，称为图解法面积计算。 图解法计算的宗地面积应在地籍调查表、土地登记卡、产权证书说明栏注明：“本宗地面积为图解面积。条件许可时应采用解析法计算的面积代替图解法计算的面积。” 使用图解法量算面积时，图形面积不应小于5 cm^2，图上量距应量至0.2 mm

考点三　房产面积量算

要点	具体内容
计算全部建筑面积的范围	(1)永久性结构的单层房屋,按一层计算建筑面积;多层房屋按各层建筑面积的总和计算。 (2)房屋内的夹层、插层、技术层及楼梯间、电梯间等其高度在2.20 m以上部位计算建筑面积。楼梯间、电梯(观光梯)井、提物井、垃圾道、管道井等均按房屋自然层计算面积。依坡地建筑的房屋,利用吊脚做架空层,有围护结构的,按其高度在2.20 m以上部位的外围水平面积计算。 (3)穿过房屋的通道,房屋内的门厅、大厅,均按一层计算面积。门厅、大厅内的回廊部分,层高在2.20 m以上的,按其水平投影面积计算。 (4)房屋天面上,属永久性建筑,层高在2.20 m以上的楼梯间、水箱间、电梯机房及斜面结构屋顶高度在2.20 m以上的部位,按其外围水平面积计算。 (5)挑楼、全封闭的阳台,按其外围水平投影面积计算。属永久性结构有上盖的室外楼梯,按各层水平投影面积计算。与房屋相连的有柱走廊,两房屋间有上盖和柱的走廊,均按其柱的外围水平投影面积计算。房屋间永久性的封闭的架空通廊,按外围水平投影面积计算。 (6)地下室、半地下室及其相应出入口,层高在2.20 m以上的,按其外墙(不包括采光井、防潮层及保护墙)外围水平面积计算。 (7)有柱(不含独立柱、单排柱)或有围护结构的门廊、门斗,按其柱或围护结构的外围水平投影面积计算。 (8)玻璃幕墙等作为房屋外墙的,按其外围水平投影面积计算。 (9)属永久性建筑有柱的车棚、货棚等,按其柱外围水平投影面积计算。 (10)有伸缩缝的房屋,若其与室内相通的,伸缩缝面积计算建筑面积
计算一半建筑面积的范围	(1)与房屋相连有上盖无柱的走廊、檐廊,按其围护结构外围水平投影面积的一半计算。 (2)独立柱、单排柱的门廊、车棚、货棚等属永久性建筑的,按其上盖水平投影面积的一半计算。 (3)未封闭的阳台、挑廊,按其围护结构外围水平投影面积的一半计算。 (4)无顶盖的室外楼梯,按各层水平投影面积的一半计算。 (5)有顶盖不封闭的永久性的架空通廊,按外围水平投影面积的一半计算
不计算房屋面积的范围	(1)层高小于2.20 m的夹层、插层、技术层和层高小于2.20 m的地下室和半地下室等。 (2)突出房屋墙面的构件、配件、装饰柱、装饰性的玻璃幕墙、垛、勒脚、台阶、无柱雨篷等。 (3)房屋之间无上盖的架空通廊。 (4)房屋的天面、挑台、天面上的花园、泳池。 (5)建筑物内的操作平台、上料平台及利用建筑物的空间安置箱、罐的平台。 (6)骑楼、骑街楼的底层用作道路街巷通行的部分。 (7)利用引桥、高架路、高架桥、路面作为顶盖建造的房屋

续表

要点	具体内容
不计算房屋面积的范围	(8)活动房屋、临时房屋、简易房屋。 (9)独立烟囱、亭、塔、罐、池、地下人防干、支线。 (10)与房屋室内不相通的房屋间的伸缩缝

跟踪训练

一、单项选择题

1. 房产测量的精度评定标准是(　　)。

A. 误差　　B. 中误差　　C. 两倍中误差　　D. 三倍中误差

2. 地籍图和地形图的比例尺是(　　)。

A. 1∶10 000　　B. 1∶2 000　　C. 1∶1 000　　D. 1∶500

3. 不动产单元代码的代码结构是(　　)。

A. 二层 9 位层次码　　B. 五层 19 位层次码

C. 七层 28 位层次码　　D. 九层 32 位层次码

二、多项选择题

1. 房产项目实测绘主要用于(　　)。

A. 办理商品房预售许可　　B. 对商品房合同的网签备案

C. 商品房预售资金监管　　D. 为城镇规划建设提供数据和资料

E. 不动产产权产籍管理

2. 产生测量误差的主要原因包括(　　)。

A. 仪器误差　　B. 观测者影响

C. 周围环境影响　　D. 测量技术

E. 测量规范

3. 房地产面积测算是指水平面积测算,包括(　　)。

A. 房屋面积测算　　B. 道路面积测算

C. 土地面积测算　　D. 街道面积测算

E. 河涌面积测算

三、判断题

1. 房地产测绘产品实行一级检查二级验收制。　(　　)

2. 房地产测设是指用测量手段测定地面上局部地域内的土地、建筑物及构筑物的特征点位,获得反映现状的图或图形信息。　(　　)

3. 土地面积的控制与量算的原则是“从整体到局部,层层控制、分级量算、块块检核”。　(　　)

参考答案及解析

一、单项选择题

1. B 【解析】房产测量中以中误差作为评定精度的标准,以2倍中误差作为限差。

2. D 【解析】竣工图、地籍图和地形图采用的比例尺是1∶500。

3. C 【解析】不动产单元代码采用七层28位层次码结构,由宗地(宗海)代码与定着物代码构成。

二、多项选择题

1. DE 【解析】选项A、B、C是预测绘的作用;选项D、E是实测绘的作用。

2. ABC 【解析】产生测量误差的原因包括仪器误差、观测者影响、周围环境影响。

3. AC 【解析】房地产面积测算是指水平面积测算,包括房屋面积测算和土地面积测算。

三、判断题

1. × 【解析】房地产测绘产品实行二级检查一级验收制。测绘工作组自检(一级检查),测绘单位质量检查机构和专职检查人员对测绘质量进行检查(二级检查);任务委托单位实施验收(一级验收)。

2. × 【解析】房地产测绘是用从实地到图纸。房地产测设是从图纸到实地。

3. √ 【解析】土地面积的控制与量算的原则是“从整体到局部,层层控制、分级量算、块块检核”。

第六章 经济学知识

知识导图

- 经济学知识
  - 供求与价格
    - 需求及其变动
    - 供给及其变动
    - 弹性理论
    - 市场均衡
  - 消费者行为理论
    - 效用
    - 边际效用分析
    - 无差异曲线分析
    - 消费者均衡
  - 供给理论
    - 生产理论
    - 成本理论
  - 市场理论
    - 完全竞争市场上价格与产量的决定
    - 完全垄断市场上价格与产量的决定
    - 垄断竞争市场上的厂商均衡
    - 寡头垄断市场上的厂商均衡
  - 分配理论
    - 生产要素的需求与供给
    - 完全竞争市场生产要素价格和投入量的决定
    - 工资、利息、地租和利润
    - 社会收入分配平均程度的衡量
  - 市场失灵与微观经济政策
    - 市场失灵
    - 微观经济政策
  - 宏观经济学概述
    - 国民收入核算体系
    - 总需求与总供给
    - 消费、投资与乘数理论
    - 宏观经济政策目标
    - 宏观经济政策

考情分析

本章主要介绍了供求与价格、消费者行为理论、供给理论、市场理论、分配理论、市场失灵与微观经济政策、宏观经济学概述。本章的学习重点是弹性理论、经济学中的成本概念,学习难点是消费、投资与乘数理论。

本章在考试中的平均分值为5分,本部分的考试目的是测查应试人员对经济学中的需求理论、供给理论、消费者行为理论、分配理论、市场失灵与微观经济政策、宏观经济学等的了解、熟悉与掌握程度。

表解考点

考点	重要等级
需求及其变动	掌握
供给及其变动	掌握
弹性理论	掌握
市场均衡	熟悉
消费者行为理论	掌握
生产与生产函数	熟悉
可变比例与边际收益递减规律	掌握
等量曲线分析与投入量的最优组合	掌握
生产规模与规模报酬	熟悉
生产可行性曲线与最大收益产量组合	掌握
经济学中的成本概念	掌握
成本分析	熟悉
完全竞争市场上价格与产量的决定	熟悉
完全垄断市场上价格与产量的决定	了解
垄断竞争市场上的厂商均衡	了解
寡头垄断市场上的厂商均衡	了解
生产要素的需求与供给	熟悉
完全竞争市场生产要素价格和投入量的决定	了解

续表

考点	重要等级
工资、利息、地租和利润	熟悉
社会收入分配平均程度的衡量	了解
市场失灵与微观经济政策	熟悉
国民收入核算中的几个总量	掌握
国民收入核算的几种基本方法	了解
总需求与总供给	了解
消费、投资与乘数理论	掌握
宏观经济政策目标	掌握
宏观经济政策	掌握

考点详解

第一节 供求与价格

考点一 需求及其变动

要点	具体内容
需求、需求表与需求曲线	需求是指消费者在某特定时期内和一定市场上，在每一价格水平上愿意并且能够购买的某种商品或劳务的数量。 需求表是指反映某种商品价格与该商品需求量之间关系的表格。 把需求表的有关数据描绘在以需求量为横坐标、价格为纵坐标的平面坐标系上，就可以得出某种商品价格与该商品需求量之间关系的曲线(需求曲线)。需求曲线是一条自左上方向右下方倾斜的曲线
影响商品需求的因素与需求函数	(1)消费者偏好(正相关)。 (2)消费者的收入水平(正常商品正相关，劣质商品负相关)。 (3)该商品本身的价格(负相关)。 (4)相关商品的价格(影响需求量同向变动，则为互补品，影响需求量反向变动，则为替代品)

续表

要点	具体内容
影响商品需求的因素与需求函数	(5)消费者对商品未来价格的预期(正相关)。 (6)其他因素。一般来说,随着城市化水平的提高、家庭人口规模的减少、降低房地产交易税费等政策出台可以增加所在地区的房地产市场需求;反之,则会有相反的结果
需求规律	需求规律是商品需求量与其价格变化依存关系的规律。 在其他条件不变的情况下,某商品的需求量与该商品价格之间呈反方向变动,即需求量随商品本身价格的上升而减少,随价格的下降而增加。 需求规律,可用价格效应解释。价格效应是指当某商品的价格发生变动时,消费者需求量发生变动的现象。 替代效应是指其他商品价格不变,某商品价格变动,则该商品相对价格变化,消费者在原来价格组合下的购买力水平没有发生变化,但对价格变动商品的需求量发生变化的现象;收入效应是指由于商品价格变化引起消费者的收入相对变化而引起商品的购买量发生变化的现象。 价格效应=替代效应+收入效应 需求规律的例外:"吉芬商品""炫耀效应"产生的商品,价格越高,需求量越大
需求量的变化与需求的变化	需求量的变化是指在影响需求的其他因素不变的条件下,需求量在同一条需求曲线上随商品本身价格变化而发生的反方向变化。 需求的变化是指在商品本身价格不变的条件下,由于其他因素变化引起的需求状况的变化。需求变化表现为需求曲线的移动

考点二　供给及其变动

要点	具体内容
供给、供给表与供给曲线	供给是指厂商在一定的市场上和某一特定时期内,在每一价格水平上,愿意并且能够提供的商品数量。 供给表是以列表形式反映某种商品价格与该商品供给量之间关系的表格,把供给表的有关数据描绘在以商品供给量为横坐标、价格为纵坐标的平面坐标上,得出表示某种商品供给量与该商品价格之间关系的曲线,即为供给曲线
影响商品供给的因素与供给函数	(1)商品本身的价格(正相关关系)。 (2)其他商品价格(当某种商品价格不变,而另一种商品价格上涨,则厂商将减少对该种商品的供给,增加对另一种商品的生产)。 (3)生产技术变动和生产要素价格(由于技术进步,或生产要素价格下降,都将使单位产品的生产成本下降,从而使得与任一价格对应的供给量增加)

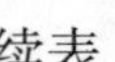

续表

要点	具体内容
影响商品供给的因素与供给函数	(4)政府政策(政府通过计划、管制、税收、转移支付、货币政策等进行宏观调控,影响厂商生产决策和消费者选择)。 (5)厂商对未来的预期(厂商预料商品价格上涨时会增加供给量,反之则减少供给量)
供给规律	商品本身价格与其供给量之间变化的依存关系。一般情况下,在其他条件不变的情况下,商品的供给量与价格之间同向变动,即供给量随商品本身价格的上升而增加,随商品本身价格的下降而减少
供给量的变化与供给的变化	供给量的变化是指在影响供给的其他因素不变的条件下,供给量在同一条供给曲线上随商品本身价格变化而发生的同方向变化(点在曲线上移动)。 供给的变化是指在商品本身价格不变的条件下,由于其他因素变化所引起的供给状况的变化(曲线平移)

考点三　弹性理论

要点	具体内容
需求弹性	1. 需求弹性的概念 弹性,就是一个因素变动对另外一个因素变动的影响程度。 需求弹性是指由于需求影响因素发生变化后,需求量作出反应的程度。 三种需求弹性: (1)需求价格弹性,是指商品的需求量对商品本身价格变动的反应程度。 (2)需求交叉弹性,是指一种商品的需求量对于另外一种商品价格变动的反应程度。 (3)需求收入弹性,是指商品的需求量对于消费者收入变动的反应程度。 2. 理解需求价格弹性和需求价格弹性系数的要点 (1)需求价格弹性是指价格变动所引起的需求量的变动的程度,即需求量变动对价格变动的反应程度。 (2)需求价格弹性系数是需求量变动率与价格变动率的比值,而不是需求量变动绝对量与价格变动绝对量的比值。 (3)需求价格弹性系数的数值可为正值,也可为负值。一般商品为负,“吉芬商品”、奢侈品为正。 (4)同一条需求曲线上不同点的需求价格弹性系数大小并不一定相同。 3. 需求价格弹性的分类范围 (1) $\|E_d\|=0$,无弹性。表明无论价格如何变动,需求量都固定不变,始终有 $\Delta Q=0$。需求曲线是垂直的。 (2) $\|E_d\|=\infty$,完全弹性。表明在价格既定的条件下,需求量可任意变动,需求曲线为水平的。 (3) $\|E_d\|=1$,单位弹性。表明价格每提高(或降低)一定的比率,则需求量相应减少(或增加)

续表

要点	具体内容
需求弹性	相同的比率，其特征为 PQ 的乘积为定值，需求曲线为一条正双曲线，此时称需求为单一价格弹性。 （4）$\|E_d\|>1$，表明价格每提高（或降低）一定的比率，则需求量相应减少（或增加）更大的比率，需求曲线比较平坦，此时称需求富有价格弹性。 （5）$1>\|E_d\|>0$，表明需求量变动比率的绝对值小于价格变动比率的绝对值，需求曲线比较陡峭，此时称需求缺乏价格弹性。 4. 影响需求价格弹性的因素 （1）商品的替代品数目和可替代程度（替代性强，弹性大）。 （2）消费者对某种商品的需求程度（必需品弹性小，奢侈品弹性大）以及商品在消费者家庭预算中所占的比例（预算占比例大的商品，需求弹性大）。 （3）商品用途的多样性（用途越多，弹性越大）。 （4）商品的耐用程度（越耐用，弹性越小）。 （5）时间的长短（时间越长越有弹性）。 5. 需求的点弹性系数 需求的点弹性系数（用 E 表示）是指需求曲线上任意一点的弹性系数，它可以根据求弧弹性系数的方法再求极限得出： $$E_d=\lim_{\Delta P\to 0}\frac{\Delta Q}{\Delta P}\cdot\frac{P}{Q}=\frac{dQ}{dP}\cdot\frac{P}{Q}$$ 6. 需求价格弹性与消费者支出（或销售者收入）的关系 若某种商品的需求富有弹性，则价格与消费者支出呈反方向变动。当价格上升时，消费者支出减少（或销售者收入减少）；当价格下降时，消费者支出增加（或销售者收入增加）。 7. 需求的交叉弹性和需求的收入弹性 商品 X 对商品 Y 的交叉弹性系数计算公式为： $$E_{XY}=\frac{\Delta Q_X/Q_X}{\Delta P_Y/P_Y}=\frac{\Delta Q_X}{\Delta P_Y}\cdot\frac{P_Y}{Q_X}$$ E_{XY} 大于 0，为替代品；E_{XY} 小于 0，为互补品；E_{XY} 等于 0，则表明 X、Y 两种商品为不相关商品。 商品的收入弹性系数计算公式为： $$E_I=\frac{\Delta Q/Q}{\Delta I/I}=\frac{\Delta Q}{\Delta I}\cdot\frac{I}{Q}$$ 若 E_I 大于 0，表示商品为正常品；E_I 小于 0，表明商品为低档品；E_I 大于 1，则表示商品为奢侈品
供给弹性	供给弹性是指由于影响供给的因素发生变化后，供给量作出反应的程度。供给价格弹性，通常用供给价格弹性系数来表示价格变动引起供给量变动的程度。 以 $\Delta Q/Q$ 表示供给量变动率，以 $\Delta P/P$ 表示价格变动率，公式为： $$E_s=\frac{\Delta Q/Q}{\Delta P/P}=\frac{\Delta Q}{\Delta P}\cdot\frac{P}{Q}\text{或 }E_s=\lim_{\Delta P\to 0}\frac{\Delta Q}{\Delta P}\cdot\frac{P}{Q}=\frac{dQ}{dP}\cdot\frac{P}{Q}$$

续表

要点	具体内容
供给弹性	1. 理解商品的供给价格弹性和供给价格弹性系数的要点 (1)供给价格弹性是指价格变动所引起的供给量变动的程度,即供给量变动对价格变动的反应程度。价格是自变量,供给量是因变量。 (2)供给价格弹性系数是供给量变动率与价格变动率的比值,而不是供给量变动绝对量与价格变动绝对量的比值。 (3)供给价格弹性系数的数值一般都为正值,反映了供给量与价格同方向变动的供给规律,E_s 的值表示变动程度的大小。 (4)同一条供给曲线上不同点的供给价格弹性系数大小并不一定相同。 2. 供给价格弹性的分类 (1)$E_s=0$,无弹性。这表明无论价格如何变动,供给量都固定不变,始终有 $\Delta Q=0$。 (2)$E_s=\infty$,完全弹性。表明在价格既定的条件下,供给量可任意变动,供给曲线为一条平行于横轴的直线。 (3)$E_s=1$,单位弹性。表明价格每提高(或降低)一定比率,则供给量相应增加(或减少)相同的比率。 (4)$E_s>1$,表明价格每提高(或降低)一定比率,则供给量相应增加(或减少)更大的比率,供给曲线比较平坦,富有弹性。 (5)$1>E_s>0$,在表明供给量变动率的绝对值小于价格变动比率的绝对值,供给曲线比较陡峭,缺乏弹性。 3. 影响供给价格弹性的主要因素 (1)时间长短,生产周期长短是决定供给价格弹性的主要因素;时间越短越没有弹性,来不及生产。 (2)产品成本,决定供给价格的弹性大小

考点四　市场均衡

要点	具体内容
市场均衡的概念	消费者愿意购买的数量与厂商愿意供给的数量恰好相等,价格也不再有变动的趋势,称为市场均衡。需求等于供给的数量为该商品的均衡数量,所对应的价格(需求价格等于供给价格)为该商品的均衡价格
需求、供给的变化对均衡数量和均衡价格的影响	若供给不变,需求变化是由于价格以外其他因素变化引起的,当需求增加时,引起均衡数量增加、均衡价格上升;反之,当需求减少时,引起均衡数量减少、均衡价格下降。 若需求不变,供给变化是由于价格以外其他因素变化引起的,当供给增加时,引起均衡数量增加、均衡价格下降;反之,当供给减少时,引起均衡数量减少、均衡价格上升。 当需求和供给同时变化时,均衡数量和均衡价格的变化视具体情况而定

第二节　消费者行为理论

考点一　效用

要点	具体内容
概述	消费者决策是消费者行为理论的基本内容。消费者决策是指消费者在既定的预算约束条件下,为使自己获得最大满足(效用最大化)而作出的消费选择。 效用,就是商品给消费者带来的满足程度。大小取决于两种因素:(1)由商品的自然属性所决定、具有满足人们某种需要的能力;(2)人们在消费某种商品时对需要满足程度的主观感受
效用的度量理论	(1)基数效用论假设消费者能用数字表示消费单个物品的效用大小,即以效用单位对消费者消费某一物品所获得的满足程度加以衡量;对物品组合的消费,则假设每种物品的效用各自独立;效用可以比较、可以加总得到总效用。例如:饥饿的时候吃馒头的效用。基数效用论采用的分析方法是边际效用分析法。边际效用为0时,总效用最大。 (2)序数效用论,即以序数形式研究消费者效用最大化的理论。尽管不能用数字表示效用,但可以对效用大小进行排序,比较效用大小。序数效用论的分析方法是无差异曲线分析法

考点二　边际效用分析

要点	具体内容
总效用与边际效用	总效用(TU)是指消费一定数量商品所获得的总的满足程度。 边际效用(MU)是指消费某种商品每增加一个单位所获得的总效用的增加
边际效用递减规律	随着消费者在一定时间内对某种商品消费量的增加,他从每增加一单位商品的消费中所获得的效用增量呈逐渐递减的趋势,即消费者消费后一单位商品所获得的效用增量小于他消费前一单位商品所获得的效用增量。 总效用有可能达到一个极大值,此时边际效用为零;若继续增加该商品的消费量,则会使边际效用为负值,从而减少总效用

考点三　无差异曲线分析

要点	具体内容
无差异曲线的概念	无差异曲线是指消费者在消费多种商品（一般假定两种商品）的不同数量组合时，能获得相同效用的曲线，也称为等效用曲线
无差异曲线的特点	（1）无差异曲线是一条从左上方向右下方倾斜的曲线，斜率为负值。 （2）同一曲线上各点总效用相同，不同曲线总效用不同。 （3）任意两条不相交。 （4）凸向原点
边际替代率	边际替代率是指在保持消费者效用不变的前提下，增加某种商品（如 X）一单位的消费量所要减少的另一种商品（如 Y）的数量，称为商品 X 替代商品 Y 的边际替代率，记为 MRS_{XY}。
预算线	假定商品的价格和消费者预期用于购买商品的支出（收入既定）是既定的，则消费者能够购买到的商品的所有的可能数量组合的集合，为消费者预算线，也称为消费可能线或者家庭预算线

考点四　消费者均衡

要点	具体内容
消费者均衡的概念	消费者均衡是指消费者在收入既定下的消费组合，使消费者获得了最大总效用，此时消费者不再改变其购买各种消费品的数量，即消费者的决策行为已达到均衡状态
研究消费者均衡的假设条件	（1）消费者嗜好与偏好是既定的。 （2）消费者收入既定，且假定消费者收入全部用来购买消费品。 （3）消费者拟购买的商品价格是既定的
边际效用分析法	实现消费者均衡的条件可通过在家庭预算支出约束条件下求解效用函数的极大值取得
无差异曲线分析法	一条预算线可以与多条无差异曲线相交，但只能与一条无差异曲线相切。在切点处，无差异曲线和预算线的斜率相等，无差异曲线斜率的绝对值是商品边际替代率 MRS_{XY}

第三节　供给理论

考点一　生产理论

要点	具体内容
生产与生产函数	(1)一般将生产中各种资源投入概括为劳动、土地、资本以及管理者才能等,统称为生产要素。 (2)生产函数是指在既定的生产技术条件下,对各种生产要素一定数量的组合与产品总产出量之间依存关系的数学描述
可变比例与边际收益递减规律	若生产某种产品所需要的各种生产要素的比例不可改变,则该生产函数称为固定比例生产函数;若生产某种产品所需要的各种生产要素的比例可以改变,则该生产函数称为可变比例生产函数。 1. 总产量、平均产量、边际产量 (1)总产量是指一定量的可变要素投入与固定要素投入组合所生产的全部产量。 (2)平均产量指每单位可变要素平均生产的产量。 (3)边际产量指可变生产要素每增加一个单位所增加的产量。 2. 边际收益递减规律 边际收益递减规律是指在技术水平不变的条件下,若其他要素固定不变,而不断增加某种可变要素的投入,开始会使总产量增加,并且边际产量递增;当可变要素增加到一定限度后,虽然总产量继续增加,但边际产量递减;超过了一定的界限继续增加可变要素的投入,将使总产量减少。即可变生产要素投入增加所引起的产量(或收益)的变化可以分为边际产量递增、边际产量递减、总产量减少三个阶段。因此,生产要素存在合理的投入界限。 设资本等要素投入固定不变,随着劳动量投入的增加,总产量曲线、平均产量曲线和边际产量曲线均表现出先升后降的特征。当劳动要素的投入增加到一定量时,边际产量将达到最大值。在该点的对应处,总产量曲线上的点为该曲线由向上凸转为向下凹的拐点。继续增加劳动要素的投入,边际产量等于平均产量($MP=AP$),平均产量达到最大值。 当劳动投入增加到使边际产量为零时,总产量达到最大值。 作为理性的厂商,其决策选择既不会考虑 $MP>AP$ 阶段,也不会考虑$MP<0$阶段,而会在$0\leqslant MP\leqslant AP$ 阶段进行选择
等产量曲线分析与投入量的最优组合	1. 等产量曲线 等产量曲线是指劳动(L)和资本(K)投入的不同数量组合所能获得相同产量的生产函数曲线。 等产量曲线的特点: (1)从左上方向右下方倾斜的曲线,斜率为负值

续表

要点	具体内容
等产量曲线分析与投入量的最优组合	(2)同一曲线上的各点产量相同,不同曲线产量不同。 (3)任意两条等产量曲线不能相交。 (4)凸向原点。它表示随着一种生产要素投入的增加,每增加一单位,所能替代另一种生产要素的数量逐渐减少。 2. 边际技术替代率 边际技术替代率是指在等产量曲线上两种生产要素相互替代的比率。它表示增加一单位某种生产要素(如 L)的投入量所能替代的另一种生产要素(如 K)的数量,称为要素 L 替代要素 K 的边际技术替代率,记为 $MRTS_{LK}$。 边际技术替代率可以用等产量曲线上任一点切线的斜率来描述,而该曲线上各点切线的斜率并不相同,因此等产量曲线上各点的边际替代率也不相同。 3. 等成本线 等成本线又称为企业预算线,它是指在生产要素价格既定的条件下,生产者以一定量的费用支出所能购买到两种生产要素所有可能数量组合的集合。 4. 投入量的最优组合 在要素价格既定的条件下,等产量曲线与等成本曲线的切点为成本一定时产量最大(或产量一定时成本最小)的要素投入量最优组合,即该切点 E 为满足厂商均衡条件的点,该切点既是等产量曲线上的点,又是等成本线上的点
生产规模与规模报酬	(1)生产规模是指在一定量生产要素投入所能获取的最大产出量。 (2)规模报酬是指在技术水平不变的条件下,当各种生产要素按相同比例增加,即生产规模扩大时产量变化的情况。 (3)规模报酬存在递增、不变和递减三个阶段。即随着生产规模的扩大,最初会使产量增加的倍数大于生产规模扩大的倍数;当规模扩大使生产达到规模经济后,规模保持不变;继续扩大生产规模并超过一定限度后,则会使产量的增加倍数小于生产规模的扩大倍数,规模报酬出现递减
生产可能性曲线与最大收益产量组合	1. 生产可能性曲线和边际转换率 生产可能性曲线是指在技术水平既定的条件下,投入的资源都能得到充分利用时所生产的各种商品最大可能的数量组合。 2. 等收益线与最大收益产量组合 等收益线是两种商品 X、Y 价格既定时,能获得相同销售收入的两种商品的各种数量组合。 生产可能性曲线与等收益线相切的切点上,边际转换率与等收益线的斜率相等。在该点上,两种商品的数量组合是生产可能性曲线上可以获得最大销售收入的产量的组合

考点二 成本理论

要点	具体内容
经济学中的成本概念	经济学中的成本概念不同于会计成本。“经济成本”是指厂商生产经营活动中所使用的各种生产要素的支出总和。 经济成本除了会计成本,还包括计入会计成本中的厂商自有生产要素的报酬。这种报酬通常以企业“正常利润”的形式出现,主要补偿企业主自有资本投入应获的利息、企业主为企业提供劳务应得的薪金等。 在经济分析中,正常利润被作为成本项目计入产品的经济成本之内,又被称为“隐成本”。它是组织生产所必须付出的代价,也可理解为生产经营过程中使用自有生产要素的机会成本。与此相应,会计成本也被称作“显成本”。经济成本等于显成本与隐成本之和。 当商品的销售收入正好能补偿经济成本时,厂商获得了正常利润。若销售收入超过经济成本,则厂商可获得超过正常利润的经济利润,即超额利润。 经济利润(超额利润)=销售收入-经济成本 经济成本=会计成本(显成本)+隐成本 经济利润=销售收入-会计成本-隐成本
成本分析	1. 总成本、平均成本和边际成本 总成本(TC)是指厂商在一定时期内生产一定量产品所需的成本总和,它随产量的增加而增加。在短期,即在生产规模既定的条件下,厂商不能根据它所要达到的产量调整其全部生产要素,因此短期总成本(STC)可分为固定成本(FC)与可变成本(VC),计算公式: $STC=FC+VC$ 平均成本(AC)是指生产单位产品平均所需的成本。平均成本有短期平均成本(SAC)和长期平均成本(LAC)。 边际成本(MC)是指厂商每增加一单位产量所增加的总成本。边际成本也有短期边际成本(SMC)和长期边际成本(LMC)。 2. 短期成本的变动规律及其相互关系 (1)固定成本、可变成本与总成本。固定成本在以产量为横坐标、成本为纵坐标的坐标平面中为一条与横坐标平行的直线。可变成本的规律:随着可变要素投入量的增加,产量逐渐增加,但由于最初固定生产要素与可变生产要素未得到充分利用,因此可变成本的增加率大于产量的增加率;以后随着固定生产要素与可变生产要素逐渐得到充分利用,从而使可变成本的增加率小于产量的增加率。总成本变动规律与可变成本相同,将可变成本曲线向上平移一段等于固定成本的垂直距离即为总成本曲线。 (2)平均固定成本、平均可变成本与平均成本。固定成本与产量变化无关。平均固定成本(AFC)随产量增加而持续递减,它的变动规律是开始减少的幅度很大,以后减少的幅度越来越小。(规模经济的原因,固定成本分摊效应)平均可变成本(AVC)变动的规律(“U”形)

续表

要点	具体内容
成本分析	随着可变要素投入量和产量的增加,生产要素的效率逐渐得到充分发挥,因而平均可变成本减少;但当产量增加到一定程度后,平均可变成本由于边际效益递减的作用而增加。平均成本(*SAC*)变动的规律是由平均固定成本和平均可变成本共同决定的。 (3)边际成本、平均成本与平均可变成本。边际成本(*SMC*)的变动规律:边际成本最初随产量的增加而减少,当产量增加到一定程度时,则随产量的增加而增加,因此边际成本曲线也是一条先下降而后上升的"U"形曲线。 3. 长期成本分析 (1)长期总成本(所有的生产要素投入都是可以调整的)。长期总成本(*LTC*)是长期中生产一定量产品所需要的成本总和。长期总成本随产量的增加而增加。在开始生产时,需要投入大量生产要素,而这些生产要素最初无法得到充分利用,因此成本增加的比率大于产量增加的比率;当产量增加到一定程度之后,生产要素开始得到充分利用,因而成本增加的比率小于产量增加的比率;最后,由于规模收益递减规律的作用,又使成本增加的比率大于产量增加的比率。 (2)长期平均成本。长期平均成本(*LAC*)是长期中生产每单位产品的平均成本。在长期中,生产者可根据它所要达到的产量选择合适的生产规模,即根据既定规模的平均成本曲线(*SAC*)进行选择,从而使平均成本达到最低。长期平均成本曲线是短期平均成本曲线的包络曲线。一般也呈"U"形。 (3)长期边际成本。长期边际成本(*LMC*)是在长期中每增加一单位产品所增加的成本。长期边际成本也是随着产量的增加而先减少后增加的,长期边际成本曲线也呈"U"形。 4. 利润最大化原则 (1)总收益、平均收益与边际收益。总收益(*TR*)是指厂商销售一定量产品所得到的全部收入,总收益等于产品价格与销售量的乘积。平均收益(*AR*)是指厂商销售一定量产品时平均每一单位产品所得到的收入。边际收益(*MR*)是指每增加一个单位的产品销售量所增加的总收益。 (2)利润最大化原则。 经济利润 π = 总收益 TR − 总成本(经济成本)TC。 厂商实现利润最大化的必要条件: $MR = MC$

第四节 市场理论

考点一 完全竞争市场上价格与产量的决定

要点	具体内容
完全竞争市场的含义	完全竞争市场四个条件： (1)有足够多的生产者和消费者。 (2)产品同质。 (3)资源完全自由流动。 (4)信息完全
完全竞争市场上的需求曲线、平均收益和边际收益	在完全竞争市场上，一个行业产品的市场价格由该行业产品的供给与需求状况所决定。 对单个厂商而言，当行业产品的市场价格决定之后，这一价格是既定的，与他改变产量的个别行为无关。因此，单个厂商所面对的需求曲线是一条与横轴(产量)平行且距离等于产品市场价格的平行线，市场对单个厂商产品的需求有完全弹性。 对单个厂商而言，由于产品的市场价格既定不变，因此平均收益、边际收益和产品市场价格均相等，所以平均收益曲线、边际收益曲线和需求曲线相互重合，表现为同一条曲线
完全竞争市场上的短期均衡	厂商均衡条件：边际收益 MR = 边际成本 MC。当市场价格降低到使厂商产品的需求曲线(也是 MR 曲线)正好与边际成本曲线 MC 和平均可变成本曲线 AVC 的交点相交时，表示厂商的总收益恰好可以收回全部可变成本，而固定成本不能得到任何补偿，所以此点为厂商短期均衡的停止营业点。如市场价格更低，则厂商生产时的亏损更大，因此厂商将终止生产
完全竞争市场上的长期均衡	通过完全的市场竞争，将使整个行业达到供求均衡，从而实现了长期均衡。此时有： MR(边际收益) = MC(边际成本) = AR(平均收益) = AC(平均成本) 当实现长期均衡时，长期均衡点就是收支相抵点，此时收益等于成本，各厂商只能获得正常利润。其次，在该均衡点上有平均成本等于边际成本，这表明在完全竞争的市场条件下，厂商按长期均衡点所决定的均衡产量进行生产，可以实现成本最小化。也就是说，厂商在均衡点上以最小的成本实现了最大的利润，从而使生产要素得到了最有效的利用

考点二　完全垄断市场上价格与产量的决定

要点	具体内容
完全垄断市场的含义	完全垄断简称垄断，指整个行业的市场完全处于独家厂商的控制之下，是一种没有任何竞争、由一家厂商控制某种产品的市场结构。 完全垄断市场的特征是：某产品市场只有唯一的生产者，该类产品没有相近的替代品，且该生产者能够排斥竞争者进入此行业，因此他能够控制这类产品的供给，从而控制此类产品的售价。 垄断的原因：(1)政府直接控制；(2)政府赋予厂商在某一行业具有特许经营权；(3)具有高效生产规模的一家厂商即能提供足以满足全部市场需求的产量，其他厂商进入只会出现亏损（自然垄断），如铁路运输；(4)厂商独家控制了某些特殊的自然资源或矿藏（资源垄断）；(5)厂商的技术创新和产品创新受到法律所赋予的专利权保护等
完全垄断市场上的需求曲线、平均收益和边际收益	单一厂商产品的需求曲线是一条表明需求量与价格呈反向变动、由左上方向右下方倾斜的曲线。 在完全垄断市场上，单位产品的售价等于厂商的平均收益，因此平均收益曲线与需求曲线重合
完全垄断市场上的短期均衡	在完全垄断市场上，虽然具有垄断地位的厂商可以通过对产量和价格的控制来实现利润最大化，但同时也受市场需求的制约，所以厂商仍按边际收益等于边际成本的原则确定产量。当产量决定之后，短期内由于生产规模既定，厂商难以按完全适应市场需求变动进行调整，因此仍可能出现供不应求或供过于求的状况，所以短期均衡时同样可能出现厂商获得超额利润、正常利润、出现亏损等三种情况。完全垄断市场上短期均衡的条件是： MR（边际收益）$=MC$（边际成本）
完全垄断市场上的长期均衡	在长期，厂商可以通过调节产量与价格实现利润最大化。厂商长期均衡的条件是边际收益与长期边际成本和短期边际成本都相等，即： 边际收益（MR）$=LMC$（长期边际成本）$=SMC$（短期边际成本）

考点三　垄断竞争市场上的厂商均衡

要点	具体内容
垄断竞争市场的含义	垄断竞争是仅与完全竞争的第二个条件不同，而与其他条件都相同的一种市场结构，即各厂商的产品不同质，存在一定的差别

续表

要点	具体内容
垄断竞争市场厂商的产品需求曲线	在垄断竞争市场上,厂商面临两条需求曲线: (1)当某一厂商改变价格,其他厂商不随之变价时,需求曲线比较平坦。 (2)当某一厂商改变价格时,其他厂商会跟进改变价格,此时的需求曲线较为陡峭
垄断竞争市场上的短期均衡	垄断竞争市场上厂商实现短期均衡的条件: MR(边际收益)$=MC$(边际成本)
垄断竞争市场上的长期均衡	厂商长期均衡的条件是: MR(边际收益)$=$短期边际成本(SMC)$=$长期边际成本(LMC) AR(平均收益)$=$短期平均成本(SAC)$=$长期平均成本(LAC)

考点四 寡头垄断市场上的厂商均衡

要点	具体内容
寡头垄断的含义	寡头垄断是同时包含垄断因素和竞争因素而更接近于完全垄断的一种市场结构
寡头垄断市场的特征	寡头垄断市场的明显特征是几家寡头厂商之间具有相互依存性。除非对竞争者的反应作出某种假设,否则难以确定寡头垄断市场达到均衡状态时的产品价格和产量
寡头垄断市场上产量的决定	在寡头垄断市场上,当不存在相互勾结时,各寡头根据其他寡头的产量决策,按利润最大化原则调整自己的产量。 当寡头之间存在勾结时,产量由各寡头协商确定。而确定的结果对谁有利,则取决于各寡头实力的大小
寡头垄断市场上价格的决定	(1)价格领先制是指一个行业的产品价格通常由某一寡头率先制定,其余寡头追随其后确定各自产品的售价。 (2)价格领先制通常有三种形式:一是支配型价格领先,二是成本最低型价格领先,三是晴雨表型价格领先。 (3)成本加成法是寡头垄断市场上一种最常用的定价方法

第五节　分配理论

考点一　生产要素的需求与供给

要点	具体内容
生产要素的需求	要素市场对生产要素的需求是由产品市场的需求所决定的派生需求，消费者对最终产品的需求会间接影响厂商对生产要素的需求。生产要素的需求也是一种相互依存的需求，具有互补性和替代性
生产要素的供给	生产要素可分为三类： (1)为自然资源(如土地资源)，是自然界的产物，供给不由价格决定，假定供给固定。 (2)为劳动，劳动的供给决定于多种因素，因而具有特殊性。 (3)为资本品，通常假定该类要素的供给与价格同向变动，供给曲线是一条向右上方倾斜的曲线。 除此之外，现代经济学将技术和管理者才能分离出来，成为生产要素的新成员。
边际生产力、边际产值与边际收益产量	生产要素的边际产量又称该生产要素的边际生产力(*MP*)，它是指在其他条件不变的情况下，增加一单位该生产要素所增加的产量(或这种产量所带来的收益)。边际生产力也是递减的。 边际产量是以实物产品数量所计量的生产要素边际生产力，若以货币方式计量，则根据计算方法不同，有边际产值(*VMP*)和边际收益产量(*MRP*)两种。 边际收益产量等于某产品生产中生产要素的边际产量与边际收益的乘积。它表示每增加一单位生产要素可以获得的收益增量。满足：$MRP = MP \cdot MR$。 边际产值等于某产品生产中生产要素的边际产量乘以该产品的价格。它表示每增加一单位生产要素所增加的产品价值。 完全竞争市场下，$MR = P$，满足：$VMP = MP \cdot P$
平均要素成本、边际要素成本	平均要素成本(*AFC*)是指平均每一单位生产要素投入量的成本支出。 边际要素成本(*MFC*)是指每增加一单位生产要素投入所增加的成本支出

考点二　完全竞争市场生产要素价格和投入量的决定

要点	具体内容
厂商对生产要素的需求曲线	在完全竞争的产品市场上，由于产品价格与边际收益相等($P = MR$)，所以也有 $VMP = MRP$。 又因生产要素的边际产量递减，所以边际产值(或边际收益产量)曲线是一条从左上方向右下方倾斜的曲线，表示随着生产要素投入量(X)的增加，生产要素的收益(Y)递减。 这条递减的边际收益产量曲线同时又构成了厂商对生产要素的需求曲线，实际上反映了厂商购买某种生产要素所愿意支付的价格随着生产要素购买数量的增加而递减

续表

要点	具体内容
生产要素的供给曲线	在完全竞争的要素市场上，生产要素的市场价格是由市场供求关系所决定的，个别厂商的行为无法改变生产要素的价格，因此在以生产要素投入量为横轴、生产要素价格为纵轴的平面坐标系中，厂商面临的生产要素供给曲线是一条平行于横轴的不变价格线。 该曲线也决定了厂商的投入要素成本。 生产要素价格 $= AFC = MFC$
生产要素投入量的决定	实现生产要素投入量的最大利润条件： 生产要素的边际收益产量 $MRP =$ 边际要素成本 MFC

考点三　工资、利息、地租和利润

要点	具体内容
工资理论	1. 工资的性质与种类 工资是劳动力所提供的劳务的报酬，是劳动生产要素的价格。 2. 完全竞争市场上工资的决定 在完全竞争市场上，厂商对劳动的需求主要取决于劳动的边际生产力。劳动的边际生产力曲线，表示厂商雇用一定量劳动所愿支付的工资必须与劳动的边际收益产量相等，该曲线为一条从左上方向右下方倾斜的曲线。 劳动的供给主要取决于劳动的成本。这种成本包含两方面：(1)自己和家庭所必需的生活资料费用，以及劳动者所需的教育等费用。(2)提供劳动所牺牲的闲暇时间的代价，称为劳动的负效用。劳动力再生产所需生活资料费用越高，付出同样劳动时间所要求得到的工资越高；劳动时间越多，劳动的负效用则越大，因而就会要求更多的工资予以补偿。在一般情况下，工资与劳动供给同向变化，劳动供给随工资的提高而增加。但当工资增加到相当高的程度，由于增加工资提供的边际效用减少，人们利用闲暇时间所获得的效用增加，因此使得劳动的供给反而随工资的增加而减少。 劳动供给曲线是向后弯曲的曲线。劳动的供给和需求共同决定完全竞争市场上的工资水平
利息理论	1. 对资本的需求 人们对资本的需求来自资本的净生产力。资本的净生产力，是指使用资本财货进行生产所得的收益补偿所消耗的资本财货后的余额，采用按年计的百分率表示，通常又称为投资收益率，以区别借贷资本的利息率。 投资边际效率递减。投资边际效率曲线，是一条从左上方向右下方倾斜的曲线。它也是投资者对投资资金的需求曲线。 2. 资本的供给 资本（资本财货）或投资资金的供给，依存于人们愿意提供的资本。资本的供给曲线，是一条从左下方向右上方倾斜的曲线

续表

要点	具体内容
利息理论	3. 市场利息率的决定 市场利息率由资本的供给与需求共同决定。即资本的需求曲线与供给曲线的交点是资本供求相等的均衡点,该点决定了均衡利息率和均衡资本量。 均衡利息率是指在理想的资本市场上没有任何风险的利息率
地租理论	地租是使用土地的代价,即土地生产要素的价格。 地租由土地的需求与供给所决定。土地的需求通过土地产品的需求得以反映,它取决于土地的边际收益产量。 土地的需求曲线与供给曲线的交点,决定了土地的均衡价格,即地租
利润理论	1. 正常利润 广义而言,正常利润包括企业主自有资本的利息、使用自有土地的地租以及自己直接经营管理企业所应得的薪金等。 狭义而言,正常利润是指企业主经营管理自己的企业所应获得的薪金。正常利润是企业家才能这种要素的报酬。 2. 超额利润 超额利润是指超过正常利润以外的那部分利润,即经济利润。 超额利润有以下三种:创新利润、风险利润、垄断利润

考点四　社会收入分配平均程度的衡量

要点	具体内容
洛伦茨曲线	洛伦茨曲线是衡量社会成员之间收入分配均等化程度(或收入差距)的一种分析工具。 通常将所调查的全部人员按收入高低分成若干部分,再依据每一部分人员的收入占全部收入的比例进行排列,然后据此画出洛伦茨曲线。 该曲线越是靠近四边均为100%的正方形的对角线,则表示收入分配越平均;而越是远离上述对角线,则表示收入分配越不平均
基尼系数	基尼系数是根据洛伦茨曲线计算出来用以判断收入平均程度的指标。 洛伦茨曲线将对角线以下的面积分割成 A、B 两块面积,A 块面积为对角线与洛伦茨曲线所包围的面积。基尼系数公式为: $$基尼系数 = A/(A+B)$$ 因为对角线以下的面积为定值,所以 A 越小,基尼系数也越小,这也表示洛伦茨曲线越靠近对角线,因此说明收入分配越平均;反之,基尼系数越大,则表示收入分配的两极分化越严重

第六节 市场失灵与微观经济政策

考点一 市场失灵

要点	具体内容
概念	市场失灵是指在现实市场条件下，市场机制无法使资源达到最有效配置的状况。主要表现在：(1)垄断阻碍了市场机制的作用，使资源得不到有效配置；(2)市场往往无法解决伴随经济活动而产生的外部负效应的影响；(3)市场无法有效地提供公共产品；(4)消费者和生产者信息不完全
垄断	垄断和完全垄断使得资源配置缺乏效率。产量更少，价格更高，消费者会牺牲部分消费者剩余
外部效应	外部效应又称外部性，是指一个经济主体的行为不通过市场交易或市场价格机制反映出来而直接对其他经济主体的经济环境和经济利益产生影响。可分为外部正效应(或正外部性)、外部负效应(或负外部性)。外部效应使得私人成本和社会成本不一致，私人最优配置和社会最优配置偏离，破坏市场配置资源的有效性
公共物品	公共物品则是在消费上具有非竞争性和非排他性的物品。 非竞争性：例如一些公共标志和设施，一旦建起，将为所有的使用者提供服务，增加使用者并不需要额外增加生产成本。 非排他性：例如国防就是一种公共物品，国家的国防一经设立，无论该国公民是否纳税，都不能被排斥在享受国防保护之外；同时该国任一公民享用国家安全时也不会影响其他公民也享用国家安全。 由于公共物品的消费难免存在“搭便车”行为，使得市场机制不能有效解决公共物品的生产问题
信息不完全	信息不完全是指市场上各经济行为主体对所交换的商品以及供求关系等并不具有完全和充分的信息。 由于信息不完全，使得供求双方掌握的信息不对称，具有信息优势的一方可能利用其信息优势损害对方的利益，从而破坏市场的有效性

考点二 微观经济政策

要点	具体内容
针对垄断的经济政策	(1)反垄断(经济立法)。反垄断政策是通过制定反托拉斯法实现的。 (2)税收调节。在税收调节方面,政府为了消除垄断利润,通常可以对垄断厂商征收一次总付税。一次总付税是政府对垄断厂商征收的一次性固定税款,不随该厂商生产产量的变化而变化,相当于在厂商总成本的基础上增加了一笔固定成本,因此不影响厂商的边际成本。 (3)价格管制。政府可以对垄断厂商生产的商品实行最高限价政策。政府的最高限价应该等于厂商的边际成本
针对外部性的经济政策	(1)政府干预。政府干预是指政府对产生负外部性的厂商征税或收取赔偿费;而在正外部性时,政府可以采取奖励、发放津贴等措施,鼓励产生正外部性的厂商扩大生产。 (2)明晰产权。只要明确界定产权,经济行为主体之间通过交易就可以有效地解决外部性问题。 (3)外部效应内部化。外部效应内部化是指通过企业合并的方式将一个企业对另一个企业造成的负外部性计入合并后新企业的私人成本中
公共产品政策	如何有效地提供公共物品,涉及政府、社会团体的决策与选择。政府考虑的成本和收益是社会成本和社会收益,社会成本中不仅包括直接消耗的经济资源,还包括公众受到的环境污染、不安定社会秩序等各种利益的损失;社会收益中不仅包括经济上的直接收益,还包括社会经济发展、公众文化和健康水平的提高、社会秩序安定等各种因素间接带来的收益。政府决策时还应考虑集体选择的意见。通过民主投票,可以反映出公众对公共物品的偏好,所以用投票方法决定公共支出方案,有助于政府更有效地为公众提供公共物品。民主投票,吸取集体选择的意见

第七节 宏观经济学概述

考点一 国民收入核算体系

要点	具体内容
国民收入核算中的几个总量	1. 国内生产总值(*GDP*) 国内生产总值是指一个国家以当年价格(或不变价格)计算的一年内国内生产的全部最终产品和劳务的市场价值总和。(国土原则) 2. 国民生产总值(*GNP*) 国民生产总值是指一个国家以当年价格(或不变价格)计算的一年内所生产的全部最终产品和劳务的市场价值总和。(国民原则)

续表

要点	具体内容
国民收入核算中的几个总量	GDP 和 GNP 之间的关系： $$GNP = GDP + 对外要素收入净额$$ 3. 国内生产净值(NDP) 国内生产净值是指一个国家以当年价格(或不变价格)计算的一年内在国内新增加的产值，即国内生产总值扣除了资本设备的折旧以后的净产值。 $$NDP = GDP - 折旧$$ 4. 国民收入(NI) 一个国家以当年价格(或不变价格)计算的一年内各种生产要素所获得的报酬总和，即工资、利息、租金和利润的总和。 5. 个人收入(PI) 个人收入是指一个国家以当年价格(或不变价格)计算的一年内个人得到的全部收入。 $PI = NI + 政府转移支付 + 公债利息支出 - 公司未分配利润 - 公司所得税 - 社会保险费$ 6. 个人可支配收入(DPI) 个人可支配收入是指一个国家以当年价格(或不变价格)计算的一年内可以由个人支配的全部收入，即从个人收入中扣除了个人所得税后留给个人支配的收入，可用于消费支出或储蓄。公式为： $$DPI = PI - 个人所得税$$ 7. 名义 GDP 与实际 GDP 名义 GDP 是指按当年价格计算的国内生产总值；实际 GDP 是指以某一年作为基期，再以该年的价格为不变价格计算的国内生产总值。名义 GDP 与实际 GDP 的比率称为 GDP 折算指数
国民收入核算的几种基本方法	1. 用收入法核算 GDP $$GDP = 工资 + 利息 + 利润 + 租金 + 间接税 + 企业转移支付 + 折旧$$ 2. 用支出法核算 GDP $$GDP = 消费支出 + 投资支出 + 政府购买 + 净出口$$

考点二　总需求与总供给

要点	具体内容
总需求(AD)	(1)总需求由居民消费 C、投资 I、政府支出 G 构成： $$AD = C + I + G$$ (2)在开放经济中，总需求等于封闭经济的总需求加上净出口(X - I)： $$AD = C + I + G + (X - I)$$ 在封闭和开放经济中，总需求曲线总是向下倾斜的

续表

要点	具体内容
总供给(AS)	在不同的资源利用情况下，总供给与价格水平之间关系的曲线，即总供给曲线是不同的。 (1)当资源还未得到充分利用时，可以在不提高价格水平的情况下增加总供给，所以此时总供给曲线是一条与横轴平行的线。 (2)当资源接近充分利用的情况下，产量增加会使生产要素的价格上升，从而使成本上升，所以此时总供给曲线是一条向右上方倾斜的线，因这是一种短期中存在的情况，故称为“短期总供给曲线”。 (3)资源已经得到了充分利用，即经济中实现了充分就业，总供给已无法增加，所以此时总供给曲线是一条位于充分就业产量水平上与横轴垂直的线，也称为“长期总供给曲线”
供给与需求的均衡	总需求曲线和总供给曲线的交点即为供给与需求的均衡点

考点三 消费、投资与乘数理论

要点	具体内容
消费函数	(1)简单国民收入决定的条件可表示为：投资 I 等于储蓄 S。整个经济体系实现总供求相等、国民收入保持均衡稳定。 (2)消费函数表示消费与收入之间的关系： $C=C(Y)$ 式中，C 表示消费；Y 表示收入。 (3)消费倾向是指人们用于消费的支出在实际收入中所占的比重。 (4)平均消费倾向是指平均每单位可支配收入中消费所占的比重。若以 Y 表示收入，C 表示消费，平均消费倾向为： $APC=C/Y$ (5)边际消费倾向是考察收入变动而引起的消费变动，若以 $\mathrm{d}C$ 表示消费增量，$\mathrm{d}Y$ 表示收入增量，边际消费倾向为： $MPC=\mathrm{d}C/\mathrm{d}Y$ (6)消费函数可表示为： $C=A+BY$ 式中，A 指自主消费或基本消费；BY 指引致消费；B 指边际消费倾向。
	当人们取得的收入未全部用于消费而有剩余时，便出现储蓄，所以储蓄是收入中减去消费的部分，而社会总储蓄是社会各成员储蓄量的总和。若用 S 表示储蓄，则收入 Y 等于消费 C 与储蓄 S 的和，由此可得到： $S=Y-C$ 影响储蓄的因素也有很多，但收入同样为储蓄最重要的决定因素。储蓄与收入成同方向变化，即收人入越多，储蓄越多；收入越少，储蓄越少

续表

要点	具体内容
投资函数	投资是指资本的形成,亦即社会实际资本的增加额。投资者决定是否投资时,主要考虑资本边际效率(*MEC*)与利息率两个因素。资本边际效率是使一项资本品供给价格与资本预期收益相等的贴现率,即投资者增加一笔投资时的预期利润率。资本边际效率随投资的增加而递减。投资与利息率呈反方向变动
乘数理论	投资乘数:当总投资增加时,投资增量引起国民收入成倍增加。投资支出减少,会引起国民收入成倍减少

考点四　宏观经济政策目标

要点	具体内容
充分就业	经济学家通常以劳动者失业情况作为衡量是否充分就业的尺度。失业一般分为三类:摩擦失业、自愿失业和非自愿失业。 (1)摩擦失业是指在生产过程中由于暂时的、局部的或难以避免的技术性原因引起的失业,如生产技术发生变化、生产季节变化、机器故障等造成一部分工人暂时失去工作。 (2)自愿失业是指由于工人受各方面影响,不愿意接受现行工资水平或劳动条件而形成的失业。 (3)非自愿失业是指工人愿意接受现行工资及工作条件,但仍找不到工作的失业
价格稳定	价格稳定是指价格总水平的稳定。一般用价格指数来表示一般价格水平的变化。如*CPI*、*PPI*等
经济增长	经济增长是指在一个特定时期内经济社会所生产的人均产量和人均收入的持续增长,通常用一定时期内实际国内生产总值的平均增长率来衡量
国际收支平衡	国际收支状况不仅反映该国对经济交往的情况,还反映该国经济的稳定程度

考点五　宏观经济政策

要点	具体内容
财政政策	(1)财政政策是指国家为实现宏观经济目标而对政府支出、税收和借债水平进行的选择,或是对政府收入和支出水平作出的决策。主要内容是:政府支出(政府购买、举办公共工程与转移支付)和税收。 (2)增加政府支出可以扩大总需求,增加国民收入;减少政府支出可以缩小总需求,减少国民收入

续表

要点	具体内容
财政政策	(3)增加税收可以减少总需求,减少国民收入;减少税收可以扩大总需求,增加国民收入。 (4)在萧条时期,增加政府支出、减少税收以刺激总需求的扩大,消除失业。 (5)在膨胀时期,减少政府支出、增加税收以抑制总需求,消除通货膨胀
货币政策	(1)货币政策是指国家通过中央银行控制货币供应量,来调节利率,进而影响投资和整个经济,以达到一定经济目标的措施。货币政策一般也分为扩张性的和紧缩性的。前者是通过增加货币供给来带动总需求增长;反之,后者是通过削减货币供给的增长来降低总需求水平。 (2)货币政策和财政政策,不同之处在于:财政政策直接影响总需求的规模;货币政策则要通过利率的变动对总需求产生影响,因而是间接地发挥作用

跟踪训练

一、单项选择题

1. 下列关于需求规律,表述错误的是(　　)。

A. 在其他条件不变的情况下,某商品的需求量与该商品价格之间呈反方向变动

B. 需求量随商品本身价格的下降而增加

C. 需求量随商品本身价格的上升而增加

D. 需求量随商品本身价格的上升而减少

2. 由于影响需求的诸因素发生变化后,需求量作出反应的程度是(　　)。

A. 需求弹性　　B. 价格弹性

C. 供给弹性　　D. 需求规律

3. 下列关于预算线,说法不正确的是(　　)。

A. 假定商品的价格和消费者预期用于购买商品的支出是既定的,则消费者能购买到的商品的所有可能数量组合的集合,即为消费者预算线

B. 消费者预算线,也称为消费可能线或家庭预算线

C. 在两种商品消费选择的条件下,预算线为商品 X 和 Y 所组成的坐标平面内的一条直线

D. 在两种商品消费选择的条件下,预算线为商品 X 和 Y 所组成的坐标平面内的一条曲线

4. 2017 年某房地产开发企业销售收入等于经济成本,该开发企业(　　)。

A. 获得正常利润　　B. 获得经济利润

C. 获得超额利润　　D. 年净利润为零

5. 某房地产项目投入自有资金支付土地投资 350 万元人民币,其余采用银行贷款方式投入开发成本 470 万元,开发周期 2 年,年贷款利率 8%,利息支出 78.21 万元,正常利润为 210 万

元,若该项目能够获得超额利润,则销售收入至少应该为(　　)万元。

A. 898.21　　B. 1 108.21　　C. 1 166.25　　D. 1 322.83

6. 平均成本曲线的形状是(　　)。

A. U 形曲线　　B. 抛物线

C. 自左下方到右上方的斜线　　D. 自左上方到右下方的斜线

7. 下列建设项目的外部效应中,属于外部负效应的是(　　)。

A. 就业增加　　B. 污染增加

C. 税收增加　　D. 职工收入增加

8. 下列关于货币政策,表述不正确的是(　　)。

A. 货币政策是指国家通过中央银行控制货币供应量来调节利率进而影响投资和整个经济以达到一定经济目标的措施

B. 货币政策通过利率的变动对总需求产生影响,是直接地发挥作用

C. 货币政策一般也分为扩张性的和紧缩性的

D. 在通货膨胀严重时,多采用紧缩性货币政策

二、多项选择题

1. 下列影响住房售价因素中,可能引起住房售价下降的情形有(　　)。

A. 住房消费转向以租赁为主　　B. 增加住房持有期间税费

C. 住房开发成本上升　　D. 住房租赁价格下降

E. 消费者收入水平上升

2. 下列属于影响商品供给的主要因素的有(　　)。

A. 消费者对未来的预期　　B. 其他商品的价格

C. 商品本身的价格　　D. 政府的政策

E. 生产技术的变动和生产要素的价格

3. 下列关于价格弹性的表述中,正确的有(　　)。

A. 供给价格弹性一般为正值

B. 当供给价格弹性为∞时,称供给完全无弹性

C. 需求价格弹性总是为负值

D. 当需求价格弹性为∞时,称需求有完全价格弹性

E. 一般来说,时间越长,需求和供给都越有弹性

4. 下列关于边际效用递减规律,说法正确的是(　　)。

A. 随着消费者在一定时间内对某种商品消费量的增加,他从每增加一单位商品的消费中所获得的效用增量呈逐渐递减的趋势

B. 随着消费者在一定时间内对某种商品消费量的增加,他从每增加一单位商品的消费中所获得的效用增量呈逐渐递增的趋势

C. 消费者消费后一单位商品所获得的效用增量小于他消费前一单位商品所获得的效用增量

D. 若继续增加该商品的消费量,则会使边际效用为负值,从而减少总效用

E. 总效用有可能达到一个极大值,此时边际效用为极小值

5. 下列关于生产与生产函数，表述正确的有（　　）。

A. 生产是指厂商把各种生产要素作为投入品进行组合并转化成产品的过程

B. 一般将生产中各种资源投入概括为劳动、土地、资本以及管理者才能等，统称为生产要素

C. 生产函数是指在既定的生产技术条件下，对各种生产要素一定数量的组合与产品总产出量之间依存关系的数学描述

D. 生产函数是指在既定的生产技术条件下，对各种生产要素一定数量的组合与产品总产出量之间排斥关系的数学描述

E. 劳动、土地为生产要素资本，技术以及管理者才能则不是生产要素资本

6. 宏观经济政策目标包括（　　）。

A. 充分就业　　B. 价格稳定下降

C. 经济增长　　D. 国际收支平衡

E. 价格稳定

三、判断题

1. 在其他情况不变的条件下，商品本身的价格与其需求量之间存在相当稳定的正相关关系，即两者之间存在正向变动的关系。（　　）

2. 商品的耐用程度影响需求价格弹性，商品越是耐用，需求弹性越小。（　　）

3. 当需求减少且供给增加时，表现为需求曲线向右下方移动，供给曲线向左下方移动，均衡价格下降，而均衡数量可能增加，可能不增不减，也可能减少。（　　）

4. 基数效用论采用的分析方法是边际效用分析法。（　　）

5. 完全垄断市场上，厂商通过调节产量与价格实现利润最大化，其长期均衡的条件是边际收益大于长期边际成本。（　　）

6. 基尼系数越小，表示收入分配的两极分化越严重。（　　）

7. 洛伦茨曲线越是靠近四边均为100%的正方形的对角线，表明社会成员之间的收入分配越平均。（　　）

8. 当资源接近充分利用的情况下，总供给曲线是一条与横轴平行的线。（　　）

参考答案及解析

一、单项选择题

1. C 【解析】需求量随商品本身价格的上升而减少。

2. A 【解析】需求弹性是指由于影响需求的诸因素发生变化后，需求量作出反应的程度。

3. D 【解析】在两种商品消费选择的条件下，预算线为商品 X 和 Y 所组成的坐标平面内的一条直线。

4. A 【解析】经济成本与会计成本的差在会计记账里是“隐成本”，在经济分析里是“正常利润”。经济学中的利润是指经济利润（π），它是总收益与总成本（经济成本）的差额。用公式表示为：$\pi = TR - TC$，当 π 为零时，表示收支相抵，厂商可获得正常利润。

5. B 【解析】销售收入 =350 +78.21 +210 +470 =1 108.21(万元)。

6. A 【解析】当产量增加时,平均固定成本迅速下降,且平均可变成本也在下降,因此平均成本迅速下降;随着产量进一步增加,平均固定成本越来越小,它对平均成本变动的影响已不重要,所以此后平均成本与平均可变成本的变动规律接近,即平均成本随产量增加而下降的幅度趋缓;当产量增加到一定程度之后,平均成本随产量的增加而增加;因此平均成本曲线也呈“U”形。

7. B 【解析】外部效应又称外部性,是指一个经济主体的行为直接对其他经济主体产生了影响,但这种影响并未通过市场交易或市场价格机制反映出来。外部效应既可能是对他人和社会有利的,称为外部正效应或正外部性;也可能是有害的,称为外部负效应或负外部性。污染会给其他生产者和消费者带来极大损害。

8. B 【解析】货币政策通过利率的变动对总需求产生影响,是间接地发挥作用。

二、多项选择题

1. ABD 【解析】影响商品需求的因素:消费者的偏好、消费者的收入水平、该商品本身的价格、相关商品的价格、消费者对商品未来价格的预期、其他因素(如城市化、人口因素、政府产业政策、消费政策等)。

2. BCDE 【解析】影响商品供给的主要因素有:商品本身的价格、其他商品的价格、生产技术的变动和生产要素的价格、政府的政策、厂商对未来的预期。

3. ADE 【解析】当 $E_s=\infty$,表明在价格既定的条件下,供给量可任意变动,供给曲线为一条平行于横轴的直线,此时称供给价格弹性无穷大,或称供给有完全弹性。当 $|E_d|=\infty$,表明在价格既定的条件下,需求量可任意变动,需求曲线为一条平行于横轴的直线,此时称需求有完全价格弹性。

4. ACD 【解析】随着消费者在一定时间内对某种商品消费量的增加,他从每增加一单位商品的消费中所获得的效用增量呈逐渐递减的趋势;总效用有可能达到一个极大值,此时边际效用为零。

5. ABC 【解析】生产函数是指在既定的生产技术条件下,对各种生产要素一定数量的组合与产品总产出量之间依存关系的数学描述;一般将生产中各种资源投入概括为劳动、土地、资本以及管理者才能等,统称为生产要素。

6. ACDE 【解析】宏观经济政策目标包括充分就业、价格稳定、经济增长和国际收支平衡,而宏观经济政策是为了达到这些目标而制定的政策措施。

三、判断题

1. × 【解析】在其他情况不变的条件下,商品本身的价格与其需求量之间存在相当稳定的负相关关系,即两者之间存在反向变动的关系。

2. √ 【解析】商品越是耐用,需求弹性越小。因为消费者一旦购买耐用品,即使它们的价格下降,消费者也不会在短期内重新购置。

3. × 【解析】当需求减少且供给增加时,表现为需求曲线向左下方移动,供给曲线向右下方移动,均衡价格下降,而均衡数量则可能增加,可能不增不减,也可能减少。

4. √ 【解析】基数效用论采用的分析方法是边际效用分析法。

5. × 【解析】长期均衡的条件是两者相等。

6. × 【解析】基尼系数越大,则表示收入分配的两极分化越严重。

7. √ 【解析】洛伦茨曲线越是靠近四边均为100% 的正方形的对角线,则表示收入分配越平均;而越是远离上述对角线,则表示收入分配越不平均。

8. × 【解析】当资源接近充分利用的情况下,产量增加,使得生产要素价格增加,从而成本上升,总供给曲线向右上方倾斜。

第七章　金融知识

知识导图

- 金融知识
  - 金融概述
    - 金融与货币
    - 信用
    - 金融活动
    - 金融工具
  - 金融体系
    - 金融体系概述
    - 中央银行
    - 商业银行
    - 政策性银行
    - 非银行金融机构
    - 银行业监督管理机构
  - 货币体系与货币政策
    - 货币供给层次
    - 中国的货币体系
    - 通货膨胀与通货紧缩
    - 货币政策及货币政策工具
  - 金融业务
    - 商业银行负债业务
    - 商业银行资产业务
    - 商业银行中间业务
    - 金融信托投资业务
  - 金融市场
    - 金融市场的含义、要素和分类
    - 短期资金市场
    - 长期资金市场
    - 外汇市场
    - 黄金市场
  - 房地产债务融资
    - 金融杠杆、回报与风险
    - WACC 分析

考情分析

本章主要介绍了金融概述、金融体系、货币体系与货币政策、金融业务、金融市场、房地产债务融资。本章的学习重点是信用、通货膨胀,学习难点是货币政策及货币政策工具、房地产债务融资。

本章在考试中的平均分值为5分,考试目的是测查应试人员对金融的基本概念,金融工具的特征、种类以及几种主要的金融工具,货币体系和货币政策、房地产债务融资等的了解、熟悉与掌握程度。

表解考点

考点	重要等级
金融的概念	掌握
货币	了解
信用	掌握
金融活动	熟悉
金融工具	熟悉
金融体系概述	了解
中央银行	熟悉
商业银行	熟悉
政策性银行	了解
非银行金融机构	熟悉
银行业监督管理机构	了解
货币供给层次	了解
中国的货币体系	了解
通货膨胀	掌握
通货紧缩	掌握
货币政策及货币政策工具	掌握
金融业务	熟悉
金融市场的含义	熟悉

续表

考点	重要等级
金融市场的构成要素	熟悉
金融市场的分类	掌握
短期资金市场	熟悉
长期资金市场	熟悉
外汇市场	熟悉
黄金市场	了解
房地产债务融资	掌握

考点详解

第一节　金融概述

考点一　金融与货币

要点	具体内容
金融	现代意义的金融是指货币资金的融通,其中融通的主要对象是货币和货币资金,融通的方式是有借有还的信用方式,而组织融通的机构则为银行及其他金融机构
货币	货币是充当一般等价物的特殊商品,是商品交换的媒介,是商品交换发展到一定阶段的产物,货币具有五个职能:价值尺度、流通手段、支付手段、贮藏手段和世界货币职能。前三者是货币的基本职能。 我国的法定货币是人民币,属于信用货币类型。人民币存在两种具体形态:(1)人民币票券,习惯上称为现金;(2)银行存款

考点二　信用

要点	具体内容
信用的概念	信用是指经济活动中的一种借贷行为,是以偿还和付息为条件的价值单方面让渡

续表

要点	具体内容
信用的形式	1. 商业信用 商业信用是指企业之间相互提供的、与商品交易直接联系的信用形式。如企业间商品赊销和预付货款等。 在发生商业信用过程中,一般要"立字为据"作为债权债务关系的证明,如商业票据。 2. 银行信用 银行信用是指银行以货币形式向企业或个人提供的信用,包括三个方面:(1)银行以吸收存款、办理结算等形式,筹集社会各方面的闲散资金;(2)通过贷款等形式运用所筹集到的资金;(3)银行为商品交易双方提供信用保障,如提供保函、信用证服务等。 银行信用是目前主要的信用形式,可以弥补商业信用的不足,是国家调节经济的重要手段。此外,商业信用和国家信用等形式的发展往往依赖银行信用的支持。 3. 国家信用 国家信用是指政府的借贷行为,主要形式是由政府发行债券以筹措资金。作为国家信用的工具是公债和国库券,以及政府对外担保等。 政府发行债券有两种情况:(1)发行短期国库券,期限在一年之内,目的是解决财政先支后收的矛盾;(2)发行长期公债,以筹措资金弥补当年财政收支赤字或进行长期投资。 4. 消费信用 消费信用是指企业或金融机构对消费者个人提供的信用,一般直接用于生活消费。 消费信用有两种类型:(1)类似商业信用,由企业以赊销或分期付款方式将消费品提供给消费者;(2)属于银行信用,由银行等金融机构以抵押贷款方式向消费者提供资金。 消费信用的作用主要是促进商品流通,引导居民消费。 5. 民间信用 民间信用是指个人之间相互以货币或实物提供的信用

考点三　金融活动

要点	具体内容
直接融资	直接融资是指资金供给者与资金需求者运用一定的金融工具直接形成债权债务关系的行为。资金供给者是直接贷款人,资金需求者是直接借款人。 直接融资的优点:(1)资金供求双方直接联系,通过协商实现融资,以满足各自的需要;(2)债权人支持债务人的经营活动,债务人促进资金使用效益的提高;(3)有利于筹集长期投资资金。 直接融资的局限性:(1)直接融资双方在资金数量、期限、利率等方面受到的限制比间接融资多;(2)对资金供给者来说,直接融资比间接融资的风险大,因为在市场竞争的条件下,筹资者有经营亏损和破产的可能

续表

要点	具体内容
间接融资	间接融资是指资金供给者与资金需求者通过金融中介机构间接实现融资的行为。典型的间接融资是银行的存贷款业务,银行对于资金供求双方来说,则是金融中介。 间接融资的优点:(1)筹资可以积少成多;(2)安全性较高;(3)提高了金融业的规模经济水平。 间接融资的局限性主要是由于资金供给者与需求者之间加入了金融中介机构,隔断了资金供求双方的直接联系,在一定程度上会减少投资者对企业生产的关注,也减少了对筹资者使用资金的压力和约束

考点四 金融工具

要点	具体内容
概念	金融工具是指金融活动中以书面形式发行和流通的各种具有法律效力的凭证,包括债权债务凭证(票据、债券等),以及所有权凭证(股票),它们是金融市场上交易的对象
金融工具的一般特征	(1)偿还性。偿还性是指各种金融工具(除股票外)一般都载明偿还的义务和期限。 (2)可转让性(流动性)。可转让性是指金融工具可在金融市场上买卖、转让。金融工具持有人可随时将金融工具出售以获取现金。凡能随时出售而换回现金的金融工具,一般称之为流动性强。 (3)安全性。安全性是指投资于金融工具的本金能够安全收回的保障程度。 (4)收益性。收益性是指投资于金融工具能给投资者带来收益的能力。 每种金融工具在上述四个方面的特征是不平衡的。一般而言,金融工具的流动性与收益性呈负相关,金融工具的收益性与安全性往往也呈负相关,而流动性与安全性呈正相关
金融工具的种类	按不同的信用形式划分,金融工具可分为商业信用工具、银行信用工具、消费信用工具、国家信用工具和国际信用工具等。 按发行者的性质划分,金融工具可分为直接金融工具和间接金融工具。 (1)直接金融工具是指由非金融机构,如企业、政府或个人发行和签署的商业票据、公债和国库券、企业债券和股票以及抵押契约等。 (2)间接金融工具是指由金融机构发行的银行券、存款单、银行票据和保险单等。 按期限划分,金融工具可分为短期信用工具、长期信用工具和不定期信用工具。 (1)短期信用工具主要指票据,包括本票、汇票、支票及大额可转让存单、短期债券等。 (2)长期信用工具也称为有价证券,主要是股票和债券两类。 (3)不定期信用工具主要指银行券和纸币
几种主要的金融工具	1. 本票 本票是由出票人签发,承诺自己在见票时或在指定日期无条件支付确定的金额给收款人或者持票人的票据

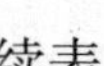

续表

<table>
<tr><th>要点</th><th>具体内容</th></tr>
<tr><td>几种主要的金融工具</td><td>本票的出票人就是付款人,根据出票人身份的不同,可分为由企业签发的商业本票和由银行签发的银行本票。
2. 汇票
汇票是由出票人签发,委托付款人在见票时或在指定日期无条件支付确定的金额给收款人或者持票人的票据。汇票包括商业汇票和银行汇票。
(1)商业汇票是由是出票人签发,委托付款人在指定日期无条件支付确定的金额给收款人或者持票人的票据。商业汇票必须经承兑后才能生效。经过承兑的汇票,叫承兑汇票。凡由企业承兑的,称为商业承兑汇票;凡由银行承兑的,称为银行承兑汇票。
(2)银行汇票是由出票银行签发,见票时按照实际结算金额无条件支付给收款人或者持票人的票据。银行汇票的签发要求单位和个人先将款项交存银行,银行据此给单位和个人签发前往异地办理转账结算或支取现金的票据,它具有票随人到、方便灵活、兑付性强的特点。
3. 支票
支票是银行活期存款人签发给收款人办理结算或委托开户银行将确定金额从其账户支付给收款人或持票人的票据。与银行本票相比,支票不由银行签发,而是由存款人签发。
支票有转账支票和现金支票两种。前者只限于通过银行划转存款,后者则可用以从银行提取现金。
支票的特点是:(1)在银行信用基础上产生,以存款为依据;(2)支票有效期短,见票即付;(3)签发支票金额,以存款余额为限。
4. 信用卡
信用卡是银行或信用卡公司发行的,可以在指定的商店或场所进行记账消费的一种信用凭证。
一般来说,信用卡的功能主要有以下几种:(1)转账结算功能;(2)储蓄功能;(3)汇兑功能;(4)消费贷款功能。
5. 银行券
银行券是由银行发行的一种票据,俗称钞票。中国人民银行发行的人民币,实质上就是一种银行券,它表明中国人民银行对持有人的一种负债。
银行券具有以下特点:(1)是在银行信用的基础上产生,通过存款提现和贷款投入流通;(2)信誉高,具有法定支付能力,可在全国范围内流通;(3)是一种法定支付手段,任何人不得拒收;(4)不定期,可以长期流通使用。
6. 大额可转让存单
大额可转让存单是由银行发行的一种大面额定期存款凭证。
它与普通定期存款单的不同之处在于:通常为不记名式,面额固定,金额较大,允许在市场上买卖转让。
7. 债券和股票
在本书后面的第八章中作详细介绍</td></tr>
</table>

第二节 金融体系

考点一 金融体系概述

要点	具体内容
金融体系的概念	在现代经济条件下,各国金融体系一般分为银行和非银行金融机构两大类。其中,银行机构包括中央银行、商业银行和政策性银行;非银行金融机构包括信用合作社、储蓄贷款协会、保险公司、信托公司、证券公司、投资公司和财务公司等。 (1)中央银行在一国金融机构体系中居领导核心地位。 (2)商业银行在一国金融机构体系中居主体地位。 (3)政策性银行,是政府出于特定目的设立,或由政府施以较大干预,以完成政府的特定任务而设立的银行机构。 (4)非银行金融机构,是指银行机构以外的具体经办某一类金融业务的金融机构
我国的金融体系	目前,我国已基本建立了以国有金融机构为主体、其他各类金融机构并存的金融体系,逐步形成了银行、证券、保险、信托分业经营、分业监管的金融体制。我国现行的中央银行制度下的金融机构体系是以中国人民银行为核心,国有独资商业银行为主体,包括其他商业银行和政策性银行以及非银行金融机构并存和协作的金融机构体系。 分业经营是指对金融机构业务范围进行某种程度的"分业"管制。按照分业管制的程度不同,分业经营可以分为以下三个层次:(1)第一层次是指金融业与非金融业的分离,金融机构不能经营非金融业务,也不能持有非金融机构的股份;(2)第二层次是金融业中的银行、证券、保险和信托四个子行业的分离,一个子行业中的金融机构不能经营其他三个子行业的业务;(3)第三层次是指银行、证券、保险、信托各子行业内部有关业务的进一步分离。 通常所说的分业经营是指第二层次的银行、证券、保险、信托业之间的分离,有时特指银行业与证券业之间的分离。 分业经营具有的主要优点包括:(1)有利于培养不同种业务的专业技术水平和管理水平;(2)可以为不同种业务发展创造一个稳定而封闭的环境,避免竞争摩擦和合业经营可能出现的集团内部竞争及内部协调困难的问题;(3)有利于保证商业银行自身及客户的安全,防止商业银行将过多的资金用在高风险的活动上;(4)有利于抑制金融危机的产生。 分业经营也存在着明显的不足之处:(1)使得不同类业务缺乏必要的竞争;(2)金融机构缺乏优势互补;(3)不利于商业银行进行公平的国际竞争。 从我国的情况看,目前仍然坚持实行分业经营

考点二 中央银行

要点	具体内容
中央银行的性质	中央银行代表政府管理国家的金融事业,是国家机构的组成部分,具有国家管理机关的性质

续表

要点	具体内容
中央银行的性质	其活动的主要特征:(1)不以营利为目的;(2)不经营普通商业银行的业务,即不直接面向企业单位和个人经办存、放、汇业务,而只与政府和金融机构发生业务关系;(3)为实现国家政策服务
中央银行的职能	1. 发行的银行 中央银行垄断银行券的发行权,是全国唯一的现金发行机构。 2. 银行的银行 中央银行只与商业银行等金融机构发生业务往来,而不直接面向企业单位和个人经办金融业务。这一职能具体表现在:(1)集中存款准备金;(2)最终贷款人,在商业银行等金融机构周转资金不足时,中央银行以再贴现、再抵押,或直接贷款等形式,向这些金融机构提供资金支持,从而成为"最终贷款人";(3)组织商业银行等金融机构间的清算。 3. 国家的银行 中央银行经理国库及为国家提供各种金融服务,代表国家制定和执行货币金融政策。这一职能具体表现在:(1)代理国库;(2)代理国家债券的发行;(3)对国家给予信贷支持;(4)保管国家的外汇和黄金储备;(5)制定并监督执行有关金融管理法规;(6)代表政府与外国金融机构和国际金融机构建立业务往来关系,参与国际金融活动等

考点三　商业银行

要点	具体内容
商业银行的性质	商业银行在一国的金融体系中居主体地位,是各国现代银行中最基本、最典型的银行组织形式
商业银行的职能	(1)充当信用中介,这是商业银行的最基本职能。 (2)变货币收入为货币资本。 (3)充当支付中介。 (4)创造派生存款和信用流通工具。创造派生存款是现代商业银行特有的职能
商业银行的类型和组织	1. 商业银行的类型 从商业银行的业务经营范围划分,西方商业银行有两大类型:职能分工型和全能型。 (1)职能分工型是指商业银行根据法律规定,主要经营短期工商信贷业务。 (2)全能型商业银行也称为综合型商业银行,是指商业银行可以经营一切金融业务,包括各种期限和种类的存贷款,各种证券买卖以及信托、支付清算等金融业务。 2. 商业银行的外部组织形式 (1)单元银行制。业务只由一个独立的银行机构经营而不设分支机构的银行组织形式

续表

要点	具体内容
商业银行的类型和组织	(2)总分行制。亦称分支行制,指在大城市设立总行,并在该市及国内或国外各地设立分支机构的银行组织形式。 (3)集团银行制。亦称持股公司制,指由一个集团成立股权公司,再由该公司控制或收购两家以上的若干银行,这些银行在法律上保持独立性,但业务经营都由同一股权公司所控制的银行组织形式。 (4)连锁银行制。也称为联合银行制,指两家以上商业银行受控于同一人或同一集团,但又不以股权公司形式出现的银行组织形式。 3. 商业银行内部组织结构 通常由决策机构、执行机构和监督机构组成。决策机构包括股东大会、董事会;执行机构包括总经理,以及总经理领导下的各业务部门和职能部门;监督机构主要有监事会和各种检查委员会

考点四　政策性银行

要点	具体内容
政策性银行的特征	(1)经营目标是为了实现政府的政策目标。 (2)资金来源主要是政府直接出资。 (3)资金运用以发放中长期贷款为主,贷款利率一般低于同期限的一般金融机构贷款利率。 (4)贷款重点是政府产业政策、社会经济发展计划中重点扶植的项目。如重点发展的产业开发贷款、基础设施建设贷款、改善环境的建设贷款、社会福利建设项目贷款
政策性银行的种类	(1)开发性金融机构。是专门为政府经济开发和发展提供中长期贷款的政策性金融机构,其作用主要是配合政府实施相关的产业政策,加快基础设施和重点项目的建设。 (2)农业政策性金融机构。是经营农业和与农业有关的信贷业务,贯彻政府支持农业发展政策的金融机构,其作用在于为农业提供资金支持,为贯彻、落实政府支持的农业政策和措施提供服务。 (3)进出口政策性金融机构。是经营与进出口有关的信贷业务,推动国家进出口贸易发展的金融机构。其作用主要是通过融通资金,提供融资条件,提供咨询服务和经办对外援助,服务于政府的对外政策

考点五　非银行金融机构

要点	具体内容
非银行金融机构与商业银行的区别	(1)资金来源不同。商业银行以吸收存款为主要资金来源,而非银行金融机构主要依靠发行股票、债券等其他方式筹措资金。 (2)资金运用不同。商业银行的资金运用以发放贷款,特别是以短期贷款为主,而非银行金融机构的资金运用以从事非贷款的某一项金融业务为主,如保险、信托、证券、租赁等金融业务。 (3)不具有信用创造功能。商业银行具有"信用创造"功能,而非银行金融机构由于不从事存款的划转即转账结算业务,因而不具备信用创造功能

续表

要点	具体内容
主要的非银行金融机构	(1)信用合作社。是由个人集资组成,以互助为主要宗旨的合作金融组织。 (2)储蓄贷款协会。是以互助为主要宗旨的非营利性金融机构。储蓄贷款协会的资金来源主要有协会会员的股金、开办储蓄存款吸收的企业和个人存款;资金运用主要是贷款给协会会员建房和购房,而且贷款期限较长,通常在15~20年。 (3)保险公司。保险公司主要分为两大类:①是人寿保险公司;②是财产保险公司。保险公司的保费收入可用于投资和放款,如购买政府债券、公司债券和股票,或用于不动产抵押放款和保单抵押放款。 (4)养老基金组织。是由雇主或雇员缴纳基金,为雇员退休养老提供生活保障的非银行金融机构。 (5)信托公司。是以代人理财为经营内容,以受托人身份经营信托业务的非银行金融机构。 (6)证券公司。证券公司是专门从事有价证券(股票和各种债券)经营及相关业务的非银行金融机构,主要业务包括有价证券的自营买卖、委托买卖、认购业务和销售等四种。 (7)投资公司。是以招股集资的方式进行投资的非银行金融机构。投资公司通过发行股票(主要是普通股)的形式,将小额投资者的资金聚集起来,然后把这些资金运用于投资,如购买政府债券、公司债券等。 (8)财务公司。财务公司是经营部分银行业务的非银行金融机构
我国的非银行金融机构	我国的非银行金融机构主要有保险公司、信托投资公司、专营证券业务的证券公司、专营融资租赁业务的租赁公司、为企业集团内部各成员单位提供金融服务的财务公司,以及投资基金等

考点六　银行业监督管理机构

要点	具体内容
银行业监督管理机构的发展	根据十届全国人大常委会第六次会议2003年12月27日通过,2004年2月1日起施行的《中华人民共和国银行业监督管理法》,国务院银行业监督管理机构负责对全国银行业金融机构及其业务活动进行监督管理工作。银行业监督管理的目标是促进银行业的合法、稳健运行,维护公众对银行业的信心;保护银行业公平竞争,提高银行业竞争能力。银行业监督管理机构对银行业实施监督管理,应当遵循依法、公开、公正和效率的原则
银行业监督管理机构的职责	国务院银行业监督管理机构的监督管理职责包括:依照法律、行政法规制定并发布对银行业金融机构及其业务活动监督管理的规章、规则;依照法律、行政法规规定的条件和程序,审查批准银行业金融机构的设立、变更、终止以及业务范围;对银行业金融机构的董事和高级管理人员实行任职资格管理;依照法律、行政法规制定银行业金融机构的审慎经营规则,包括风险管理、内部控制、资本充足率、资产管理、损失准备金、风险集中、关联交易、资产流动性等内容;对银行业金融机构的业务活动及其风险状况进行非现场管理和现场管理;对银行业金融机构实行并表监督管理;建立银行业突发事件的发现、报告岗位责任制度;对银行业自律组织的活动进行指导和监督;开展银行业监督管理的有关国际交流、合作活动等

第三节 货币体系与货币政策

考点一 货币供给层次

要点	具体内容
概述	货币包括现金和各种银行存款。根据货币的流动性及在流通中所起的作用,将货币供应量分为三个层次:M_0、M_1、M_2。具体分类如下: (1)第一层次:M_0 = 现金流通量。 (2)第二层次:$M_1 = M_0$ + 单位和个人的活期存款。 (3)第三层次:$M_2 = M_1$ + 单位和个人的定期存款 + 其他存款。 在上述层次中:现金 M_0 为狭义货币;现实货币 M_1 是最活跃的货币,是作为流通手段的准备而存在的,随时可以用于购买商品、劳务和其他支付;对于广义货币 M_2 来说,目的在于"储币待购",为第二活跃的货币

考点二 中国的货币体系

要点	具体内容
货币的发行	货币发行,应将所需数额列入国家综合信贷计划内,并作为国家信贷资金加以运用
货币的流通	流通货币需要量取决于待销售的商品数量、单位商品价格和货币流通次数三个因素,即: 流通汇总货币需要量=(一定时期待售的商品数量×单位商品价格)/货币流通次数
货币流通的管理	(1)现金流通的管理。凡在银行及其他金融机构开立账户的机关、团体、部队、学校、企事业单位,都是现金管理的对象,开户单位都必须接受开户银行的监督和检查。 (2)非现金流通的管理。在转账结算的管理上必须遵守国家有关规定,遵循结算纪律,结合交易方式和资金调拨的特点,统一规定结算制度,统一进行结算管理,统一办理转账结算

考点三 通货膨胀与通货紧缩

要点	具体内容
通货膨胀的含义和类型	通货膨胀是指由于货币供应量过多而引起货币贬值、物价持续上涨的经济现象。 按照形成原因,通货膨胀分为三种: (1)需求拉上型通货膨胀。是指经济运行过程中总需求过度增加,超过了既定价格水平下商品和劳务的供给,从而引起货币贬值和物价总水平上涨。 (2)成本推动型通货膨胀。是指在商品和劳务供给不变的情况下,因生产成本提高而引起的物价总水平上涨,而原材料价格上涨和工资增加是生产成本提高的主要原因。 (3)结构失调型通货膨胀。是指由于国民经济结构性失调造成货币流通与商品流通不相适应而引起的通货膨胀

续表

要点	具体内容
通货膨胀的调控	通货膨胀是社会总需求与社会总供给失衡的结果，对通货膨胀的调控一般从控制需求和增加供给两方面进行。 (1)调节和控制社会总需求。在财政政策方面，大力压缩财政支出，努力增加财政收入，坚持收支平衡。在货币政策方面，紧缩信贷，控制货币投放，减少货币供应总量。 (2)增加商品有效供应。控制需求的目的是从减少社会购买力入手来实现总需求与总供给平衡；增加供给的目的是从扩大社会商品供给量入手来实现总需求与总供给平衡。此外，通货膨胀的调控还必须与调整产业和产品结构结合起来
通货紧缩的含义	通货紧缩是指由于货币供应量的减少或其增幅滞后于生产增长的幅度，致使市场上对商品和劳务的总需求小于总供给，从而出现物价总水平的持续下降
抑制通货紧缩的对策	(1)实施积极的货币政策。较大幅度地增加货币供应量，尤其是扩大中央银行基础货币的投放。实现的主要途径为：发行长期国债；增加对国有商业银行以外金融机构的再贷款；适当为资产管理公司运作提供再贷款，并允许资产管理公司发行债券等；下调法定存款准备金率和完善准备金制度；下调利率与加快利率市场化相结合。 (2)采取积极的财政政策，重点是进一步优化支出结构。 (3)扩大就业，刺激消费增长

考点四　货币政策及货币政策工具

要点	具体内容
货币政策目标	1. 终极目标 终极目标是指中央银行实行一定货币政策在未来时期要达到的最终目的。货币政策的实质是正确处理经济发展与稳定货币的关系，各国中央银行货币政策的终极目标主要是稳定物价，促进经济增长，实现充分就业和国际收支平衡。 2. 中间目标 中间目标是指中央银行为了实现其货币政策的终极目标而设置的可供观测和调控的指标。中央银行以中间目标作为操作指示器，监测货币政策的实施程度，从而促进终极目标的实现
货币政策工具	1. 一般性货币政策工具 一般性货币政策工具是指中央银行借助于对货币供应量和信贷规模实施总量调控，对国民经济施加普遍性影响所采用的工具，主要包括以下三种： (1)法定存款准备金率。指商业银行按中央银行规定必须向中央银行交存的法定存款准备金与其存款总额的比率。 中央银行可以通过提高或降低法定存款准备金率的办法控制商业银行的信用创造能力，从而影响市场利率和货币供应量。如中央银行认为市场上货币供应量过多、利率过低，有碍于物价稳定等目标实现时，就可以提高法定存款准备金率；反之亦然。 (2)再贴现利率。指中央银行对商业银行贴现的票据办理再贴现时采用的利率。 如果中央银行要实现刺激经济增长和充分就业的目标，可以降低再贴现利率。当再贴现

续表

要点	具体内容
货币政策工具	利率低于市场上一般利率水平时，商业银行通过再贴现获得的资金成本下降，促使商业银行向中央银行借款或贴现，扩大放贷规模，从而引起货币供应量增加和市场利率降低，刺激有效需求扩大，达到经济增长和充分就业的目的；反之，中央银行可以适当提高再贴现利率，抑制信贷规模和减少货币供应量。 (3)公开市场业务。指中央银行在公开市场上买卖有价证券来调节货币供应量。中央银行的公开市场业务主要是买卖政府债券。 通常，当经济停滞或衰退时，中央银行可通过在公开市场上买入有价证券，向社会上投放一笔基础货币。无论基础货币是流入社会大众手中还是流入商业银行，最终都会引起商业银行的存款准备金增多。商业银行通过准备金的运用，扩大信贷规模，增加货币供应量，使利率趋于下降，进而刺激经济向好的方向发展并提高就业率。因公开市场业务对经济不会造成大的波动而深受各国中央银行青睐，成为调节货币供应量的主要工具。 我国中央银行通过公开市场投放流动性的操作，以期增大货币的流动，其典型的做法就是实行逆回购。这是中国人民银行向一级交易商购买有价证券，并约定在未来特定日期将该有价证券卖给一级交易商的交易行为。简单解释就是主动借出资金，从而获取债券质押的交易，这种交易被称为逆回购交易，中央银行则代表投资者，是接受债券质押、借出资金的融出方。 逆回购已成为各类流动性工具的首选。中央银行实施的逆回购基本上体现了存款准备金率下调的意愿，差距在于量的大小问题。公开市场操作成为中央银行管理流动性最为重要的货币政策组合。 2. 选择性货币政策工具 选择性货币政策工具是中央银行从调控信贷结构入手，通过对某些部门、某些业务活动进行调控以达到调整经济结构目的而采用的工具，包括优惠利率、证券保证金比率、消费信用控制、贷款额度控制等四种。 (1)优惠利率。指中央银行根据一个时期国家经济发展的重点，对与国民经济关系重大的部门和行业制定的利率水平较低的贴现率与放款利率。 (2)证券保证金比率。也称法定保证金比率，指证券购买人首次支付占证券交易价款的最低比率。显然，保证金比率越大，证券购买人从商业银行获得的贷款比率就越低；反之亦然。 (3)消费信用控制。指中央银行对消费信用提供的信贷规模进行控制的手段。在需求过度及通货膨胀时期，中央银行可通过提高首期付款比例、缩短分期付款期限等措施，紧缩对消费信用提供的信贷规模；反之，在需求不足及经济衰退时期，则放宽对消费信用的控制，刺激消费量增加，带动需求上升，从而达到经济增长的目的。 (4)贷款额度控制。指中央银行通过规定商业银行最高贷款限额以控制信贷规模的措施。这是一种行政干预的直接信用管制手段，曾在我国长期使用，如今已经取消。 3. 补充性货币政策工具 补充性货币政策工具是指中央银行在采用一般性和选择性货币工具对国民经济进行调控时所采用的一些辅助性调控措施，主要有道义劝告和金融检查

第四节　金融业务

考点一　商业银行负债业务

要点	具体内容
概述	商业银行负债业务形成银行资金的主要来源。商业银行的资金来源包括自有资金和外来资金两部分,其中外来资金(包括各项存款及借入资金)是商业银行的主要负债业务
存款业务	(1)对公存款业务:①单位活期存款,指没有确定期限,可随时办理存取款业务的存款;②单位定期存款,指存款单位按有关规定将其所拥有的暂时闲置不用的资金,按约定期限存入银行的整存整取存款;③单位通知存款,指存款单位在存入款项时不约定存期,但支取时需提前书面通知银行,约定支取日期和金额方能支取的款项。分为1天通知存款和7天通知存款两种;④单位协定存款,指存款单位与其银行结算账户的开户银行书面约定结算账户的最低留存额度,超过协定额度的结算存款与额度内结算存款分别按人民银行公告的单位协定存款利率和单位活期存款利率计息的存款业务。 (2)储蓄存款业务:①活期储蓄存款;②定期储蓄存款
大额可转让定期存单	大额可转让定期存单是一种流通性较高的新型定期存款形式。发行和认购的方式有两种: (1)批发式,由发行机构拟订发行总额、利率、面额等,预先公布供投资者认购。 (2)零售式,根据投资者的需要随时发行和认购,利率可以商议。 可转让存单面额较大,利率高于同期存款利率,且可享受利率期限结构调整,也可随时在二级市场出售转让,具有较高的收益性和流动性特点
非存款性负债业务	1. 短期负债 (1)同业拆借,是指商业银行之间的短期资金融通,是商业银行为解决短期资金多余或短缺而相互融通资金的重要方式。 (2)向中央银行借款。商业银行向中央银行的借款方式有两种,一种为直接借款,也称再贷款;另一种为间接借款,称为再贴现。再贴现是商业银行以未到期的合格票据再向中央银行贴现。对中央银行而言,再贴现是买进票据,让渡资金;对商业银行而言,再贴现是卖出票据,获得资金。 2. 长期负债 长期负债是指商业银行通过发行金融债券方式取得长期借款而形成的长期负债,具体包括发行资本性债券和国际金融债券

考点二　商业银行资产业务

要点	具体内容
贷款的种类	(1)按贷款发放时是否承担本息收回的责任及责任大小,可将贷款分为自营贷款、委托贷款和特定贷款

续表

要点	具体内容
贷款的种类	自营贷款是指贷款人以合法方式筹集资金、自主发放的贷款，风险由贷款人承担，并由贷款人收回本金和利息。 委托贷款是指由政府部门、企事业单位及个人等委托人提供资金，由贷款人(受托人)根据委托人确定的贷款对象、用途、金额、期限、利率等代为发放、监督使用并协助收回的贷款。贷款人只收取手续费，不承担贷款风险。 特定贷款是指经国务院批准并对贷款可能造成的损失采取相应补救措施后责成国有独资商业银行发放的贷款。 (2)按贷款使用期限的长短，可将贷款分为短期贷款、中期贷款和长期贷款。 (3)按贷款发放时有无担保品，贷款分为信用贷款、担保贷款、票据贴现。票据贴现是贷款业务的一种，与其他贷款业务的区别是：①贷款是事后收取利息，票据贴现是在业务发生时即从票据面额中预扣利息；②贷款的债务人是借款人，而票据贴现的债务人不是持票据贴现的人，而是票据的出票人或承兑付款人；③贷款的期限相对较长，而票据贴现的期限一般较短
贷款的期限	自营贷款期限最长一般不得超过10年(对个人购买自用普通住房发放的按揭贷款最长不得超过30年)，票据贴现的期限最长不得超过6个月，贴现期限为从贴现之日起到票据到期日止。 短期贷款展期期限累计不得超过原贷款期限，中期贷款展期期限累计不得超过原贷款期限的一半，长期贷款展期期限累计不得超过3年
贷款程序	(1)借款人先向贷款人提出贷款申请。 (2)贷款人受理申请后，对借款人进行调查，调查借款人自有资金及其信用程度，调查借款的合法性、安全性、盈利性等。评估借款人信用等级，核实抵押物、质物以及保证人的情况，测定贷款的风险度。 (3)贷款人建立审贷分离、分级审批的贷款管理制度，根据贷款条件和贷款程序自主审查决定是否贷款。除国务院批准的特定贷款外，贷款人有权拒绝任何单位和个人强令其发放贷款或者提供担保。 (4)贷款时应由贷款人与借款人签订借款合同，约定贷款种类、用途、金额、利率、期限、还款方式、借贷双方权利和义务、违约责任以及双方认为需要约定的其他事项。 (5)贷款的使用。借款人应当按照合同约定使用贷款，并接受贷款人的监督和检查。借款人应按合同约定支付贷款的利息，到期归还本息。
贷款的审查	审查的目的和内容主要包括： (1)着重调查和了解借款人本身的情况，包括信用状况、经营状况、还款能力。 (2)了解借款人借款用途和目的。 (3)了解借款人以何种方式提供担保，担保方式是否合法。 (4)判断借款人何时能够归还所需款项，确定贷款的期限。 (5)了解借款人的还款来源和还款方式

续表

要点	具体内容
利息和利率	1. 利息 利息是货币资金的使用"价格"。利率是利息与本金的比率。计算利息的方法分为单利和复制。 (1)单利是指计算利息时,不论期限长短,仅按本金计算利息,所生利息不加入本金重复计算利息。 (2)复利是指计算利息时,要按一定期限(如1年)将所得利息加入本金再计算利息,逐期滚算,俗称"利滚利"。 2. 利率 利率从不同角度分类,可分为固定利率与浮动利率,市场利率与公定利率。 (1)固定利率是指在整个借款期间利率不变,不因市场利率的波动而改变。在借款期限较短或市场利率变化不大的条件下,一般采用固定利率。 (2)浮动利率是指随着市场利率的变化而定期调整的利率。一般中长期贷款选用浮动利率。 (3)市场利率是指在资金市场上由资金供求关系自发形成的利率,受影响市场资金供给和需求的各种因素制约。 (4)公定利率是指一国政府通过中央银行而确定的各种利率。有的则是由银行同业公会出面制定各会员银行必须遵守的利率。 我国金融机构的存贷款一般使用固定利率

考点三　商业银行中间业务

要点	具体内容
概念	中间业务是指银行不运用或较少运用自己的资产,以中间人的身份替客户办理收付和其他委托事项,提供各类金融服务并收取手续费的业务
结算类中间业务	结算类中间业务是指由商业银行为客户办理因债权债务关系引起的,与货币收付有关的业务。商业银行办理资金结算业务的主要工具有本票、汇票、支票、委托收款、汇兑、托收承付、信用卡等
担保型中间业务	担保型中间业务是指商业银行向客户作出某种承诺,或者为客户承担风险等引起的有关业务
融资型中间业务	融资型中间业务是指商业银行向客户提供传统信贷以外的其他融资服务的有关业务。如租赁、信托等就属于融资型中间业务。 1. 融资租赁业务 融资租赁业务是指商业银行根据企业的要求,购买企业所需的设备,然后出租给企业在一定时期内有偿使用,当租赁期满后,再以一定价格出售给企业的一种经营活动。 融资租赁业务的出租人通常是商业银行的信托部,出租人一般只负责筹措购买承租人指定设备所需的资金,而不负责设备的挑选、安装及维修等业务,租赁期限通常根据出租设备的使用期限而定

续表

要点	具体内容
融资型中间业务	2. 融资租赁的特征 (1)所有权与使用权分离。 (2)融资与融物相结合。 (3)以分期支付租金方式偿还本息。 (4)租赁双方是以合同为基础的经济关系。 3. 融资租赁的形式 (1)直接租赁。又称自营租赁,是融资租赁中常见的一种形式。一般由租赁机构根据承租人的申请,以自有或筹措的资金向设备制造单位购买承租人选定的设备,再出租给承租人。 (2)转租赁。当承租人向租赁机构提出申请时,租赁机构可先以承租人的身份向其他租赁机构或设备制造单位租入申请人所需的设备,再转租给申请人使用,租金一般比直接租赁高。 (3)回租。指企业将自己拥有的设备按现值(净值)出售给租赁机构,再作为承租人向租赁机构租回使用的行为。这是一种满足企业资金急需的融资方式。 (4)杠杆租赁。是由融资租赁派生的一种特殊形式。当拟购买的设备价格昂贵,出租人难以单独承担时,可由出租人自筹解决购买设备所需资金的 20% ~40%,再以该设备作抵押,以转让收租权利作为额外保证,从金融机构那里获得其余 60% ~80% 的贷款。 (5)综合租赁。是指租赁与合资经营、补偿贸易、来料加工和产品返销等方式相结合,由承租人以产品偿还租金的租赁形式
管理型中间业务	管理型中间业务是指由商业银行接受客户委托、利用自身经营管理上的职能优势,为客户提供各种服务的有关业务。如各种代保管、代理理财服务、代理清债服务、代理业务及现金管理业务等
衍生金融工具业务	衍生金融工具业务是指商业银行从事涉及衍生金融工具各种交易的有关义务。如金融期货、期权、互换业务等
其他中间业务	其他中间业务是指除上述业务以外的各种中间业务,如咨询、评估、财务顾问、计算机服务等

考点四　金融信托投资业务

要点	具体内容
概念	金融信托投资是指财产(包括资金、动产、不动产、有价证券及债权)的所有者(法人或个人)通过签订合同将其财产委托于信托机构,由信托机构根据委托人的要求全权代为管理或处理有关经济事务的信用行为。 金融信托投资业务的主要内容是受托人运用资金、买卖证券、发行或回收债券和股票以及进行财产管理等

续表

要点	具体内容
信托的职能	信托的职能包括融通资金、财务管理和信用服务
信托的性质	(1)财产所有权的转移性。信托合同生效后,信托财产的所有权从委托人处转移到了受托人手中,受托人以自己的名义管理和处理信托财产。 (2)财产核算的他主性。信托是受托人按委托人的意愿和要求,为了受益人的利益,而不是为了自己的利益管理和处理信托财产。受托人不收取信托财产所产生的利益,但其在管理和处理信托财产中产生的亏损最终也由受益人承担,受托人只收取其提供劳务的报酬。 (3)收益分配的实绩性。信托机构按经营的实际效果计算信托收益,根据资财运用的赢利水平进行分配,因而付给受益人的盈利额并不固定
我国信托业务的范围	(1)信托业务(信托存款、信托贷款、信托投资、财产信托和个人特约信托)。 (2)委托业务(委托贷款,委托投资)。 (3)代理业务(代理发行股票、债券,代理催收欠款,代理收付,代理保管和出租保管箱,履约担保等)。 (4)兼营业务,主要有融资租赁、证券业务、房地产开发等业务。 (5)外汇业务,主要有境外外汇信托业务、在境外发行和代理发行外币有价证券、买卖和代理买卖外币有价证券、国际融资租赁、外汇担保业务等

第五节　金融市场

考点一　金融市场的含义、要素和分类

要点	具体内容
金融市场的含义	货币资金融通市场,是指货币资金盈余部门与短缺部门通过交易金融性商品而融通货币资金的活动和关系的总称
金融市场的构成要素	(1)金融市场交易的主体(货币资金盈余或短缺的企业、个人和金融中介机构)。 (2)金融市场交易的客体(货币资金)。 (3)金融市场交易的媒介(金融工具)。 (4)金融市场交易的价格(利息率)。 (5)金融市场交易管理、组织形式与交易方式
金融市场分类	(1)按照是否有固定场所,分为有形和无形市场。 (2)按照融资期限,分为短期金融市场和长期金融市场

续表

要点	具体内容
金融市场分类	(3)按交割时间,分为现货市场和期货市场。 (4)按地理范围,分为地方性、全国性和国际性金融市场。 (5)按交易对象分,分为票据市场、证券市场、黄金市场、外汇市场等

考点二　短期资金市场

要点	具体内容
短期资金市场的含义	短期资金市场指以短期金融工具为媒介而进行的一年期以内资金交易活动的总称
短期资金市场的特点	(1)融资期限短。最短的只有半天或1天,最长的不超过1年。 (2)融资的目的是解决短期资金周转的需要。 (3)参与者主要是机构的投资者。 (4)金融工具有较强的"货币性",即流动性
短期资金市场的构成	1. 同业拆借市场 同业拆借市场是指银行等金融机构相互之间进行的资金融通活动。 2. 票据市场 票据市场包括票据承兑市场和票据贴现市场。 (1)票据承兑市场。只有经过承兑后的汇票,才具有法律效力,才能作为市场上合格的金融工具流通转让。 (2)票据贴现市场。票据贴现市场具体又包括贴现、再贴现和转贴现。票据贴现市场上的贴现、再贴现、转贴现,形式上是贴现机构买进未到期的票据,实质上是债权的转移;表面上是票据的转让与再转让,实质上是资金的买卖。 3. 大额可转让定期存款单市场 大额可转让定期存款单,简称存单,是由银行发行,记载一定存款金额、期限、利率,并可流通转让的定期存款凭证。 与其他存款相比,存单的主要特点有: (1)期限短,一般都在1年以内。 (2)面额固定,起点高。 (3)利率比同期限的定期存款高。 (4)不记名,可自由转让。 (5)不能提前提取现金。 存单的发行价格有按票面价格出售,到期支付本金和利息;也有贴现发行,以低于票面价格出售,银行到期按票面额兑付。 投资者购买存单后,若在到期前急需现金,可将存单在二级市场转让出去

续表

要点	具体内容
短期资金市场的构成	决定存单转让价格的主要因素是利率、期限和本金。就利率而言,若存单原定利率高,转让价格就高,反之则低。转让时的市场利率与存单原定利率相比,若市场利率高于原定利率,转让价格就低;反之,市场利率低于原定利率,转让价格就高。 4. 短期债券市场 短期债券市场是指发行和买卖1年期以内的短期政府债券和企业债券活动的总称。一般将短期债券市场理解为国库券市场。 国库券市场的活动包括国库券的发行和流通转让。 国库券的发行一般采用公募投标方式进行,期限为1年或1年以内(通常有3、6、9、12个月4种)。国库券的发行一般不记名,不附息票,不载明利率,而以低于票面金额的价格折价出售,到期按票面金额还本,贴现率即为收益率。 国库券的流通转让是将未到期的国库券卖出兑现的行为。决定国库券买卖价格的主要因素是贴现率和待偿期限。在通常情况下,贴现率越高,买卖价格越低;国库券距到期日越近,转让价格越高。 售价 = 面值 ×(1 - 贴现率 × 距离到期日数/360) 收益率 = [(面值 - 售价)/面值] ×(360/距离到期日数)×100% 企业短期融资债券,是企业为了解决季节性、临时性流动资金需要而向社会公众发行的债务凭证。 国库券具有风险小、税负轻、期限短、利率优惠等优点,是短期资金市场最受欢迎的金融工具之一。 5. 购回协议市场 购回协议也称回购协议,是指资金短缺者在货币市场出售证券以融通资金时,同资金盈余者即证券购入者签订协议,同意证券出售者在约定的时间按协议约定的价格购回所售证券

考点三 长期资金市场

要点	具体内容
概念	长期资金指以长期金融工具为媒介而进行的1年期以上的资金交易活动的总称。长期资金市场也称为资本市场
特点	长期资金市场的功能主要是引导长期储蓄转化为长期投资,其特点有:(1)融资期限长;(2)融资的目的主要是解决长期投资性资金的需要;(3)资金交易量大;(4)作为交易工具的有价证券,与短期金融工具相比,其收益较高,但流动性较差、价格变动幅度大,有较大风险

考点四 外汇市场

要点	具体内容
外汇市场的含义	外汇市场指外汇买卖活动的总称,它既包括本国货币与外国货币之间的买卖,也包括不同的外国货币之间的买卖
外汇市场的作用	(1)为调剂外汇资金的余缺提供便利。 (2)有利于避免汇率风险。 (3)有利于中央银行进行稳定汇率的操作
外汇市场的参与者	(1)外汇银行。 (2)外汇经纪人。 (3)客户。 (4)中央银行
外汇市场上外汇交易方式	(1)外汇现货交易或称现汇交易,指外汇买卖双方在成交后的两个营业日内办理交割手续的外汇交易方式。 (2)外汇期货交易指外汇买卖双方成交后,按合同的规定,在约定的到期日按约定的汇率进行交割的外汇交易方式。 (3)套汇交易指利用不同的外汇市场,不同的货币类型,不同的交割期限,或某些货币在汇率上的差异而进行的外汇交易,从中赚取利润
我国的外汇市场	我国的外汇市场是伴随着我国经济体制改革的深化和对外开放的不断扩大而产生并发展起来的。1985 年 12 月,深圳特区成立我国第一个外汇调剂中心,正式开办成外汇调剂业务。随后许多大中城市先后设立外汇调剂市场,外汇调剂范围逐渐放宽,交易数量激增。1994 年,我国进一步改革外汇管理体制,建立全国统一的银行间外汇交易市场——中国外汇交易中心,使我国的外汇市场发生了实质性的变化

考点五 黄金市场

要点	具体内容
概述	黄金市场是指集中进行黄金买卖和金币兑换的交易市场。黄金市场可分为国际性黄金市场和区域性黄金市场。前者指其价格形成和交易的变化在整个黄金市场中起主导作用的黄金市场。区域性黄金市场是指交易量有限且多集中在本地区,对整个黄金市场影响不大的黄金市场。 黄金市场的交易方式有现货交易和期货交易两种,在世界四大黄金市场中,伦敦和苏黎世黄金市场主要办理现货交易,而纽约和香港黄金市场主要办理期货交易

第六节　房地产债务融资

考点一　金融杠杆、回报与风险

要点	具体内容
金融杠杆	1. 金融杠杆的基本定义 金融杠杆简单地说就是一个乘号。使用这个工具，可以放大投资结果，无论最终结果是收益还是损失，都会以一个固定的比例被予以放大。 原理：负债，需要固定支付利息，资金使用后的收益扣除利息后的金额，剩余部分由权益投资人承担。 金融杠杆：假设某投资者要购买100万元的公寓房地产，通过自有资金50万元与抵押贷款50万元实现。这里是2倍杠杆率。投资者购买的资产价值是他自有资产的2倍（若杠杆率不同，则为其他杠杆率的倍数）。如果自有资金20万，抵押贷款80万，则为5倍杠杆。 使用贷款来投资房地产，简单地说就是租用别人的资金为自己赚钱。 2. 杠杆率与贷款价值比 （1）在金融杠杆中，我们将杠杆率定义为所投资的房地产总价值除以房地产投资中的本金值。 杠杆比率：$LR=V/E=(L+E)/E$，$LR=V/E=V/(V-L)$ 其中：V指所投资的房地产价值（*value*），L指贷款值（*loan*），E指权益值（*equity*）。 （2）贷款价值比定义为贷款值与房地产总价值的比值： $LTV=L/V$ （3）LTV越大，LR也就越大，反之亦然，但两者之间并不是线性关系。 $LR=1/(1-L/V)=1/(1-LTV)$ $LTV=1-(1/LR)$
金融杠杆对回报与风险的影响	1. 对投资预期回报的影响 因收入回报是不变的，预期回报率的增长完全来自增值回报。 2. 对投资回报风险的影响 （1）在正常情况下，如果金融杠杆增加了权益投资的回报，同时也将会提高投资的风险。 （2）如果贷款是无风险的，那么权益回报的风险与杠杆率（LR）成正比。当然，在现实生活中的贷款，尤其是长期贷款，并不是无风险的。 （3）人们认为权益投资者们借的钱越多，他们的违约风险就越大。金融杠杆比重越大，承担这种违约风险的可能性就越大。 （4）违约风险实际上是由贷款人承受的，而非借款人来承受。因此，理论上说，把违约风险当作是一种由借款人承受的风险是不正确的。 3. 风险与回报的分析 在债务无风险条件下，风险溢价与杠杆率之间成正比关系

续表

要点	具体内容
金融杠杆对回报与风险的影响	(1)杠杆率 $LR=1$(0 负债,全权益资金),风险溢价为 2%(房地产预期总回报率 10% 与抵押贷款回报率 8% 的差额)。 (2)杠杆率 $LR=2$(50% 负债率 LTV),风险溢价为 4%(金融杠杆权益预期回报率 12% 与抵押贷款回报率 8% 的差额)。 金融杠杆作用下的风险溢价是无金融杠杆作用房地产投资风险溢价的 2 倍

考点二　WACC 分析

要点	具体内容
加权平均资产成本公式	加权平均资产成本($WACC$)公式,通常用于量化金融杠杆对权益风险与回报的效用。该公式为: $r_P = (LTV)\ r_D + (1-LTV)\ r_E$ 式中,r_P 表示所投资房地产的回报率;r_D 表示房地产债务的回报率;r_E 表示金融杠杆投资房地产的权益回报率;LTV 表示贷款价值比 L/V
正负杠杆效用	(1)正杠杆效用指的是通过金融杠杆的作用,可以增加权益投资者的回报。 (2)负杠杆效用代表的却是正杠杆效用相反的情况:金融杠杆降低了权益投资者的回报。 (3)出现正杠杆效用的条件如下:当所投资房地产的回报率高于抵押贷款回报率时,那么回报率就会出现正杠杆效用。 (4)出现负杠杆效用的条件正好相反:房地产的投资回报率低于债务回报率。 (5)当房地产与债务有相同的预期回报率时,杠杆是持平的,那么权益回报率不受金融杠杆影响。 (6)权益回报率等于债务回报率加上杠杆率乘以房地产投资回报率与债务回报率的差额值。如果这种差额是正的(房地产投资回报率大于债务回报率),那么较大的金融杠杆将增加权益回报率;如果这种差额是负的,那么情况就刚好相反
金融杠杆对增值回报率与收入回报率的影响	对于相关回报率变量来说,金融杠杆使投资者的回报从现时收入到资本收入变动,这就决定了现金回报率的杠杆效用是正的还是负的。根本原因是房地产增值回报率与债务增值回报率的差值通常大于两者收入回报率的差值

跟踪训练

一、单项选择题

1. 企业之间相互提供的、与商品交易直接联系的信用形式是(　　)。

A. 国家信用　　B. 银行信用

C. 商业信用　　D. 消费信用

2. 银行发行的银行券流动性最强,但却不能给投资者带来收益;股票虽收益性较高,但变现的流动性相对较弱。这表明了(　　)。

A. 金融工具的流动性与收益性呈正相关

B. 金融工具的流动性与收益性呈负相关

C. 金融工具的收益性与安全性往往呈负相关

D. 流动性与安全性呈正相关

3. 下列选项中,属于间接金融工具的是(　　)。

A. 股票　　B. 债券

C. 银行发行银行券　　D. 企业签署商业票据

4. 商业银行的最基本职能是(　　)。

A. 充当信用中介　　B. 变货币收入为货币资本

C. 充当支付中介　　D. 创造派生存款和信用流通工具

5. 现实货币 M_1 和广义货币 M_2 的构成中,区别在于(　　)。

A. 银行发放的贷款金额　　B. 现金流通量

C. 单位和个人的活期存款　　D. 单位和个人的定期存款和其他存款

6. 中央银行实施"逆回购"业务,利用的货币政策工具是(　　)。

A. 法定存款准备金率　　B. 再贴现利率

C. 公开市场业务　　D. 优惠利率

7. 中长期贷款采用浮动利率的主要原因是(　　)。

A. 简便易行　　B. 更真实准确地计算利息

C. 回避利率波动的风险　　D. 便于政府调节经济

8. 租赁与合资经营、补偿贸易、来料加工和产品返销等方式相结合的融资租赁形式是(　　)。

A. 转租赁　　B. 杠杆租赁

C. 综合租赁　　D. 直接租赁

二、多项选择题

1. 金融机构实施"分业经营"的主要优点在于(　　)。

A. 可以实现银行、证券、保险等金融机构的优势互补

B. 可以提高专业技术水平和管理水平

C. 避免集团内部竞争和内部协调困难的问题

D. 有利于抑制金融危机发生

E. 保证商业银行自身及客户安全

2. 下列选项中,属于调控通货膨胀的措施是( )。

A. 采取积极的财政政策
B. 实施积极的货币政策
C. 增加商品的有效供给
D. 调整产业和产品结构
E. 调节和控制总需求

3. 在需求不足及经济衰退时期,为了刺激消费、拉动需求、促进经济增长,中央银行可采取的货币政策有( )。

A. 降低再贴现利率
B. 提高首期付款比例
C. 提高法定存款准备金率
D. 缩短分期付款期限
E. 公开市场买入政府债券

4. 下列选项,属于金融信托投资的特点的是( )。

A. 受托人要获得委托人的财产所有权
B. 信托资产的产权归属于委托人所有
C. 委托人获得固定的信托收益
D. 委托人获得的收益不固定
E. 财产核算的他主性

三、判断题

1. 一般而言,金融工具的流动性与收益性呈正相关,收益性与安全性呈负相关。 ( )

2. 按照期限划分,金融工具可以分为短期信用工具和长期信用工具。 ( )

3. 支票是由出票人签发,承诺自己在见票时或在指定日期无条件支付确定的金额给收款人或者持票人的票据。 ( )

4. 银行金融机构具有"信用创造"功能,非银行金融机构不具有信用创造功能。 ( )

5. 在房地产投资中,自有资金比例越高,则金融杠杆效用越大,投资风险越高。 ( )

参考答案及解析

一、单项选择题

1. C 【解析】商业信用是指企业之间相互提供的、与商品交易直接联系的信用形式。

2. B 【解析】金融工具特性的总结。一般而言,金融工具的流动性与收益性呈负相关。

3. C 【解析】其他的都是直接金融工具。金融工具可分为直接金融工具和间接金融工具。直接金融工具是指由非金融机构,如企业、政府或个人发行和签署的商业票据、公债和国库券、企业债券和股票以及抵押契约等。间接金融工具是指由金融机构发行的银行券、存款单、银行票据和保险单等。看资金供求双方是否直接交易。

4. A 【解析】商业银行的最基本职能是充当信用中介。

5. D 【解析】第二层次:$M_1 = M_0 +$ 单位和个人的活期存款;第三层次:$M_2 = M_1 +$ 单位和个人的定期存款 + 其他存款。

6. C 【解析】公开市场业务指中央银行在公开市场上买卖有价证券来调节货币供应量。中央银行的公开市场业务主要是买卖政府债券。其典型的做法就是实行逆回购。

7. C 【解析】采用浮动利率时,借款人在计算借款成本时要复杂些,利息负担有可能重些;但是,借贷双方承担的利率风险较小。因此,一般中长期贷款都选用浮动利率。

8. C 【解析】综合租赁是指租赁与合资经营、补偿贸易、来料加工和产品返销等方式相结合,由承租人以产品偿还租金的租赁形式。

二、多项选择题

1. BCDE 【解析】分业经营具有的主要优点包括:(1)有利于培养不同种业务的专业技术水平和管理水平;(2)可以为不同种业务发展创造一个稳定而封闭的环境,避免竞争摩擦和合业经营可能出现的集团内部竞争和内部协调困难的问题;(3)有利于保证商业银行自身及客户的安全,防止商业银行将过多的资金用在高风险的活动上;(4)分业经营有利于抑制金融危机的产生。

2. CDE 【解析】对通货膨胀的调控一般是从控制需求和增加供给两方面进行,调节和控制社会总需求,增加商品有效供应。此外,通货膨胀的调控还必须与调整产业和产品结构结合起来。

3. AE 【解析】选项B、C会导致市场货币进一步减少,不可能拉动经济;选项D也可以排除,缩短分期付款期限,只会抑制消费。

4. ADE 【解析】金融信托投资业务的性质:财产所有权的转移性;财产核算的他主性;收益分配的实绩性。

三、判断题

1. × 【解析】金融工具的流动性与收益性呈负相关,金融工具的收益性与安全性往往也呈负相关。

2. × 【解析】按照期限划分,金融工具分为短期信用工具、长期信用工具和不定期信用工具。

3. × 【解析】本票是由出票人签发,承诺自己在见票时或在指定日期无条件支付确定的金额给收款人或者持票人的票据。

4. √ 【解析】商业银行具有“信用创造”功能。非银行金融机构没有这个功能。

5. × 【解析】自有资金比例高,金融杠杆程度低,投资风险小。

第八章　证券知识

知识导图

- 证券知识
  - 证券
    - 证券的分类和一般特征
    - 证券市场
  - 股票
    - 股票的含义
    - 股票的基本分类
    - 股票应载明的内容
    - 股票的基本特征
    - 股票与相关概念的比较
  - 债券
    - 债券的概念和特征
    - 债券的分类
  - 投资基金证券
    - 投资基金与投资基金证券概念
    - 投资基金证券与股票、债券的区别
    - 投资基金类别
    - 投资基金的特点
  - 资产证券化与房地产信托投资基金
    - 资产证券化
    - 房地产信托投资基金

考情分析

本章主要介绍了证券、股票、债券、投资基金证券、资产证券化与房地产信托投资基金。本章的学习重点是股票应载明的内容、投资基金类别，学习难点是资产证券化的概念和理论基础。

本章在考试中的平均分值为3分，考试目的是测查应试人员对证券、股票、债券、投资基金证券、资产证券化、房地产信托投资基金等的了解、熟悉与掌握程度。

表解考点

考点	重要等级
证券的分类	熟悉
证券的一般特征	熟悉
证券市场	了解
股票的含义	掌握
股票的基本分类	熟悉
股票应载明的内容	了解
股票的基本特征	掌握
股票与相关概念的比较	掌握
债券的概念和特征	熟悉
债券的分类	熟悉
投资基金与投资基金证券概念	掌握
投资基金证券与股票、债券的区别	掌握
投资基金类别	掌握
投资基金的特点	掌握
资产证券化的概念和理论基础	掌握
资产证券化的流程	熟悉
房地产信托投资基金的概念与类型	了解
房地产信托投资基金与其他房地产投资产品的区别	掌握
房地产信托投资基金的流程	熟悉

考点详解

第一节　证　券

考点一　证券的分类和一般特征

要点	具体内容
证券的分类	(1)商品证券是表明对物质资料具有某种权利的有价证券,如提货单、运货单、仓库栈单等。 (2)货币证券是指可与货币相互转化的有价证券,如汇票、支票等。 (3)资本证券是表明投资的事实,表明投资者的权利和义务的有价证券,最常见的有股票、债券、投资基金等
证券的一般特性	票面有金额,代表一定的财产权利,能给持有者带来收益;可以依法转让,买卖时存在证券交易价格。 1. 证券是一种可以依法买卖的特殊商品 主要表现在:普通商品的使用价值是为满足人们的某种需要,证券的使用价值则是生息,能为持有者带来一定的利息收入;普通商品的价格由该商品的价值所决定,而证券的价格则由货币使用中产生的收益和社会借贷资金利率的比率所决定;普通商品出售,所有权和使用权一并转移,而证券出售后,买主拥有购买证券的货币所有权,而该货币的使用权则归证券发行单位拥有,所有权和使用权分离。 2. 证券是一种虚拟资本 证券能够定期地给它的持有者带来收益,投入证券的资本未到期可通过出售收回。证券不是真实资本,仅仅是资本的代表符号,本身不具有价值,不能直接用于生产过程,不能执行资本的职能

考点二　证券市场

要点	具体内容
概述	证券市场是证券发行和交易体系的总和,是证券发行和交易的场所。 证券市场分为两级:一级发行市场、二级流通市场

续表

要点	具体内容
证券市场作用	(1)证券是直接融资的金融工具,具有直接融资的优点;同时发行证券能吸纳广泛的社会闲散资金,因而又具有间接融资的优点。 (2)发展证券市场是建立和完善投资市场的需要。 (3)发展证券市场有利于产业结构调整和企业重组

第二节 股 票

考点一 股票的含义

要点	具体内容
概述	股票是由股份有限公司公开发行,用以证明投资者的股东身份和权益,并据以获得股息和红利的凭证。股票持有者即为发行该股票的股份有限公司的股东,有权分享公司的利益,同时亦要分担公司的责任和经营风险。 股票一经认购,持有者不能退本还股,但可以通过证券市场进行转让

考点二 股票的基本分类

要点	具体内容
普通股股东的权利和义务	普通股是股票市场上数量占绝对多数的主要股票品种,它是取得公司收入分配的部分所有权凭证,是公司资本构成的基本组成部分。普通股票持有者的权利和义务主要体现在有限责任原则和平等原则之内。有限责任原则是指股票所有者仅以其认购的股份数量对公司承担出资义务和债务责任;平等原则是指股票持有者之间的关系或股东的资格,在权利和义务方面是平等和无差异的。这里所说的平等,主要是指每一股份的平等,而每一股东由于其认购股份多少的不同,则体现在他们所拥有的权利和义务是不相同的。 1. 股东权利的分类 在两原则下,股东权利可以按不同标准作如下分类: (1)以行使的目的不同,股东权利可以分为共益权和自益权。共益权是指股东为自己,同时也为公司利益而行使的权利。如股东享有的出席股东大会的权利、表决权、查询公司经营状况的请求权等都属于共益权。自益权是指股东仅为自己的利益而行使的权利,如股票过户的权利、股息红利分配的请求权等。 (2)按行使的方式不同,股东权利可分为单独股东权和少数股东权。单独股东权是指股东一人就可行使的权力。少数股东权是指股东一人无法单独行使,而需由符合法定人数的股东集体行使的权利,如要求召开临时股东会,必须由代表公司 10% 以上股份的若干股东提出才有效

续表

要点	具体内容
	(3)按权利性质的不同,股东权可分为固有权和非固有权。固有权也称法定股东权,是指依照法律所享有的不可剥夺的权利。非固有权也称非法定股东权,是指法律允许依照公司章程或股东会议决议而加以限制或剥夺的权利。 2. 普通股股东的权利 从具体内容看,普通股股东享有的权利如下: (1)参加股东大会的权利。 (2)参加表决的权利。根据平等原则,一般情况下的表决权为一股一票制。 (3)股票转让权。 (4)股息红利分配的要求权。我国《公司法》规定,公司分配当年税后利润时,应当提取利润的10%列入公司法定公积金(公司法定公积金累计额为公司注册资本的50%以上的,可以不再提取);公司的法定公积金不足以弥补以前年度亏损的,在依照前款规定提取法定公积金之前,应当先用当年利润弥补亏损;公司从税后利润中提取法定公积金后,经股东会或者股东大会决议,还可以从税后利润中提取任意公积金。公司弥补亏损和提取公积金后所余税后利润,可按股东持股比例进行分配。 (5)公司剩余财产的分配权。 (6)对公司事务的质询权。 3. 普通股股东的义务 普通股股东应承担下列义务: (1)遵守公司章程的义务。 (2)对公司债务负有限责任。 (3)承受股本的非返还性义务。 (4)公司章程规定的其他义务
普通股股东的权利和义务	
优先股股东的权利和义务	优先股是特别股的一种,其股票持有者享有比普通股持有者优先的权利。 优先股股东的权利主要有以下几点: (1)分配股息的优先权。优先股股东可以享有基本股息率的股息,它不受公司经营状况和盈利水平的影响,即使公司某年度的盈利水平下降,优先股股东也可优先于普通股股东按原有水平享受股息,而普通股股东则可能不能享受分红。 (2)分配剩余资产的优先权。在公司宣布解散或破产而进行清算时,优先股股东可以先于普通股股东取得剩余资产的清偿权。 (3)有限的表决权。优先股股东一般不参与公司经营管理,也没有重大决策的表决权。但在涉及优先股股东的权益时,则他们享有表决权。 (4)要求赎回权。优先股股东可以根据有关规定,要求公司赎回其持有的优先股票
普通股票按投资主体的分类和特种股票	普通股票按投资主体,分为国家股、法人股、个人股和外资股。 国家股是由国家投资所形成的股份;法人股是由具有法人资格的企事业单位投资所形成的股份。国有企事业单位向其他企业投资所形成的法人股,称为国有法人股。当然,除国有法人股以外,其余的法人股为非国有法人股

续表

要点	具体内容
普通股票按投资主体的分类和特种股票	除此以外,我国还发行了以下三种特种股票: (1)B股。又称人民币特种股票,是指以人民币标明面值,美元标明价格(在深圳证券交易所以港币标明价格),专供大陆以外的境外法人和自然人在境内以外汇进行买卖的记名式外资股票。 (2)H股。系指大陆境内的公司所发行的以人民币标明面值,供境外法人和自然人以外币认购,在香港联合交易所上市的股票。 (3)N股。系指大陆境内的公司所发行的以人民币标明面值,供境外法人和自然人以外币认购,获纽约股票交易所批准上市的股票

考点三 股票应载明的内容

要点	具体内容
概述	(1)发行公司的全称,公司注册登记地,注册的日期、地址。 (2)股票发行总额、股数和每股金额。 (3)股票类别。 (4)该股票的票面金额及所代表的股份数。 (5)该股票的发行日期和股票编号。 (6)是否记名。 (7)董事长签字或签章,主管机关核定发行登记机构的签证。 (8)印有借转让股票时所用的表格。 (9)发行公司认为应载明的注意事项

考点四 股票的基本特征

要点	具体内容
盈利性	股票持有者凭其所持有的股票,有权根据公司章程从公司取得股息和分享公司的经营红利。股票盈利的大小,取决于经营状况和盈利水平。一般情况下,股票的盈利要高于银行的储蓄利息,也高于债券利息。不是确定的承诺,风险高。股票持有者利用股票可以获得差价和保值
风险性	风险性与盈利性相对称。认购了公司股票的股份持有者就必须承担一定的风险。如果公司破产,则股票持有者连本金都保不住。股市有风险,入市需谨慎
稳定性	稳定性含义:(1)股东与股份有限公司之间稳定的经济关系(不退本);(2)通过发行股票所筹措到的资金在公司存续期间具有稳定性(股本,属于长期来源资金)
流通性	可以在股票市场上买卖,或抵押品转让。股票转让,转让者将其出资额以股价的形式收回,同时将股票所代表的股东身份及其各种权益让渡给受让者

续表

要点	具体内容
决策参与性	股东参与公司经营决策的权利大小，取决于其所持有的股份多少。在实践中，当股东持有的股票数额达到决策所需的实际多数时，才能真正成为股份有限公司的实际决策者
价格的波动性	股票是一种特殊的商品。大起大落是它的基本特征

考点五　股票与相关概念的比较

要点	具体内容
股票与股份、股份制	1. 股票与股份 狭义的股份概念，仅指股份制企业均分其资本的基本计量单位。 广义的股份概念，则包含三层含义：一是股份制企业一定量资本额的代表；二是股东的出资份额及其股东权的体现；三是计算股份制企业资本的最小单位。 股份的表现形式是股份证书。持有股票则意味着占有了股份有限公司的股份，取得了股东资格，可以行使股东权。股票与股份是形式与内容的关系。 2. 股票与股份制 股份制是指通过按股份筹集资本和确认投资者参与经营、享有分配权利的一种企业组织和财产组织形式。股票是一种只适用于股份有限公司的证券
股票与认股权证、股单	1. 股票与认股权证 股票和认股权证出现在股份有限公司的股票发行过程中。股票是确认股东地位和股东权的凭证。认股权证则是购买股票的权利凭证。持有者享有在规定时间内，按一定价格购买一定数量某股份有限公司新发行的股票的权利。股票在股份有限公司的存续期间有效，不存在预先确定的具体期限。 认股权证一般是有确定期限的，通常以 1 ~2 年为限。也有少数股份有限公司发行的认股权证是永久性的。 2. 股票与股单 作用都是用于证明股东的出资和股东的股份证书，同属于证据证券。 区别：(1)适用范围不同。股单是有限责任公司发给股东的出资凭证。(2)性质不同。股单只是证据凭证，证明出资者出资行为，没有价格，不是有价证券，不能流通交易。(3)表现形式不同。每名股东只有一份股单，其金额可以不同
股票与公司债券	股票和公司债券都是有价证券，并且同属于资本证券。 相同之处主要表现在：都是投资手段，都是融资工具，体现着资本信用关系，它们既可以为投资者带来收益，又能使公司筹集到从事生产经营活动所需要的资金；都是流通证券，可以在证券市场上进行转让和买卖，并且它们的市场价格都在不同程度上受到银行利率的影响。 它们质的区别主要表现在： (1)投资性质和各自所包含的权利不同。股票投资是一种长期投资，股票投资者即成为

续表

要点	具体内容
股票与公司债券	公司的股东,与公司之间形成的是一种股东权与公司生产经营权的关系;股票持有者享有的是一种综合性股东权。债券投资则是一种短期投资,公司债券持有人是公司的债权人,与公司之间形成的是一种借贷性质的债权债务关系。公司债券持有者享有的是债权。 (2)收益和风险责任不同。股票持有者依法获取的是股息和红利,股息和红利完全依赖于股份有限公司的经营状况,数额事先难以确定。债券持有人依法获取的收益是公司债券利息,并且数额事先已经确定,不受公司经营状况的影响。在风险方面,股票持有者承担公司经营风险责任,而公司债券持有人则不承担公司经营风险责任。 (3)投资风险程度不等。由于股票投资是一种长期投资,股东不能退股,也不能获取事先确定的股息和红利,因而投资风险是很大的。公司债券则是一种风险程度相对低得多的投资

第三节 债 券

考点一 债券的概念和特征

要点	具体内容
债券的概念	债券是一种有价证券,是社会各类经济主体为筹措资金而向债券投资者出具的、承诺按一定利率定期支付利息并到期偿还本金的债权债务凭证。 作为一种债权债务凭证,债券包含以下基本要素。 1. 债券的票面价值 这包括两方面的内容:票面价值的币种,即以何种货币作为债券价值的计量单位;债券的票面金额。 2. 债券的价格 债券的票面价值,是债券价格形成的主要依据。若市场利率低于债券利率,则溢价发行;若市场利率等于债券利率,则平价发行;若市场利率高于债券利率,则折价发行。 3. 债券的利率 债券的利率是指债券持有人每年获取的利息与债券票面价值的比率。债券利率的高低,主要受银行利率、发行者的资信级别、偿还期限、利率计算方式和资本市场资金供求关系等因素的影响。 4. 债券的偿还期限 债券的偿还期限是指从债券发行日起到本息偿清之日止的时间。债券的偿还期限,一般分为短期、中期和长期。偿还期在 1 年以内的为短期;1 年以上、10 年以下的为中期;10 年以上的为长期。 5. 其他 主要包括发行主体的名称、发行时间、债券类别、批准单位及批准文号等

续表

要点	具体内容
债券的特征	债券也是一种虚拟资本而非真实资本，是在经济运行中实际运用的真实资本的证书。 债券特征：(1)偿还性。即必须规定债券的偿还期限（到期日），债务人到期还本付息；(2)收益性。投资者根据固定利率取得稳定的、一般高于银行存款利率的利息收入；在证券市场上获得价差收入（交易性收入）；(3)流动性。即变现力，在偿还期届满前转让、到银行等金融机构进行抵押，变为现金；(4)安全性。债券与股票相比，投资风险较小。 偿还性、收益性、流动性和安全性之间具有相逆性关系，很难同时兼顾

考点二 债券的分类

要点	具体内容
按发行主体分类	(1)公债券，也称政府债券，是指中央政府和地方政府发行公债时发给公债购买人的一种格式化的债权债务凭证。公债券通常分为中央政府债券和地方政府债券。 (2)金融债券，是指银行或其他非银行性金融机构发行的债权债务凭证。 (3)公司债券，也称企业债券，公司债券是指由股份公司发行并承诺在一定时期内还本付息的债权债务凭证
按期限长短分类	根据偿还期限的长短，债券可分短期债券、中期债券、长期债券和永久债券。 一般的划分标准是：期限在1年以下的为短期债券；期限在1年以上、10年以下的为中期债券，如我国的国库券等；期限在10年以上的为长期债券。永久债券也称无期债券，指的是不规定到期期限，债权人也不能要求清偿，但可按期取得利息的一种债券。通常情况下，永久债券只限于公债。我国从未发行过这种债券
按利息支付方式分类	(1)附息债券是指债券券面上附有各种息票的债券。息票上标明利息额、支付利息的期限和债券号码等内容，息票一般以6个月为一期。息票到期时，从债券上剪下来，凭此领取本期利息。附息债券一般限于中长期债券。 (2)贴现债券，也称贴水债券，是指券面上不附息票，发行时按规定的折扣率（贴水率）以低于券面价值的价格发行，到期时按券面价值偿还本金的债券。其发行价格与券面价值的差价即为利息
按发行方式分类	(1)公募债券是指按法定程序，经证券主管机构批准在市场上公开发行的债券。公募债券的最大特点是募集对象不特定，而是通过证券公司向社会所有投资者募集资金。 (2)私募债券是指向少数与发行者有特定关系的投资者发行的债券。私募债券的最大特点是募集对象特定

续表

要点	具体内容
按有无抵押担保分类	(1)信用债券,也称无抵押担保债券,是指仅凭债券发行者的信用而发行,既没有抵押品作担保,也没有担保人的债券。一般包括公债券和金融债券。政府和银行才可以发行。 (2)抵押债券是指发行者以不动产或有价证券作为抵押品而发行的债券。 (3)担保债券是指由第三者担保偿还本息的债券。担保人一般为银行或非银行金融机构或公司主管部门,个别的由政府担保
按是否记名分类	(1)记名债券是指在券面上标明债权人姓名,同时在发行公司的名册上进行债权人登记的债券。转让此种债券时,除要交付票券外,还要在债券上背书并在公司名册上更换债权人姓名。此外,债券持有人必须凭印鉴领取本息。 记名债券的优点是比较安全;缺点是流动性较差,转让时手续复杂。 (2)不记名债券是指券面上不标明债权人姓名,发行公司的名册上也不登记姓名的债券。 转让此种债券,不需背书和去公司更换债权人姓名,随即具有法律效力。 不记名债券的优点是流动性强,转让手续简便;缺点是遗失毁损时,不能挂失和补发,因而安全性较差

第四节　投资基金证券

考点一　投资基金与投资基金证券概念

要点	具体内容
投资基金	投资基金指一种集合投资制度。它是由基金发起人以发行受益证券或发行股票的形式,汇集相当数量但不限定人数且有共同投资目的的投资者的资金,委托由投资专家组成的专门投资机构进行各类分散的组合投资,投资者按出资的比例分享投资利益,并共同承担相应的风险
投资基金四方	投资人、发起人、管理人和托管人
投资基金证券	投资基金证券是指由基金发起人向社会公开发行的,表示持有人按其所持份额享有资产所有权、收益分配权和剩余资产分配权的凭证。 按基金的发起和建立方式的不同,可分为基金受益证券和基金股票

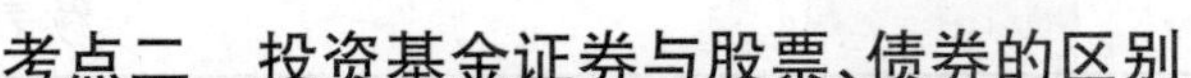

考点二 投资基金证券与股票、债券的区别

要点	具体内容
发行的主体不同，体现的权利关系不同	(1)股票是股份公司发行的，持有人是股份公司的股东，有权参与公司管理，是一种股权关系。 (2)债券体现债权债务关系。 (3)投资基金证券是由基金发起人发行的，基金的创立以契约为基础，证券持有人与发起人之间是契约关系
运行机制不同，投资人的经营管理权不同	(1)通过股票筹集的资金，完全由股份公司运用，股票持有人有权参与公司管理。 (2)通过债券筹集的资金，由债务人自主支配。 (3)投资基金的投资人和发起人都不直接从事基金的运用，委托管理人进行运营
风险和收益不同	(1)投资基金委托投资机构进行分散组合投资，分散和降低风险，风险小于股票，大于债券。 (2)投资基金证券的收益不固定，这一点不同于债券而类似于股票；但收益一般小于股票投资而大于债券。一般认为基金证券是一种风险低于股票、收益高于债券的证券品种
存续时间不同	(1)投资基金都规定有一定的存续时间，期满即终止。不同于债券投资之处在于，投资基金经持有人大会或基金公司董事会会议可以提前终止，也可期满再延续。 (2)封闭式基金在存续期间不得随意增减基金证券，持有人只能通过证券交易所买卖证券。 (3)开放式基金可随时增减，持有人可按基金的资产净值要求申购或赎回其所持有的单位或股份

考点三 投资基金类别

要点	具体内容
契约型和公司型	(1)契约型，又称信托型，指基金发起人将受益权证券化，然后通过发行受益证券，由有关证券机构和金融机构认购包销以及向社会公开发行。 (2)公司型，基金发起人通过组织投资公司(或称基金公司)的形式，发行投资基金股份(基金股票)，投资人购买基金股份即成为基金公司股东，享有议决权、利益分配权和剩余财产分配权
封闭型和开放型	(1)封闭型，不允许证券持有人向发行人请求赎回证券，可在公开市场上将证券卖出，收回投资。 (2)开放型，允许持有人申购或赎回所持有的单位或股份

续表

要点	具体内容
固定型和管理型	(1)固定型,指将信托基金投资于预先确定的证券,而在整个信托期间,原则上不允许变动,不允许转卖或重买。 (2)管理型,指经营者可以根据市场变化,对购进的证券自由买卖,不断调整组合结构,所以管理型基金又称自由型和融通型
单位型和追加型	(1)单位型,在契约型基金中,每次新募集创设的基金,分别作为一个单元信托财产加以运用和管理,在规定的信托期满之前不得追加新的基金单位。 (2)追加型,基金设立后,视基金单位的售出情况,随时以当时的市场价格追加新的基金单位。追加型大都没有期限,中途可以解约,可以要求赎回,属于开放型。但也有中途不允许解约的
股权式基金和有价证券基金	(1)股权式基金,以参股或合资的方式,投向实际产业中未公开发行或未上市的股份或股票,以获取投资收益为主要目的,可以参与企业经营,但又不起控制支配作用。 (2)有价证券基金,以投资于公开发行和上市的股票、债券为主。 两种类型基金的区别在于:①股权式基金直接投入实业,着眼于股权或股票的未来公开转让和上市;有价证券基金着眼于二级市场,通过购买上市股票、债券,间接投资;②股权式基金侧重于投资分红和资本的增值,较少投机成分;有价证券基金既重视分红,更重视证券买卖的差价收入,具有较多的投机成分;③有价证券基金是以较发达的二级市场为前提,而股权式基金则对股份制企业的组织形式有较高的要求;④股权式基金由于转让性能差,流动性和变现能力弱,一般要求是封闭型和固定型,以便于稳定运作;而有价证券基金则可以是开放型和追加型
本币基金和外币基金	(1)本币基金,以本国货币募集资金,运用范围也限于国内。 (2)外币基金,以国际上可自由兑换的外币募集和运用资金,但资金来源和运用方向可以有所不同:①从国外中小投资者募集资金,用于国内投资;②从国内中小投资者募集外币资金,用于国内投资;③从国内中小投资者募集外币资金,向海外投资

考点四　投资基金的特点

要点	具体内容
概述	(1)化零为整、凑小钱成大钱。基金可以迅速筹集巨额资本,进行大规模投资。基金股份持有人,可以用少量资金享受资金大户的功能和好处。 (2)降低和分散投资风险、提高投资效率。 (3)弥补中小投资者投资管理缺陷。 (4)避免国外投资者直接控制国内企业股权

第五节 资产证券化与房地产信托投资基金

考点一 资产证券化

要点	具体内容
资产证券化的概念	资产证券化是以特定资产组合或特定现金流为支持,发行可交易证券的一种融资形式。与传统的证券发行不同,资产证券化不是以企业为基础发行证券,而是以特定的资产池为基础发行证券。以资产池为基础发行的证券称为证券化产品。 资产证券化是指将缺乏流动性的资产转换为在金融市场上可以自由买卖的证券,使其具有流动性的行为。简单来说,就是指将缺乏流动性但具有可预期收入的资产,通过在资本市场上发行证券的方式予以出售,以获取融资,从而最大化地提高资产的流动性。 广义的资产证券化是指某一资产或资产组合采取证券资产这一价值形态的资产运营方式,它包括以下四类: (1)实体资产证券化。即实体资产向证券资产的转换,是以实物资产和无形资产为基础发行证券并上市的过程。 (2)信贷资产证券化。就是将一组流动性较差的信贷资产,如银行贷款、企业应收账款等,经过重组形成资产池,进行发行的过程。 (3)证券资产证券化。即证券资产的再证券化过程,就是将证券或证券组合作为基础资产,再以其产生的现金流或与现金流相关的变量为基础发行证券。 (4)现金资产证券化。是指现金的持有者通过投资将现金转化成证券的过程。 狭义的资产证券化是指信贷资产证券化。按照被证券化资产种类的不同,信贷资产证券化可分为住房抵押贷款支持的证券化(MBS)和资产支持的证券化(ABS)。 根据资产证券化发起人、发行人和投资者所属地域不同,可把资产证券化分为境内资产证券化和离岸资产证券化。其中,国内融资方通过在国外的特殊目的机构(SPV)或结构化投资机构(SIVs)在国际市场上以资产证券化的方式向国外投资者融资称为离岸资产证券化;而融资方通过境内 SPV 在境内市场融资则称为境内资产证券化。根据证券化产品的金融属性不同,可以分为股权型证券化、债券型证券化和混合型证券化
资产证券化的理论基础	资产证券化以基础资产的现金流分析原理、资产重组原理、破产隔离原理、信用增级原理为其理论基础。其中,基础资产的现金流分析是最核心的原理,这是因为资产证券化实际上就是基础资产现金流的证券化,其他三个基本原理是这一原理的深化和衍生
资产证券化的流程	1. 参与主体 (1)发起人(可证券化资产的原始产权人、融资需求者)。 (2)发行人(SPV、特殊目的机构、金融中介、创设证券化工具)。 (3)投资者(主要是机构投资者)。 2. 延伸主体 信用增级机构、资信评级机构、服务人、受托管理人、投资银行

考点二　房地产信托投资基金

要点	具体内容
房地产信托投资基金概述	1. 基本概念 房地产信托投资基金 REITs 具有多层含义： (1)它是一种投资方式。 (2)REITs 是进行房地产信托投资的金融机构，是房地产信托投资产品的生产者和销售者，也是投资者(委托人)所交付信托财产的支配者。 (3)REITs 是房地产信托投资产品，这个产品可满足投资者的需求。 2. 房地产信托投资基金的类型 (1)根据组织形式不同，REITs 可分为契约型、公司型和有限合伙型。 (2)根据投资对象不同，REITs 可分为权益型、抵押型和混合型。 (3)根据股份是否可以追加发行，可分为封闭型 REITs 和开放型 REITs。 (4)根据资金募集方式，可以分为公募 REITs 和私募 REITs。 (5)根据持续期限，可以分为固定期限和不固定期限。 (6)根据投资标的，可以分为特定型和不特定型。 3. REITs 的组织形态 从组织形态来看，我国的房地产信托投资都是契约型的，即信托投资公司推出信托计划，然后由投资者与信托公司签订信托合同，每份合同都有最低的认购金额要求。 4. REITs 的优势 (1)REITs 的长期收益由其所投资的房地产价值决定，与其他金融资产的相关度较低，有相对较低的波动性，且在通货膨胀时期具有保值功能。 (2)可免双重征税并且无最低投资资金要求。 (3)REITs 按规定必须将 90% 的收入作为红利分配，投资者可以获得比较稳定的即期收入。 (4)一般中小投资者可以用少量资金参与房地产业的投资。 (5)由于 REITs 股份基本上都在各大证券交易所上市，与传统的房地产所有权投资相比，具有相当高的流动性。 (6)上市交易的 REITs 信息不对称程度低，经营情况受独立董事、专业人员，以及商业和金融媒体的直接监督
房地产信托投资基金的相关分析	1. 相似概念的比较 房地产信托：信托机构代办房地产买卖、租赁、收租、保险等代管代营业务，以及登记、过户、纳税等事项。 房地产投资信托：具有房地产开发经营权的信托投资公司，运用自有资金和稳定的长期信托资金，以投资者的身份直接参与房地产投资。 房地产信托基金：房地产信托机构为经营房地产信托业务及其他信托业务而设置的营运资金

续表

要点	具体内容
房地产信托投资基金的相关分析	2. REITs 与房地产抵押支持债券(MBS)的区别 (1)REITs 的发起人一般是拥有收益类房地产的业主;MBS 的发起人一般是发放房地产抵押贷款的银行或房贷机构。 (2)REITs 的投资标的是能产生稳定现金流的商业地产权益、租金收入和管理收入,其绝大部分以股息的形式分配给投资者;而 MBS 的投资标的是具有很高同质性(期限、利率等)的抵押贷款。 (3)房地产开发商将旗下资产通过 REITs 上市,可将部分资产变现以回笼资金,又可通过合同安排 REITs 持续购买旗下其他资产或成立新的 REITs,实现经营规模扩张和资金循环增值;而抵押贷款银行通过 MBS 将资产剔除出资产负债表,可以改善银行的资产负债结构,缓解银行流动性风险。 (4)REITs 属于股权类投资产品,风险主要来自房地产市场波动和证券市场波动;MBS 则是一种固定收益证券,以按揭利息为标的,其最大的风险是提前还款风险和利率风险。 3. REITs 与房地产股票的区别。 (1)在投融资政策方面。一般规定 REITs 募集的 75% 以上的资金和 75% 以上的收入必须来自房地产,可以进行外部融资,但有最高负债比例的限制;房地产上市公司在投融资方面则没有这么严格的限制。 (2)REITs 只涉及了房地产利润链条上的投资和运营环节。我国的房地产上市公司则统揽了房地产开发经营的所有环节,专业化程度不高,财务风险较大,收益方面虽然可能获得“暴利”但不稳定,因而总的投资风险都较 REITs 更高。 4. 房地产信托投资基金与证券投资基金的区别 房地产信托投资基金的投资标的是房地产;证券投资基金则是投资股票、债券、金融衍生品等有价证券
房地产信托投资基金的流程	(1)相关当事人:投资者、信托投资基金管理公司、信托基金托管公司、资产管理公司。作用是为了保证信托基金的资金安全,信托基金托管公司和管理公司作为信托基金的托管人和管理人,必须保持独立性。 (2)运作流程:①房地产信托投资基金管理公司与资产管理公司签订房地产信托投资基金的基本协议和房地产管理契约,和房地产信托基金托管公司(银行)签订房地信托投资基金托管契约,成立房地产信托投资基金专户收受募集得来的资金;②房地产信托投资基金管理公司选定投资标的物,并且进行开发计划的研究;③房地产信托投资基金管理公司准备投资计划书、房地产投资契约、公开说明书、收益凭证发行计划、收益凭证样本等文件,送交证券监督管理委员会和政府主管机关审核;④集得来的资金必须存入房地产信托投资基金的专户之下,投资标的物的产权登记及所产生的投资收益也必须登记在该基金专户的名下;⑤由房地产信托基金托管公司依据托管契约,在扣除税收、管理费、信托费等相关支出后,将至少 90% 的基金收益分配给投资人

跟踪训练

一、单项选择题

1. 狭义的资产证券化是指(　　)。

A. 实体资产证券化　　B. 信贷资产证券化

C. 证券资产证券化　　D. 现金资产证券化

2. 资产证券化的核心原理是(　　)。

A. 信用增级原理

B. 破产隔离原理

C. 资产重组原理

D. 基础资产的现金流分析

3. 资产证券化的主要投资者是(　　)。

A. 个人　　B. 国有企业

C. 政府部门　　D. 机构投资者

4. 由房地产信托基金托管公司依据房地产信托投资基金托管契约的规定，在扣除税收、管理费、信托费等相关支出后，分配给投资人的基金收益的比例，至少为(　　)。

A. 60%　　B. 70%

C. 80%　　D. 90%

二、多项选择题

1. 某城市政府为修建环城高速公路，委托银行组成承销团，面向社会发行期限为20年的建设债券。该债券种类属于(　　)

A. 金融债券　　B. 长期债券

C. 公募债券　　D. 公债券

E. 抵押债券

2. 关于股票和公司债券的说法，正确的有(　　)。

A. 股票持有人和公司债券持有人都承担公司经营风险责任

B. 股票和公司债券同属于流通证券

C. 股票投资和公司债券投资都属于长期投资

D. 股票投资和公司债券投资收益都受公司经营状况的影响

E. 股票和公司债券都体现资本信用关系

3. 下列关于贴现债券的表述，正确的是(　　)。

A. 贴现债券，也称贴水债券

B. 贴现债券，也称附息债券

C. 券面上不附息票，发行时按规定的折扣率(贴水率)以低于券面价值的价格发行

D. 到期时按券面价值偿还本金

E. 发行价格与券面价值的差价即为利息

4. 下列选项属于优先股的特征的有(　　)。

A. 优先分股息　　B. 优先分红利

C. 优先分剩余资产　　D. 有限的表决权

E. 优先退股

5. 依据基金的运用方式,基金可以分为(　　)。

A. 契约型　　B. 公司型

C. 固定型　　D. 管理型

E. 封闭型

6. 权益型 REITs 的收入来源包括(　　)。

A. 房地产抵押贷款利息收入　　B. 房地产抵押支持证券的利息收入

C. 投资房地产的租金收入　　D. 房地产的增值收益

E. 房地产抵押支持证券的处置收益

三、判断题

1. 证券是一种商品,可以进行依法买卖;同时也是一种资本,可以为持有者带来一定的收益。(　　)

2. 证券是一种直接融资的金融工具。(　　)

3. 对公司事务的质询权属于股东权益中的共益权。(　　)

4. 按照投资风险排序,从小到大的顺序依次为:债券、股票和投资基金。(　　)

5. 为了管理方便,信托基金托管公司和资产管理公司可以从属于信托投资基金管理公司。(　　)

参考答案及解析

一、单项选择题

1. B 【解析】狭义的资产证券化是指信贷资产证券化。按照被证券化资产种类的不同,信贷资产证券化可分为住房抵押贷款支持的证券化和资产支持的证券化。

2. D 【解析】基础资产的现金流分析是资产证券化的核心原理。

3. D 【解析】资产证券化的投资者是指在资本市场上购买资产支持证券的市场交易者。资产证券化的主要投资者是机构投资者。

4. D 【解析】由房地产信托基金托管公司(银行)依照房地产信托投资基金托管契约的规定,在扣除税收、管理费、信托费等相关支出后,将至少 90% 的基金收益分配给投资人。

二、多项选择题

1. BCD 【解析】公债券也称政府债券,是指中央政府和地方政府发行公债时发给公债购买人的一种格式化的债权债务凭证;期限在 10 年以上的为长期债券;公募债券指按法定程序,经证券主管机构批准在市场上公开发行的债券。属于高频知识点,每年都有关于债券类型的考查。

2. BE 【解析】选项 A 错误,在风险方面,股票持有者承担公司经营风险责任,而公司债券

持有人则不承担公司经营风险责任;选项C错误,股票投资是一种长期投资,而公司债券投资取决于债券发行时间,短、中、长均可能;选项D错误,公司债券持有人依法获取的收益是公司债券利息,并且数额事先已经确定,不受公司经营状况的影响。

3. ACDE 【解析】贴现债券也称贴水债券,指券面上不附息票,发行时按规定的折扣率(贴水率)以低于券面价值的价格发行,到期时按券面价值偿还本金的债券。其发行价格与券面价值的差价即为利息。

4. ACD 【解析】优先股股东的权利主要有:(1)分配股息的优先权;(2)分配剩余资产的优先权;(3)有限的表决权;(4)要求赎回权。优先股只有股息,没有红利,选项B错误;优先股也不退股返本,选项E错误。

5. CD 【解析】依据基金的运用方式,可分为固定型和管理型。选项A、B是经营形式的分类。根据是否可以赎回,分为封闭型和开放型。固定型,预先确定投资证券,不允许转卖或重买;管理型,买进的证券可以买卖调整。

6. CD 【解析】权益型REITs是指直接或间接投资并拥有房地产,其收入主要来源于属下房地产的经营收入,主要包括租金收入和房地产的增值收益。

三、判断题

1. √ 【解析】证券的一般特征:(1)证券是一种可以依法买卖的特殊商品;(2)证券是一种虚招资本。

2. √ 【解析】证券是一种直接融资的金融工具。

3. × 【解析】共益权包括出席股东大会的权利、表决权、查询公司经营状况的请求权。质询权,是个别股东行使的权利。

4. × 【解析】按照投资风险排序,从小到大的顺序依次为:债券、投资基金、股票。

5. × 【解析】为了保证信托基金的资金安全,信托基金托管公司和资产管理公司作为信托基金的托管人和管理人,必须保持独立性。

第九章　保险知识

知识导图

- 保险知识
  - 保险概述
    - 保险的概念
    - 保险形成的条件
    - 保险的职能
    - 保险的种类
    - 保险的基本原则
    - 保险合同
  - 保险公司
    - 保险公司的概念和组织形式
    - 保险公司设立的条件、保险的业务范围和保险经营规则
    - 保险业监管
  - 房地产保险
    - 财产保险
    - 责任保险
    - 信用保证保险
    - 人身保险
  - 保险资金的运用
    - 保险可运用资金的来源
    - 保险资金的性质和特点
    - 保险资金的运用

考情分析

本章主要介绍了保险概述、保险公司、房地产保险、保险资金的运用。本章的学习重点是保险的职能，学习难点是保险可运用资金的来源。

本章在考试中的平均分值为 2 分，考试目的是测查应试人员对保险基本概念、保险的形成条件、保险的职能、保险合同、保险公司、保险资金的运用等的了解、熟悉与掌握程度。

表解考点

考点	重要等级
保险的概念	掌握
保险形成的条件	了解
保险的职能	掌握
保险的种类	掌握
保险的基本原则	熟悉
保险合同	熟悉
保险公司	了解
房地产保险	熟悉
保险可运用资金的来源	掌握
保险资金的性质与特点	熟悉
保险资金的用途	了解

考点详解

第一节　保险概述

考点一　保险的概念

要点	具体内容
概述	保险是集合同类危险聚资建立基金,对各类特定危险的后果提供经济补偿的一种财产转移机制。 (1)保险是一种通过聚资建立基金的机制。 (2)保险是对特定危险的后果提供经济补偿的一种机制。保险的形成有条件,不能对所有危险都提供保险。 (3)保险是一种财产转移机制。特定的危险事故发生,保险人都将赔付保险金。 保险体现保险人(保险公司)与被保险人之间的一种商品交易关系。 保险作为一种经济补偿制度,是通过保险人与投保人订立保险合同,形成一种权利和义务的法律关系来实现的

考点二　保险形成的条件

要点	具体内容
可保危险的存在	危险的存在是保险产生的必要条件。具备一定条件的危险(可保危险),才能保险。可保危险条件如下:(1)危险发生与否、时间、地点、危害程度,具有偶然性;(2)危险对于保险技术和保险经营,具有承担的可能性和必要性
多个经济单位的结合	保险一般都是多个经济单位的共同行为,而非单个人的活动。 多个经济单位的结合必须具备一定的条件,即共同缴付的保险费能够抵补保险人因承担保险补偿而需支付的保险金以及经营保险业务的管理费开支
随机事件的科学化	大数法则和概率论是保险经营和发展的科学基础。保险人将大数法则和概率论的原理结合起来,用于保险经营,可以将个别危险单位遭遇损失的不确定性变成多数危险单位可以预知的损失,从而使保险费的计算有比较准确的方法

考点三　保险的职能

要点	具体内容
保险的基本职能	1. 分散危险 分散危险是指保险人在最大范围内,通过向各个相互独立的经济单位或个人收取保险费的形式,将这些经济单位或个人可能遇到的危险损失化为必然,由保险人把“必然”的损失集中承担下来,并且当某些被保险人一旦遭遇到危险损失时,由全体被保险人共同承担。 2. 组织经济补偿 组织经济补偿是指保险人把有共同危险顾虑的经济单位或个人所缴付的保险费集中起来,对遭受危险损失的经济单位或个人实行经济补偿,以对抗危险,保障社会经济活动正常进行和人民生活安定。 保险的上述两个基本职能相辅相成,缺一不可。分散危险作为处理偶然性灾害事故的良策,是保险经济活动所特有的内在功能。组织经济补偿作为体现保险行为内在功能的表现形式,是保险经济活动的外部功能。分散危险只是处理危险的手段,并不能避免危险的存在和发生
保险的派生职能	1. 融通资金 融通资金是指保险人利用集聚起来的保险资金而实现的货币资金融通。融通资金是保险在基本职能的基础上派生出来的特殊职能。 如果说保险的基本职能是通过保险人的负债业务实现的,那么保险的融通资金职能则是通过保险人的资产业务实现的

续表

要点	具体内容
保险的派生职能	2. 防灾防损 防灾防损是指保险人参与防灾防损活动，提高了社会的防灾防损能力。 3. 分配 分配职能是指保险实际上参与了国民收入的再分配。在各种保险中，社会保险最能体现分配职能

考点四　保险的种类

要点	具体内容
商业保险、社会保险与政策保险	以保险资金来源的不同为标准，可将保险分为商业保险、社会保险与政策保险。 1. 商业保险 商业保险是指根据合同约定，投保人向保险人支付保险费，保险人对于合同约定可能发生的保险事故发生时造成的财产损失承担赔偿保险金责任；或者当被保险人死亡、伤残、疾病，或者达到合同约定的年龄、期限时，保险人承担给付保险金责任的保险。商业保险既是一种经济行为，也是一种合同行为。商业保险是一种自愿保险。 2. 社会保险 社会保险是指国家根据立法对社会劳动者暂时或者永久丧失劳动能力提供一定物质帮助，以保障其基本生活的保险。与商业保险不同，社会保险是一种强制保险，任何符合国家规定条件的都必须参加。 目前我国的社会保险主要有统筹医疗保险、社会养老保险、劳动工伤保险和失业保险等。 3. 政策保险 政策保险是指政府为了特定目的，运用普通保险技术开办的保险。政策性保险在缴纳保险费和给付保险金方面，不遵循利益对等原则，而是向被扶持对象倾斜。一般可分为四类：(1)农业保险(养殖业保险、种植业保险等)；(2)信用保险(无担保保险、预防公害保险等)；(3)输出保险(出口信用保险、外汇变动保险、存款保险等)；(4)巨灾保险
财产保险、责任保险、信用保证保险与人身保险	以保险标的的不同性质为标准，可将商业保险分为财产保险、责任保险、信用保证保险与人身保险四大类。保险标的是指保险合同中所载明的投保对象。 1. 财产保险 财产保险是指以各种有形财产以及与其相关的利益为保险标的的保险。 财产保险主要有海上保险、运输货物保险、运输工具保险、火灾保险、工程保险、贵重物品意外损害以及失窃保险等。 2. 责任保险 责任保险是指以被保险人对第三者依法应负的民事损害赔偿责任或经过特别约定的合同责任为保险标的的保险

续表

要点	具体内容
财产保险、责任保险、信用保证保险与人身保险	在责任保险中，凡根据法律或合同规定，由于被保险人疏忽、过失等原因造成他人财产损失和人身伤害的，其应负的民事损害赔偿责任由保险人全部或部分赔偿。 常见的责任保险包括公众责任保险、雇主责任保险、职业责任保险、产品责任保险和第三者责任保险等，其中，职业责任保险是指对各类专业技术人员（如律师、会计师、工程师、医师、估价师等），因在从事本职工作中的疏忽或过失，造成合同对方或他人财产损失或人身伤害而应负损害赔偿责任的保险。 3. 信用保证保险 信用保证保险是指以合同双方约定的经济信用为标的，保险人因债务人不能履约而对债权人损失承担赔偿责任的保险。 信用保证保险是担保性质的保险，在形式上可分为信用保险和保证保险。 （1）信用保险是指债权人就债务人的信用向保险人投保的保险。当债务人不履行或不能履行清偿债务的义务时，由保险人负责对债权人进行赔偿，保险人则取得对债务人的求偿权。信用保险包括国内商业信用保险、出口信用保险和投资保险。 （2）保证保险是指债务人就自己的信用向保险人投保，由保险人为被保险人（债务人）向债权人提供担保的保险。当债务人不能履约偿付时，保险人按照合同约定负责赔偿债权人的损失。保证保险包括合同保证保险、房地产贷款保证保险等。 信用保险与保证保险的主要区别是：债权人投保债务人的信用风险的，为信用保险；债务人为自己的信用投保的，是保证保险。 4. 人身保险 人身保险是指以人的生命或身体为保险标的，以被保险人的死亡、疾病、伤害等人身危险为保险事故的一种保险。 人身保险主要包括人寿保险、健康保险和意外伤害保险。人身保险和财产保险存在本质区别：财产保险属损失保险，其标的为有形或无形的物，可以用货币来衡量；人身保险标的是人的寿命或身体健康，不能用货币来衡量，因此人身保险的实质不是赔偿，而是按约定予以给付
自愿保险与强制保险	以保险的实施形式为标准，可将保险分为自愿保险与强制保险。 1. 自愿保险 自愿保险是投保人和保险人双方在平等互利、协商一致的基础上，通过签订保险合同而形成的保险。在自愿保险中，投保人可以根据自身需要和可能条件自主选择投保险种和承保人，保险人也可根据自己的业务经营范围和承包能力选择保险客户。 2. 强制保险 强制保险也称法定保险，是指依据国家有关保险法律制度规定而强行实施的保险。法定保险规定范围内的任何法人和自然人，都必须投保

续表

要点	具体内容
定值保险与不定值保险	以保险标的的价值确定与否为标准,可将保险分为定值保险与不定值保险。 1. 定值保险 定值保险是指保险当事人双方在订立保险合同时即已确定保险标的的保险价值,并将其在保险合同中载明的保险。 对于定值保险而言,一旦发生保险事故,无论保险标的的实际价值是否随时间发生了变化,保险人给付保险赔偿金的计算依据均为保险合同双方事先约定的保险价值。 如果保险事故造成保险标的灭失或者价值全部损失,则无论该保险标的的实际损失如何,保险人都应按保险合同约定的保险金额全额支付,不必重新估价。 如果保险事故仅造成保险标的部分损失,则只需确定损失的比例,该比例与保险合同约定的保险金额的乘积,即为保险人应支付的赔偿金额。 2. 不定值保险 不定值保险是指保险当事人双方在订立保险合同时不预先确定保险标的的保险价值,仅载明须至事故发生后再估价和确定损失与赔偿的保险。 对于不定值保险而言,保险当事人双方事先仅约定了保险人最高赔偿限额的保险金额,而将保险标的实际价值的估算留待保险事故发生后,需要确定赔偿金额时进行。 一般财产保险,尤其是火灾保险,都采用不定值保险的形式。 不定值保险的特点:保险标的的损失额以保险事故发生时保险标的的实际价值为计算依据,而保险标的的实际价值通常根据保险事故发生时当地同类财产的市场价格来确定。但是,无论保险标的的实际价值如何变化,保险人应支付的赔偿金额都不得超过保险合同约定的保险金额。 如果实际损失小于保险金额,保险人仅赔偿实际损失;如果实际损失大于保险金额,保险人的赔偿额以保险金额为限
单一危险保险与综合危险保险	以保险人承保危险的数量为标准,可将保险分为单一危险保险与综合危险保险。 1. 单一危险保险 单一危险保险是指对某一种危险所造成的损失给予经济赔偿的保险。 2. 综合危险保险 综合危险保险是指对数种危险均承担赔偿责任的保险,通常分为基本险(主险)和附加险

考点五 保险的基本原则

要点	具体内容
最大诚信原则	保险合同当事人双方订立保险合同时,应依法向对方提供影响对方是否缔约及缔约条件的全部实质性重要事实;一旦合同订立,则双方在合同的有效期间应绝对信守合同约定和承诺。内容包括告知、保证、弃权和禁止反言

续表

要点	具体内容
最大诚信原则	(1)告知,即如实告知,是指在保险合同订立前、订立时以及合同有效期内,投保人对已知或应知的危险和与保险标的有关的实质性重要事实据实向保险人作口头或书面申报;保险人也应将与投保人利害相关的实质性重要事实据实通知投保人。 (2)保证是指保险人要求投保人或被保险人在保险期间对某一事项的作为与不作为、某种事态的存在或不存在作出的许诺,是最大诚信原则的重要内容。保证是保险合同成立的基本条件。 (3)弃权是指保险合同当事人一方放弃在保险合同中可以主张的权利,通常是指保险人放弃合同解除权与抗辩权。 (4)禁止反言,是指保险合同当事人一方如果放弃合同中可以主张的某项权利,日后不得再行主张该权利,也可以叫作禁止抗辩,主要约束保险人。权利放弃后不得反悔再主张
保险利益原则	保险利益是指投保人或被保险人对投保标的所具有的法律上承认的利益,用以衡量投保人或被保险人因保险标的的损害或丧失而遭受的经济损失。 构成保险利益必须具备三个条件: (1)保险利益必须是合法的,是法律承认并且可以主张的利益。 (2)保险利益必须是确定的,是可以实现的利益。 (3)保险利益是经济上的利益。 保险利益原则是指投保人以自己或被保险人具有保险利益的标的进行投保,若保险事故发生,被保险人只能获得保险利益之内的补偿;若保险利益消失,保险合同随之失效的原则。无论何种保险合同,都必须以保险利益的存在为前提,而保险标的又是产生保险利益的前提。 保险合同的成立以保险标的及其相关联的利益为要件。其目的在于: (1)避免产生赌博行为。 (2)防止诱发道德风险。 (3)限制损失保险的补偿程度,即无论保险标的损失的价值有多大,被保险人所能获得的补偿程度要受保险利益的限制。 (4)人寿保险率是给付保险金的唯一标准
近因原则	近因原则是指根据保险事故与保险标的损失之间因果关系的判定,从而确定保险赔偿责任的原则。 所谓近因,是指引起保险标的损失最直接、最有效和起决定性作用的因素。在空间和时间上,近因不一定是最接近损失结果的原因。 近因原则的具体含义是:如果引起保险事故发生,造成保险标的损失的近因属于保险责任,则保险人承担赔偿责任;如果近因属于除外责任,则保险人不负赔偿责任
损失补偿原则	损失补偿原则是指当保险标的发生保险责任范围内的损失时,保险人应按保险合同的约定,对被保险人给予弥补损失的经济赔偿,但被保险人不能因损失获得额外利益的原则

续表

要点	具体内容
损失补偿原则	损失补偿金额受到实际损失、保险合同和保险利益的限制。损失补偿原则进一步派生出权益转让原则和分摊原则。 (1)权益转让原则仅适用于财产保险,而不适用于人身保险。在财产保险中,权益转让原则是指由于保险事故发生,保险人在向被保险人支付赔偿金后,取得相关保险标的的所有权或向第三人的索赔权。 (2)分摊原则与财产保险业务中发生的重复保险密切相关,不适用于人身保险。在重复保险的情况下,若发生保险事故,则由各保险人分摊保险标的所受的损失。如果保险金额总和超过保险价值的,各保险人承担的赔偿金额总和不得超过保险价值

考点六　保险合同

要点	具体内容
保险合同的概念	保险合同又称保险契约,是投保人与保险人约定保险权利和义务关系的协议,是保险关系建立的依据。保险合同以书面形式订立,投保人支付保险费,保险人对保险标的因保险事故发生造成的损失,在约定赔偿范围内承担赔偿责任,或者在合同约定期满时承担给付保险金义务的协议
保险合同的主体	保险合同的主体包括当事人、关系人和辅助人。其中,保险合同的当事人有保险人和投保人;保险合同的关系人有被保险人、受益人;保险合同的辅助人,包括保险代理人、保险经纪人和保险公估人。 1. 保险合同的当事人 (1)保险人又称承保人,在我国,保险人专指保险公司。 (2)投保人是指与保险人订立保险合同,并按照保险合同承担缴付保险费等义务的一方。投保人可以是法人或自然人,也可以是被保险人本人或者是法律许可的他人。 2. 保险合同的关系人 (1)被保险人享有向保险人要求保险损失赔偿或给付保险金的法人或自然人。 (2)受益人是指保险事故发生后,由于各种原因造成被保险人不能行使保险金请求权时,有权获得保险金给付的法人或自然人。 3. 保险合同的辅助人 保险合同的轴助人是指介于保险人之间,或者保险人与保险客户之间专门从事保业务咨询与招揽、危险管理与安排、价值衡量与评估、损失鉴定与理赔等中介服务活动,并从中依法获取佣金或手续费的企业或个人。主要包括保险代理人保险经纪人、保险公估人等。 (1)保险代理人是指根据保险人的委托,在保险人授权范围内代为办理保险业务,并依法向保险人收取代理手续费的企业或者个人。 (2)保险经纪人是指基于投保人的利益,为投保人与保险人订立保险合同提供中介服务,并收取服务费用的企业。 (3)保险公估人是带受保人或保客户委托,办理保险标的查勘、鉴定、估损以及赔款理算等业务,出具有关报告或证明,并向委托人收取费用的企业

续表

要点	具体内容
保险合同的客体	保险合同的客体是指保险合同当事人双方权利和义务所指向的对象，是财产及其相关利益或者人的生命或身体，即体现保险利益的保险标的
保险金额与保险费	(1)保险金额是保险人承担赔付或给付保险金责任的最高限额，也是投保人对保险标的的实际投保金额。保险金额不得超过保险价值，超过部分无效。 房地产保险分为投保时的保险价值评估和保险事故发生后的损失价值或损失程度评估。 (2)保险费是投保人按照保险合同必须缴纳的费用，缴纳保险费是保险合同成立的必要条件之一，是投保人必须履行的义务。 保险费等于保险金额与保险费率的乘积，它与保险价值大小、保险费缴纳方式、期限长短、银行利率水平等多种因素有关
保险合同的其他事项	保险责任与责任免除、保险期限、保险金赔偿或给付办法、免赔率规定、违约责任和争议处理、如实告知及维护保险标的等义务方面的规定
保险合同的订立、变更与终止	保险合同当事人双方经过约定和承诺两个步骤后即完成合同订立。 保险合同一经订立，根据法律的规定，在当事人之间就产生了法律效力，即生效。保险合同依法订立并生效后，保险活动的各当事人就必须履行各自的义务。在保险合同的有效期内，投保人和保险人经协商同意，可以变更有关内容。 保险合同终止的情形：保险期限届满；保险人履行了赔偿或给付义务；保险标的因除外责任原因而灭失；当事人解除保险合同；保险公司因解散、破产等原因而终止

第二节　保险公司

考点一　保险公司的概念和组织形式

要点	具体内容
保险公司的概念	保险公司，是依法设立的专门从事保险业务的公司。 (1)保险公司是依法设立的。 (2)保险公司是专门从事保险业务的公司。 (3)保险公司是按照公司业务范围的标准来划分的一种公司
我国保险公司的组织形式	(1)股份有限公司。 (2)国有独资公司

考点二　保险公司设立的条件、保险的业务范围和保险经营规则

要点	具体内容
保险公司设立的条件	(1)符合《保险法》和《公司法》的有关规定。 (2)符合规定的注册资本最低限额(人民币2亿元)。 (3)具备专业知识和业务工作经验的高级管理人员。 (4)有健全的组织机构和管理制度。 (5)有符合要求的营业场所和与业务有关的其他设施。 除上述条件外,设立保险公司还必须经保险监督管理部门批准
保险的业务范围	同一保险人不得同时经营财产保险和人身保险。原因: (1)财产保险和人身保险的业务不完全相同,同时经营对保险人不利。 (2)这是保护人身保险中被保险人利益的需要。 (3)是实际情况的需要
保险经营规则	分业经营,同一保险公司不得同时经营财产保险和人身保险,但是经营财产保险业务的保险公司经保险监督管理机构核定,可以经营短期健康保险业务和意外保险业务;必须依法办理再保险;必须提取未到期责任准备金和公积金;必须提存保险保障基金;必须保证有足够的赔偿能力;必须依法动用保险资金;不得瞒骗有关人员;必须建立保险精算制度;必须妥善保管法定的资料(如会计账簿)等

考点三　保险业监管

要点	具体内容
保险业监督管理的必要性	(1)保护被保险人利益的需要:①保险业是一个负债性很强的行业;②保险合同是一种长期合同;③保险业是一个专业性很强的行业。 (2)保险是一个特殊的行业。 (3)维护社会安定的需要。 (4)国际交往的需要
保险业监管的内容	对保险公司设立和业务范围的监管;对保险公司解散、破产等变更事项的监管;对保险公司制定商业保险主要险种的基本条款和保险费率的监管;对保险公司业务状况、财务状况及资金运用状况的监管;对保险公司从事再保险业务情况的监管;对保险公司会计报告的监管;以及对保险公司危及偿付能力时进行接管等

第三节 房地产保险

考点一 财产保险

要点	具体内容
企业财产保险	企业财产保险是在火灾保险的基础上演变和发展而来的,它主要承保火灾以及其他意外事故造成保险财产的直接损失。 企业的房产存在因自然灾害和意外事故遭受损失的风险,而这种风险主要通过企业财产保险来分散。 企业财产保险的主要内容包括以下几个方面: (1)投保人。在我国境内注册的企业、团体及事业单位和国家机关。 (2)保险范围。违章建筑、危险建筑、非法占用的财产不在保险标的范围内。 (3)保险责任。企业财产保险分为基本险和综合险,保险责任因保险险种的不同而有所不同。由于战争、被保险人的故意行为、地震和洪水等不可抗力因素造成的损失和因保险事故引起的间接损失、保险标的本身缺陷以及由于行政或执法行为所致的损失不属于基本险的责任范围。 (4)保险期限。企业财产保险的保险期限一般为1年。保险期满后,经协商后可续保。 (5)保险金额及保险价值。房屋建筑保险金额一般可通过以下4种方式确定,即账面原值、账面原值加成数、重置价值和其他方式。而保险价值是按出险的房屋建筑的重置价值确定的。 (6)附加险。通常基本险的附加险可以设置暴风、暴雨、洪水、雪灾、冰凌等保险,综合险的附加险可以设置水管爆裂保险等
城乡居民房屋保险	城乡居民房屋保险按照交费方式分为房屋普通险和房屋两全险。 房屋普通险是采取缴纳保险费的方式,保险期限为1年,保险期满后,所缴纳的保险费不退还,继续保险须重新办理保险手续。 房屋两全险是采取缴纳保险储金的方式,无论保险期间是否得到赔款,在保险期满后都将原交的保险储金全部退还被保险人。房屋两全险的期限分为1年、3年、5年三种。这种保险既有储蓄性,又能获得财产的保险保障
建筑工程一切险	建筑工程一切险是保险公司专门针对各种土木工程及建筑机械设备、材料的意外毁损或灭失,以及对第三者的伤害、死亡或财物损害所致法定赔偿责任而设置的综合性保障。 (1)投保人(对保险标的具有法律承认的利益的法人、业主、承包人和其他关系人)。 (2)保险范围(除外责任之外的一切灾害、事故等)。 (3)保险责任。 (4)除外责任。 (5)保险金额。 (6)保险期限。 (7)保险费率和扩展条款

考点二 责任保险

要点	具体内容
产品责任保险	房地产开发商销售的是房屋这种特殊产品，而房屋在使用过程中可能发生因本身缺陷造成用户或公众人身伤亡或财产损失，因此开发商存在可能承担民事法律赔偿责任的风险，而这种风险可以通过购买产品责任保险转移给保险人。 保险人所承担的产品责任风险，在下列情况下发生的事故除外： (1)非正常状态下使用时造成的损害事故。 (2)被保险房屋本身的损失。 (3)被保险人故意违法建造、出售房屋所造成的损失。 (4)仍在建造，房屋所有权未转移到用户或消费者手中时所发生的责任事故。 (5)根据合同或协议应由被保险人承担的责任
职业责任保险	职业责任保险承保的是各种专业人员因工作疏忽或过失造成委托方或其他关系人财产损失和人身伤害的经济赔偿责任。 在房地产相关业务中，目前主要有设计师、工程师、注册会计师、律师等职业责任保险。职业责任保险的承保方式通常有两种： (1)以索赔为基础的承保方式。 (2)以事故发生为基础的承保方式

考点三 信用保证保险

要点	具体内容
信用保险	涉及房地产的信用保险主要包括买方信用保险(保护房地产开发商利益而设)和住宅抵押贷款保险(保护贷款方利益而设)
保证保险	涉及房地产的保证保险主要包括建筑工程承包合同保险和贷款购房保证保险。 (1)建筑工程承包合同保险主要有投标保证保险、预付款保证保险、履行合同保证保险和维修保证保险。 (2)我国的贷款购房保证保险始于1998年华泰保险公司和太平洋保险公司的贷款购房保证保险。保险责任为被保险人因故未按贷款合同规定，连续6个月未还贷款本息，从而使权利人的利益受到伤害。由于该条款保险责任范围过宽，保险公司风险过大，所以1998年10月中国人民银行作出了暂停办理该保险的规定。事隔不久，中国人民银行批准了中国人民保险公司的个人购房抵押贷款保证保险条款。该条款充分考虑了保险实务操作中的风险，减少了保险责任范围，并将其与个人抵押贷款房屋保险捆绑销售，有效地减少了保险经营风险

考点四　人身保险

要点	具体内容
建筑工程团体人身意外伤害保险	该保险承保在建筑施工现场从事管理和作业并与施工企业建立劳动关系的人员，在从事建筑施工及与建筑施工相关的工作，或在施工现场或施工期限指定的生活区域内因遭受意外伤害导致死亡或身残时，保险人依合同约定给付保险金。 该保险的投保人为被保险人所在的施工企业或对被保险人具有保险利益的团体，被保险人为在建筑施工现场从事管理和作业并与施工企业建立劳动关系的人员。 保险期限分为 1 年或根据施工项目期限的长短确定两种
安居定期保险	针对贷款购房者的一种定期寿险。在合同有效期内，被保险人身故，保险人按保险事故发生时的保险金额给付保险金，保险合同终止。被保险人本人或对其具有保险利益的人都可作为投保人。该保险的保险期限与被保险人和贷款人签订的个人住房贷款合同期限相同。保险金额采取变额方式确定，从使保险金额始终与尚未偿还的贷款额相等

第四节　保险资金的运用

考点一　保险可运用资金的来源

要点	具体内容
资本金	资本金是保险公司的自有资金，属于保险公司的所有者权益。资本金没有特定的责任所对应，只有在发生特大的自然灾害或经营不善以致偿付能力不足时才需动用。因此资本金除按规定上缴部分保证金外，绝大部分处于闲置状态，具有很强的稳定性，可用于长期投资，因而成为保险投资运用的组成部分
留存收益	1. 盈余公积 保险公司在分配当年利润时，应当提取税后利润的 10% 作为法定公积金；经股东大会决议，还可从税后利润中提取任意公积金。 2. 未分配利润 这部分资金属于股东权益，是保险公司每年用于积累的资金。一般可以长期使用。 3. 总准备金 总准备金是从每年税后利润中提存，为应付重大自然灾害和意外事故的发生或大量损失集中出现所需的巨额赔付所设立的资金，是保险公司为了预防非正常年份的巨额损失而积累的准备金。在正常经营的情况下，总准备金是不断积累的，是长期投资的合适选择
责任准备金	责任准备金是保险公司从保费收入中提取的资金，以备当保险事故发生时，保险公司有足够的能力去履行偿付责任

续表

要点	具体内容
责任准备金	(1)未到期责任准备金。保险费收入具有预收性质,是否发生保险事故、保险赔付的数额等都有很大的不确定性。必须从保费收入中提取准备金。 (2)未决赔款准备金。保险公司在会计期末为本期已发生保险事故应付而未付赔款所提存的一种资金准备。 (3)长期责任准备金。对于财产保险公司,长期责任准备金是针对长期财产保险业务,为应付保险期内的保险责任和有关费用而提存的准备金。 (4)寿险责任准备金。寿险责任准备金是保险公司为履行未到期的保险责任,从寿险保费中提取的专项资金

考点二　保险资金的性质和特点

要点	具体内容
保险资金的性质	1. 负债性 除资本金和留存收益外,保险公司的可运用资金主要由各种责任准备金组成,大多属于公司负债。 2. 相对稳定性 从其构成可以看出,保险公司的资本金以及应付重大灾害的总准备金是比较稳定的,未到期责任准备金也要有一定的规模,这些都使可用保险资金具有稳定性的特征。 3. 社会性 如果保险资金利用不当,会造成社会的不稳定
保险资金的特点	1. 有高比例的长期投资 保险公司特别是寿险公司由于负债期限较长,按照资产负债匹配的要求一般都有很高比例的长期投资。 2. 保险公司负债具有不确定性 由于保险公司本身经营的不确定性,导致了保险责任准备金的不确定性。由此引起保险资金的不确定性。 3. 保险公司责任准备金具有预估性 由于未来损失存在不确定性,保险责任准备金一般都是估计得出的

考点三　保险资金的运用

要点	具体内容
银行存款	一般除作为根据现金流量估测确定的日常支出所需要外,不应将太多的资产存于银行

续表

要点	具体内容
债券	债券按照发行主体不同，可分为政府债券、金融债券、企业债券等。债券具有安全性好、变现能力强、收益相对稳定的特点。保险机构可以投资政府债券、金融债券、企业债券和有关部门批准发行的其他债券。政府债券由保险机构自主确定投资总比例和单项比例，金融债券、企业债券的投资比例则根据不同种类有不同的规定
股票	股票投资具有收益高、流动性好、风险大的特点
证券投资基金	投资基金具有专家经营、投资组合、分散风险、降低成本等优点，使投资基金较好体现安全性、收益性、流动性
不动产	我国保险资金涉及不动产方面的投资主要以间接方式投资基础设施

跟踪训练

一、单项选择题

1. 保险产生的必要条件是(　　)。

A. 保险标的的存在　　B. 可保危险的存在

C. 保费支付　　D. 签署保险合同

2. 债务人就自己的信用向保险人投保，由保险人为被保险人(债务人)向债权人提供担保的保险是(　　)。

A. 财产保险　　B. 责任保险　　C. 信用保险　　D. 保证保险

3. 在某一保险关系中，保险价值为100万元，双方约定的保险金额为120万元，当保险事故发生时，保险赔付的最高金额为(　　)。

A. 20万元　　B. 100万元　　C. 120万元　　D. 220万元

4. 保险合同的关系人是(　　)。

A. 被保险人和受益人　　B. 保险人和投保人

C. 保险人和保险代理人　　D. 保险经纪人和保险公估人

5. 不属于保险可运用资金的主要来源是(　　)。

A. 资本金　　B. 留存收益　　C. 责任准备金　　D. 长期借款

二、多项选择题

1. 下列选项属于保险的基本职能的是(　　)。

A. 分散危险　　B. 组织经济补偿

C. 融通资金　　D. 防灾防损

E. 分配

2. 保险的基本原则包括(　　)。

A. 最大诚信原则　　B. 保险利益原则

C. 远因原则　　D. 近因原则

E. 损失补偿原则

3. 涉及房地产的信用保险主要包括(　　)。

A. 住宅抵押贷款保险　　B. 预付款保证保险

C. 维修保证保险　　D. 买方信用保险

E. 履行合同保证保险

4. 张某通过甲商业银行抵押贷款买了一套120 m^2 的住宅,并投保了火灾险,同时根据甲商业银行的要求,以自己的信用风险为标的向保险公司投保,则张某投保的险种包括(　　)。

A. 财产损失保险　　B. 约定非信贷业务保险

C. 意外伤害保险　　D. 信用保险

E. 保证保险

5. 下列选项中,属于保险资金特点的是(　　)。

A. 保险公司的资产业务,资金的运用直接为客户提供保险服务

B. 保险公司的负债是可以事先确定的

C. 保险公司的负债具有不确定性

D. 保险公司的责任准备金需要事先准确确定

E. 保险公司的责任准备金具有预估性

三、判断题

1. 分配职能是指保险实际上参与了国民收入的再分配。(　　)

2. 常见的责任保险包括公众责任保险、雇主责任保险、职业责任保险、产品责任保险和第三者责任保险等。(　　)

3. 保险单是保险合同的正式文件,一般由投保人签发。(　　)

4. 某投保人与保险人已经签署保险合同,但是保费尚未缴纳,则保险合同已经生效成立。(　　)

5. 目前我国保险资金涉及的不动产投资主要以直接的方式投资商业房地产公司。(　　)

参考答案及解析

一、单项选择题

1. B　【解析】危险的存在是保险产生的必要条件。

2. D　【解析】信用保险是债权人就债务人的信用向保险人投保的险种(债权人不相信债务人的信用)。保证保险是债务人就自己的信用向保险人投保。

3. B　【解析】损失补偿原则是指当保险标的发生保险责任范围内的损失时,保险人应按保险合同的约定,对被保险人给予弥补损失的经济赔偿,但被保险人不能因损失获得额外利益的原则。根据损失补偿原则,被保险人不能因损失获得额外利益。

4. A 【解析】保险合同的主体包括当事人、关系人和辅助人。其中,保险合同的当事人有保险人和投保人;保险合同的关系人有被保险人、受益人。

5. C 【解析】保险公司可运用资金主要包括资本金、留存收益以及责任准备金等。其中责任准备金是保险公司从保费收入中提取的资金,以备当保险事故发生时,保险公司有足够的能力去履行偿付责任。它是保险可用资金的主要来源。

二、多项选择题

1. AB 【解析】保险的职能是由保险的本质决定的,具体可以分为基本职能和派生职能。保险的基本职能是指保险在一切经济条件下均具有的职能,包括分散风险职能、组织经济补偿职能。保险的派生职能是指随着社会生产力的发展而逐渐具有的职能,包括融通资金职能、防灾防损职能和分配职能。选项C、D、E属于保险的派生职能。

2. ABDE 【解析】保险的基本原则是指在保险形成过程中逐渐形成的公认准则,包括最大诚信原则、保险利益原则、近因原则和损失补偿原则。选项C不属于保险的基本原则。

3. AD 【解析】涉及房地产的信用保险主要包括买方信用保险和住房抵押贷款保险。

4. AE 【解析】财产保险是指以各种有形财产以及与其相关的利益为保险标的,保险人根据保险合同承担承保责任范围内的自然灾害、意外事故等风险,并因其发生对所造成的损失承担赔偿责任的一种保险。信用保险,是指债权人就债务人的信用向保险人投保的保险。保证保险。是指债务人就自己的信用向保险人投保,由保险人为被保险人(债务人)向债权人提供担保的保险。

5. CE 【解析】保险资金的特点包括:(1)有高比例的长期投资;(2)保险公司负债具有不确定性;(3)保险公司责任准备金具有预估性。

三、判断题

1. √ 【解析】保险的职能是由保险的本质决定的,具体可以分为基本职能和派生职能。保险的派生职能是指随着社会生产力的发展而逐渐具有的职能,包括融通资金职能、防灾防损职能和分配职能。分配职能是指保险实际上参与了国民收入的再分配。

2. √ 【解析】常见的责任保险包括公众责任保险、雇主责任保险、职业责任保险、产品责任保险和第三者责任保险等。

3. × 【解析】保险单是保险合同的正式书面文件,一般由保险人签发。

4. × 【解析】保险费是投保人按照保险合同的规定必须缴纳的费用,缴纳保险费是保险合同成立的必要条件之一,是投保人必须履行的义务。

5. × 【解析】目前,我国保险资金涉及不动产方面的投资主要以间接的方式投资基础设施。

第十章 统计知识

知识导图

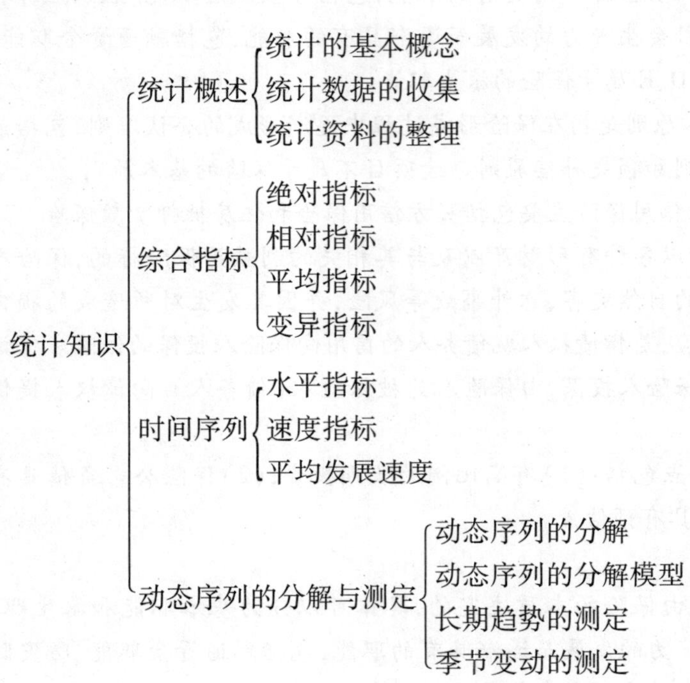

考情分析

本章主要介绍了统计概述、综合指标、时间序列、动态序列的分解与测定。本章的学习重点是绝对指标、相对指标,学习难点是速度指标。

本章在考试中的平均分值为2分,考试目的是测查应试人员对统计学的基本概念、综合指标、时间序列、动态趋势与波动等的了解、熟悉与掌握程度。

表解考点

考点	重要等级
统计的基本概念	掌握

续表

考点	重要等级
统计数据的收集	熟悉
绝对指标	掌握
相对指标	掌握
平均指标	掌握
变异指标	掌握
水平指标	熟悉
速度指标	掌握
平均发展速度	熟悉
动态序列的分解	了解
动态序列的分解模型	了解
长期趋势的测定	熟悉
季节变动的测定	了解

考点详解

第一节　统计概述

考点一　统计的基本概念

要点	具体内容
统计总体与总体单位	统计总体，简称总体，指所要研究的事物或现象全体。总体单位是构成总体的个体。构成总体的所有单位至少有一个主要属性相同，这是组成总体的前提条件。总体是同质性总体，同质性构成统计总体的基础。 总体和总体单位是相对而言的，随着研究目的的改变，二者可以相互转化
标志	反映总体单位的属性或特征，就是标志。按是否可以用数量表现分为： (1)品质标志是指不能用数量表现而只能用文字、符号或代码进行说明的标志，如人的性别、文化程度、工种等。 (2)数量标志是指能用数量表现的标志，如人的年龄、工人工资、工业产值等

续表

要点	具体内容
变量	将可变的数量标志抽象化就称其为变量,其取值称为变量值。变量分为确定性变量和随机变量。确定性变量是指受必然性因素的作用,各变量值呈现出上升或下降唯一方向性变动的变量;随机变量是指受偶然性因素的作用,变量值呈现出随机的混沌状态变动的变量
指标	指标反映总体数量特征及其范畴。按指标所反映的数量性质不同分为:(1)数量指标,是指反映总体绝对规模和水平,体现事物广度的外延指标;(2)质量指标,是指反映总体相对程度,体现事物深度的内涵指标

考点二　统计数据的收集

要点	具体内容
调查对象、单位、项目以及报告单位	调查对象是指根据调查目的确定的现象总体。调查对象由若干调查单位构成;调查单位是指调查对象中所要调查的具体单位。调查对象和调查单位可以是某种实体,如企业、部门等;也可以是某种现象和行为,如自然灾害、经济增长、犯罪行为等。 调查项目是调查时向被调查者所要收集的问题,它是反映调查单位特征的标志。设置调查项目必须注意以下几点: (1)对重大或敏感性强的问题应采用多项选择,不宜采用是非提问。 (2)所问的问题应便于被调查者回答。 (3)备选项目必须互不相容。 (4)调查项目应当防止掺入调查者的思想导向。 (5)问题的形式不宜太难和过于复杂。 (6)问题不宜太长。 报告单位又称填报单位,是指负责向调查者回答问题、填报统计表和提供统计资料的基层单位
收集数据的方法	(1)直接观察法,调查人员亲自到现场对调查对象进行观察和计量,取得统计资料。 (2)采访法,由调查人员向被调查者询问,由被询问者答复。具体形式:个别口头询问、开调查会、被调查者填表。 (3)报告法,报告单位根据原始记录和台账核算有关资料,以统计报表的形式逐级上报
收集数据的形式	(1)统计报表,按照国家统一规定,以报表的形式定期逐级上报统计资料的制度化调查方式。 (2)普查是指专门组织的、对一定时点上的国情国力所作的一次性全面调查。 (3)重点调查是指从调查对象的全部单位中选择一部分客观存在的重点单位进行调查。 (4)典型调查是指在研究对象中有意识地选取若干主观认为表现突出的典型单位进行调查。 (5)抽样调查,全称为随机抽样调查,是指随机从总体中抽取部分单位构成样本,以样本数量信息推断总体数量特征的调查

考点三　统计资料的整理

要点	具体内容
统计资料的审核和手工整理技术	(1)审核技术。审核技术包括逻辑审查、计算审查。 (2)手工整理技术。手工整理技术包括划记法、折叠法
统计分组	根据分组标志要求形式的不同,分为品质标志分组和数量标志分组。 (1)按品质标志分组是指选择反映总体单位属性差异的品质标志作为分组标志,依据此标志将总体划分成若干性质不同的组。 (2)按数量标志分组是指选择反映总体单位数量差异的数量标志作为分组标志,依据此标志将总体划分成若干数量各异的组

第二节　综合指标

考点一　绝对指标

要点	具体内容
概念	绝对指标是反映在一定时空条件下的社会经济现象总规模或绝对水平的统计指标。绝对指标是统计中最常用的基本指标,是计算相对指、标平均指标和变异指标的基础。按反应的时间状态不同,绝对指标可以分为时期指标和时点指标
时期指标	时期指标是反映社会经济现象总体在一段时期内发展过程的总量。 特点:可以连续计数;各时期指标值可以直接累加;通常同一总体时期指标值的大小与时期长短成正比
时点指标	时点指标是反映社会经济现象总体在某一时点上的状况总量。 特点:只能间断计数;各时点指标值不可以直接累加;每个时点指标值的大小与时间长短没有直接联系

考点二　相对指标

要点	具体内容
概念	相对指标是社会经济现象的两个有联系的指标之比。相对指标是绝对指标(总量指标)的派生指标,能反映现象总体在时间、空间、结构、比例以及发展状况等方面的对比关系

续表

要点	具体内容
结构相对指标	结构相对指标又称比重指标,是指现象总体经过分组后由各组有关数值与总体相应总值对比的综合指标。计算公式为: $$结构相对指标(\%)=\frac{总体内某部分或组的数值}{总体总数值}\times 100\%$$
强度相对指标	强度相对指标是指取自两个不同性质的总体但又有一定联系的总量指标对比的综合指标。计算公式为: $$强度相对指标=\frac{某一总体总量}{另一有联系的总体总量}$$
比较相对指标	比较相对指标是指同一时期不同地区、单位之间同类指标对比的综合指标。计算公式为: $$比较相对指标=\frac{某一空间某种现象的指标值}{另一空间某种现象的指标值}\times 100\%$$
比例相对指标	比例相对指标是指同一现象总体相互联系的各指标之间对比的综合指标。计算公式为: $$比例相对指标=\frac{总体某一指标值}{同一总体另一指标值}\times 100\%$$
计划完成相对指标	计划完成相对指标是指社会经济现象在计划期内实际完成数与计划任务数之比的综合指标。计算公式为: $$计划完成相对指标=\frac{实际完成数}{计划任务数}\times 100\%$$
动态相对指标	动态相对指标是指同一现象在不同时期的两个指标值对比的综合指标。计算公式为: $$动态相对指标=\frac{某一现象报告期数值}{同一现象基期数值}\times 100\%$$

考点三　平均指标

要点	具体内容
概念	平均指标指用来测定静态分布数列中各单位的标志值集中趋势的指标
算术平均数	算术平均数($\bar{x}$)又称平均值、均值,是全部变量值的算术平均。 1. 简单算术平均数 它适用于未分组的分布数列:$\bar{x}=\frac{\sum_{i=1}^{n}x_i}{n}$

续表

要点	具体内容
算术平均数	式中，x_i 表示单位标志值；n 表示单位数。 2. 加权算术平均数 它适用于已分组的分布数列：$\bar{x} = \dfrac{\sum_{i=1}^{n} x_i f_i}{\sum_{i=1}^{n} f_i}$ 式中，x_i 表示单位标志值（或组中值）；f_i 表示组单位数
调和平均数	调和平均数（$\bar{x}_H$）是分布数列中各单位标志值倒数的算术平均数的倒数。 1. 简单调和平均数 它适用于未分组的分布数列。计算公式为： $$\bar{x}_H = \frac{n}{\sum \frac{1}{x}}$$ 2. 加权调和平均数 它适用于已分组的分布数列。计算公式为： $$\bar{x}_H = \frac{\sum w}{\sum \frac{1}{x} w}$$ 式中，w 表示各组的权值
几何平均数	几何平均数（$\bar{x}_G$）是指分布数列中 n 个标志值的连乘积的 n 次方根。 1. 简单几何平均数 它适用于未分组的分布数列。计算公式为： $$\bar{x}_G = \sqrt[n]{x_1 \cdot x_2 \cdot \cdots \cdot x_i \cdots \cdot x_n}$$ 式中，x_i 表示第 i 组单位标志值；n 表示总体单位数。 2. 加权几何平均数 它适用于已分组的分布数列。计算公式为： $$\bar{x}_G = \sqrt[\sum f_i]{x_1 f_1 \cdot x_2{}^2 \cdot \cdots \cdot x_i f_1 \cdots \cdot x_n f_n}$$ 式中，f_i 表示第 i 组的单位数，或称第 i 组的频数，即 x_i 出现的次数
中位数	中位数（M_e）是指分布数列中总体各单位标志值按大小顺序排列，处在中间位置的标志值。 1. 未分组资料确定中位数的方法 先将数据按照从小到大顺序排列，然后用 $\frac{n+1}{2}$ 确定中位数的位置。若 n 为奇数，则最中间的变量值就是中位数；若 n 为偶数，则最中间两个变量值的算术平均数即为中位数

续表

要点	具体内容
中位数	2. 分组资料确定中位数的方法 (1)单项式分配数列。先用 $\frac{\sum f}{2}$ 确定中位数的位置($\frac{\sum f}{2}$ 为总体单位总量,下同),然后按照累计频数或累计频率确定中位数所在的组,中位数所在组的变量值就是中位数。 (2)组距式分配数列。先用 $\frac{\sum f}{2}$ 确定中位数的位置,然后按照累计频数或累计频率确定中位数所在的组,再用公式计算中位数的具体值
众数	众数是分布数列中出现频率最高的标志值

考点四　变异指标

要点	具体内容
概念	变异指标是反映总体单位标志值差异程度的综合指标,表明总体各单位标志值的离散程度和离中趋势,包括全距、平均差、标准差、变异系数等
全距	全距(R)又称极差,是指分布数列中最大标志值与最小标志值之差,反映现象的实际变动范围
平均值	平均差(AD)是指分布数列中各单位标志值与其平均数的差异绝对值的算术平均数,反映各单位标志值对其平均数的平均变异程度
标准差	标准差(σ)是指分布数列中各单位标志值与其平均数的离差的平方的算术平均数的平方根。计算公式为: $$\sigma = \sqrt{\frac{\sum (x_i - \bar{x})^2 f_i}{\sum f_i}}$$
变异系数	变异系数是以相对形式表现的变异指标。变异系数通过全距、平均差、标准差分别与平均数的比得到,而常用的是标准差系数

第三节　时间序列

考点一　水平指标

要点	具体内容
发展水平	发展水平是指时间序列中的各项指标值
序时平均数	序时平均数又称平均发展水平或动态平均数，它是根据时间序列中各个时期或时点的发展水平即指标值加以平均所得到的平均数

考点二　速度指标

要点	具体内容
发展速度	发展速度是表明现象在一定时期内的发展方向和程度的动态相对指标。 1. 定基发展速度 $$定基发展速度=\frac{计算期发展水平}{固定基期发展水平}\times 100\%$$ 固定基期水平通常为最初水平。计算期发展水平为报告期水平。 2. 环比发展速度 环比发展速度=计算期发展水平/前一期发展水平×100%
增长速度	增长速度是反映现象增长程度的相对指标，由增长量与发展水平的比求得。 与发展速度相对应，增长速度分为定基增长速度和环比增长速度。 定基增长速度+1（或100%）=定基发展速度 环比增长速度+1（或100%）=环比发展速度

考点三　平均发展速度

要点	具体内容
公式	通常，计算平均发展速度采用几何平均法，其公式如下： $$\bar{x}_G=\sqrt[n]{x_1\cdot x_2\cdots x_n}=\sqrt[n]{\frac{a_1}{a_0}\cdot\frac{a_2}{a_1}\cdot\frac{a_3}{a_2}\cdots\frac{a_n}{a_n-1}}=\sqrt[n]{\frac{a_n}{a_0}}$$

第四节　动态序列的分解与测定

考点一　动态序列的分解

要点	具体内容
长期趋势	长期趋势(T)是指在一个长时期内居支配地位、起决定性作用的基本因素使得现象总体呈现出大致逐渐上升或下降的发展变动态势
季节变动	季节变动(S)是指现象由于受社会条件、自然条件等因素的影响,在一个年度内随着季节的更替而引起的比较有规则的变动
循环波动	循环波动(C)是指现象在较长时期内发生的周期性波动
不规则波动	不规则波动(I)是指由于受到意外的、偶然性的因素作用而使现象产生非周期性的随机波动。不过,在一个较长时期内,这种不规则波动的随机因素往往可以相互抵消

考点二　动态序列的分解模型

要点	具体内容
乘法模型	动态序列的各项观察值都是四种因素(相互影响)乘积的结果,乘法结构模型为: $$Y=T\cdot S\cdot C\cdot I$$ 式中,,Y表示现象发展到某一时候的实际值;T表示现象发展到上述同一时候的趋势值(预测值);S表示当时的季节变动指数;C表示当时的循环波动指数;I表示当时的不规则波动指数。 由于在一年内会出现现象随季节更迭而发生波动的情况,所以若以年为时间单位,则动态序列并不直接受季节波动的影响,这样,以上模型可以变为: $$Y=T\cdot C\cdot I$$
加法模型	动态序列的各项观察值都是四种因素(相互独立)的总和,加法结构模型为: $$Y=T+S+C+I$$ 式中,Y、T含义同上;S、C、I均不是波动指数,而是循环波动、季节波动与不规则波动等因素对趋势值所产生的偏差。 若以年为时间单位,则动态序列也不直接受季节波动的影响,加法结构模型变为: $$Y=T+C+I$$

考点三　长期趋势的测定

要点	具体内容
概述	长期趋势的测定主要是求趋势值,而测定长期趋势值的方法主要有扩大时距法、移动平均法和最小二乘法。 扩大时距法是指通过扩大动态序列各项指标所属的时间,从而消除因时距短而使各指标值受偶然性因素影响所引起的波动,以便使经修匀过的动态序列能够显著地反映现象发展变动总趋势的方法
移动平均法	移动平均法是指对动态序列进行逐期移动以扩大时距,同时对时距已扩大了的新动态序列的各项指标值分别计算序时平均数,从而由移动平均数形成一列派生动态序列的方法。通过移动平均得到的一系列移动序时平均数分别就是各自对应时期的趋势值
最小二乘法	最小二乘法是估计回归模型参数的常用方法。其基本原理是:要求实际值与趋势值的离差平方和为最小,以此拟合出优良的趋势模型,从而测定长期趋势

考点四　季节变动的测定

要点	具体内容
概述	(1)测定季节变动的方法主要是计算季节比率。 (2)季节比率又称季节指数,是说明现象在各年某个月的同月平均数占各年总的月平均数的比重。 (3)季节比率高说明"旺季",季节比率低说明"淡季"

跟踪训练

一、单项选择题

1. 由调查人员向被调查者询问,由被询问者答复的调查方法是(　　)。

A. 直接观察法　　B. 采访法

C. 报告法　　D. 普查法

2. 从调查对象的全部单位中选择一部分客观存在的重点单位进行调查的方式,属于(　　)。

A. 重点调查　　B. 普查

C. 典型调查　　D. 抽样调查

3. 某市新增房地产供应量中，90 m^2 以下住宅建筑面积是 90 m^2 以上住宅建筑面积的 1.5 倍。反映这两者关系的统计指标是（　　）。

A. 强度相对指标　　B. 比较相对指标

C. 比例相对指标　　D. 结构相对指标

4. 2014～2017 年职工平均工资收入分别为 1 万元、1.1 万元、1.15 万元、1.3 万元。则 2017 年职工平均收入的环比发展速度为（　　）。

A. 1.13　　B. 0.03

C. 1.3　　D. 0.3

5. 冷饮通常在夏季销量大，在春季和秋季销量一般，在冬季销量最小。这体现了动态序列的（　　）。

A. 长期趋势　　B. 季节变动

C. 不规则波动　　D. 循环波动

二、多项选择题

1. 下列统计总体与总体单位的表述中，正确的是（　　）。

A. 总体单位，简称总体

B. 构成总体的所有单位至少有一个主要属性相同

C. 总体必然为同质性总体

D. 同质性是构成统计总体的基础

E. 总体和总体单位是相对而言的，随着研究目的的改变，总体和总体单位可以相互转化

2. 下列选项中，属于结构相对指标的是（　　）。

A. 容积率　　B. 建筑密度

C. 资产负债率　　D. 绿地率

E. 资本化率

3. 下列选项中，属于变异指标的是（　　）。

A. 众数　　B. 调和平均数

C. 全距　　D. 标准差

E. 变异系数

4. 测定长期趋势值的方法主要有（　　）。

A. 扩大时距法　　B. 缩小时距法

C. 移动平均法　　D. 最大二乘法

E. 最小二乘法

三、判断题

1. 调查对象是调查时向被调查者所要收集的问题，它是反映调查单位特征的标志。（　　）

2. 在统计中，收集数据的方法有直接观察法、间接调查法及报告法。（　　）

3. 普查组织实施时应当遵循这样两项原则：一是规定统一的标准时点；二是确定统一的普查期限。（　　）

4. 动态相对指标是指同一现象在不同时期的两个指标值对比的综合指标。（　　）

参考答案及解析

一、单项选择题

1. B 【解析】采访法是指由调查人员向被调查者询问，由被询问者答复的调查方法。这种方法可以采用以下几种具体形式进行：个别口头询问、开调查会、被调查者填表。

2. A 【解析】重点调查是指从调查对象的全部单位中选择一部分客观存在的重点单位进行调查。

3. C 【解析】比例相对指标是指同一现象总体相互联系的各指标之间对比的综合指标。

4. A 【解析】环比发展速度 = 计算期发展水平/前一期发展水平 = 1.3/1.15 = 1.13。

5. B 【解析】季节变动(S)是指现象由于受社会条件、自然条件等因素的影响，在一个年度内随着季节的更替而引起的比较有规则的变动。例如，冷饮通常在夏季销量大，在春季和秋季销量一般，在冬季销量最小。

二、多项选择题

1. BCDE 【解析】统计总体，简称总体，是指所要研究的事物或现象的全体。总体单位是构成总体的个体。构成总体的所有单位至少有一个主要属性相同，这是组成总体的前提条件。因此，总体必然为同质性总体，同质性是构成统计总体的基础。总体和总体单位是相对而言的，随着研究目的的改变，总体和总体单位可以相互转化。

2. BCD 【解析】结构相对指标又称比重指标，是指现象总体经过分组后由各组有关数值与总体相应总值对比的综合指标，即部分与总体的比值。选项 A 是强度相对指标，选项 E 不是相对指标。

3. CDE 【解析】变异指标又称变动度，是反映总体单位标志值差异程度的综合指标，表明总体各单位标志值的离散程度和离中趋势，包括全距、平均差、标准差、变异系数等。选项 A、B 是平均指标。

4. ACE 【解析】长期趋势的测定主要是求趋势值，而测定长期趋势值的方法主要有：扩大时距法、移动平均法和最小二乘法。

三、判断题

1. × 【解析】调查对象是根据调查目的确定的现象总体。调查项目是调查时向被调查者所要收集的问题，它是反映调查单位特征的标志。

2. × 【解析】收集数据的方法有直接观察法、采访法和报告法。

3. √ 【解析】普查是指专门组织的、对一定时点上的国情国力所作的一次性全面调查。普查组织实施时应当遵循这样两项原则：一是规定统一的标准时点；二是确定统一的普查期限。

4. √ 【解析】动态相对指标是指同一现象在不同时期的两个指标值对比的综合指标。

第十一章　会计知识

知识导图

- 会计知识
  - 会计概述
    - 会计的含义、目标及基本职能
    - 我国会计法规体系
  - 会计假设与会计基础
    - 会计假设
    - 会计基础
  - 会计信息质量要求
    - 会计信息的首要质量要求
    - 会计信息的次要质量要求
  - 会计要素与会计恒等式
    - 资产
    - 负债
    - 所有者权益
    - 收入、费用、利润
    - 会计恒等式
  - 会计处理程序和基本核算方法
    - 会计信息处理程序
    - 会计基本核算方法
  - 查账基础知识
    - 看懂会计凭证
    - 看懂账簿
    - 看懂会计核算形式
    - 检查会计错弊
    - 查账
  - 财务会计报告
    - 会计报表的意义和作用
    - 会计报表的编制要求
    - 会计报表的种类
    - 资产负债表、损益表和现金流量表
    - 财务分析

考情分析

本章主要介绍了会计概述、会计假设与会计基础、会计信息质量要求、会计要素与会计恒等式、会计处理程序和基本核算方法、查账基础知识、财务会计报告。本章的学习重点是会计假设、会计要素与会计恒等式,学习难点是偿债能力分析、营运能力分析。

本章在考试中的平均分值为3分,考试目的是测查应试人员对会计基本概念、会计假设与会计基础、会计信息质量要求,会计要素与会计恒等式、会计处理程序和基本核算方法、查账、财务会计报告等基础知识的了解、熟悉与掌握程度。

表解考点

考点	重要等级
会计的含义、目标及基本职能	掌握
我国会计法规体系	了解
会计假设	掌握
会计信息的质量要求	掌握
会计要素与会计恒等式	掌握
会计信息处理程序	熟悉
会计基本核算方法	了解
查账基础知识	掌握
会计报表的意义和作用	熟悉
会计报表的编制要求	熟悉
会计报表的种类	熟悉
资产负债表和损益表的编制方法	熟悉
现金流量表	熟悉
财务分析的目的	了解
财务分析的程序	了解
偿债能力分析	掌握
营运能力分析	掌握
盈利能力分析	掌握
企业财务状况的趋势分析	熟悉

考点详解

第一节　会计概述

考点一　会计的含义、目标及基本职能

要点	具体内容
会计的含义	会计是指在企事业单位范围内建立的一个以提供财务信息为主的经济信息系统。该系统包括四个层次:会计信息流通系统;会计信息处理系统;会计信息解释系统;会计信息调节系统
会计的目标	会计的目标是向国家、企业内部、企业外部提供有助于实行宏观调控、优化社会经济资源配置、合理地进行投资和信贷决策、加强内部经营管理所必需的、以财务信息为主的经济信息
会计的基本职能	会计的基本职能为会计核算与会计监督

考点二　我国会计法规体系

要点	具体内容
概述	我国会计法规体系包括:会计法律、会计行政法规、国家统一的会计制度和地方性会计法规。 (1)会计法律是指由全国人民代表大会及其常务委员会通过立法程序制定的会计法律规范。在会计领域中,属于国家法律层次的有《中华人民共和国会计法》(以下简称“会计法”)。 (2)会计行政法规是指由国务院制定发布或由国务院有关部门拟定,经国务院批准发布的法律规范。如国务院颁布的《总会计师条例》《企业财务会计报告条例》;经国务院批准,由财政部发布的《企业会计准则》等。 (3)国家统一的会计制度是由国务院财政部门根据《会计法》制定,包括规章和会计规范性文件。 (4)地方性会计法规是指由省、自治区、直辖市人民代表大会及其常务委员会在与会计法律、会计行政法规不相抵触的假设下,制定的地方性法规。 目前我国已基本形成了以会计法为中心、国家统一会计制度为基础的法规体系
会计法	《会计法》是我国会计工作的基本大法,是从事会计工作、制定其他会计法规的依据

续表

要点	具体内容
企业会计准则体系	企业会计准则体系包括基本准则和具体准则。基本准则是制定会计核算制度的依据,也是制定具体准则的依据。 (1)基本准则,该准则规定了会计核算的假设、会计信息质量要求、会计对象要素的确认和计量、财务会计报告等方面的具体要求。 (2)具体准则,是有关企业会计核算的具体要求。可分为三类:关于共同业务的具体准则;特殊行业基本业务的具体准则;有关对外披露的具体准则
企业会计核算制度	会计核算制度的作用在于保证正常的会计工作秩序,保证会计信息的真实性、可靠性

第二节　会计假设与会计基础

考点一　会计假设

要点	具体内容
概述	会计假设又叫会计核算基本前提,特定的经济环境中必然存在各种不确定性,会计假设就是对这些不确定性作出较为合理的设定。 会计假设包括会计主体假设、持续经营假设、会计分期假设和货币计量假设。会计核算的四个假设相互依存、相互补充。会计主体确定了会计核算的空间范围;持续经营和会计分期确立了会计核算的时间范围;货币计量为会计核算提供了必要的手段
会计主体	会计主体是指会计工作为之服务的特定单位或组织,也称为会计实体、会计个体。界定从事会计工作和提供会计信息的空间范围。会计仅反映、监督其提供服务的单位的经济活动,而不反映其他单位的经济活动,更不是投资者和职工个人活动。 会计主体不同于法律主体。法律主体肯定是会计主体,会计主体不一定是法律主体
持续经营	持续经营是指会计主体在可以预见的将来,将根据企业既定的经营方针和目标不断地经营下去,即在可以预见的未来,企业不会被宣告破产或进行清算,持有的资产将正常运营,负债将继续进行清偿。 持续经营假设的主要意义在于使会计核算与监督建立在非清算的基础上,从而解决了资产计价、负债清偿和收益确认等问题

续表

要点	具体内容
会计分期	会计分期是指将一个企业持续经营的生产活动划分为若干个连续的、长短相同的期间，又称会计期间。 会计分期假设的主要意义在于界定会计核算的时间范围。会计分期为分期计算盈亏奠定了基础。有了会计分期的基本假设，会计核算才能定期提供信息，满足不同会计信息使用者的需求。 根据会计法的规定，我国会计年度和财政年度一致，按公历年度计算，每年的起止日期为1月1日起至12月31日止
货币计量	货币计量是指采用货币作为计量单位，记录和反映企业的生产经营活动。 货币计量假设的主要意义在于，通过一般等价物的货币，以数量形式综合反映企业的财务状况和经营成果。 企业应该以人民币作为记账本位币，如果企业的经营活动涉及外币，也可以选择一种外币作为记账本位币，但在境内提供财务报表时，要求将外币报表折算为以人民币列报的会计报表。 货币计量假设实际上还隐含着另一种假设，即建立在币值基本稳定的基础上，即作为价值尺度的货币的币值保持不变

考点二　会计基础

要点	具体内容
概述	企业会计的确认、计量和报告都应该以权责发生制为基础。 权责发生制是指凡是当期已经实现的收入和已经发生或应负担的费用，无论是否收付，都应该作为当期的收入和费用，计入利润表；凡是不属于当期的收入和费用，即使款项已在当期收付，也不应该作为当期的收入和费用。 与权责发生制对应的是收付实现制。 收付实现制即以收到或支付货币作为确认收入和费用的依据。 目前我国行政事业单位是以收付实现制为会计基础的

第三节　会计信息质量要求

考点一　会计信息的首要质量要求

要点	具体内容
可靠性	可靠性要求企业应当以实际发生的交易或者事项为依据进行确认、计量和报告，如实反映符合确认和计量要求的各项会计要素及其他相关信息，保证会计信息真实可靠、内容完整。 (1)以实际发生的交易或者事项为依据进行确认、计量，将符合会计要素定义及其确认条件的资产、负债、所有者权益、收入、费用和利润等如实反映在财务报表中，不得根据虚构的、没有发生的或者尚未发生的交易或者事项进行确认、计量和报告。如还在商务谈判阶段，就不符合确认标准，签署合同后，才可以确认。 (2)在符合重要性和成本效益原则的前提下，保证会计信息的完整性，其中包括应当编报的报表及其附注内容等应当保持完整，不能随意遗漏或者减少应予披露的信息，与使用者决策相关的有用信息都应当充分披露。 (3)包括在财务报告中的会计信息应当是中立的、无偏的
相关性	相关性要求企业提供的会计信息应当与投资者等财务报告使用者的经济决策需要相关，有助于投资者等财务报告使用者对企业过去、现在或者未来的情况作出评价或者预测。 相关性以可靠性为基础
可理解性	可理解性要求企业提供的会计信息应当清晰明了，便于投资者等财务报告使用者理解和使用
可比性	可比性要求企业提供的会计信息应当相互可比。这主要包括两层含义： (1)同一企业不同时期可比。 (2)不同企业相同会计期间可比

考点二　会计信息的次要质量要求

要点	具体内容
实质重于形式	实质重于形式要求企业应当按照交易或者事项的经济实质进行会计确认、计量和报告，不应仅以交易或者事项的法律形式为依据。 融资租赁的资产，名义上只有使用权，由于租赁期长，有权支配资产并从中受益，因此视同自有资产管理

续表

要点	具体内容
重要性	重要性要求企业提供的会计信息应当反映与企业财务状况、经营成果和现金流量有关的所有重要交易或者事项。 重要性需要依赖职业判断,企业应当根据其所处环境和实际情况,从项目的性质和金额大小两方面加以判断
谨慎性	谨慎性要求企业对交易或者事项进行会计确认、计量和报告时应当保持应有的谨慎,不应高估资产或者收益、低估负债或者费用
及时性	及时性要求企业对于已经发生的交易或者事项,应当及时进行确认、计量和报告,不得提前或者延后。 及时性要求:及时收集会计信息、及时处理会计信息、及时传递会计信息

第四节　会计要素与会计恒等式

考点一　资产

要点	具体内容
概念	资产是指过去的交易或事项形成的,由企业拥有或者控制的,预期会给企业带来经济利益的资源。 预期在未来发生的交易或者事项不形成资产
资产确认条件	(1)与该资源有关的经济利益很可能流入企业。 (2)该资源的成本或者价值能够可靠地计量

考点二　负债

要点	具体内容
概念	负债是指企业过去的交易或者事项形成的,预期会导致经济利益流出企业的现时义务。 现时义务是指企业在现行条件下已承担的义务。未来发生的交易或者事项形成的义务,不属于现时义务,不应当确认为负债

续表

要点	具体内容
负债确认条件	(1)与该义务有关的经济利益很可能流出企业。 (2)未来流出的经济利益的金额能够可靠地计量。 符合负债定义和负债确认条件的项目,应当列入资产负债表;符合负债定义,但不符合负债确认条件的项目,不应当列入资产负债表

考点三　所有者权益

要点	具体内容
概念	所有者权益指企业资产扣除负债后由所有者享有的剩余权益。公司的所有者权益又称为股东权益
所有者权益	所有者权益的来源所有者投入的资本、直接计入所有者权益的利得和损失、留存收益等。 直接计入所有者权益的利得和损失是指不应计入当期损益、会导致所有者权益发生增减变动的、与所有者投入资本或者向所有者分配利润无关的利得或者损失。 所有者权益金额取决于资产和负债的计量。所有者权益项目应当列入资产负债表

考点四　收入、费用、利润

要点	具体内容
收入	(1)收入指企业在日常活动中形成的、会导致所有者权益增加的、与所有者投入资本无关的经济利益的总流入。 (2)收入只有在经济利益很可能流入从而导致企业资产增加或者负债减少且经济利益的流入额能够可靠计量时才能予以确认。 (3)符合收入定义和收入确认条件的项目,应当列入利润表
费用	(1)费用是指企业在日常活动中发生的、会导致所有者权益减少的、与向所有者分配利润无关的经济利益的总流出。 (2)费用只有在经济利益很可能流出从而导致企业资产减少或者负债增加且经济利益的流出额能够可靠计量时才能予以确认。 (3)符合费用定义和费用确认条件的项目,应当列入利润表
利润	(1)利润是指企业在一定会计期间的经营成果,利润包括收入减去费用后的净额,直接计入当期利润的利得和损失等

续表

要点	具体内容
利润	(2)直接计入当期利润的利得和损失是指应当计入当期损益、会导致所有者权益发生增减变动的、与所有者投入资本或者向所有者分配利润无关的利得或者损失。 (3)利润项目应当列入利润表

考点五 会计恒等式

要点	具体内容
资产、负债与所有者权益的数量关系	资产 = 权益 = 债权人权益 + 所有者权益 资产 = 负债 + 所有者权益 所有者权益 = 资产 - 负债
收入、费用与利润的数量关系	收入 - 费用 = 利润

第五节 会计处理程序和基本核算方法

考点一 会计信息处理程序

要点	具体内容
会计确认	会计确认是按照一定的标准将发生的经济信息进行分析后作出的判断。 会计确认分为初次确认和再次确认两个方面： (1)初次确认的目的是排除不属于会计核算范围的经济信息，将属于会计核算标准的信息纳入会计信息处理程序中。 (2)再次确认的目的是对已经纳入会计信息处理程序的信息进行整理、分析，最终对外提供会计信息
会计计量	会计计量是根据会计对象的计量属性，选择一定的计量基础和计量单位，确定应计量项目金额的会计处理过程。会计计量包括计量单位和计量属性两个方面。计量单位是指计量尺度的度量单位。会计主要以货币为主要的计量单位，有时也会采用实物量和劳动量单位。计量基础是指所用的度量的经济属性。 会计计量属性主要包括

续表

要点	具体内容
会计计量	1. 历史成本 在历史成本计量下，资产按照购置时支付的现金或者现金等价物的金额，或者按照购置资产时所付出的对价的公允价值计量。 负债按照因承担现时义务而实际收到的款项或者资产的金额，或者承担现时义务的合同金额，或者按照日常活动中为偿还负债预期需要支付的现金或者现金等价物的金额计量。 2. 重置成本 在重置成本计量下，资产按照现在购买相同或者相似资产所需支付的现金或者现金等价物的金额计量。 负债按照现在偿付该项债务所需支付的现金或者现金等价物的金额计量。 3. 可变现净值 在可变现净值计量下，资产按照其正常对外销售所能收到现金或者现金等价物的金额扣减该资产至完工时估计将要发生的成本、估计的销售费用以及相关税费后的金额计量。 4. 现值 在现值计量下，资产按照预计从其持续使用和最终处置中所产生的未来净现金流入量的折现金额计量。负债按照预计期限内需要偿还的未来净现金流出量的折现金额计量。 5. 公允价值 在公允价值计量下，资产和负债按照在公平交易中，熟悉情况的交易双方自愿进行资产交换或者债务清偿的金额计量。 企业在对会计要素进行计量时，一般应当采用历史成本，采用重置成本、可变现净值、现值、公允价值计量的，应当保证所确定的会计要素金额能够取得并可靠计量
会计记录	会计记录是对会计对象进行记录的手段。通过会计核算，体现会计的确认和计量，而且通过会计记录，对会计信息进行分类、汇总、描述和量化，使会计信息成为一种有用的、共享的经济资源
会计报告	会计报告以财务报表为载体，对外提供会计信息。财务报表是在会计记录的基础上，经过再确认并进行加工和整理后形成的会计信息最终产品。会计报表分为财务报表和报表附注

考点二　会计基本核算方法

要点	具体内容
会计账户与会计科目	会计要素是会计对象的基本分类，是构成会计报表的基本要素，其进一步分类是会计科目。 会计科目被赋予借贷双方的记录空间就是账户。账户是用以记录经济业务，整理、汇集会计数据资料，提供会计核算指标具体数据的手段。账户是按规定的会计科目开设的，以会计科目作为它的名称

续表

要点	具体内容
会计账户与会计科目	会计科目与账户的共同点:都是分门别类地反映某一项经济内容。不同点:会计科目只表明某一项经济内容,而账户则不仅反映某一项经济内容,而且记录经济内容的增减变化和变化后结果
借贷记账法的原理及应用	借贷记账法是以“借”和“贷”作为记账符号的一种复式记账方法,特点: (1)以“借”“贷”作为记账符号。“借”表示资产(费用)的增加或负债、权益(收入、利润)的减少;“贷”表示资产(费用)的减少或负债、权益(收入、利润)的增加。 (2)以会计恒等式作为记账理论依据。以“资产=负债+所有者权益”为记账依据。 (3)记账规则:“有借必有贷,借贷必相等”。 在借贷记账法下,是通过编制会计分录来完成记账工作的。会计分录是指确定每项经济业务应借、应贷的账户及其金额的记录
会计核算的基本程序与方法	1. 设置会计科目 设置会计科目是对会计对象具体内容进行分类核算的方法,即根据会计对象的具体内容和会计目标的要求,规定分类核算的项目,以便在账簿中据以开设账户、记录和积累所涉及的具体资金运动的信息。 2. 复式记账 复式记账就是对每一项经济业务发生时所引起的会计要素数量的增减变动,都要以相等的金额,同时在两个或两个以上相互联系的账户中进行登记的一种记账方法。复式记账法包括收付记账法和借贷记账法。目前我国采用借贷记账法。 3. 填制和审核会计凭证 填制和审核凭证是指对于已经发生或已经完成的经济业务,都由经办部门和有关单位填制凭证并签名盖章,所有凭证都经过会计部门和有关部门的审核,只有经过审核并确认为正确无误的凭证,才能作为记账的依据。这一程序和方法包括对原始凭证的审核和记账凭证的编制工作。 会计凭证是记录经济业务、明确经济责任的书面证明,是登记账簿的依据。会计凭证根据填制的程序与用途不同分为原始凭证和记账凭证。 4. 登记账簿 账簿是由具有一定格式、互相联系的账页所组成,并用来序时地、分类地记录和反映各项经济业务的会计簿籍。账簿包括序时账簿、分类账簿和备查账簿。 (1)序时账簿。主要有现金日记账和银行存款日记账。 (2)分类账簿。分为总分类账簿和明细分类账簿。总分类账簿是按照一级科目开设,提供总括资料,只采用货币计量单位。明细分类账簿是根据某一总分类账户设置,提供详细资料,采用货币计量单位和实物计量单位记账。 (3)备查账簿。是对不属于上述两种账簿登记范围的某些备查事项进行补充登记的一种账簿

续表

要点	具体内容
会计核算的基本程序与方法	5. 成本计算 成本计算是指在生产经营过程中，按照一定的对象归集、计算发生的各种支出，并确定各对象的总成本和单位成本的一种方法。通过成本计算，可以确定材料的采购成本、产品的生产成本（或制造成本）和销售成本，考核企业经济活动中物化劳动和活劳动的耗费，正确计算盈亏。 6. 财产清查 财产清查是指通过盘点实物，核对账目，查明各种财产物资和资金是否相符的一种专门方法。 7. 编制会计报表 会计报表主要是根据账簿记录定期编制的，概括反映某一会计主体某一时点和某一时期财务状况与经营成果的报告文件

表 11－1　房地产开发企业的会计科目表

科目名称	科目名称	科目名称
一、资产类	——周转房	递延所得税资产
库存现金	——低值易耗品	待处理财产损益
银行存款	持有至到期投资	**二、负债类**
其他货币资金	持有至到期投资减值准备	短期借款
交易性金融资产	可供出售金融资产	交易性金融负债
应收票据	长期股权投资	应付票据
应收账款	长期股权投资减值准备	应付账款
预付账款	投资性房地产	——应付工程款
应收股利	投资性房地产累计折旧	预收账款
应收利息	长期应收款	——预收售房款
其他应收款	固定资产	——预收一次性付清款
坏账准备	累计折旧	——预收分期付款
材料采购	固定资产减值准备	——预收按揭付款
在途物资	在建工程	其他应付款
原材料	工程物资	——其他应付单位款
材料成本差异	固定资产清理	——其他应付个人款
开发产品（项目核算——＊＊）	无形资产	应付职工薪酬
发出商品	累计摊销	应交税费
——分期收款发出产品	无形资产减值准备	——应交增值税
委托加工物资	商誉	——土地增值税——应交企业所得税
周转材料	长期待摊费用	

续表

科目名称	科目名称	科目名称
——应交个人所得税	——未分配利润	——其他费用
——应交城建税	——提取法定盈余公积金	研发支出
——应交土地使用税	——提取任意盈余公积金	工程施工
——应交车船使用税	——应付现金股利或利润	工程结算
——应交房产税	——转作股本的股利	机械作业
应付利息	——盈余公积补亏	**五、损益类**
应付股利	**四、成本类**	主营业务收入
其他应交款	开发成本（项目核算——＊＊）	其他业务收入
——应交教育费附加	——土地征用及征收补偿费	公允价值变动损益
——应交地方教育费附加	——前期工程费	投资收益
递延收益	——基础设施费	营业外收入
长期借款	——公共配套设施费	主营业务成本
应付债券	——建筑安装工程费	其他业务支出
长期应付款	——开发间接费	税金及附加
预计负债	——借款费用	销售费用
递延所得税负债	开发间接费用	管理费用
三、所有者权益类	——职工薪酬	财务费用
实收资本	——折旧修理费	资产减值损失
资本公积	——差旅交通费	营业外支出
盈余公积	——办公费	——其他
——法定盈余公积	——水电费	所得税费用
——任意盈余公积	——劳动保护费	以前年度损益调整
本年利润	——周转房摊销费	
利润分配	——利息支出	

表 11－2　各账户记账的基本方法

<table>
<tr><th colspan="2">账户类别</th><th>借方登记内容</th><th>贷方登记内容</th><th>期末余额及方向</th></tr>
<tr><td colspan="2">资产类账户</td><td>增加＋</td><td>减少－</td><td>借方余额</td></tr>
<tr><td colspan="2">负债类账户</td><td>减少－</td><td>增加＋</td><td>贷方余额</td></tr>
<tr><td colspan="2">所有者权益</td><td>减少－</td><td>增加＋</td><td>贷方余额</td></tr>
<tr><td colspan="2">成本费用类账户</td><td>增加＋</td><td>减少－</td><td>借方余额</td></tr>
<tr><td rowspan="2">损益类</td><td>期间收入账户</td><td>减少－</td><td>增加＋</td><td>期末结转后无余额</td></tr>
<tr><td>期间成本费用账户</td><td>增加＋</td><td>减少－</td><td>期末结转后无余额</td></tr>
</table>

第六节　查账基础知识

考点一　看懂会计凭证

要点	具体内容
原始凭证的审核内容	(1)凭证内容审核:审核凭证的名称、编制凭证的日期、填制凭证的单位名称、填制人姓名、经办人员的签名或盖章,经济业务内容、数量、单价和金额。 (2)凭证签章审核:凡是外单位取得的,必须盖有填制单位的公章和填制人员的姓名。 (3)凭证金额审核:凡是填有大小写金额的原始凭证,大小写金额必须相符。 (4)凭证各联审核:一式几联的原始凭证,应当注明各联的用途,只能以其中的一联作为报销凭证
记账凭证的审核与处理	(1)记账凭证的审核:按照原始凭证的审核要求,对所附的原始凭证进行复核。记账凭证的审核与原始凭证的审核类似,只有经过审核无误后的记账凭证才能作为登记账簿的依据。 (2)记账凭证的处理:填制记账凭证发生错误时,应当重新填制;已经登记入账的凭证,在当年内发现填写错误时,可以用红字填写一张与原错误内容相同的记账凭证,在摘要栏里注明"注销某月某日某号的凭证"字样,同时再用蓝字重新填制一张正确的记账凭证

考点二　看懂账簿

要点	具体内容
账簿的基本内容	(1)封面。封面上标注账簿的名称和记账单位的名称。 (2)扉页。扉页上标明账簿名称、编号、页数、启用、交换日期、经管人员姓名和交接记录等;账户目录;主管会计人员签字盖章。 (3)账页。账页标明账户名称、总页数和分页数;记录经济业务的内容、设有登账日期栏、凭证种类和号数栏、摘要栏、金额栏
登记账簿错误的处理方法	(1)出现跳行、缺号、隔页的更正方法。 (2)结账前发现文字或者数字错误采用划线更正法。 (3)会计科目错误或金额多计错误采用红字更正法。 (4)借贷方向、科目正确,但是入账金额少记的,采用"补充登记法"

考点三　看懂会计核算形式

要点	具体内容
概述	会计核算形式，也称账务处理程序，是会计凭证、会计账簿、会计报表结合的形式。常见的会计核算形式有记账凭证核算形式、科目汇总表核算形式、多栏式日记账核算形式、汇总记账凭证核算形式、日记总账核算形式、通用日记账核算形式等

考点四　检查会计错弊

要点	具体内容
概述	会计错弊的主要形式有会计错弊和会计差错。会计错弊是指故意的、有目的的、有预谋的、有针对性的财务造假和欺诈行为；会计差错是指会计核算中存在的非故意过失，即行为不存在主观上的故意
会计错弊	1. 会计舞弊的主要原因 (1)具有制造会计舞弊的外部客观环境和条件。 (2)具有制造会计错弊的不良动机或企图。 2. 会计舞弊的常见形式 (1)利用企业内部控制制度的缺陷和薄弱环节进行舞弊，以达到满足私欲的目的。 (2)拉拢与自己职责不相容的人员串通舞弊。 (3)隐匿或篡改凭证。 (4)虚构业务。 (5)利用过渡性会计科目进行舞弊； (6)故意制造一些相关科目的相应变动进行舞弊。 (7)利用计算机舞弊
会计差错	会计差错的内容主要包括：原始记录和会计数据的计算、抄写差错；对事实的疏忽和误解：对会计政策的误用。 (1)会计差错并非出于主观的故意，而是从客观结果上看，经办人员并没有从中获利。这是会计差错区别于会计舞弊最重要的特点。 (2)会计差错可能对企业的财务状况和经营成果造成影响，也可能并不影响会计信息的合法性、公允性和真实性，而只是在业务处理的过程和方法上有不妥当的地方。 (3)会计差错一般易于查找和纠正，不具有隐蔽性

考点五　查账

要点	具体内容
查账的作用	查明有关法律、法令和财经制度的执行情况；查明经济活动的真实性、合理性和效益性；查明资产管理状况和各种资源的使用情况；督促企业加强管理，建立完善内部控制制度

续表

要点	具体内容
查账的原则	(1)独立性原则。 (2)客观性原则。 (3)合法性原则。 (4)公正性原则。 (5)群众性原则
查账对象	(1)内部控制制度是否严密,是否存在有章不循等问题。 (2)企业的经营情况。 (3)会计工作。 (4)财产物资的保管情况
查账过程	(1)准备工作。 (2)实施阶段。 (3)查账终结工作

第七节 财务会计报告

考点一 会计报表的意义和作用

要点	具体内容
会计报表的意义	会计报表是根据账簿上所记录的资料,经过整理、归类、汇总而编制的表式报告,用以概括地、系统地反映企业在一定时期内的经济活动情况和经营成果。会计报表提供会计信息资料,有关方面可以了解企业的财务状况和经营成果,为决策提供重要参考数据
会计报表的作用	(1)企业的负责人(经营管理者)通过会计报表所提供的信息,可以了解和掌握企业的财务状况,着重分析企业的资产、负债及所有者权益的结构是否合理,是否具有一定的偿债能力以及企业未来的盈利能力,为进一步改善经营管理作出决策,并为企业制定发展规划提供重要的参考资料。 (2)企业的投资者(股东)通过会计报表所提供的信息,可以作出正确的投资决策。不管是现在的投资者,还是未来的投资者都需要了解和关心企业当前和未来的盈利能力,以确定有利的投资时机,有助于投资者作出投资决策。 (3)银行及其他金融组织(债权人)通过企业会计报表提供的信息,可以了解企业的偿债能力和获利能力,有助于银行及其他金融机构作出正确的贷款决策

续表

要点	具体内容
会计报表的作用	(4)政府主管部门通过企业会计报表,可以了解不同行业的发展状况和趋势,为制定产业政策,做好国民经济宏观调控提供依据。对于财政、税务部门而言,可以了解企业利税的实现和缴纳情况,利税的计算是否正确,是否如期足额缴纳,会计报表提供的信息是依法征收利税的主要依据

考点二　会计报表的编制要求

要点	具体内容
概述	(1)内容完整,数字真实。 (2)计算准确,报送及时

考点三　会计报表的种类

要点	具体内容
按照报表所反映的经济内容分类	(1)反映资产、负债及所有者权益情况的会计报表,如资产负债表。 (2)反映利润情况的会计报表,如损益表、利润分配表、主营业务收支明细表、商品销售利润明细表。 (3)反映现金流量的会计报表,如现金流量表
按照报表编制和报送的时间分类	会计报表分为月报、季报和年报。年报是总结全年经济活动和财务状况的报表,也称为年度决算报告。月报、季报只包括最主要的会计报表,按月、季反映财务、成本的基本情况,资产负债表及损益表均属月报、季报
按照报表编制的单位分类	(1)基层报表,是由独立核算单位根据账簿编制的。 (2)汇总报表,是由上级单位根据所属单位上报的会计报表和汇总单位本身的会计报表进行综合汇总编制。汇总报表的编制,通常是按照隶属关系,逐级汇总,以便各级主管单位利用汇总报表,了解所属单位生产经营活动情况。 (3)合并报表,以整个企业集团作为一个会计主体,以组成企业集团的母公司的个别会计报表为基础,抵消内部会计事项对合并报表的影响后,由母公司编制,以便综合反映企业集团整体经营成果、财务状况

考点四　资产负债表、损益表和现金流量表

要点	具体内容
资产负债表	资产负债表是综合地反映企业一定日期财务状况的报表，由资产、负债、所有者权益三部分组成。通过资产负债表可以了解企业的经济实力、企业的偿债能力、企业的经营能力等情况，以及企业未来的财务趋向等方面的信息。 1. 资产负债表中资产类包括 (1)流动资产，包括货币资金、短期投资、应收票据、应收账款(减坏账准备)、存货、待摊费用等。 (2)长期投资，反映长期投资的情况。 (3)固定资产，包括固定资产(减累计折旧)、固定资产清理、在建工程等。 (4)无形及递延资产，反映无形及递延资产和其他资产等。 2. 资产负债表中负债及所有者权益类包括 (1)流动负债，包括短期借款、应付票据、应付账款、应交税费、应付利润及预提费用等。 (2)长期负债，包括长期借款、应付债券等。 (3)所有者权益，包括实收资本、资本公积、盈余公积及未分配利润等
损益表	(1)损益表是总括反映企业在某一会计期间的经营成果，提供该期间的收入、费用、成本、利润或亏损等信息的会计报表。通过损益表可以了解企业正常经营情况下的收支状况及获利能力、企业获得的利润总额和分配情况，可供企业负责人作出经营决策、投资者作出投资决策的参考。 (2)损益表的内容包括销售收入、销售成本、销售税金、销售利润及其他业务利润，以及投资收益、营业外收入、营业外支出、所得税和净利润等项目
现金流量表	(1)现金流量表是反映企业在一定会计期间内经营活动、投资活动和筹资活动产生的现金流入与流出情况的报表。 (2)该表分基本部分和补充资料两个部分。 (3)基本部分的现金分为三类，即经营活动产生的现金流量、投资活动产生的现金流量和筹资活动产生的现金流量。每类又分为现金流入与现金流出以及由此相互抵减后产生的现金流量净额，三类净额相加，为现金及现金等价物净增加额。 (4)补充资料也分为三类，即不涉及现金收支的投资和筹资活动、将净利润调整为经营活动的现金流量以及现金和现金等价物的净增加情况。 (5)基本部分的经营活动产生的现金流量净额项目与补充资料同一项目的金额应该相等，基本部分的现金及现金等价物净增加额项目与补充资料同一项目的金额应该相等

考点五　财务分析

要点	具体内容
财务分析的概念	财务分析是以企业的财务报告等会计资料为基础,对企业财务状况和经营成果进行分析和评价。通过对企业一定期间的财务活动进行总结,从而为企业下步的财务预测和财务决策提供依据
财务分析的目的	(1)评价企业的偿债能力。 (2)评价企业的资产管理水平。 (3)评价企业的获利能力。 (4)评价企业的发展趋势
财务分析的程序	(1)确定财务分析的范围,收集有关的资料。 (2)选择适当的分析方法进行对比,作出评价。 (3)进行因素分析,抓住主要矛盾。 (4)为作出经济决策提供各种建议
偿债能力分析	偿债能力分析包括短期偿债能力分析和长期偿债能力分析。流动比率和速动比率是短期偿债能力指标,资产负债率是长期偿债能力指标。 (1)流动比率是反映企业短期偿债能力的主要指标,流动比率越高,说明企业偿还流动负债的能力越强,流动负债得到偿还的保障越大。一般认为2:1比较合适。 流动比率=(流动资产/流动负债)×100% (2)速动比率是反映企业短期偿债能力的一个辅助指标,资产负债率反映企业偿还债务的综合能力。该比率越高,企业偿还债务的能力越差;反之,企业偿还债务的能力越强。一般认为1:1比较合适。速动资产等于流动资产减去存货、待摊费用等的余值。 速动比率=(速动资产/流动负债)×100% (3)资产负债率,资产负债率是企业负债总额与资产总额的比率。 资产负债率=(负债总额/资产总额)×100%
营运能力分析	企业的营运能力反映了企业资金周转状况,对此进行分析,可以了解企业的营业状况及经营管理水平。资金周转状况好,说明企业的经营管理水平高,资金利用效率高。可以通过产品销售与企业资金占用量来分析企业的资金周转状况,评价企业的营运能力。 营运能力分析主要包括存货周转指标分析和应收账款周转指标分析。 1.存货周转指标 存货周转率=销货成本/平均存货 平均存货=(期初存货+期末存货)/2 存货周转天数=365/存货周转率 一般来讲,存货周转率越高,则流动性越强,存货转变为现金和应收账款的速度也越快。因此,提高存货周转率可以提高企业的变现能力

续表

要点	具体内容
营运能力分析	2. 应收账款周转指标 应收账款周转率 = 赊销收入/平均应收账款 平均应收账款 =(期初应收账款余额 + 期末应收账款余额)/2 应收账款周转天数 = 365/应收账款周转率 应收账款周转率是评价应收账款流动性大小的一个重要财务比率,可用来分析企业应收账款的变现速度和管理效率。 一般来说,应收账款周转率越高,说明应收账款收回越快,可以减少坏账损失,而且资产的流动性强,企业的短期偿债能力也会增强,在一定程度上可以弥补流动比率低的不利影响;相反,应收账款周转率越低,企业的营运资金会过多地呆滞于应收账款上,影响正常的资金运转
盈利能力分析	1. 资产报酬率 资产报酬率 =(净利率/资产平均总额)×100% 资产报酬率主要用来衡量企业利用资产获取利润的能力,它反映了企业总资产的利用效率。这一比率越高,说明企业的获利能力越强。 资产报酬率是一个综合指标。影响资产报酬率高低的因素主要有产品的价格、单位成本的高低、产品的质量和销售数量、资金占用量的大小等。 2. 股东权益报酬率 股东权益报酬率 =(净利润/股东权益平均总额)×100% 股东权益平均总额 =(期初股东权益 + 期末股东权益)/2 股东权益报酬率是评价企业获利能力的一个重要财务比率,它反映了企业股东获取投资报酬的高低。该比率越高,说明企业的获利能力越强。 3. 销售毛利率 销售毛利率 =(销售毛利/销售收入净额)×100% =(销售收入净额 - 销售成本)/销售收入净额 ×100% 销售毛利率反映了企业的销售成本与销售收入净额的比例关系,毛利率越大,说明在销售收入净额中销售成本所占比重越小,企业通过销售获取利润的能力越强。 4. 销售净利率 销售净利率 =(净利润/销售收入净额)×100% 销售净利率说明了企业净利润占销售收入的比例,它可以评价企业通过销售赚取利润的能力。 5. 成本费用净利率 成本费用净利率 =(净利润/成本费用总额)×100% 成本费用净利率反映了企业在生产经营过程中发生的耗费与获得的收益之间的关系。该比率越高,说明企业为获取收益付出的代价越小,企业的获利能力越强。该比率不仅可以用以评价企业获利能力的高低,也可以用以评价企业对成本费用的控制能力和经营管理水平

续表

要点	具体内容
企业财务状况的趋势分析	通过比较几个会计期的数据,分析增减变化,预测未来趋势,判断企业前景。 方法:比较财务报表、比较百分比财务报表、比较财务比率、图解法

跟踪训练

一、单项选择题

1. 会计信息应该有助于投资者对过去、现在或者未来的情况作出评价和预测,帮助其作出经济决策。这种会计信息质量要求属于(　　)。

A. 可靠性　　B. 相关性　　C. 可理解性　　D. 可比性

2. 下列选项中,体现谨慎性原则要求的会计做法是(　　)。

A. 融资租赁租入资产视同自有资产

B. 对可能发生的资产减值计提减值准备

C. 及时处理会计信息

D. 会计信息相互可比

3. 企业在对会计要素进行计量时,一般采用(　　)。

A. 历史成本　　B. 重置成本

C. 可变现净值　　D. 公允价值

4. 下列房地产开发企业会计科目中,属于资产类科目的有(　　)。

A. 实收资本　　B. 预付工程款

C. 预收售房款　　D. 商品房销售收入

5. 下列关于借贷记账法的原理及特点的说法,不正确的是(　　)。

A. "借"和"贷"是记账符号

B. "借"表示资产(费用)的增加或负债、权益(收入、利润)的减少

C. "借"表示资产(费用)的减少或负债、权益(收入、利润)的增加

D. 记账规则是"有借必有贷,借贷必相等"

6. 反映资产、负债及所有者权益情况的报表是(　　)。

A. 资产负债表　　B. 损益表

C. 利润分配表　　D. 现金流量表

7. 甲公司的主营业务收入为210亿元,主营业务成本为182.50亿元,年初存货为60亿元,年末存货为10亿元,其存货周转天数是(　　)天。

A. 61　　B. 70　　C. 120　　D. 140

8. 某企业2017年末,流动资产为860万元,流动负债为430万元。则该企业的流动比率是(　　)。

A. 40%　　B. 50%　　C. 200%　　D. 250%

二、多项选择题

1. 通过资产负债表,可以了解企业的(　　)。

A. 偿债能力　　B. 经营能力

C. 经济实力　　D. 现金流量情况

E. 经营成果

2. 下列关于现金流量表,表述正确的是(　　)。

A. 现金流量表分为基本部分和补充资料两部分

B. 现金流量表是总括反映企业在某一会计期间的经营成果,提供该期间的收入、费用、成本、利润或亏损等信息的会计报表

C. 现金流量表是反映企业在一定会计期间内经营活动、投资活动和筹资活动产生的现金流入与流出情况的报表

D. 基本部分的现金分为三类,即经营活动产生的现金流量、投资活动产生的现金流量和筹资活动产生的现金流量

E. 基本部分的经营活动产生的现金流量净额项目与补充资料同一项目的金额应该相等

3. 一般而言,在对企业财务状况作趋势分析时,常用的方法主要有(　　)。

A. 比较财务报表　　B. 比较资产负债表

C. 比较百分比财务报表　　D. 比较财务比率

E. 图解法

三、判断题

1. 法律主体一定是会计主体,会计主体不一定是法律主体。　　(　　)

2. 财务会计是将单位发生的经济活动加工成会计信息,会计信息处理程序包括确认、计量、记录、报告四个环节。　　(　　)

3. 资产负债表是根据会计恒等式的原理设计的,它的左方反映负债及所有者权益类,右方反映资产类。　　(　　)

4. 速动比率是反映企业短期偿债能力的一个辅助指标,但所反映的企业短期偿债能力较流动比率更加可信。　　(　　)

5. 成本费用净利率反映了企业在生产经营过程中发生的耗费与获得的收益之间的关系。该比率越高,说明企业为获取收益付出的代价越小,企业的获利能力越强。　　(　　)

参考答案及解析

一、单项选择题

1. B　**【解析】**相关性要求企业提供的会计信息应当与投资者等财务报告使用者的经济决策需要相关,有助于投资者等财务报告使用者对企业过去、现在或者未来的情况作出评价或者预测。

2. B　**【解析】**谨慎性要求企业对交易或者事项进行会计确认、计量和报告时应当保持应有的谨慎,不应高估资产或者收益、低估负债或者费用。选项 A 是实质重于形式原则,选项 C 是

及时性原则，选项D是可比性原则。

3. A 【解析】企业在对会计要素进行计量时，一般采用历史成本。采用重置成本、可变现净值、现值、公允价值计量的，应当保证所确定的会计要素金额能够取得并可靠计量。

4. B 【解析】资产类科目有预付账款、库存现金、银行存款、其他货币资金等。选项A是所有者权益类科目，选项C是负债类科目，选项D是收入类科目。

5. C 【解析】"借"表示资产(费用)的增加或负债、权益(收入、利润)的减少。资产、成本费用，借增贷减；负债、收入、所有者权益，借减贷增。

6. A 【解析】资产负债表是综合地反映企业一定日期财务状况的报表，由企业的经济资源即资产，企业的债务即负债，以及投资者对企业的所有权即所有者权益三个部分组成。反映资产、负债及所有者权益的报表是资产负债表。

7. B 【解析】存货周转率 = 销货成本/平均存货 = 182.5/35 = 5.214，存货周转天数 = 365/5.214 = 70(天)。

8. C 【解析】流动比率是流动资产与流动负债的比率，是反映企业短期偿债能力的主要指标。流动比率 = 流动资产/流动负债 ×100%。

二、多项选择题

1. ABC 【解析】通过资产负债表，可以了解企业的经济实力、偿债能力、经营能力，以及企业未来的财务趋向等方面的信息。

2. ACDE 【解析】现金流量表是反映企业在一定会计期间内经营活动、投资活动和筹资活动产生的现金流入与流出情况的报表。分为基本部分和补充资料两部分。基本部分的现金分为三类，即经营活动产生的现金流量、投资活动产生的现金流量和筹资活动产生的现金流量。基本部分的经营活动产生的现金流量净额项目与补充资料同一项目的金额应该相等。选项B描述的是损益表的内容。

3. ACDE 【解析】企业财务状况趋势分析的四种分析包括：比较财务报表、比较百分比财务报表、比较财务比率、图解法。

三、判断题

1. √ 【解析】会计主体不同于法律主体。一般来说，法律主体肯定是会计主体，会计主体不一定是法律主体。

2. √ 【解析】财务会计是将单位发生的经济活动加工成会计信息，会计信息处理程序包括确认、计量、记录、报告四个环节。

3. × 【解析】资产负债表是根据会计恒等式的原理设计的，它的左方反映资产类，右方反映负债和所有者权益类。

4. √ 【解析】速动比率是反映企业短期偿债能力的一个辅助指标，但所反映的企业短期偿债能力较流动比率更加可信。

5. √ 【解析】成本费用净利率反映了企业在生产经营过程中发生的耗费与获得的收益之间的关系。该比率越高，说明企业为获取收益付出的代价越小，企业的获利能力越强。

第十二章　法律知识

知识导图

- 法律知识
  - 法的概说
    - 法的概念和分类
    - 中国现行法律制度体系
  - 民法
    - 民法的概念和基本原则
    - 民事法律关系
    - 自然人、法人和非法人组织
    - 民事法律行为
    - 代理
    - 诉讼时效
    - 民事责任
  - 合同法
    - 合同法概述
    - 合同的订立
    - 合同的效力
    - 合同的履行
    - 合同的变更、转让和终止
    - 违约责任
  - 物权与债权
    - 物的种类
    - 物权概述
    - 所有权
    - 用益物权
    - 担保物权
    - 物权与债权的区别

考情分析

本章主要介绍了法的概说、民法、合同法、物权与债权。本章的学习重点是诉讼时效、合同的效力，学习难点是代理用益物权。

本章在考试中的平均分值为4分，考试目的是测查应试人员对法的概说、民法、合同法、物权与债权等的了解、熟悉与掌握程度。

表解考点

考点	重要等级
法的概说	熟悉
民法的概念	熟悉
中国民法的基本原则	了解
民事法律关系	熟悉
自然人、法人和合伙	熟悉
民事法律行为	熟悉
代理	掌握
诉讼时效	掌握
合同法概述	掌握
合同的订立	熟悉
合同的效力	掌握
合同的履行	熟悉
合同的变更、转让和终止	熟悉
违约责任	掌握
物的种类	掌握
物权概述	掌握
所有权	掌握
用益物权	掌握
担保物权	掌握
物权与债权的区别	掌握

考点详解

第一节　法的概说

考点一　法的概念和分类

要点	具体内容
法的概念	法是由国家制定或认可，以权利义务为主要内容，体现国家意志并以国家强制力来保证实现的人们行为规范的总称
法的分类	(1)按法设立和适用范围分为国内法与国际法。国内法是由国内有立法权的主体制定的，其效力范围一般不超出本国主权范围的法律、法规和规章。国际法是由参与国际关系的两个或两个以上国家或国际组织间制定、认可或缔结的确定其相互关系中权利和义务的，并适用于他们之间的法。主要表现形式是国际条约。 (2)按法所规定的内容分为实体法与程序法。实体法指以规定主体的权利、义务关系或职权、职责关系为主要内容的法，如《民法》《刑法》。程序法指以保证主体的权利和义务得以实现或保证主体的职权和职责得以履行所需程序或手续为主要内容的法，如《民事诉讼法》《刑事诉讼法》等

考点二　中国现行法律制度体系

要点	具体内容
宪法	宪法是国家的根本大法，由国家最高权力机关经由特殊程序制定和修改，综合性地规定国家、社会和公民生活的根本问题，具有最高法的效力。 宪法具有最高的法律效力，其他一切法律、行政法规、地方性法规和部门规章都不得同宪法相抵触
法律	广义的法律泛指一切以国家政权意志形式出现，用国家政权的强制力来保证实现的各种社会规范，包括法律、行政法规、地方性法规和部门规章。 狭义的法律是指由全国人民代表大会及其常务委员会依法制定，规定和调整国家、社会和公民生活中某一方面带根本性的社会关系或基本问题的法的统称

续表

要点	具体内容
行政法规	行政法规是由国务院依法制定与公布的有关行政管理和管理行政事项的规范性法律文件的总称，其效力低于法律，高于地方性法规、部门规章
地方性法规（自治条例、单行条例）	省、自治区、直辖市的人大及其常委会，可以制定地方性法规。 设区的市的人大及其常委会，可以对城乡建设与管理、环境保护、历史文化保护等方面的事项制定地方性法规。设区的市的地方性法规须报省、自治区的人大常委会批准后施行。 地方性法规的效力不超出本行政区域范围
行政规章	行政规章分为部门规章和政府规章两种。 （1）部门规章：国务院各部委、中国人民银行、审计署和具有行政管理职能的直属机构，可以根据法律和国务院的行政法规、决定、命令，在本部门的权限范围内，制定规章。 省、自治区、直辖市和设区的市、自治州的人民政府，制定规章。设区的市、自治州的人民政府制定地方政府规章，限于城乡建设与管理、环境保护、历史文化保护等方面的事项。 涉及两个以上国务院部门职权范围的事项，应当提请国务院制定行政法规或者由国务院有关部门联合制定规章，如《房产测绘管理办法》（建设部令第83号）为建设部、国家测绘局联合制定的部门规章。其地位低于法律、行政法规，不得同它们相抵触。 （2）政府规章除不得同宪法、法律、行政法规相抵触外，还不得同上级和同级地方性法规相抵触。 宪法具有最高的法律效力，效力高于行政法规和地方性法规、规章。行政法规的效力高于地方性法规、规章。地方性法规的效力高于本级和下级地方政府规章。省、自治区的人民政府制定的规章的效力高于本行政区域内的较大的市的人民政府制定的规章。部门规章之间、部门规章与地方政府规章之间具有同等效力，在各自的权限范围内施行。 特别规定与一般规定不一致的，适用特别规定；新旧不一，适用新规

第二节 民 法

考点一 民法的概念和基本原则

要点	具体内容
民法的概念	民法是调整平等主体的自然人、法人和非法人组织之间以及他们相互之间的财产关系和人身关系的法律规范的总称。 （1）财产关系是指在生产、分配、交换、消费过程中形成的财产所有权关系和财产流转关系。 （2）人身关系包括人格权关系（如姓名、名称、名誉等）和身份权关系（如收养、监护等）

续表

要点	具体内容
中国民法的基本原则	1. 平等原则 平等原则的含义是参与民事活动的当事人,在法律面前一律平等,任何一方不得把自己的意志强加给另一方;法律对双方当事人提供平等的法律保护。平等是民事法律关系的基本特点,是民事法律关系区别于行政法律关系、刑事法律关系的重要标志。 2. 诚实信用原则 人在行为时应讲究信用、恪守诺言、诚实不欺,在不损害他人和社会合法权益的前提下追求自己的利益。 3. 公序良俗原则 民事行为除了不得违反法律的禁止性规定外,还不得违反公共秩序和善良风俗。 4. 自愿原则 自愿原则是指民事主体根据自己的意志取得权利和承担义务。 5. 禁止滥用权利原则 禁止滥用权利的目的在于更好地保护私权。滥用权利会产生对权利人不利的法律后果。滥用权利的行为不受法律保护,权利人的目的因此就不能实现

考点二　民事法律关系

要点	具体内容
民事法律关系的概念	民事法律关系是指由民法调整、确认或保护的社会关系
民事法律关系的构成	1. 民事法律关系的主体 民事法律关系的主体又称民事主体或者民事权利义务主体,是指参加民事法律关系而享有民事权利、承担民事义务的人。包括自然人和法人。个体工商户、农村承包经营户、合伙等,也可以参与民事活动而被视为民事主体。一个民事法律关系中至少有两个主体。 2. 民事法律关系的客体 民事法律关系的客体(“标的”)是指民事主体间民事权利义务所共同指向的对象,包括物、行为、智力成果等。 (1)物。民法上的物是指能够满足人类生活、生产需要,可以为人类所控制,具有一定经济价值的物体。它可以是天然的,也可以是人工创造的。 满足三个条件:①有体物,即应占有一定的空间而有形存在;②人力可以支配;③不包括人体本身,即人不能成为民事法律关系的客体(废奴制度)。但人身体的一部分与人体分离后,可能成为物,如用于移植的器官。 (2)行为。为满足他人利益而进行的活动,如提供服务、保管、运输等合同法律关系的客体的行为

续表

要点	具体内容
民事法律关系的构成	(3)智力成果。脑力劳动所创造的精神财富,如发明创造、文学作品等。智力成果是无形资产,是知识产权法律关系的客体。从“中国制造”到“中国智造”。 3. 民事法律关系的内容 民事主体所享有的权利和应承担的义务,如商品房买卖法律关系的基本内容是:买方承担付款的义务,享有取得商品房所有权的权利;卖方承担交付商品房并转移所有权的义务,享有取得商品房价款的权利等
民事权利	1. 民事权利的概念 民事权利是指民事主体受法律保护的、实现某项利益的权利,包括3个方面。 (1)权利人可在法定的范围内,根据自己的意志进行民事活动。 (2)权利人可以要求义务人作出一定的行为或不为一定的行为以实现自己的权利。 (3)权利人因他人的行为而使权利不能实现时,有权要求有关机关予以保护。 2. 民事权利的分类 (1)根据权利标的的不同性质分为财产权和人身权。财产权是指与人身相分离的、有财产价值的权利,如物权、债权等;人身权是指以人身利益为标的的权利,如生命健康权、姓名权、肖像权等。区分财产权和人身权的意义在于,财产权受到侵害,一般不发生精神损害赔偿的问题。 (2)根据权利的作用,民事权利可分为支配权、请求权、形成权和抗辩权。支配权是指对权利标的直接进行支配而不受他人非法干涉的权利,如物权、知识产权、人身权等;请求权是指权利主体请求他人为或不为特定行为的权利;形成权是指权利主体依自己的行为,使自己与他人之间的法律关系发生变动的权利,如撤销权、解除权、追认权、选择权等;抗辩权又称异议权,是指不同意他人的请求,而提出证据加以抗辩的权利。 3. 民事权利的保护 保护方法: (1)公力救济,即权利人通过民事诉讼程序,请求人民法院依法予以保护。 (2)自力救济,即权利人通过正当防卫、紧急避险和自助行为维护自己的权利
民事义务	1. 民事义务的概念 民事义务是指由民事法律规定或者当事人自己的选择产生的对民事主体为一定行为或不为一定行为的约束。 民事义务是法律规定的行为的必要性,这种必要性是由国家强制力保障实现的。违反民事义务,则要承担民事责任。 2. 民事义务的分类 以义务人行为的方式,民事义务可分为积极义务和消极义务。 积极义务是指需要义务人以作为来完成的义务,如交货或付款义务;消极义务是指需要义务人以不作为来完成的义务,如禁止义务

考点三 自然人、法人和非法人组织

要点	具体内容
自然人	自然人也称为公民。自然人既包括本国公民，也包括外国人和无国籍人。具有中华人民共和国国籍的自然人都是中国公民。 1. 自然人的民事权利能力 民事权利能力是指法律赋予自然人享有民事权利和承担民事义务的资格。民事权利能力可分为一般权利能力和特殊权利能力。一般权利能力是指民事主体参加一般民事法律关系的资格。特殊权利能力是指民事主体参加特殊民事法律关系的资格。 2. 自然人的民事行为能力 民事行为能力是指自然人以自己的行为依法独立取得民事权利、承担民事义务的资格，即民事主体独立实施民事法律行为的资格。 法律根据自然人不同的认知能力，将自然人分为： (1)完全民事行为能力人。在中国，18 周岁以上的公民是成年人，具有完全民事行为能力，可以独立进行民事活动，是完全民事行为能力人。16 周岁以上不满 18 周岁的公民，以自己的劳动收入为主要生活来源的，视为完全民事行为能力人。 (2)限制民事行为能力人。限制民事行为能力人是指具有一定的行为能力，但行为能力受到限制的自然人。在中国，8 周岁以上的未成年人和不能完全辨认自己行为的精神病人是限制民事行为能力人，可以进行与其年龄、智力或精神健康状况相适应的民事活动；其他民事活动由其法定代理人代理，或者征得其法定代理人的同意。 (3)无民事行为能力人。无民事行为能力人是指不具有独立实施民事法律行为资格的自然人。在中国，不满 8 周岁的未成年人和不能辨认自己行为的精神病人为无民事行为能力人，需要由其法定代理人代理其民事活动。 3. 监护 监护是指依法对无民事行为能力人和限制民事行为能力人的人身、财产及其他合法权益进行保护和监督的制度。依法进行保护和监督的人为监护人，被保护和监督的人为被监护人。 监护不是一种权利，而是一种职责(既包含权利，又有义务)。无民事行为能力人和限制民事行为能力人的监护人是其法定代理人。 监护主要有法定监护、指定监护、遗嘱监护和自愿监护。 未成年人的监护人是其父母。父母对子女有亲权，是当然的第一顺位监护人；父母双方均死亡或者没有监护能力的，由下列有监护能力的人按顺序担任监护人：祖父母、外祖父母；兄、姐；其他愿意担任监护人的个人或者组织，但是须经被监护人住所地的居民委员会、村民委员会或者民政部门同意。 无民事行为能力或者限制民事行为能力的成年人的法定监护人的范围和顺序是：配偶；父母、子女；其他近亲属；其他愿意担任监护人的个人或组织，但是须经被监护人住所地的居民委员会、村民委员会或者民政部门同意。 4. 宣告失踪和宣告死亡 (1)宣告失踪。公民下落不明满 2 年的，利害关系人可以向人民法院申请宣告其为失踪

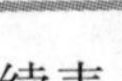

续表

要点	具体内容
自然人	人。宣告失踪的主要意义在于对失踪人的财产进行代管和依法处理。失踪人的财产由其配偶、父母、成年子女或者关系密切的其他亲属、朋友代管。被宣告失踪的人重新出现或者确知其下落,经本人或者利害关系人申请,人民法院应当撤销对其失踪宣告。 (2)宣告死亡。公民有下列情形之一的,利害关系人可以向人民法院申请宣告其死亡:①下落不明满4年的;②因意外事故下落不明,从事故发生之日起满2年的。 宣告死亡会引起与生理死亡同样的法律后果。自人民法院宣告死亡判决生效之日,被宣告死亡人即丧失了民事主体资格,其民事权利能力终止;其财产转变为遗产,继承开始;其婚姻关系消灭等。被宣告死亡的人重新出现或者他人确知其没有死亡,经本人或者利害关系人申请,人民法院应当撤销对其死亡宣告。有民事行为能力人在被宣告死亡期间实施的民事法律行为有效。被撤销死亡宣告的人有权请求返还财产。依照继承法取得其财产的公民或者组织,应当返还原物;原物不存在的,给予适当补偿
法人	法人是和自然人相对称的另一类民事主体。法人是具有民事权利能力和民事行为能力,依法独立享有民事权利并承担民事义务的组织。法人包括机关法人、事业单位法人、企业法人和社会团体法人等。 要成为法人,需要具备4个条件:依法成立;有必要的财产或经费;有自己的名称、组织机构和住所;能独立承担民事责任
非法人组织	非法人组织是不具有法人资格,但是能够依法以自己的名义从事民事活动的组织。非法人组织包括个人独资企业、合伙企业、不具有法人资格的专业服务机构等。 非法人组织应当依照法律的规定登记。非法人组织可以确定一人或者数人代表组织从事民事活动。非法人组织的财产不足以清偿债务的,其出资人或者设立人承担无限责任

考点四　民事法律行为

要点	具体内容
概念	民事法律行为指民事主体设立、变更、终止民事权利和民事义务的合法行为
民事法律行为的形式	口头形式、书面形式、视听资料形式和默示形式等。法律规定采用书面形式的,应当采用书面形式
民事法律行为成立的条件	(1)行为人具有相应的民事行为能力。 (2)意思表示真实。 (3)不违反法律或者社会公共利益

续表

要点	具体内容
无效民事行为	(1)无民事行为能力人实施的。 (2)限制民事行为能力人依法不能独立实施的。 (3)一方以欺诈、胁迫的手段或者乘人之危,使对方在违背真实意思的情况下所为的。 (4)恶意串通,损害国家、集体或者第三人利益的。 (5)违反法律或者社会公共利益的。 (6)经济合同违反国家指令性计划的。 (7)以合法形式掩盖非法目的的。 无效的民事行为,从行为开始起就没有法律约束力。行为人对行为内容有重大误解和显失公平的,一方有权请求人民法院或者仲裁机关予以变更或者撤销。被撤销的民事行为从行为开始起无效

考点五 代理

要点	具体内容
代理的概念	代理指行为人根据一定方式的授权,以他人的名义与第三人为一定法律行为,所产生的法律后果直接归于该他人。 代他人为法律行为的人为代理人;“他人”为被代理人,法律上又称为“本人”:第三人又称“相对人”
代理的分类	1. 委托代理和法定代理 根据代理权发生的依据不同,代理包括委托代理和法定代理。 (1)委托代理是指基于被代理人的委托而发生的代理关系。委托代理关系成立前,代理人与被代理之间往往并无一定联系。委托代理通常以完成特定事项为代理内容,事项完成后,代理即告终结。 (2)法定代理是指根据法律的直接规定而发生的代理关系。其主要是为无民事行为能力人或限制民事行为能力人行使权利、承担义务而设立的制度。法定代理人的权限来自法律的规定,主要是根据代理人与被代理人之间具有的一定亲属关系而发生,某些特别的情况下也可依据某种行政隶属关系而发生,例如由未成年人父母的所在单位、住所地的居民委员会等作为法定代理人。 2. 本代理和复代理 (1)本代理是指基于被代理人选任代理人而发生的代理关系。 (2)复代理是指代理人为行使代理权,通过以自己的名义为本人选任代理人而发生的代理关系。 3. 单独代理和共同代理 根据代理人为一人或数人的不同,可将代理分为单独代理和共同代理

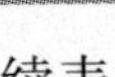

续表

要点	具体内容
代理的分类	(1)单独代理是指将代理权授予一人的代理,又称独立代理。 (2)共同代理是指将代理权授予二人以上的代理。 区别单独代理和共同代理的意义在于:如果每个代理人的权限在授权中有明确规定,则每个代理人尽力各自完成自己的事务即可,并仅对自己的代理事项承担责任。如果每个代理人的权限在授权中没有明确规定,则应认为数个代理人为共同代理人,对代理事项共同承担代理责任。 4. 民法上的代理和诉讼法上的代理 民法上的代理和诉讼法上的代理是两种不同的制度。二者最主要的区别在于代理事项不同:民法上的代理是指代理人代被代理人为民事法律行为,而诉讼法上的代理则是代理人代被代理人为诉讼法上的行为
代理关系	通过代理人的代理活动而在被代理人、代理人以及第三人之间产生的关系叫作代理关系。代理关系由以下 3 个方面的关系构成: (1)代理人与被代理人之间的关系。此为代理的内部关系,因代理人享有的代理权而产生。 (2)代理人与第三人之间的关系。此为代理的外部关系,因代理人行使代理权即实施代理行为而产生。 (3)第三人与被代理人之间的关系。此也为代理的外部关系,因代理人代理行为效果直接归属于被代理人而产生
代理权和代理行为	代理权的取得方式:因授权而取得代理权;因指定而发生。 民事法律行为的委托代理,可以采用书面形式,也可以采用口头形式。法律规定采取书面形式的,应当采取书面形式。书面委托代理的授权委托书应当载明代理人的姓名或者名称、代理事项、权限和期间,并由委托人签名或者盖章。委托书授权不明的,被代理人应当向第三人承担民事责任,代理人负连带责任。 代理人在行使代理权时应遵循以下两项原则: (1)代理权应为维护被代理人的最大利益而行使。即代理人应当在代理权限范围内,从被代理人的利益出发,争取在对被代理人最有利的情况下完成代理行为。包括为本人的利益计算、尽适当的注意义务、遵从本人的指示、及时向本人报告代理进展、保守秘密等。代理人不履行职责或不适当履行职责而给被代理人造成损害的,应当承担民事责任。 (2)代理权不得滥用。代理人滥用代理权的行为:①自己代理。它是指代理人以被代理人的名义与自己进行民事法律行为,如代理他人与自己订立合同;②双方代理。它是指代理人以被代理人的名义与自己同时代理的其他人进行民事法律行为。对自己代理和双方代理,理论上认为,如经本人同意,或者专为代理一方履行债务而进行的自己代理和双方代理应为有效,后者如房地产商与购房者签订房屋买卖合同后,律师代理双方办理产权转移手续;③与第三人恶意串通,损害被代理人的利益。代理人和第三人负连带责任;④越权

续表

要点	具体内容
代理权和代理行为	代理。超越代理权限进行代理的,代理人应根据代理人与被代理人之间的基础关系,承担违约责任或侵权责任;⑤利用代理权从事违法活动。《民法通则》规定,代理人知道被委托代理的事项违法而仍然进行代理活动的,或者被代理人知道代理人的代理行为违法而不表示反对的,由被代理人和代理人负连带责任。 没有代理权、超越代理权或者代理权终止后的行为,只有经过被代理人的追认,被代理人才承担民事责任。未经追认的行为,由行为人承担民事责任。本人知道他人以本人名义实施民事行为而不作否认表示的,视为同意

考点六 诉讼时效

要点	具体内容
诉讼时效的概念	诉讼时效指权利人在法定期限内不行使权利,即丧失请求人民法院或仲裁机关保护其权利的权利。诉讼时效消灭的是请求权,而不消灭实体权利。 超过诉讼时效期间,当事人自愿履行的,不受诉讼时效限制。履行后,当事人不得以不知时效期间已过为由而要求返还
诉讼时效期间	诉讼时效期间指权利人请求人民法院或仲裁机关保护其民事权利的法定期间。分为普通诉讼时效期间、特别诉讼时效期间和长期诉讼时效期间。 普通诉讼时效期间是指适用于一般请求权的诉讼时效期间。《民法总则》规定,向人民法院请求保护民事权利的诉讼时效期间为 3 年,法律另有规定的除外。诉讼时效期间,从知道或者应当知道权利被侵害时算起,权利被侵害超过 20 年,人民法院不予保护。这是最长诉讼时效期间
诉讼时效的中止、中断与延长	(1)诉讼时效的中止是指在诉讼时效进行中,因发生一定的法定事由而使权利人不能行使请求权,暂时停止计算诉讼时效期间,以前经过的时效期间仍然有效,待阻碍诉讼时效进行的事由消失后,诉讼时效继续进行。阻碍诉讼时效进行的事由为不可抗力的情况和其他障碍。其他障碍是指除不可抗力外使权利人无法行使请求权的客观情况。 (2)诉讼时效的中断是指在诉讼时效进行中,因发生一定的法定事由,致使已经经过的时效期间统归无效,待诉讼时效中断的法定事由消除后,诉讼时效期间重新计算。 引起诉讼时效中断的事由有:①权利人提起诉讼;②当事人一方向义务人提出请求履行义务的要求;③当事人一方同意履行义务。 (3)诉讼时效的延长是指人民法院对已经完成的诉讼时效,据特殊情况而予以延长

考点七 民事责任

要点	具体内容
概述	民事责任是违反民事义务的结果。义务的发生或基于法律的规定（如法律规定不得侵害他人的人身或财产），或基于当事人的约定（如合同的订立），违反义务，即应负担责任
承担民事责任的方式	(1)停止侵害。这是指行为人停止其正在实施的侵害行为。 (2)排除妨碍。这是指排除对权利人权利行使的不正当妨碍。 (3)消除危险。这是指消除对权利人的人身或财产所造成的危险。 (4)返还财产。这是指不法侵占他人财产的人，应交还原物给原所有人或原合法占有人。 (5)恢复原状。这是指当财产被不法损害而有恢复原状可能时，应予以恢复。 (6)修理、重做、更换。这是指交付的标的物质量不符合规定或约定时，予以修理、重做或更换。 (7)继续履行。我国合同法也叫强制履行，是指合同当事人一方不履行合同义务或者履行合同义务不符合约定时，经另一方当事人的请求，法律强制其按照合同的约定继续履行合同的义务。 (8)赔偿损失。这是指以一定量的金钱对他人所受损害加以赔偿。 (9)支付违约金。这是指以要求违约方支付一定量的金钱的方式对违约进行制裁并对违约造成的后果进行补偿。 (10)消除影响、恢复名誉。这是指在侵犯他人名誉权等人格权时，采取一定措施恢复他人的名誉。 (11)赔礼道歉。这是指加害人向受害人承认错误，表示歉意。 以上承担民事责任的方式，可以单独适用，也可以合并适用

第三节 合同法

考点一 合同法概述

要点	具体内容
合同的概念和特征	合同本质是一种合意或协议，是平等主体的自然人、法人或其他组织之间设立、变更、终止民事权利义务关系的意思表示一致的协议。 合同的特征： (1)合同是平等主体之间的民事法律关系。 (2)合同是两方以上当事人的法律行为。 (3)合同是从法律上明确当事人间特定权利与义务关系的文件。 (4)合同是具有相应法律效力的协议

续表

要点	具体内容
合同法的概念和特征	合同法是调整平等主体之间的交易关系的法律,主要规范合同的订立、效力、履行、变更、转让、终止、违反合同的责任等问题。 合同法的特征: (1)合同法以任意性规范为主。 (2)合同法以平等协商和等价有偿为原则
合同的分类	1. 典型合同与非典型合同 根据法律是否设有规范并赋予一个特定名称,可将合同分为典型合同和非典型合同。 (1)典型合同又称有名合同,是指法律设有规范,并赋予一定名称的合同。合同法规定的买卖、赠予、借款等合同为典型合同。 (2)非典型合同又称无名合同,是指法律尚未特别规定,也未赋予一定名称的合同。 2. 双务合同与单务合同 根据合同当事人是否互相享有权利、承担义务,可将合同分为双务合同与单务合同。 (1)双务合同是指双方当事人互相享有权利、承担义务的合同,如买卖、租赁等合同。 (2)单务合同是指仅有一方当事人承担义务的合同,如赠予、借用等合同。 单务合同履行中不存在同时履行抗辩权等问题。 3. 有偿合同与无偿合同 根据合同当事人是否为从合同中得到的利益支付代价,可将合同分为有偿合同与无偿合同。 (1)有偿合同是指当事人为从合同中得到利益要支付相应代价的合同,如买卖合同。 (2)无偿合同是指当事人不需为从合同中得到的利益支付相应代价的合同,如赠予合同。 4. 诺成合同与实践合同 根据合同的成立是否以交付标的物为要件,可将合同分为诺成合同与实践合同。 (1)诺成合同是当事人双方意思表示一致即可成立的合同,即"一诺即成"的合同,也称不要物合同。 (2)实践合同是在当事人意思表示一致后,仍须有实际交付标的物的行为才能成立的合同。 5. 要式合同与不要式合同 根据法律是否要求合同必须符合一定的形式才能成立,可将合同分为要式合同与不要式合同。 (1)要式合同是指根据法律规定必须采用特定形式的合同。例如,房屋租赁合同必须采用书面形式。 (2)不要式合同是指当事人订立的合同依法并不需要采用特定的形式,当事人可以采用口头方式,也可以采用书面形式。 除法律有特别规定的以外,合同均为不要式合同。根据合同自由原则,当事人有权选择合同形式,但对于法律有特别的形式要件规定的,当事人必须遵循法律规定

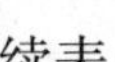

续表

要点	具体内容
合同的分类	6. 主合同与从合同 根据合同是否必须以其他合同的存在为前提而存在,可将合同分为主合同与从合同。 (1)主合同是指不以其他合同的存在为前提即可独立存在的合同。 (2)从合同是指不能独立存在而以其他合同的存在为前提的合同。 区分主合同和从合同的主要意义在于:主合同和从合同之间存在着特殊的联系,即从合同具有附属性,它不能独立存在,必须以主合同的存在并生效为前提。主合同不能成立,从合同就不能有效成立;主合同转让,从合同也不能单独存在;主合同被宣告无效或被撤销,从合同也将失效;主合同终止,从合同也随之终止

考点二　合同的订立

要点	具体内容
合同的内容	在不违反法律强制性规定的情况下,合同的内容由当事人约定,一般包括以下条款:当事人的名称或者姓名和住所;标的,即合同双方当事人权利义务所共同指向的对象;数量;质量;价款或者报酬;履行期限、地点和方式;违约责任;解决争议的方法。 在订立合同时,当事人可参照各类合同的示范文本
合同的形式	合同的形式有书面形式、口头形式和其他形式。 法律、行政法规规定采取书面形式的,应当采取书面形式。当事人约定采取书面形式的,应当采取书面形式。如建设用地使用权出让合同、房屋买卖合同、房屋租赁合同应当采取书面形式
合同的订立程序	当事人订立合同,应当具有相应的民事权利能力和民事行为能力。当事人依法可以委托代理人订立合同。当事人订立合同,采取要约和承诺的方式进行。当事人意思表示真实一致时,合同即可成立。 1. 要约 要约是指希望与他人订立合同的意思表示。该意思表示应当符合下列规定: (1)内容具体明确,即表达出订立合同的意思,包括一经承诺合同即可成立的各项基本条款。 (2)表明经受要约人承诺,要约人即受该意思表示约束。 要约邀请又称为要约引诱,是指希望他人向自己发出要约的意思表示。要约邀请不具有要约的约束力,发出要约邀请的人不受其约束。 2. 承诺 承诺是指受要约人同意接受要约的条件以缔结合同的意思表示。承诺必须由受要约人向要约人作出

续表

要点	具体内容
合同的订立程序	由于要约原则上是向特定人发出的,因此只有接受要约的特定人即受要约人才有权作出承诺,受要约人以外的第三人无资格向要约人作出承诺。 同时,承诺必须向要约人作出,如果向要约人以外的其他人作出,则只能视为对他人发出要约,不能产生承诺效力。承诺必须在规定的期限内到达要约人。承诺只有到达要约人时才能生效

考点三 合同的效力

要点	具体内容
概念	合同的效力指已经成立的合同开始发生以国家强制力保障的法律约束力,即合同发生法律效力
合同生效的条件	(1)当事人具有相应的民事行为能力。 (2)意思表示真实。 (3)不违反法律和社会公共利益
合同无效的情形	(1)一方以欺诈、胁迫的手段订立合同,损害国家利益。 (2)恶意串通,损害国家、集体或者第三人利益; (3)以合法形式掩盖非法目的。 (4)损害社会公共利益。 (5)违反法律、行政法规的强制性规定

考点四 合同的履行

要点	具体内容
概念	合同的履行指债务人全面地、适当地完成其合同义务,债权人的合同债权得到完全实现
当事人就有关合同内容约定不明确,按照合同有关条款或者交易习惯仍不能确定的适合规定	(1)质量要求不明确的,按照国家标准、行业标准履行;没有国家标准、行业标准的,按照通常标准或者符合合同目的的特定标准履行。 (2)价款或者报酬不明确的,按照订立合同时履行地的市场价格履行;依法应当执行政府定价或者政府指导价的,按照规定履行。 (3)履行地点不明确,给付货币的,在接受货币一方所在地履行;交付不动产的,在不动产所在地履行;其他标的,在履行义务一方所在地履行。 (4)履行期限不明确的,债务人可以随时履行,债权人也可以随时要求履行,但应当给对方必要的准备时间。 (5)履行方式不明确的,按照有利于实现合同目的的方式履行。 (6)履行费用的负担不明确的,由履行义务一方负担

考点五　合同的变更、转让和终止

要点	具体内容
概述	(1)当事人协商一致,可以变更合同。法律、行政法规规定变更合同应当办理批准、登记等手续的,依照其规定。 (2)债权人可以将合同的权利全部或者部分转让给第三人,但有下列情形之一的除外:根据合同性质不得转让;按照当事人约定不得转让;依照法律规定不得转让。 债权人转让权利的,应当通知债务人。未经通知,该转让对债务人不发生效力。债务人将合同的义务全部或者部分转移给第三人的,应当经债权人同意。 (3)合同终止后,合同关系在客观上不存在,合同的权利义务消灭。 合同终止的原因主要有债务已经按照约定履行、合同解除、债务相互抵消、债权人免除债务、债权债务同归于一人等

考点六　违约责任

要点	具体内容
违约的形式	(1)预期违约。履行期限未到,一方无正当理由而明确表示其在履行期到来后将不履行合同,或者其行为表明其在履行期到来以后将不可能履行合同。 (2)实际违约。履行期限已到,当事人不履行或不完全履行合同义务。实际违约行为的类型有拒绝履行、迟延履行、不适当履行、部分履行
违约责任的承担方式	(1)继续履行。作为一种违约后的补救方式,继续履行是指在一方违反合同时,另一方有权要求其依据合同的规定继续履行。 (2)赔偿损失。违约方因不履行或不完全履行合同义务而给对方造成损失,依法和依据合同的规定应承担赔偿损失的责任。 (3)给付违约金。由当事人通过协商预先确定的、在违约发生后作出的独立于履行行为以外的给付。约定的违约金低于造成的损失的,当事人可以请求人民法院或仲裁机构予以增加,违约金过分高于造成损失的,当事人可以请求人民法院或仲裁机构予以适当减少。 (4)定金罚则。当事人可以约定一方向对方给付定金作为债权的担保。债务人履行债务后,定金应当抵作价款或者收回。给付定金的一方不履行约定的债务的,无权要求返还定金;收受定金的一方不履行约定的债务的,应当双倍返还定金。定金具有惩罚性。定金数额不得超过主合同标的额的20%,超出部分无效。 定金与预付款的区别:预付款是由双方当事人商定的在合同履行前所支付的一部分价款。预付款的交付在性质上是一方履行主合同的行为,合同履行时预付款要充抵价款,合同不履行时预付款应当返还。预付款的适用不存在制裁违约行为的问题,不发生预付款的丧失和双倍返还

续表

要点	具体内容
违约责任的承担方式	当事人既约定违约金,又约定定金的,一方违约时,守约方选择适用违约金或者定金条款。定金和违约金不能同时适用,只能选择其一适用,只能是单罚而不能是双罚。选择定金还是选择违约金,权利属于守约方。 定金责任与赔偿损失的区别:定金责任不以实际发生的损害为前提,定金责任的承担也不能替代赔偿损失。所以,在既有定金条款又有实际损失时,应分别适用定金责任和赔偿损失的责任,二者同时执行,这与前面所讲的定金与违约金的关系是不同的。当然,如果同时适用定金和赔偿损失,其总值超过标的物价金总和的,法院应酌情减少定金的数额

第四节　物权与债权

考点一　物的种类

要点	具体内容
动产和不动产	一般来说,动产以占有为公示方法,不动产以登记为公示方法;动产物权经交付而变动,不动产物权的变动则需要经过登记
流通物和限制流通物	(1)法律允许在民事主体之间自由流转的物为流通物。 (2)法律限制或者禁止在民事主体之间自由流转的物为限制流通物,如土地、武器、弹药、麻醉品等为限制流通物
主物和从物	两个以上独立的物相互配合,为一定经济目的组合到一起时,起主要作用的为主物,起从属作用的为从物。 构成从物的要件有3个: (1)须独立而非主物的成分。 (2)须助主物的效用。 (3)须与主物同属于一人
原物和孳息	原物的收益为其孳息。 天然孳息是指依物的自然属性而获得的收益。 法定孳息是指依法律的规定或者当事人的约定而产生的收益,如存款的利息、房屋因出租而获得的租金等
特定物和不特定物	(1)依当事人的意思具体指定的物为特定物。 (2)当事人仅依抽象的种类、品质、数量予以限定的物为不特定物
替代物和不可替代物	(1)可以相同数量相互代替的物为替代物,如平常的大米、煤炭等。 (2)不能以相同数量替代的物为不可替代物,如房屋、土地、艺术品等

考点二　物权概述

要点	具体内容
物权的概念	物权的概念指权利人依法对特定的物享有直接支配和排他的权利。同一物上不能有内容不相容的两种以上的物权并存
物权的分类	《物权法》规定的物权主要有所有权、用益物权、担保物权等。 按照一定的标准,可对物权做下列分类: (1)自物权和他物权。自物权是权利人对自己的物享有的权利,即所有权;他物权是指在他人的物上设立的权利,如抵押权、地役权、土地使用权等。 (2)动产物权和不动产物权。凡以动产为标的的物权为动产物权,如质权;凡以不动产为标的物权为不动产物权,如抵押权。 (3)主物权和从物权。主物权是指本身就独立存在,不需要依附于其他权利的物权,如所有权;从物权是指必须依附于其他权利而存在的物权,如抵押权。 (4)所有权和限制物权。为充分发挥物的效用,法律规定,权利人可以在其所有物上为他人设立权利,这种权利的直接效力是限制了所有权的效用,称为限制物权。用益物权和担保物权都是限制物权
物权的效力	物权除因种类不同而有各种不同的效力外,有下列共同效力: (1)排他效力,指同一标的物,不允许有性质不相容的两个物权并存。 (2)优先效力,又称为物权的优先权,包括:①就同一标的物,物权和债权并存时,物权优先于一般的债权;②在物权与物权之间,也有效力强弱的问题。一般来说,性质相容的物权并存时,先成立的物权优先于后成立的物权;所有权与他物权并存时,他物权优先于所有权。 (3)追及效力,指物权成立后,无论其标的物辗转落入何人之手,权利人均可追及标的物行使其权利
物权的特征	(1)物权法定原则。物权的种类和内容只能由法律来确定,而不能由民事权利主体随意创设。物权具有排他性,是民事权利中效力最强的权利。物权是人们交易、交换的前提和结果。采取物权法定原则是各国立法的必然要求。 (2)物权公示原则。各种物权变动和取得必须以一种可以公开的、能够表现这种物权变动的方式予以展示,而决定物权变动取得的效力。 物权的公示方式有几种,大陆法系国家比较一致,不动产采取登记。 (3)物权优先原则。物权是债权产生的前提,在物权和债权同时存在的情况下,无论物权成立于债权之前或之后,物权优于一般的债权。最典型的是房地产办理抵押登记后,即取得担保物权后即可对抗第三人的一般债权

考点三 所有权

要点	具体内容
所有权的一般原理	完整的所有权包含占有、使用、收益、处分四项权能。四项权能可以与所有权发生分离,而所有权人并不因此丧失其所有权,但其所有权因此而受到限制
共有	共有是两个或两个以上的人(自然人或法人)对同一项财产享有所有权。共有可分为按份共有和共同共有。因共有关系消灭而分割共有财产时,在不损害财产的经济价值的前提下,可以采取以下方法:实物分割、变价分割、作价补偿。 (1)按份共有是指两个或两个以上的人(自然人或法人)对同一项财产按照份额享有所有权。 (2)共同共有是指两个或两个以上的人(自然人或法人)对同一项财产的全部不分份额地、平等地享有所有权。 共同共有与按份共有最显著的区别在于:共同共有是不确定份额的共有,只要共同共有关系存在,共有人就不能划分自己对财产的份额,只有在共同共有关系消灭,对共有财产进行分割时,才能确定各个共有人应得的份额
不动产所有权	不动产所有权包括土地所有权和房屋所有权等。我国土地所有权分为国家土地所有权和集体土地所有权
建筑物区分所有权	业主对建筑物内的住宅、经营性用房等专有部分享有所有权,对专有部分以外的共有部分享有共有和共同管理的权利。 建筑物区分所有权人转让其专有部分所有权的,其共有和共同管理的权利,视为一并转让

考点四 用益物权

要点	具体内容
用益物权概述	用益物权是指权利人对他人所有的不动产或动产依法享有占有、使用和收益的权利。用益物权具有以下特点: (1)用益物权的标的物是不动产或动产。 (2)用益物权是一种他物权。 (3)用益物权以对物的占有、使用、收益为主要内容,重在取得物的使用价值
用益物权的分类	用益物权包括土地承包经营权、建设用地使用权(国有土地使用权)、宅基地使用权(居住用途的集体土地使用权)、地役权等。 地役权是以他人土地供自己土地便利而使用的权利。 地役权具有以下特征: (1)地役权是使用他人土地的权利。 (2)地役权是使自己土地便利的权利。 (3)地役权具有从属性和不可分性

考点五 担保物权

要点	具体内容
担保物权概述	担保物权是以确保债务履行为目的,在债务人或第三人所有或经营管理的特定财产上设定的一种物权。特征: (1)担保物权以确保债务的履行为目的。 (2)担保物权是在债务人或第三人的财产上设定的权利,是他物权。 (3)担保物权是以担保物的交换价值为债务履行提供担保的,是以对所有人的处分权能加以限制而实现这一目的。 (4)担保物权具有从属性和不可分性
担保物权的分类	(1)抵押权,是为了担保债务的履行,债务人或第三人不转移财产的占有,将财产抵押给债权人,当债务人不履行债务时,或者其他实现抵押权的行为时,债权人有权就其财产优先受偿的权利。 特征:①抵押权是担保物权;②债务人或者第三人以其所有或者有权处分的特定的财产设定的物权;③不转移标的物的占有;④抵押权人就抵押财产变卖所得优先受偿。 (2)质权,是指为了担保债务的履行,债务人或第三人将其动产或权利凭证移交债权人占有,当债务人不履行债务时,债权人有权就其占有的动产或权利凭证处分价款优先受偿的权利。 特征:①质权是一种担保物权;②质权的标的物只能是动产或财产权利;③质权须转移质物的占有;④质权是就质物优先受偿的权利。 (3)留置权,是指为了担保债务的履行,债权人按照合同的约定占有债务人的财产,在债务人逾期不履行债务时,债权人有留置该财产并就该财产优先受偿的权利。 特征:①留置权是以动产为标的物的担保物权;②留置权是债权人留置债务人动产的权利;③留置权是一种法定担保物权

考点六 物权与债权的区别

要点	具体内容
概述	财产权的静止状态体现为物权,在运动状态中又表现为债权,物权和债权反映着社会经济生活中最基本的财产关系。 物权和债权尽管都属于财产权的范畴,但与债权相比较,物权是支配权,而债权是请求权,债权人一般不是直接支配一定的物,而是请求债务人依照债的规定为一定行为或不为一定的行为。 除此之外,物权具有自身的特点,表现在: (1)物权的权利主体是特定的,而义务主体是不特定的。 (2)物权具有优先性,债权具有平等性。①当物权与债权并存时,物权优先于一般的债权;②同一物上有数个物权并存时,先设立的物权优先于后设立的物权,这就是物权相互间的优先效力

续表

要点	具体内容
概述	(3)物权能够对第三人产生效力,物权都具有追及性。 (4)在权利设定上的区别。物权设定时必须公示,动产所有权以动产的占有为权利象征。 (5)物权和债权的保护方法不同。物权由物权请求权予以保护,物权人可以请求他人返还原物,排除妨害、恢复原状等权利。合同债权受合同法保护

跟踪训练

一、单项选择题

1. 民事法律关系的内容是指(　　)。

A. 民事主体间民事权利义务所共同指向的对象

B. 参加民事法律关系而享有民事权利、承担民事义务的人

C. 民事主体所应承担的义务

D. 民事主体所享有的权利和应承担的义务

2. 希望与他人订立合同的意思表示是(　　)。

A. 要约　　B. 承诺

C. 要约邀请　　D. 履行合同

3. 下列要约邀请中,内容符合要约规定,应视为要约的是(　　)。

A. 寄送的价目表　　B. 拍卖公告

C. 招标公告　　D. 商业广告

4. 甲公司拟以2.3亿元的价格收购某科技公司,经协商签订了收购合同,并支付了包括定金在内的总额为6 000万元的首付款,余款应于5月31日前全部支付完毕。如在5月31日前未能支付余款,甲公司承担违约责任的直接经济损失最大为(　　)万元。

A. 4 600　　B. 6 000

C. 17 000　　D. 23 000

5. 担保物权不包括(　　)。

A. 抵押权　　B. 质权

C. 留置权　　D. 用益物权

二、多项选择题

1. 中国民法的基本原则包括(　　)。

A. 平等原则　　B. 诚实信用原则

C. 公序良俗原则　　D. 自愿原则

E. 公正原则

2. 下列行为属于无效民事行为的有(　　)。

A. 由完全民事行为能力人实施的

B. 一方以欺诈、胁迫的手段或者乘人之危,使对方在违背真实意思的情况下所为的

C. 限制民事行为能力人依法不能独立实施的

D. 恶意串通,损害国家、集体或者第三人利益的

E. 经济合同违反国家指令性计划的

3. 下列关于合同的订立程序,表述正确的是(　　)。

A. 当事人订立合同,采取要约和承诺的方式进行

B. 当事人意思表示真实一致时,合同即可成立

C. 要约是指希望与他人订立合同的意思表示

D. 寄送的价目表应视为要约

E. 承诺只有到达要约人时才能生效

三、判断题

1. 狭义的法律泛指一切以国家政权意志形式出现,用国家政权的强制力来保证实现的各种社会规范,包括法律、行政法规、地方性法规和部门规章。(　　)

2. 非法人组织的财产不足以清偿债务的,其出资人或设立人按其出资额度承担有限责任。(　　)

3. 抵押权属于他物权,也属于一种特殊的用益物权。(　　)

参考答案及解析

一、单项选择题

1. D 【解析】民事法律关系的内容是指民事主体所享有的权利和应承担的义务。

2. A 【解析】要约是指希望与他人订立合同的意思表示。

3. D 【解析】寄送的价目表、拍卖公告、招标公告、招股说明、商业广告,这些属于要约邀请。但商业广告的内容符合要约规定的,应视为要约。

4. A 【解析】《担保法》规定,定金的数额不得超过主合同标的额的20%,给付定金的一方不履行约定的债务的,无权要求返还定金,故甲公司承担违约责任的经济损失最大为23 000 × 20% =4 600(万元)。

5. D 【解析】担保物权包括抵押权、质权、留置权等。

二、多项选择题

1. ABCD 【解析】民法的基本原则包括平等原则、诚实信用原则、公序良俗原则、自愿原则、禁止滥用权利原则。

2. BCDE 【解析】无效民事行为有:(1)无民事行为能力人实施的;(2)限制民事行为能力人依法不能独立实施的;(3)一方以欺诈、胁迫的手段或者乘人之危,使对方在违背真实意思的情况下所为的;(4)恶意串通,损害国家、集体或者第三人利益的;(5)违反法律或者社会公共利益的;(6)经济合同违反国家指令性计划的;(7)以合法形式掩盖非法目的的。

3. ABCE 【解析】合同的订立程序：当事人订立合同，应当具有相应的民事权利能力和民事行为能力。当事人依法可以委托代理人订立合同。当事人订立合同，采取要约和承诺的方式进行。当事人意思表示真实一致时，合同即可成立。选项C，寄送的价目表属于要约邀请。

三、判断题

1. × 【解析】广义的法律泛指一切以国家政权意志形式出现，用国家政权的强制力来保证实现的各种社会规范，包括法律、行政法规、地方性法规和部门规章。

2. × 【解析】非法人组织的财产不足以清偿债务的，其出资人或设立人承担无限责任。

3. × 【解析】抵押权是他物权是对的，但不是用益物权，是担保物权。

第十三章　拍卖知识

知识导图

- 拍卖知识
  - 拍卖概述
    - 拍卖的含义、特征和原则
    - 拍卖标的、报价方式及类型
  - 拍卖规则
    - 价高者得规则
    - 保留价规则
    - 瑕疵请求规则
    - 禁止参与竞买规则
  - 拍卖实务
    - 拍卖委托
    - 拍卖公告与展示
    - 拍卖的佣金、价款结算与标的交割
  - 强制拍卖
    - 强制拍卖的概念、特点和原则
    - 强制拍卖的主体、标的和依据
    - 强制拍卖的程序
    - 强制拍卖的注意事项
  - 房地产拍卖
    - 房地产拍卖及特征
    - 房地产拍卖的条件
    - 房地产拍卖的程序
    - 房地产拍卖的注意事项

考情分析

本章主要介绍了拍卖概述、拍卖规则、拍卖实务、强制拍卖、房地产拍卖。本章的学习重点拍卖的含义和原则、房地产拍卖及特征，学习难点是房地产拍卖的程序。

本章在考试中的平均分值为4分，考试目的是测查应试人员对拍卖的含义和原则、拍卖标的、报价方式和类型、拍卖实务、强制拍卖、房地产拍卖等的了解、熟悉与掌握程度。

表解考点

考点	重要等级
拍卖的含义和原则	掌握
拍卖标的、报价方式及类型	掌握
价高者得规则	熟悉
保留价规则	熟悉
瑕疵请求规则	熟悉
禁止参与竞买规则	熟悉
拍卖委托	熟悉
拍卖公告与展示	了解
拍卖的佣金、价款结算与标的交割	了解
强制拍卖的概念、特点和原则	熟悉
强制拍卖的主体、标的和依据	熟悉
强制拍卖的程序	熟悉
强制拍卖的注意事项	了解
房地产拍卖及特征	掌握
房地产拍卖的条件	掌握
房地产拍卖的程序	掌握
房地产拍卖的注意事项	掌握

考点详解

第一节　拍卖概述

考点一　拍卖的含义、特征和原则

要点	具体内容
拍卖的概念	拍卖是指以公开竞价的方式，将特定的物品或财产权利转让给最高应价者的买卖方式。拍卖活动中，主要涉及拍卖人、委托人、竞买人和买受人四方当事人
拍卖的特征	1. 拍卖与普通商品交易的区别 (1)参与当事人。普通商品交易当事人只有卖方和买方；拍卖交易当事人有委托人、拍卖人和竞买人(买受人)，缺一不可。 (2)交易的性质。普通交易中买卖双方可以私下商量价格；而拍卖的整个过程是在公众的监督之下进行的。 (3)商品的价格形成。普通交易中商品销售价格由卖方定价或由买卖双方协商定价；拍卖中被拍卖商品的出售价格由竞买人通过竞价来决定，即由买方定价。 (4)商品的竞价对手。普通交易的价格竞争主要在卖方即生产厂家、供货商中间展开，有时也会在买卖双方之间以讨价还价的方式展开；而拍卖方式交易中，价格的竞争是在买方中间展开的。 (5)对买方的身份要求。拍卖方式交易中，竞买人必须向拍卖人公开其真实身份，参与竞买前必须出示身份证明及办理竞买手续。 (6)交易当事人的主体资格。根据《拍卖法》的规定，境内的拍卖活动必须由依法设立的拍卖机构来举行，而普通交易中的商业企业则一般不会受到特殊的限制。 2. 拍卖与招标投标的区别 (1)标的内容上的区别。拍卖标的范围是：可以通过拍卖方式依法转让的各种财产及财产权利，包括动产、不动产和无形资产。 (2)实施机构上的区别。拍卖活动实施机构必须是依法设立的拍卖企业。招标人可以委托代理机构招标，也可以自行办理招标事宜。 (3)行为目的上的区别。拍卖成交后所体现的是委托人向买受人转让财产或财产权利的关系。而招标投标则不同，合同成立后由中标人完成合同约定的工作。 (4)佣金或酬劳。拍卖成交后，委托人和买受人都必须根据合同的约定向拍卖企业付佣金；而招标投标活动中，招标人和中标人双方之间不需支付佣金或酬劳。是否收取酬劳可以作为区别拍卖与招标投标的一个重要标志

续表

<table>
<tr><th>要点</th><th>具体内容</th></tr>
<tr><td>拍卖的基本原则</td><td>1. 公开原则
(1)拍卖信息公开。拍卖人必须在拍卖前7日内,以广告媒体或其他法律允许的形式,公开发布拍卖公告。
(2)竞买公开。凡有两人以上符合资格的竞买人对拍卖标的提出竞买申请的,拍卖人不得无故撤回该标的或终止拍卖,更不得以其他形式转让拍卖标的。拍卖人必须公开举办拍卖会,由法律、法规所规定的原因及其他原因导致拍卖活动终止或终结的,拍卖人应通过公开的方式予以说明。
2. 公平原则
公平原则指拍卖法律关系当事人在拍卖活动中其民事权利义务、法律地位平等,其具体内容是:
(1)委托人与拍卖人是平等的民事主体。
(2)凡具备相应的民事行为能力并符合竞买资格的民事主体,均可平等地参加竞买活动,拍卖人不得以法律、法规另有规定以外的理由拒绝竞买人的申请,妨碍其参与公平竞争。
(3)在竞买中,对同一应价或报价,除法律规定允许某竞买人有优先购买权外,其他竞买人均享有以最高报价或应价取得拍卖标的的权利。拍卖交易中任何当事人都不得强行要求成交或妨碍、影响其他竞买人自由竞买。
3. 公正原则
(1)拍卖人及工作人员不得以竞买人身份参加本拍卖机构举办的拍卖活动,也不得委托他人代为竞买。
(2)拍卖活动中,拍卖人不得有歧视竞买人使其无法成交或超高价成交的行为,更不允许对竞买人有欺诈、舞弊、私下交易等侵犯竞买人民事权利的行为。
(3)拍卖人与委托人不得事先串通,在拍卖交易时制造相互竞价的假象,致使报价或应价不断上扬。竞买人之间不得相互合谋串通,达到以低价成交的目的。
(4)委托人应向拍卖人,同时拍卖人也应向竞买人指明或提示其知道或应当知道的拍卖标的的瑕疵。除法律、法规另有规定外,委托人、拍卖人对拍卖标的应当承担瑕疵担保责任。
(5)委托人不得竞买本身所委托的拍卖标的,也不能委托他人代为竞买。上述情形一经发现,其竞买行为应视为无效和违法,造成买受人损失的,行为人应负赔偿责任。
4. 诚实信用原则
(1)拍卖法律关系当事人之间应自觉履行委托拍卖合同、拍卖成交确认书中所约定的各自的义务,以保证拍卖活动的顺利进行。
(2)整个拍卖活动中,拍卖法律关系各当事人的意思表示及行为应真实、善意和诚实。委托人不得有意隐瞒标的瑕疵;拍卖人不得做虚假广告、虚假说明,不得以假充真,以次充好;竞买人不得对自己的应价、报价反悔;买受人成交后不得不付款、少付款或拖延付款时间</td></tr>
</table>

考点二 拍卖标的、报价方式及类型

要点	具体内容
拍卖标的	拍卖标的亦称“拍品”或“拍卖物”，泛指可以通过拍卖方式转让的各种财产及财产权利。 依据不同标准，拍卖标的可以进行以下分类： (1)从物品是否具备物质实体形态的角度，划分为有形财产和无形财产。 (2)从物品可否移动及移动是否影响其价值功用角度，可划分为动产和不动产。 (3)从可否流通及流通范围的广度，可以将物品划分为允许流通物、限制流通物和禁止流通物。 禁止流通物指法律明令禁止流通的物品，如毒品、武器、军火、弹药等。禁止流通的物品不能作为拍卖标的。限制流通物指流通范围或程度受一定限制的物品，如文物艺术品、化工物品、麻醉药品等。限制流通物可以作为定向拍卖的标的物。除禁止流通物和限制流通物外，大部分物品属于允许流通物，允许流通物是最常见的拍卖标的
拍卖的报价方式	1. 增价拍卖 增价拍卖又称“英格兰式拍卖”或“估底价拍卖”。它是一种价格上行的报价方式，即竞价由低至高，依次递增，直到以最高价格成交。增价拍卖根据竞买人报价方式不同，可分为无声拍卖和有声拍卖。 (1)无声拍卖也被称为卖方报价拍卖。拍卖时，先由拍卖师当众报出拍卖标的的起拍价，然后由竞买人不断举牌或其他约定方式应价，拍卖师则不断依次增高报价，直到拍卖成交。此种方式由于竞买人不发声，故称无声拍卖。 (2)有声拍卖也被称为买方报价拍卖。拍卖时，先由拍卖师当众报出拍卖标的的起拍价，然后由竞买人在此基价上报价。报价以公开喊叫方式进行，竞价过程一直持续到无人竞价。此种方式表现为竞买人发声报价，故称有声拍卖。 2. 减价拍卖 减价拍卖又称“荷兰式拍卖”或“估高价拍卖”。它是一种价格下行的拍卖方式，即拍卖品的报价由高到低，依次递减，直到有人应价，即告成交。减价拍卖皆为卖方报价拍卖，即无声拍卖。根据拍卖方式不同，减价拍卖可分为人工式拍卖和电子式拍卖两种。 无论是增价拍卖还是减价拍卖，都遵循谁叫价谁要约的原则，另一方表示接受即为承诺，拍卖合同即告成立。但是，在买方报价拍卖中，拍卖人宣布的起拍价不是要约表示，只有竞买人报出的价格才是要约表示
拍卖活动的类型	1. 强制拍卖和任意拍卖 (1)强制拍卖是指国家有关机关依法将被查封、扣押、冻结的财产强制予以拍卖的行为。 (2)任意拍卖是指民事关系当事人根据本身意愿将其所有的特定标的物拍卖的行为。任意拍卖属民事行为。任意拍卖目的在于将物品换价兑现，与清偿债务不一定有直接关系

续表

要点	具体内容
拍卖活动的类型	2. 动产拍卖和不动产拍卖 (1)动产拍卖是指以动产为拍卖标的的拍卖行为。动产拍卖的成交一般以拍卖标的物实际占有的转移为标志。 (2)不动产拍卖是指以不动产为拍卖标的的拍卖行为。不动产一般价值高昂,被认为是必须有保留价拍卖的一种标志。不动产拍卖成交一般以拍卖标的物财产所有权的转移为标志。如房屋拍卖成交后必须到房地产管理部门办理过户登记手续,买受人才能真正享有财产权利。 3. 有保留价拍卖和无保留价拍卖 (1)有保留价拍卖是指拍卖前设立最低售价的拍卖行为。竞买人的最高竞价必须等于或高于保留价,低于保留价不能成交。有保留价拍卖通常用于价值较高的标的物拍卖,如房屋、土地、文物、艺术品等。 (2)无保留价拍卖是指拍卖前不设立最低售价的拍卖行为。竞买人的最高竞价一经产生就可以成交。无保留价拍卖通常用于价值低的标的物拍卖。 4. 一次性拍卖和再拍卖 (1)一次性拍卖是指只经过一次拍卖程序拍定的拍卖行为。 (2)再拍卖是指必须经过两次以上拍卖程序才拍定的拍卖

第二节　拍卖规则

考点一　价高者得规则

要点	具体内容
价高者得规则的含义	价高者得规则是指拍卖标的应卖给出价最高的竞买人
价高者得的效力范围	(1)价高者得规则约束竞买人。只有当竞买人的叫价(应价)是最高报价时,才能成为实际买受人。 (2)价高者得规则约束拍卖人。拍卖人只能确认竞买人报价中的最高价作为成交价格。 (3)价高者得规则约束委托人。拍卖人按规则与最高应价者成交时,委托人无权提出任何异议

考点二　保留价规则

要点	具体内容
保留价规则的含义	保留价指拍卖人可以据以确认拍卖成交的最低价格。在有保留价的拍卖中，须事先确定以具体的价格表示的保留价。保留价一经确定，不得随意改变。 保留价不是拍卖的必备条件。在无保留价拍卖中，拍卖人对某件拍卖标的宣布拍卖时，该件标的就不得收回，除非在合理时间内无人出价或应价
保留价的确定、保密、公开与更改	1. 保留价的确定 委托人拥有保留价的确定权。拍卖国有资产，依法需要评估的，应当经依法设立的评估机构评估，并根据评估结果确定拍卖标的保留价。若拍卖国有资产是房地产的，则应当根据房地产估价机构的估价结果确定保留价。 委托人拥有保留价的确定权并不排斥拍卖人、估价人员等在确定保留价时的参考意见。但评估价不能自动转化为保留价，评估价转化为保留价需要委托人认可。 2. 保留价的保密与公开 保留价通常仅限委托人和拍卖人等有限人知情。其中包括，如果拍卖邀请公证人参与证明拍卖活动的合法性，公证人亦有权知晓保密的保留价。此种情况下，竞买人不知道保留价，上述保留价知情人不得以任何方式向竞买人透露或暗示。 保留价也可以公开，在拍卖目录中列示，也可以由拍卖主持人在拍卖现场口头宣布，总之应在竞买人开始报价前完成。 3. 保留价的更改 保留价的修改权从属于保留价的确定权，归委托人享有。保留价的更改涉及相关人的利益，权利人在行使权利时不得损害他人的权益。因此，委托人在主张更改权时应该受到一定的制约。 保密保留价的更改通知一般应在现场拍卖前1～2天内送达拍卖人。在此情形下，拍卖人不得拒绝保留价的更改，但可以拒绝拍卖委托。 公开保留价的更改应及时通知竞买人，所谓及时，是指竞买人参与竞买之前。如不能即时通知竞买人或不能即时通知所有竞买人时，应由拍卖师在现场拍卖前当场宣布。 4. 保留价的效力范围 拍卖标的有保留价的，竞买人的最高应价未达到保留价时，该应价不发生效力，拍卖师应当停止拍卖标的的拍卖。拍卖人在此情况下出售拍卖标的物的行为无效

考点三　瑕疵请求规则

要点	具体内容
瑕疵请求权的含义	瑕疵请求权，是指竞买人在参与竞买前或参与竞买时，有权知道应该知道的拍品缺陷，如果该缺陷因他人的过错被隐蔽了，成为买受人时可以为所受到的欺骗和损失主张权利。 瑕疵泛指拍卖标的的内在质量、品质、数量等方面的缺陷。 瑕疵请求权是买受人拥有的权利。委托人和拍卖人负有告知的义务

续表

要点	具体内容
瑕疵请求权规则的原理	(1)过错责任理论。只要委托人或拍卖人有过错或过失行为,就需要为此承担责任。 (2)担保责任理论。拍卖标的是一种商品,委托人和拍卖人应当担保其出售的拍卖标的不存在应当告知而未告知的瑕疵
瑕疵请求权的障碍	当出现下列情形时,买受人主张瑕疵请求权遇到障碍: (1)委托人、拍卖人无过错。可以对抗瑕疵请求权。 (2)买受人过错。疏忽、误解、不当行为。买受人的不当行为可能导致瑕疵产生,如毁损、污染拍卖标的等。 (3)声明不保证。声明不保证是指由于委托人、拍卖人难以确知拍卖标的的真伪或品质不予保证。拍卖人、委托人在拍卖前声明不能保证拍卖标的的真伪或者品质的,不承担瑕疵担保责任
瑕疵请求规则的效力范围	瑕疵请求权主要是针对拍卖人和委托人的,必须收回拍品并赔偿损失,除非有对抗瑕疵请求权的正当理由。 1. 谁知晓,谁负责 (1)委托人的责任。委托人必须受瑕疵请求规则的制约。委托人可能对告知与瑕疵负最终的责任。委托人是第一位的告知义务。 (2)拍卖人的责任。拍卖人的责任并不以委托人的告知为前提,即使委托人未向拍卖人告知瑕疵,拍卖人依然在下述两个层次上负责:①拍卖人知道或应当知道。委托人不知或不应知,不能证明拍卖人不知或不应知,拍卖人作为代理人有独立的行为能力,其是否已知或应知,应视具体情况而定。②拍卖人先行负责。 2. 拍卖人先行负责 拍卖人先行负责指只要拍卖标的确实存在应告知未告知的瑕疵,则无论该责任应由谁承担,均由拍卖人先行负责。至于其中应由委托人承担的责任,在拍卖人承担责任后,可向委托人追偿

考点四 禁止参与竞买规则

要点	具体内容
禁止参与竞买规则的内涵	1. 禁止拍卖人参与竞买 禁止拍卖人参与竞买即拍卖人不得参与自己主持的拍卖会的竞买。 如果拍卖人自己作为竞买人买下拍卖标的,属于“自己契约”;如果拍卖人接受他人委托,代为竞买并买下拍卖标的,属于“双方代理”,其行为均有违公平、公正的原则。 2. 禁止委托人参与竞买 禁止委托人参与竞买即禁止委托人参与自己委托拍卖标的的竞买

续表

要点	具体内容
禁止参与规则的效力范围	1. 禁止拍卖人参与竞买 拍卖人及其工作人员不得以竞买人的身份参与自己组织的拍卖活动,并不得委托他人代为竞买。 2. 禁止委托人参与竞买的效力范围 委托人不得参与竞买,也不得委托他人代为竞买

第三节　拍卖实务

考点一　拍卖委托

要点	具体内容
委托人分类	(1)公民。在拍卖委托中,只有具备民事行为能力的自然人,才能成为委托人。 (2)法人。具有民事权利和民事行为,依法独立享有民事权利和承担民事义务的组织。 (3)其他组织。主要包括联营组织、个人合伙组织及破产企业的清算组织等
拍卖委托方式及程序	1. 任意拍卖委托程序 任意拍卖是一种委托人依据自己的意愿提起的拍卖。任意拍卖委托的程序一般包括四个步骤: (1)委托人拍卖意向。即委托人有通过拍卖实现交易的意向。 (2)寻找拍卖人。 (3)双方当事人洽谈。 (4)确定拍卖人,签订委托拍卖合同。 2. 法定拍卖委托程序 法定拍卖委托是指国家行政机关和执法部门依照法律规定,按照法定行政司法程序提起的拍卖。法定拍卖委托程序如下: (1)发出委托拍卖函。国家行政机关和执法部门向拍卖人发出的委托拍卖要约。执法部门发出的《协助执行通知书》实质上就是一种委托拍卖的要约。 (2)拍卖人接受委托。一般情况下,法定拍卖委托中,拍卖人选择余地较小。但是如果有的委托与拍卖人的目标相差太远,拍卖人也有权拒绝委托。 (3)签订委托拍卖合同
委托拍卖合同	1. 委托拍卖合同的内容 (1)委托人、拍卖人的姓名或者名称、住所。 (2)拍卖标的的名称、规格、数量、质量。 (3)委托人提出的保留价

续表

要点	具体内容
委托拍卖合同	(4)拍卖的时间、地点。 (5)拍卖标的交付或者转移的时间、方式。 (6)佣金及其支付的方式、期限。 (7)价款的支付方式、期限。 (8)违约责任。 (9)双方约定的其他事项。 2. 委托拍卖合同的洽谈 (1)保留价的商谈。保留价低于市场交易价。起拍价可以低于、等于或高于保留价。 (2)佣金比例及支付方式洽谈。①收取佣金是一种法定行为;②佣金比例。对拍卖任意物品和公物收取不同比例的佣金。非公物拍卖,委托人和拍卖人未作约定而拍卖成交的,拍卖人可以向委托人收取不超过拍卖成交价5%的佣金。收取佣金比例按照同拍卖成交价成反比的原则确定。公物拍卖原则上不向委托人收取拍卖佣金;③佣金支付方式及期限。委托人佣金支付一般有两种方式:前期支付法和扣除法。 (3)成交价款支付方式及期限洽谈。拍卖活动是一种特殊的买卖活动,拍卖成交后,委托人有权获得拍卖标的的价款,拍卖人按照委托合同,有义务将成交价款在扣除佣金后全部支付给委托人。委托拍卖合同中,应当载明拍卖标的价款支付方式和期限。 (4)拍卖标的的交付或者转移的时间和方式洽谈。拍产拍卖中,委托人可以按照约定,在拍卖之前将拍卖标的交付给拍卖人,拍卖人负责保管。在拍卖成交后,由拍卖人将拍卖标的交付给买受人。如果标的价值大需专业保管或保险的应明确其费用的承担主体。不动产拍卖,一般约定拍卖成交以后由委托人将拍卖标的交付买受人。对于需要依法办理证照变更、产权过户的,委托人、买受人应当持拍卖人出具的成交证明和有关资料,向有关行政管理机关办理过户、交割手续

考点二 拍卖公告与展示

要点	具体内容
拍卖公告及发布	拍卖企业在接受拍卖委托正式举行拍卖会之前发布的拍卖公告,是指拍卖企业通过媒介向社会公众通告有关拍卖必要事项的一种文书形式。 1. 拍卖公告发布的时间 拍卖人应当于拍卖日7日前发布拍卖公告。 2. 拍卖公告发布媒介 拍卖公告应当通过报纸或者其他新闻媒介发布。拍卖法人股必须在证监会指定的3家证券类媒体之一上发布公告
拍卖公告的内容	拍卖公告的内容:拍卖的时间、地点;拍卖标的;拍卖标的的展示时间、地点;参与竞买应当办理的手续;需要公告的其他事项

续表

要点	具体内容
拍卖公告的内容	需要公告的其他事项:竞买人限制条件;商品的限制流通;拍卖标的有保留价的可以公告有保留价等
拍品展示	(1)拍品展示及其展示方式。 拍卖标的的展示时间不得少于两日。 展示方式:固定展示;巡回展示;资料展示。 (2)拍卖图录与媒体宣传。 (3)拍卖资料及查看条件。 拍卖资料的内容有:标的的名称、数量(面积)、规格、质量、存放地点(坐落地点)、折旧程度(使用年限)、用途、占用情况;拍卖标的价款的支付方式及期限;佣金及其他有关拍卖的费用;拍卖方式,即是增价拍卖还是减价拍卖;拍卖标的转让应缴纳的税费;其他应告知的事项

考点三　拍卖的佣金、价款结算与标的交割

要点	具体内容
佣金与价款的结算	拍卖成交后,买受人除支付成交价款外,还须按照有关约定,向拍卖人支付拍卖佣金,即买受人应付拍卖师落槌价,加约定佣金,再加其他应付的费用。当买受人支付其他价款后,拍卖人应从价款中直接扣除委托人应付的佣金,其余款项应在委托拍卖合同约定的期限内支付给委托人
拍卖标的交割	(1)一般物品交割。标的由拍卖人保管的,则由拍卖人直接将标的交给买受人,并开具相关票据,以资证明货款两清;如果标的在委托人手中,委托人在收到拍卖人的付货通知单后直接交给买受人。 (2)特殊物品交割。特殊物品交割主要指需要办理证照变更、产权过户的标的,如机动车、房地产、企业资产、专利权等。这些标的只有办理了有关的证件变更、产权过户手续后,买受人才能取得拍卖标的的完全所有权、使用权

第四节　强制拍卖

考点一　强制拍卖的概念、特点和原则

要点	具体内容
强制拍卖的概念	强制拍卖是指国家执法机关(法院、检察院、公安机关、海关、税务机关等)依法对被查封扣押的财产实行公开竞价、把物品卖给出价最高的竞买人、以清偿债务为目的的一种强制执行行为

续表

项目	具体内容
强制拍卖的特点	(1)国家强制性。对被执行财产的拍卖是由法院根据国家赋予的执行权而强制进行的，被执行人是否同意不影响拍卖的进行。 (2)标的的非自有性。在执行程序中，法院强制拍卖的不是法院自有财产，而是被执行人的财产。 (3)主体的特定性。在法院强制拍卖的委托拍卖合同的双方是法院和拍卖机构这两个特定的主体。法院和拍卖机构容易形成长期固定的合作。 (4)目的的利他性。法院强制拍卖被执行财产，其目的不在于通过拍卖为自己营利或实现其自身的其他经济目的，而是在于一方面实现申请执行人的债权，另一方面充分保障被执行人的合法权益。 (5)权利义务的不对等性。在法院强制拍卖中，法院与拍卖机构之间的权利义务是不对等的。法院享有中止拍卖的权利、撤销拍卖委托的权利、严格监督拍卖程序的权利以及对拍卖结果的单方确认权，而拍卖机构则不享有同样或类似的权利
强制拍卖的基本原则	1. 法院处置权限定原则 法院处置权限定原则是指在强制拍卖中，法院虽然对拍卖标的依法享有一定的处置权，但为了充分保障被执行当事人的合法权益，对法院的处置权应当予以严格限定。该原则本质上是由强制拍卖标的的非自有性决定的。 2. 法院主导拍卖程序原则 法院主导拍卖程序原则是指整个强制拍卖过程，包括拍卖程序的启动、进行、中止、终结均由法院决定。从本质上看，该原则是由法院强制拍卖的国家强制性和目的的利他性决定的

考点二　强制拍卖的主体、标的和依据

要点	具体内容
强制拍卖的主体	强制拍卖的主体是指在强制拍卖活动中形成的委托拍卖合同法律关系的当事人，即委托人和拍卖人。拍卖委托人是指人民法院，拍卖人是指商业性拍卖机构(公司)。 拍卖标的的所有权人或处分权人(执行案件的被执行人)与竞买人和买受人一样，均不是强制拍卖的主体，而只是强制拍卖的关系人
强制拍卖的标的	强制拍卖的标的是指被人民法院在执行中查封、扣押、冻结并委托拍卖的被执行人的财产。 1. 强制拍卖标的的构成要件 (1)被执行人所有或依法享有处分权的财产。强制标的不得为案外人的财产，但有两种法定情形除外：①被执行人不能清偿债务，但对本案以外的第三人享有到期债权的，人民法院可以依法向第三人发出履行到期债务的通知，第三人在指定期限内没有提出异议而又不履行的，人民法院有权裁定对其强制执行，对其财产进行拍卖；②保证人以其财产为被执行人提供担保的，如果被执行人无财产可供执行或其财产不足以清偿债务时，人民法院就有权裁定执行其在保证责任范围内的财产，对这部分财产进行拍卖

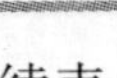

续表

项目	具体内容
强制拍卖的标的	(2)人民法院采取了控制性措施(查封、扣押、冻结)的财产。 (3)人民法院委托拍卖人进行拍卖的财产。 2. 强制拍卖标的的限制 (1)法律规定应当进行执行豁免的被执行人的财产,不能成为强制拍卖标的。 (2)法律法规规定的禁止流通物,不能成为强制拍卖标的

考点三　强制拍卖的程序

要点	具体内容
价格评估	拍卖前,人民法院应委托依法成立、具有相应资质的评估机构对强制拍卖标的进行价格评估。当事人对评估结果有异议的,可向人民法院请求复议,人民法院经审查后可要求评估机构进行复查或者重新评估
作出强制拍卖的决定	价格评估完成后,人民法院可组织执行双方当事人协商,按评估价格将被执行财产交付申请执行人(债权人)折抵债务。双方当事人对以物抵债不能达成一致意见的,人民法院应决定强制拍卖被执行财产。在通常情况下,被执行财产不允许未经拍卖即予变卖
确定和委托拍卖机构	在执行工作实践中,一般先由当事人协商选择拍卖机构,如不能达成一致意见,可以用抽签的方式选择。只有在双方当事人下落不明,或者双方当事人都申请由法院确定拍卖机构时,法院才指定由拍卖机构进行拍卖。 拍卖机构确定后,由法院与拍卖机构进行谈判,签订《委托拍卖合同》
发布公告与展示标的	拍卖机构接受法院委托后,将严格按照法律的规定和合同的约定进行拍卖公告与拍卖展示
确定拍卖保留价	在拍卖会召开之前,法院应当以评估价格为基础确定拍卖保留价并告知拍卖机构,拍卖机构要严加保密。除非价值非常低微的拍品,都应实行有保留价拍卖
举行拍卖会	举行拍卖会时,人民法院一般应派人员到场监拍,并将拍卖情况记入笔录
确认拍卖结果	对拍卖结果,人民法院应依法审查

考点四　强制拍卖的注意事项

要点	具体内容
关于强制拍卖标的物上设有担保物权	对被执行人所有的财产上设有抵押权等担保物权的,人民法院可以进行查封并予以拍卖,抵押权人不得以其抵押权抗拒法院的执行行为,但拍卖所得价款必须优先清偿抵押权人,剩余部分才能用于实现申请执行人的其他债权。 对那些价值明显等于甚至小于所担保债权的被执行人的财产,人民法院一般不予拍卖

续表

项目	具体内容
关于中止拍卖、撤销拍卖委托	人民法院在强制拍卖中享有单方中止拍卖和单方撤销拍卖委托的权利。 一般而言，只有在拍卖成交前出现下列情形之一时，人民法院才有权单方通知拍卖机构中止拍卖： (1)案外人提出执行异议，人民法院认为需要进行审查的。 (2)人民法院发现执行依据确有错误，需要按审判监督程序处理的。 (3)拍卖机构的活动违反有关法律规定或合同约定，但不至于导致拍卖无效的。 人民法院单方撤销拍卖委托，一般应当是在拍卖成交前出现下列情形之一时： (1)据以执行的依据被撤销的。 (2)案外人提出执行异议及案件当事人对拍卖提出意见，人民法院经审查认为理由成立的。 (3)拍卖机构以不正当方式取得拍卖权的。 (4)竞买人之间或者拍卖机构与竞买人之间恶意串通的。 中止拍卖或撤销拍卖委托的单方法律行为只能在拍卖成交前作出；如果拍卖已经成交，则法院面临着确认拍卖无效或进行执行回转的问题

第五节　房地产拍卖

考点一　房地产拍卖及特征

要点	具体内容
房地产拍卖含义	房地产拍卖即通过公开竞价的方式将房地产标的卖给最高出价者的一种交易行为。房地产拍卖委托人的身份有个人、公司法人、司法机关、银行、典当行、税务机关、其他行政执法机关等等。 房地产拍卖业务主要是来自法院委托
房地产拍卖特征	(1)房地产拍卖数量多、价值高。 (2)房地产拍卖法律性强。 (3)拍卖结束后续工作多
房地产拍卖业务的主要来源	(1)法院委托拍卖的查封抵债房地产。 (2)债权人委托拍卖的抵押房地产。 (3)政府部门委托拍卖的房地产。 (4)法人委托拍卖其所拥有的房地产。 (5)自然人委托拍卖的房地产

考点二　房地产拍卖的条件

要点	具体内容
房地产拍卖标的应具备的条件	(1)法律、法规禁止买卖、转让的房地产通常情况下不得拍卖:①未依法取得房地产产权证书的(包括土地使用权证书、房屋所有权证书、房地产产权证书);②共有房地产,未经其他共有人书面同意的;③权属有争议,尚在诉讼、仲裁或者行政处理中的;④权利人对房地产的处分权受到限制的;⑤以出让方式取得土地使用权,但不符合政府相关转让条件的;⑥司法和行政机关依法裁定,决定查封或者以其他形式限制房地产权利的;⑦国家依法收回土地使用权的;⑧法律、法规、规章规定禁止买卖、转让的其他情形。 (2)以出让或划拨方式取得国有土地使用权进行开发建设,其土地使用权需要拍卖的,应当符合国家法律、法规规定的可转让条件:①以出让合同取得的土地应按照出让合同的约定支付全部使用权出让金;②土地使用权已经依法登记并取得土地使用权证;③对于成片开发地块,需转让地块应已形成工业用地或者其他建设用地条件;④规划管理部门已经确定需转让地块的规划使用性质和规划技术参数;⑤出让合同约定的其他条件;⑥划拨方式取得的除符合②、③、④条外,还需报人民政府主管部门批准,补办出让手续。 (3)以划拨方式取得国有土地使用权的房地产拍卖应当报请有关部门批准,办理土地使用权出让手续,并缴纳土地使用权出让金;可以不办理出让手续的,应当由拍卖行将拍卖标的所得收益中的土地收益上缴国家。 (4)集体所有土地上建成的房屋需要拍卖的,应当符合法律、法规规定的买卖或转让条件。具体包括:①房屋所有权和该房屋占用范围内的土地使用权已经依法登记并取得房地产产权证书;②集体土地上的房屋拍卖前应向当地乡镇人民政府申请,获批准后方可进行拍卖。 (5)下列划拨用地不可以拍卖:①国家机关用地和军事用地;②城市基础设施用地和公益事业用地;③国家重点扶持的能源、交通、水利等项目用地;④法律、行政法规规定的其他用地。 (6)抵押房地产拍卖前应先获得抵押权人同意。如果未经抵押权人同意而因拍卖造成抵押权人经济损失的,需承担相应的民事责任
房地产拍卖竞买人条件	(1)中华人民共和国境内的自然人、法人和其他组织都可以作为房地产拍卖标的的竞买人,但法律、法规、规章另有规定或者土地使用权出让合同另有规定的除外。 (2)在国家允许的范围内,房地产竞买人也可以是境外的自然人或法人,但需遵循有关规定办理。 (3)对于集体土地上建成的房屋,居住房屋的竞买人只能是房屋所在地乡镇范围内具备房屋建设申请条件的人;非居住房屋竞买人为房屋所在地乡镇范围集体经济组织或者个体经营者;超过此条件的,应当依法办理集体所有土地的征用手续

考点三　房地产拍卖的程序

要点	具体内容
接受拍卖委托	房地产拍卖委托需提供证明文件： (1)房地产拍卖标的的产权证。 (2)产权人身份证明(私产)或企业法人营业执照。 (3)法定代表人证明书和法人授权委托书。 (4)对拍卖房地产有处分权的证明文件。 (5)产权证上标明是共有的,需出具共有证及其他共有人同意出售(或部分出售)的经过公证的委托书。 (6)拍卖房地产的详细资料。 (7)其他有关证明资料或房地产交易管理部门要求提交的其他文件。 (8)至于私产,如果拍卖委托人是受托人,要出示房地产的权利人出具的经过公证的委托文件
拍卖房地产标的调查与确认	(1)拍卖标的与所提供的房地产权利证明是否一致,产权档案所标明产权人与产权证上产权人以及卖房人是否一致。 (2)产权来源是否清楚,如新建、翻建,是否有规划、用地、施工管理单位的批准文件,是否领有新证。 (3)房地产面积是否与房地产测绘部门出具的勘测报告一致。 (4)产权证中"他项权利"一栏是否存在抵押权登记或租赁权登记等其他权利登记,查看房档中是否有记录,查看抵押协议、抵押期、他项权利注销情况是否与产权证一致。 (5)是否有被司法机关和行政机关依法裁定,决定查封或以其他形式限制房地产权利的文件。 (6)是否有他人声明对该房地产享有权利的文件。 (7)是否有产权证丢失的记录,现持产权证是原证还是新证,是否登报声明。 (8)是否有关于产权纠纷的记录,处理情况如何。 (9)是否在征收范围,在被冻结和禁止买卖的范围内。 (10)土地来源和变更情况,包括用地性质、划拨、出让、转让、土地使用年限和剩余使用年限、用途变更及其他
接受委托、签订委托拍卖合同	具备接受拍卖委托条件后,应按照拍卖法规的要求,结合所拍房地产标的的特点签订委托拍卖合同,对有关事项进行明确规定
房地产估价及拍卖保留价确定	1. 房地产估价 拍卖房地产需要确定合理的拍卖保留价和起拍价。委托人应该委托房地产评估机构估价,作为委托方和拍卖行确定评估拍卖保留价、起拍价和期望价的参考。 2. 拍卖保留价和起拍价确定 评估结果只能是确定保留价、起拍价的参考依据

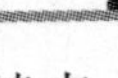

续表

要点	具体内容
发布拍卖公告，组织接待竞买人	拍卖行应在拍卖日的半个月至一个月前以登报或通过电视等媒体公告的形式发布关于该房地产拍卖的公告信息
现场拍卖阶段	拍卖行、竞买人按公告的时间、地点以正常的拍卖程序、规则对拍卖房地产进行公开竞价
产权过户	买卖双方完成房地产权属转移和登记各项工作，最后取得房地产产权证书，或取得房地产交易管理部门窗口受理单为止，拍卖过程才告最终结束

考点四　房地产拍卖的注意事项

要点	具体内容
不同权属状况拍卖标的的审查与前期处理	(1)拍卖标的房地产是否有重复查封。对于抵押权人起诉和非抵押权人因为其他经济纠纷涉及的起诉的案子，以抵押为主；对于皆非抵押权人起诉的案子，按时间先后，谁先起诉，谁先受偿。 (2)产权人为国有单位和集体单位时，房地产拍卖需要取得上级部门的许可意见。 (3)如果拍卖标的发生用途转换，如产权证为住宅用途，拍卖按照实际商业用途拍卖时，为了保证拍卖成交后进行产权变更过户，补办规定的用途手续，必须进一步收集取证原始产权证办理过程的相关文件，如房屋平面图、地籍图、规划设计批文等。 (4)有共有人的房地产拍卖，须有共有人的书面同意转让意见。共有人享有优先购买权。 (5)有租赁登记的房地产拍卖，须将拍卖行为告知承租人。承租人享有优先购买权。 (6)分层、分套的房屋拍卖，买受人按分摊的建筑面积取得相应比例的土地使用权。 (7)房屋的附属设施、公共部门、公用设备与房屋同时拍卖转让，应在公告中说明，并按照国家和当地政府的有关规定办理。 (8)建筑设计为成套的房屋，一般不得分割拍卖
房地产拍卖价格的评估	拍卖房地产价格的评估一般应比正常市场成交价格偏低。 (1)房地产拍卖委托一般都是因债务人无法履行到期债务的清偿，或出于其他较急切的融资需求而被迫拍卖其依法拥有的房地产。 (2)一般委托拍卖的房地产，尤其是直接查封开发商拥有的房地产都存在着这样那样的缺陷，且拍卖房地产多为单宗、部分、小规模物业，评估价格偏高势必会影响拍卖成交。 (3)买家也是在不充分了解该房地产的情况下进行竞拍，拍卖实际上就是在短时间促成交易，买方需要在较短的时间内交付款项，承担的风险较大

续表

要点	具体内容
房地产拍卖登记及相关费用、税费	1. 房地产拍卖登记需提交资料 (1)申请书。 (2)当事人身份证明或单位合法资格证明。 (3)委托书及代理人身份证明。 (4)房地产权证。 (5)拍卖成交确认书。 (6)房屋平面图及地籍图。 (7)出让或需补办出让手续的房地产需提交土地使用权出让合同及补缴土地使用权出让金收据。 (8)契税完税证及契税完税贴花。 (9)拍卖公告。 (10)其他有关文件,除需提交上述(1)~(9)项资料外,还需提交:①拍卖委托公函;②生效的判决、裁定和调解书;③协助执行通知书。 2. 应缴费用和相关税费 (1)拍卖佣金。 (2)增值税、城市维护建设税、教育费附加及地方教育费附加。 (3)印花税。 (4)契税。 (5)交易手续费。 (6)评估费。 (7)登记费。 (8)合同公证费等
在建工程拍卖应注意事项	(1)应详细核查项目状况。 ①出让土地使用权的,是否已经支付了全部土地出让金。 ②土地使用权是否已经依法登记,取得产权证书。 ③政府相关管理各部门的批准文件是否齐全,包括建设用地规划许可证、建设工程规划许可证、建筑工程施工许可证(或开工证)、预售许可证是否取得等。 ④房地产建设的开发投资总额是否已经完成25%。 ⑤政府各相关部门的市政配套和基础设施配套的协议,以及配套费用的支付状况;与项目其他参与人的合同和费用支付情况。 ⑥有多个债权人的工程项目最好将债权人联合起来,共同处理拍卖事宜。 ⑦在建工程项目是否存在抵押行为。 ⑧在建工程是否预售。 有预售许可证并开始预售的在建工程项目,拍卖时应将已经预售的部分扣除

续表

要点	具体内容
在建工程拍卖应注意事项	(2)在建工程拍卖需要申请和审核 拍卖前,在建项目的权利人应当向城市房产主管部门提出申请,取得拍卖的书面批准文件。 (3)拍卖成交后的手续处理
建成在售房地产拍卖应注意事项	(1)房地产所属物业的商品房预售(销售)许可证办理情况。 (2)土地使用权款项是否付清。 (3)房地产当前使用和租赁情况、费用拖欠情况等
破产企业房地产拍卖应注意事项	(1)破产财产拍卖前,应由破产清算组委托具有国家国有资产管理行政主管部门认证的资产评估机构进行评估。 (2)破产企业的国有土地使用权的拍卖需按照国有土地使用权出让的有关规定在拍卖前完成有关手续。 (3)涉及以划拨方式取得的土地使用权或涉及改变出让条件的土地使用权价格评估的,须由具有估价资质的价格评估机构进行评估,并在拍卖所得中首先扣除土地使用权出让金
有瑕疵房地产拍卖的操作	手续不全和规定不许转让的,但经过有关部门、单位协商和政府审批后可以拍卖的房地产。 (1)拍卖标的有房屋所有权证,未办理土地使用权证。经政府相关部门审批通过,如果是国有土地,则补缴出让金;如果是集体土地,则补缴征地费和出让金,补办土地使用权证。 (2)拍卖标的有土地使用权证,未办理房屋所有权证,须报请有关部门审批。经审批允许,并同意补办手续后方可拍卖。 (3)拍卖标的既无土地使用权证,又无房屋所有权证。参照(1)、(2)办理。 (4)拍卖有产权证的以划拨方式取得土地的房地产,应向有批准权的人民政府报批。如允许补办出让手续,应当由买受人办理,并按规定缴纳土地使用权出让金。如允许可以不办理土地使用权出让手续的,转让方应当按照国务院转让房地产所获收益中的土地收益上缴国家的规定处理或作其他处理。不可转让的国家公益型房地产,不可作为拍卖标的。 (5)对于房地产开发过程未予交清的款项,或未办完手续的房地产,应补缴清剩余款项和补办完全部手续。 (6)拍卖标的设定抵押权或重复设定抵押权问题。由于其他经济原因(不是银行诉讼)法院裁定强制拍卖已经被抵押给银行的房地产,应通知抵押权人,或解除抵押,或根据国家规定的拍卖标的拍卖金额的受偿顺序受偿

跟踪训练

一、单项选择题

1. 下列选项中，最常见的拍卖标的是(　　)。

A. 允许流通物　　　B. 禁止流通物

C. 限制流通物　　　D. 一般流通物

2. 不动产拍卖成交的标志一般是(　　)。

A. 拍卖标的物实际占有的转移　　　B. 拍卖标的物实际使用的转移

C. 拍卖标的物财产所有权的转移　　　D. 拍卖标的物财产收益权的转移

3. 民事法律关系当事人根据本身意愿拍卖其所有的特定标的物是(　　)。

A. 任意拍卖　　　B. 强制拍卖

C. 动产拍卖　　　D. 不动产拍卖

4. 房地产拍卖业务的拍卖委托人主要来自(　　)。

A. 个人　　　B. 公司法人

C. 司法机关　　　D. 法院

5. 房地产拍卖即通过公开竞价的方式将房地产标的卖给(　　)的一种交易行为。

A. 最低出价者　　　B. 最高出价者

C. 正常出价者　　　D. 异常出价者

二、多项选择题

1. 增价拍卖又称为(　　)。

A. 英格兰式拍卖　　　B. 估底价拍卖

C. 荷兰式拍卖　　　D. 估高价拍卖

E. 无底价拍卖

2. 下列属于法定拍卖委托程序的是(　　)。

A. 发出委托拍卖函　　　B. 委托人拍卖意向

C. 拍卖人接受委托　　　D. 双方当事人洽谈

E. 签订委托拍卖合同

3. 强制拍卖标的须符合的要件包括(　　)。

A. 强制拍卖标的须为被执行人所有或依法享有处分权的财产

B. 强制拍卖标的须为人民法院未采取控制性措施(查封、扣押、冻结)的财产

C. 强制拍卖标的须为人民法院采取了控制性措施(查封、扣押、冻结)的财产

D. 强制拍卖标的须为人民法院委托拍卖人进行拍卖的财产

E. 强制拍卖标的须为债权人委托拍卖人进行拍卖的财产

4. 拍卖品展示的方式包括(　　)。

A. 固定展示　　B. 巡回展示

C. 资料展示　　D. 网络展示

E. 电视展示

5. 强制拍卖的主体，是指在强制拍卖活动中形成的委托拍卖合同法律关系的当事人，即(　　)。

A. 拍卖人　　B. 竞买人

C. 买受人　　D. 代理人

E. 委托人

三、判断题

1. 房地产拍卖业务主要来自商业机构的委托。(　　)

2. 拍卖方式中的最高应价低于保留价，则最高应价无效。(　　)

3. 为了提高拍卖品最终成交价格，委托人可以参与自己委托拍卖标的的竞买。(　　)

4. 被执行人所有的财产上设有抵押权的，抵押权人可以以其抵押权抗拒法院的执行行为。(　　)

参考答案及解析

一、单项选择题

1. A 【解析】允许流通物是最常见的拍卖标的。

2. C 【解析】动产拍卖的成交一般以拍卖标的物实际占有的转移为标志。不动产拍卖的成交，需要以所有权的转移为标志。

3. A 【解析】任意拍卖的内容。任意拍卖是指民事关系当事人根据本身意愿将其所有的特定标的物拍卖的行为。

4. D 【解析】房地产拍卖委托人的身份有个人、公司法人、司法机关、银行、典当行、税务机关、其他行政执法机关等。其中房地产拍卖业务主要还是来自法院委托。

5. B 【解析】房地产拍卖即通过公开竞价的方式将房地产标的卖给最高出价者的一种交易行为。

二、多项选择题

1. AB 【解析】增价拍卖又称为“英格兰式拍卖”和“估底价拍卖”。它是一种价格上行的报价方式，即竞价由低至高，依次递增，直到以最高价格成交。增价拍卖根据竞买人报价方式不同，可分为无声拍卖和有声拍卖。

2. ACE 【解析】法定拍卖委托程序包括：发出委托拍卖函；拍卖人接受委托；签订委托拍卖合同。选项B、D不属于法定拍卖的委托程序。

3. ACD 【解析】强制拍卖标的须符合的要件包括强制拍卖标的须为被执行人所有或依法享有处分权的财产；强制拍卖标的须为人民法院采取了控制性措施(查封、扣押、冻结)的财产；强制拍卖标的须为人民法院委托拍卖人进行拍卖的财产。

4. ABC 【解析】拍卖品展示包括固定展示、巡回展示和资料展示。

5. AE 【解析】强制拍卖的主体是委托人和拍卖人。

三、判断题

1. × 【解析】房地产拍卖委托人的身份有个人、公司法人、司法机关、银行、典当行、税务机关、其他行政执法机关等。其中房地产拍卖业务主要还是来自法院委托。

2. √ 【解析】拍卖标的有保留价的，竞买人的最高应价未达到保留价时，该应价不发生效力，拍卖师应当停止拍卖标的的拍卖。拍卖人在此情况下出售拍卖标的物的行为无效。

3. × 【解析】禁止拍卖人参与竞买，即拍卖人不得参与自己主持的拍卖会的竞买。

4. × 【解析】对被执行人所有的财产上设有抵押权等担保物权的，人民法院可以进行查封并予以拍卖，抵押权人不得以其抵押权抗拒法院的执行行为，但拍卖所得价款必须优先清偿抵押权人，剩余部分才能用于实现申请执行人的其他债权。